VIERTER TEIL

Ausschluss von Minderheitsaktionären

Vorbemerkungen zu den §§ 327a–327f

Übersicht

Schrifttum

1. Allgemeines Schrifttum

Lutz Angerer Der Squeeze-out, BKR 2002, S 260; *Stephan Aubel/Christian Weber* Ausgewählte Probleme bei Eingliederung und Squeeze out während eines laufenden Spruchverfahrens, WM 2004, S 857; *Rolf Badenberg* Hinreichender Eigentumsschutz der Minderheitsaktionäre beim Rauswurf (Squeeze out)?, 2006; *Philipp A. Baums* Ausschluss von Minderheitsaktionären, 2001; *Philipp A. Baums* Der Ausschluss von Minderheitsaktionären nach §§ 327a ff. AktG n. F. – Einzelfragen –, WM 2001, S 1843; *Michael Becker* Der Ausschluß aus der Aktiengesellschaft, ZGR 1986, S 383; *Ralph Beckmann/Mark Oliver Kersting/Werner Mielke* Das neue Übernahmerecht, 2003; *Benjamin*

Berding Gesellschafts- und kapitalmarktrechtliche Grundsätze im Übernahmerecht, WM 2002, S 1149; *Christian Bolte* Squeeze-out – Eröffnung neuer Umgehungstatbestände durch die §§ 327a ff AktG?, DB 2001, S 2587; *Christian Bolte* Replik DB 2002, S 1256; *Günther M. Bredow/Maik Tribulowsky* Auswirkungen von Anfechtungsklage und Squeeze-Out auf ein laufendes Spruchstellenverfahren, NZG 2002, S 841; *Günther M. Bredow/Finn-Michael Liebscher* Befreiung vom Pflichtangebot nach WpÜG bei Selbstverpflichtung zur Durchführung eines Squeeze-out, DB 2003, S 1368; *Jens Buchta/Kai-Peter Ott* Problembereiche des Squeeze-out, DB 2005, S 990; *Jens Buchta/Marc Sasse* Freigabeverfahren bei Anfechtungsklagen gegen Squeeze-out-Beschlüsse, DStR 2004, S 958; *Hartwin Bungert* Zur Verfassungsmäßigkeit des Squeeze Out, BB 2005, S 2652; *Hartwin Bungert* Der BGH und der Squeeze out: Höchstrichterliche Beurteilung der Standardrügen von Anfechtungsklagen, BB 2006, 2761; *Hartwin Bungert* Fortbestehen der Anfechtungsbefugnis nach wirksam gewordenem Squeeze Out, BB 2007, 57; *DAV-Handelsrechtsausschuß* Stellungnahme des Handelsrechtsausschusses des Deutschen Anwaltsvereins e.V. zur Ergänzung des AktG durch einen Titel „Aktienerwerb durch den Hauptaktionär", NZG 1999, S 850; *DAV-Handelsrechtsausschuss* Stellungnahme des Handelsrechtsausschusses des DAV e.V. vom April 2001, NZG 2001, S 420; *DAV-Handelsrechtsausschuss* Stellungnahme des Handelsrechtsausschusses des Deutschen Anwaltvereins e.V. zum RegE für ein Gesetz zur Regelung von öffentlichen Angeboten zum Erwerb von Wertpapieren und von Unternehmensübernahmen (WpÜG), NZG 2001, S 1003; *Björn-Axel Dißars* Anfechtungsrisiken beim Squeeze-out – zugleich Analyse der bisherigen Rechtsprechung, BKR 2004, S 389; *Björn-Axel Dißars* Antragsbefugnis von Namensaktionären im Spruchverfahren über ein Squeeze out, BB 2004, S 1293; *Björn-Axel Dißars/Dirk Kocher* Der Deckungsumfang der Banksicherheit im Squeeze-out-Verfahren, NZG 2004, S 856; *Jochen Drukarczyk* Squeeze-out gemäß §§ 327a ff AktG – Konzeption und das Problem der Abfindung, FS Scherrer 2004, S 625; *Ulrich Ehricke/Markus Roth* Squeeze-out im geplanten deutschen Übernahmerecht, DStR 2001, S 1120; *Dirk Eisolt* Die Squeeze-out-Prüfung nach § 327c Abs 2 AktG, DStR 2002, S 1145; *Frank Even/Antonio Vera* Die Techniken des Going Private in Deutschland, DStR 2002, S 1315; *Holger Fleischer* Das neue Recht des Squeeze out, ZGR 2002, S 756; *Holger Fleischer/Bastian Schoppe* Squeeze out und Eigentumsgarantie der Europäischen Menschenrechtskonvention, Der Konzern 2006, S 329; *Holger Fleischer/Susanne Kalss* Das neue Wertpapiererwerbs- und Übernahmegesetz, 2002; *Forum Europaeum Konzernrecht* Konzernrecht für Europa, ZGR 1998, S 673; *Markus J Friedl* Die Rechte von Bezugsrechtsinhabern beim Squeeze-out im Vergleich zu den Rechten der Minderheitsaktionäre, Der Konzern 2004, S 309; *Ingo Fuchs* Der aktienrechtliche Squeeze-out, Diss Bonn 2007; *Lambertus Fuhrmann* Das Freigabeverfahren bei Squeeze out-Beschlüssen, Der Konzern 2004, S 1; *Lambertus Fuhrmann/Stefan Simon* Der Ausschluss von Minderheitsaktionären: Gestaltungsüberlegungen zur neuen Squeeze-out-Gesetzgebung, WM 2002, S 1211; *Stephan Geibel/Rainer Süßmann* Wertpapiererwerbs- und Übernahmegesetz (WpÜG), 2002; *Dagmar Gesmann-Nuissl* Die neuen Squeeze-out-Regeln im Aktiengesetz, WM 2002, S 1205; *Sven Greulich* Der Schutz des Minderheitsaktionärs Eine kritische Analyse der §§ 327a ff AktG, 2004; *Group of German Experts on Corporate Law* Zur Entwicklung des Europäischen Gesellschaftsrechts: Stellungnahme der Group of German Experts on Corporate Law zum Konsultationsdokument der High Level Group of Experts on Corporate Law, ZIP 2002, S 1310; *Barbara Grunewald* Der Ausschluß aus Gesellschaft und Verein, 1987; *Barbara Grunewald* Die neue Squeeze-out-Regelung, ZIP 2002, S 18; *Wilhelm Haarmann/Matthias Schüppen* Frankfurter Kommentar zum Wertpapiererwerbs- und Übernahmegesetz, 2. Aufl 2005; *Mathias Habersack* Der Finanzplatz Deutschland und die Rechte der Aktionäre, ZIP 2001, S 1230; *Christian Halasz/Lars Kloster* Nochmals: Squeeze-out – Eröffnung neuer Umgehungstatbestände durch die §§ 327a ff AktG?, DB 2002, S 1253; *Thomas Halberkamp/Martin Greve* Squeeze-out und Barabfindung, FB 2002, S 580; *Dirk Halm* „Squeeze-Out" heute und morgen: Eine Bestandsaufnahme nach dem künftigen Übernahmerecht, NZG 2000, S 1162; *Axel Hamann* Minderheitenschutz beim Squeeze-out-Beschluss, 2003; *Hans Hanau* Der Bestandsschutz der Mitgliedschaft anlässlich der Einführung des „Squeeze Out" im Aktienrecht, NZG 2002, S 1040; *Friedrich Harrer* Gestaltungsspielräume im Gesellschaftsrecht, in: FS Hans Jürgen Sonnenberger, 2004, S 235; *Herbert Harrer/Hans-Ulrich Wilsing* Aktuelle Aspekte des Rückzugs von der Wertpapierbörse (sog. Delisting), DZWIR 2002, S 485; *Renate Hecker/Christoph Kaserer* Going Private im Wege des Minderheitenausschlusses: Eine empirisch orientierte Bestandsaufnahme, BFuP 2003, S 137; *Thomas Heidel/Daniel Lochner* Squeeze-out ohne hinreichenden Eigentumsschutz, DB 2001, S 2031;

Sven Helmis Der Ausschluss von Minderheitsaktionären, ZBB 2003, S 161; *Hartwig Henze* Erscheinungsformen des squeeze-out von Minderheitsaktionären, in: FS Herbert Wiedemann, 2002, S 935; *Heribert Hirte* Informationsmängel und Spruchverfahren, ZHR 167 (2003) S 8; *Verena Huber* Squeeze-out: Rechtslage, Praxis, Bewertung, 2005; *Harald Kallmeyer* Ausschluß von Minderheitsaktionären, AG 2000, S 59; *Harald Kallmeyer* SLIM Schlankheitskur für das EU-Gesellschaftsrecht, AG 2001 S 406; *Jürgen von Kann/Jörn Hirschmann* Das neue Spruchverfahrensgesetz – Konzentration und Beschleunigung einer bewährten Institution, DStR 2003, S 1488; *Götz G. Karrer* Die Angemessenheit der Leistung im Konzern-, Übernahme- und Ausschlussrecht, 2003; *Thomas Keul* Anfechtungsklage und Überwindung der Registersperre im Rahmen des Squeeze-out, ZIP 2003, S 566; *Roger Kiem* Das neue Übernahmegesetz: „Squeeze-out", in: RWS-Forum 20 Gesellschaftsrecht 2001, 2001, S 329; *Matthias Kiesewetter* Befreiung vom Pflichtangebotsverfahren bei anschließendem Squeeze Out?, ZIP 2003, S 1638; *Lars Klöhn* Der Abfindungsanspruch des Aktionärs als Aufopferungsanspruch, AG 2002, S 443; *Jochen König/Hans-Jürgen Römer* Reichweite aktien- und kapitalmarktrechtlicher Rechtsausübungshindernisse – Nach § 20 VII AktG und § 28 S. 1 WpHG ruhende Beteiligungsrechte, NZG 2004, S 944; *Thorsten Körber* Bericht über die Diskussion, ZGR 2002, S 790; *Hans-Georg Koppensteiner* Abfindung bei Aktiengesellschaften und Verfassungsrecht, JBl 2003, S 707; *Mathias Karsten* Vermögensrechtliche Ansprüche der Minderheitsaktionäre beim Squeeze-out und bei der Übernahme, 2006; *Michael Kort* Hauptaktionär nach § 327a Abs 1 Satz 1 AktG mittels Wertpapierdarlehen, AG 2006, S 557; *Michael Kort* Kein Erfordernis der Aufstellung und Auslegung eines Konzernabschlusses beim Squeeze-out (§ 327c III Nr. 2 AktG), NZG 2006, S 604; *Michael Kort* Squeeze-out-Beschlüsse: Kein Erfordernis sachlicher Rechtfertigung und bloß eingeschränkte Rechtsmißbrauchskontrolle, ZIP 2006, S 1519; *Alfred Kossmann* Ausschluss („Freeze-out") von Aktionären gegen Barabfindung, NZG 1999, S 1198; *Gerd Krieger* Squeeze-Out nach neuem Recht: Überblick und Zweifelsfragen, BB 2002, S 53; *Mads Krohn* Minority Squeeze-Outs and the European Convention on Human Rights, EBLR 161 (2004), S 159; *Tobias Kruse* Das „kalte" Delisting börsennotierter Aktiengesellschaften, 2003; *Karlheinz Küting* Der Ausschluß von Minderheiten nach altem und neuem Recht – unter besonderer Berücksichtigung des Squeeze out, DStR 2003, S 838; *Volker Land/Kai Hasselbach* „Going Private" und „Squeeze-out" nach deutschem Aktien-, Börsen- und Übernahmerecht, DB 2000, S 557; *Volker Land/Kai Hasselbach* Das neue deutsche Übernahmegesetz – Einführung und kritische Anmerkungen zum Diskussionsentwurf des BMF –, DB 2000, S 1747; *Christofer Lenz/Rolf Leinekugel* Eigentumsschutz beim Squeeze out, 2004; *Dieter Leuering* Die parallele Angemessenheitsprüfung durch den gerichtlich bestellten Prüfer, NZG 2004, S 606; *Torsten G. Lörcher* Aktienoptionen bei Strukturveränderungen der Arbeitgebergesellschaft Der Schutz der Arbeitnehmeraktienoption bei Eingliederung, Squeeze-out, Umwandlung, Delisting, Betriebsübergang und Insolvenz, 2004; *Georg Maier-Reimer/Franz-Josef Kolb* Abfindung und Börsenkurs – Verfassungsrecht vs. Aktienrecht?, in: FS Welf Müller, 2001, S 93; *Karsten Markwardt* Squeeze-out: Anfechtungsrisiken in „Missbrauchsfällen", BB 2004, S 277; *Kai-Uwe Marten/Stefan Müller* Squeeze-out-Prüfung, in: FS Volker Röhricht, 2005, S 963; *Armin Maslo* Zurechnungstatbestände und Gestaltungsmöglichkeiten zur Bildung eines Hauptaktionärs bei Ausschluss von Minderheitsaktionären (Squeeze-out), NZG 2004, S 163; *Sabine Mattes/Maximilian Graf von Maldeghem* Unternehmensbewertung beim Squeeze Out, BKR 2003, S 531; *Wienand Meilicke* Insolvenzsicherung für die Abfindung außenstehender Aktionäre, DB 2001, S 2387; *Hanno Merkt* Zum Verhältnis von Kapitalmarktrecht und Gesellschaftsrecht in der Diskussion um die Corporate Governance, AG 2003, S 126; *Kai Mertens* Der Auskauf von Minderheitsaktionären in gemeinschaftlich beherrschten Unternehmen, AG 2002, S 377; *Andreas Möller/Thorsten Pötzsch* Das neue Übernahmerecht – Der Regierungsentwurf vom 11. Juli 2001, ZIP 2001, S 1256; *Carl Christian von Morgen* Das Squeeze-Out und seine Folgen für AG und GmbH, WM 2003, S 1553; *Hans Moritz* «Squeeze out»: Der Ausschluss von Minderheitsaktionären nach §§ 327a ff AktG, 2004; *Ulrich Moser/Markus Prüher* Vorteilhaftigkeit von Squeeze-outs am deutschen Markt, FB 2002, S 361; *Peter O. Mülbert* Abschwächungen des mitgliedschaftlichen Bestandsschutzes im Aktienrecht, in: FS Peter Ulmer, 2003, S 433; *Hans-Werner Neye* Der Ausschluss von Minderheitsaktionären («Squeeze out»), in: Wertpapiererwerbs- und Übernahmegesetz (WpÜG), Hirte (Hrsg.) 2002, S 25; *Hans-Werner Neye* Der Vorschlag 2002 einer Takeover-Richtlinie, NZG 2002, S 1144; *Kai-Peter Ott* Reichweite der Angemessenheitsprüfung beim Squeeze-out, DB 2003, S 1615; *Torsten Peters* Übertragung von Gesellschaftsvermögen und „Freezeout" – Konfliktpotential im Minderheitenschutz, BB 1999, S 801; *Markus Pfüller/Dietmar Anders* Delisting-Motive vor dem Hintergrund neuerer Rechtsentwicklungen, NZG 2003, S 459; *Gerhard Picot* Neuregelungen für Unternehmensübernahmen: Übernahmegesetz (WpÜG) und Squeeze-Out (AktG), BFuP 2002, S 433; *Detlev Piltz* Unternehmensbewertung und Börsenkurs im aktienrechtlichen Spruchstellenverfahren, ZGR 2001, S 185; *Thorsten Pötzsch* Das neue Übernahmerecht, 2002; *Thorsten Pötzsch/Andreas Möller* Das künftige Übernahmerecht, WM 2000, Sonderbeilage Nr. 2; *Matthias Popp* Squeeze-out-Abfindung bei Beherrschungs- und Gewinnabführungsverträgen, WPg 2006, 436; *Hans-Joachim Priester* „Squeeze out" durch Herabsetzung des Stammkapitals auf Null?, DNotZ 2003, S 592; *Gregor Püttmann* Der Zwangsausschluss von Minderheiten nach deutschem Aktienrecht, 2006; *Christopher Quandt* Squeeze-out in Deutschland: eine Diskussion der §§ 327 a–f AktG unter besonderer Berücksichtigung der Barabfindung ausgeschlossener Minderheitsaktionäre, 2004; *Armin Reinisch* Der Ausschluss von Aktionären aus der Aktiengesellschaft, 1992; *Bodo Riegger* Das Schicksal eigener Aktien beim Squeeze-out, DB 2003, S 541; *Petra Ritzer-Angerer* Angemessenheit von Barabfindungen beim Squeeze-out, FB 2004, S 285; *Markus Roth* Die übertragende Auflösung nach Einführung des Squeeze-out, NZG 2003, S 998; *Philipp Rühland* Die Zukunft der übertragenden Auflösung (§ 179a AktG), WM 2002, S 1957; *Philipp Rühland* Die Abfindung von aus der Aktiengesellschaft ausgeschlossenen Minderheitsaktionären, WM 2000, S 1884; *Philipp Rühland* Der squeezeout nach dem RefE zum Wertpapiererwerbs- und Übernahmegesetz vom 12.3.2001, NZG 2001, S 448; *Philipp Rühland* Der Ausschluß von Minderheitsaktionären aus der Aktiengesellschaft (Squeeze-out), 2004; *Thomas Scharpf* Chancen und Risiken beim Ausschluss von Minderheitsaktionären, 2004; *Dirk Christoph Schautes* Freigabeverfahren und Anfechtungsklage, DB 2004, S 591; *Maximilian Schiessl* Ist das deutsche Aktienrecht kapitalmarkttauglich?, AG 1999, S 442; *Jack Schiffer/Daniela Roßmeier* Auswirkungen des Squeeze-out auf rechtshängige Spruchverfahren, DB 2002, S 1359; *Dirk Schilling* Der Ausschluß von Minderheitsaktionären unter besonderer Berücksichtigung des Squeeze-out: eine sozialökonomische und rechtswissenschaftliche Analyse, 2006; *Michael Schlitt/Oliver Seiler/Bernd Singhof* Aktuelle Rechtsfragen und Gestaltungsmöglichkeiten im Zusammenhang mit Wandelschuldverschreibungen, AG 2003, S 254; *Thomas Schmallowsky* Squeeze out im normativen Umfeld, 2004; *Harry Schmidt* Ausschluss der Anfechtung des Squeeze-out-Beschlusses bei abfindungswertbezogenen Informationsmängeln, in: FS Peter Ulmer, 2003, S 543; *Harry Schmidt* Schadensersatz nach § 327e Abs 2 i.V.m. § 319 Abs 6 Satz 6 AktG im Wege der Naturalrestitution beim fehlerhaften Squeeze-out, AG 2004, S 299; *Eberhard Schmidt-Aßmann* Der Schutz des Aktieneigentums durch Art 14 GG, in: FS Peter Badura, 2004, S 1009; *Caspar Freiherr v. Schnurbein* Anfechtung von Squeeze-out-Beschlüssen und Registersperre, AG 2005, S 725; *Wolfgang Schön* Der Aktionär im Verfassungsrecht, in: FS Peter Ulmer, 2003, S 1359; *Bastian Schoppe* Aktieneigentum, Diss Bonn 2007; *Matthias Schüppen* Übernahmegesetz ante portas! – Zum Regierungsentwurf eines „Gesetzes zur Regelung von öffentlichen Angeboten zum Erwerb von Wertpapieren und von Unternehmensübernahmen" –, WPg 2001, S 958; *Carsten Schütz* Neuerungen im Anfechtungsrecht durch den Referentenentwurf des Gesetzes zur Unternehmensintegrität und Modernisierung des Anfechtungsrechts (UMAG), DB 2004, S 419; *Carsten Schütz/Tobias Bürgers/Michael Riotte* Die Kommanditgesellschaft auf Aktien, 2004; *Jörg Schwichtenberg* Going Private und Freezeouts, 2003; *Jörg Schwichtenberg* Going Private und Squeezeouts in Deutschland, DStR 2001, S 2075; *Ulrich Seibert/Carsten Schütz* Der Referentenentwurf eines Gesetzes zur Unternehmensintegrität und Modernisierung des Anfechtungsrechts – UMAG, ZIP 2004, S 252; *Christian Sellmann* Ausgleichs- und Verfahrensregelungen des Squeeze-out auf dem Prüfstand des Verfassungsrechts, WM 2003, S 1545; *Johannes Semler/Rüdiger Volhard* Arbeitshandbuch für Unternehmensübernahmen, Band 2 Das neue Übernahmerecht, 2003; *Jürgen J. Sieger/Kai Hasselbach* Der Ausschluss von Minderheitsaktionären nach den neuen §§ 327a ff AktG, ZGR 2002, S 120; *Bernd Singhof/Christian Weber* Bestätigung der Finanzierungsmaßnahmen und Barabfindungsgewährleistung nach dem Wertpapiererwerbs- und Übernahmegesetz, WM 2002, S 1158; *Roland Steinmeyer/Michael Häger/Matthias Santelmann/Florian Steinhardt* WpÜG, 2002; *Christian Strenger* Das deutsche Übernahmegesetz, WM 2000, S 952; *Christoph A. Stumpf* Grundrechtsschutz im Aktienrecht, NJW 2003, S 9; *Gerrit Hellmuth Stumpf* Das deutsche Übernahmerecht – Eine differenzierte Analyse des WpÜG und des Minderheitsausschlusses nach §§ 327a ff AktG, 2004; *Joachim Tebben* Ausgleichszahlungen bei Aktienübergang, AG 2003, S 600; *Ralf Thaeter/Daniel Barth* RefE eines Wertpapiererwerbs- und Übernahmegesetzes, NZG 2001, S 545; *Ralf Thaeter/Tim Oliver*

Brandi Öffentliche Übernahmen – Recht und Praxis der Übernahme börsennotierter Unternehmen, 2003; *Jürgen Than* Zwangsweises Ausscheiden von Minderheitsaktionären nach Übernahmeangebot? in: FS Carsten Peter Claussen, 1997, S 405; *Tobias Tröger* Unternehmensübernahmen im deutschen Recht (II), DZWIR 2002, S 397; *Klaus-Rüdiger Veit* Die Prüfung von Squeeze outs, DB 2005, S 1697; *Eberhard Vetter* Squeeze-out in Deutschland, ZIP 2000, S 1817; *Eberhard Vetter* Squeeze-out nur durch Hauptversammlungsbeschluss?, DB 2001, S 743; *Eberhard Vetter* Abfindungswertbezogene Informationsmängel und Rechtsschutz, in: FS Herbert Wiedemann, 2002, S 1323; *Eberhard Vetter* Squeeze-out – Der Ausschluss der Minderheitsaktionäre aus der Aktiengesellschaft nach den §§ 327a–327f AktG, AG 2002, S 176; *Oliver Vossius* Squeeze-out – Checklisten für Beschlussfassung und Durchführung, ZIP 2002, S 511; *Erich Waclawik,* Die Fortführung des aktienrechtlichen Anfechtungsprozesses durch den ausgeschlossenen Aktionär, ZIP 2007, 1; *Konrad Wartenberg* Die Auslage von Jahresabschlüssen für das letzte Geschäftsjahr beim Squeeze-out, AG 2004, S 539; *Daniel Wehmann* Die Barabfindung beim Squeeze-out, § 327 a–f AktG, 2006; *Fred Wendt* Die Auslegung des letzten Jahresabschlusses zur Vorbereitung der Hauptversammlung – Strukturmaßnahmen als „Saisongeschäft"?, DB 2003, S 191; *Ekkehard Wenger/Christoph Kaserer/Renate Hecker* Konzernbildung und Ausschluss von Minderheiten im neuen Übernahmerecht: Eine verpasste Chance für einen marktorientierten Minderheitenschutz, ZBB 2001, S 317; *Michael Wiesbrock* Erfordernis eines Pflichtangebots nach dem Wertpapiererwerbs- und Übernahmegesetz bei gleichzeitigem Vorliegen der Voraussetzungen eines Squeeze-out?, DB 2003, S 2584; *Peter M. Wiesner* Die neue Übernahmerichtlinie und die Folgen, ZIP 2004, S 343; *Jan Wilhelm/Nils Dreier* Beseitigung von Minderheitsbeteiligungen auch durch übertragende Auflösung einer AG?, ZIP 2003, S 1369; *Hans-Ulrich Wilsing/Tobias Kruse* Zur Behandlung bedingter Aktienbezugsrechte beim Squeeze-out, ZIP 2002, S 1465; *Hans-Ulrich Wilsing/Tobias Kruse* Anfechtbarkeit von Squeeze-out- und Eingliederungsbeschlüssen wegen abfindungswertbezogener Informationsmängel?, DB 2002, S 1539; *Rainer Wilts/Klaus Schaldt/Andreas Nottmeier* Unternehmensbewertung im Rahmen von Squeeze-outs, FB 2002, S 621; *Gerhard Wirth/Michael Arnold* Anfechtungsklagen gegen Squeeze-out-Hauptversammlungsbeschlüsse wegen angeblicher Verfassungswidrigkeit, AG 2002, S 503; *Georg A. Wittuhn/Heiko A. Giermann* Herausdrängen von Minderheitsaktionären einer Aktiengesellschaft – Gestaltungsmöglichkeiten beim squeeze out, MDR 2003, S 372; *Martin Wolf* Der Minderheitenausschluss qua „übertragender Auflösung" nach Einführung des Squeeze-Out gemäß §§ 327a–f AktG, ZIP 2002, S 153; *Lutz Zimmer/Jon Marcus Meese* Vergleiche im Spruchverfahren und bei Anfechtungsklagen, NZG 2004, S 201; *Wolfgang Zöllner* Aktionär und Eigentum, GesRZ 2004, Sonderheft, S 5; *Christian Zschocke/Stephan Schuster* Bad Homburger Handbuch zum Übernahmerecht, 2003.

2. Schrifttum zu ökonomischen Fragen

Lucian Bebchuk/Marcel Kahan Adverse Selection and Gains to Controllers in Corporate Freezeouts, in: Morck (ed), Concentrated Corporate Ownership, 2000, S 257; *John C Coates IV* "Fair Value" as an Avoidable Rule of Corporate Law: Minority Discounts in Conflict Transactions, 147 U Pa L Rev 1251 (1999); *Harry DeAngelo/Linda DeAngelo/Edward M Rice* Going Private Minority Freezeouts and Stockholder Wealth, 27 J L & Econ 367 (1984); *Uwe Dindas* Squeeze-out and Economic Value Added: An Overview of the Squeeze-out Procedure in Germany and a Thorough Introduction into the Foundations of Economic Value Added, 2002; *Florian Eisele/Andreas Walter* Kursreaktionen auf die Ankündigung von Going Private-Transaktionen am deutschen Kapitalmarkt, ZfbF 58 (2006) 337; *Olaf Erhardt* Viel Lärm um Nichts? – Zur (Ir)Relevanz der Risikoprämie für die Unternehmensbewertung im Rahmen von Squeeze-outs, AG 2005, Sonderheft Fair Valuations, S 3; *Peter Gampenrieder* Squeeze-out: Rechtsvergleich, empirischer Befund und ökonomische Analyse, 2004; *Peter Gampenrieder* Squeeze-out – Die Verbindung von Trennungseffekt und angemessener Abfindung, WPg 2003, S 481; *Renate Hecker* Regulierung von Unternehmensübernahmen und Konzenrecht, Teil I: Empirische Analyse des aktienrechtlichen Minderheitenschutzes im Vertragskonzern, Teil II: Modelltheoretische Analyse alternativer Übernahme- und Abfindungsregeln, 2000; *Renate Hecker/Christoph Kaserer* Going Private im Wege des Minderheitenausschlusses: Eine empirisch orientierte Bestandsaufnahme, BFuP 55 (2003) 137; *Sven Helmis/Oliver Kemper* Squeeze-out in Deutschland, DBW 62 (2002), S 512; *Sven Oeverdieck* Der Kapitalisierungszinssatz bei Unternehmensbewertungen in Squeeze-out-Verfahren, 2006; *Uwe Rathausky* Empirische Untersuchung zur

Frage der ökonomischen Vorteilhaftigkeit des Squeeze-out in Deutschland, FB 2004, S 107; *Guhan Subramanian* Fixing Freezeouts, 115 Yale LJ 2 (2005).

3. Schrifttum zu steuerrechtlichen Fragen

Anton Götzenberger Squeeze-Out: Steuerschädlicher Zwangsausschluss von Kleinaktionären, LSW Gruppe 18, S 173; *Thomas Rödder* Steuerliche Folgen des Going Private, BFuP 2003, S 163; *Rudolf Schumacher* Private Veräußerungsgeschäfte nach § 23 EStG für Minderheitsaktionäre als steuerliche Folgen beim sog. „Squeeze-out"?, DB 2002, S 1626; *Günther Strunk/Sylvia Bös* Steuerliche Aspekte beim Squeeze-Out für die Minderheits- wie Mehrheitsgesellschafter, FB 2003, S 601; *Günther Strunk/Alexander Jehn* Squeeze Out und ungelöste steuerliche Konsequenzen für Minderheitsgesellschafter, NWB Fach 3, S 12157; *Erich Waclawik* Ausgeschlossen und dennoch veräußert? – Die einkommensteuerlichen Folgen der „Steuerfalle Squeeze-out" bei Privatanlegern, DStR 2003, S 447.

4. Schrifttum zum ausländischen Recht

Frank Diemer/Kai Hasselbach Öffentliche Übernahmeangebote in Italien, NZG 2000, S 824; *Christoph Van der Elst/Lientje van den Steen* Squeezing and Selling-out – a Patchwork of Rules in Five European Member States, ECL 2007, 19; *Mario Gall/Matthias Potyka/Martin Winner* Squeeze out. Der Gesellschafterausschluß bei AG und GmbH, 2006; *Peter Hommelhoff* Übernahmeangebote im italienischen Recht aus deutscher Sicht, in: Jahrbuch für Italienisches Recht Bd. 14, 2001, S 121; *Claudia Kaindl/Bernhard Rieder* Neuerungen für das Pflichtangebot und Gesellschafterausschluß GesRZ 2006, S 247; *Susanne Kalss* Das neue Recht des Gesellschafterausschlusses, GesRZ 2006, Sonderheft S 39; *Susanne Kalss/Johannes Zollner* Squeeze out, 2007; *Susanne Kalss/Johannes Zollner* Kapitalmarktrechtliche Überlegungen zum „Squeeze out" börsennotierter Unternehmen, ÖBA 2004, S 237; *Martin Löffler* Der Rechtsschutz bei Ausschluß eines Gesellschafters – bisherige Rechtslage – Rechtslage nach dem GesAusG – weitere rechtspolitische Desiderata, GesRZ 2006, Sonderheft S 61; *Kimberly MacKinnon/Thomas Bachner* Schutz der Minderheitsaktionäre in Großbritannien, GesRZ 2006, Sonderheft S 31; *Thomas Ruhm* Neuerungen zum Squeeze-out durch das Übernahmerechts-Änderungsgesetz 2006, ecolex 2006, 291; *Jürgen J. Sieger/Kai Hasselbach* Ausschluss von Minderheitsaktionären (Squeeze-out) im ausländischen Recht, NZG 2001, S 926; *Arkadiusz Wowerka* Zwangsaufkauf von Aktien nach polnischem Recht, RIW 2004, S 89.

5. Schrifttum zum übernahmerechtlichen Ausschlussverfahren

Thomas Bachner Europarechtliche Grundlagen des Squeeze out, GesRZ 2006, Sonderheft, S 3; *Thomas Heidel/Daniel Lochner* Der übernahmerechtliche Squeeze- und Sell-out gemäß §§ 39a ff WpÜG, Der Konzern 2006, 653; *Thomas Heidel/Daniel Lochner* Verfassungswidrigkeit der Squeeze-out-Regelungen der umzusetzenden EU-Übernahmerichtlinie, DB 2005, S 2564; *Klaus J. Hopt/Peter O. Mülbert/Christoph Kumpan* Reformbedarf im Übernahmerecht, AG 2005, S 109; *Tim Johannsen-Roth/Staffan Illert* Paketerwerbe und öffentliche Übernahmeangebote im Lichte des neuen übernahmerechtlichen Squeeze out nach § 39a WpÜG, ZIP 2006, S 2157; *Hartmut Krause* BB-Europareport – Die EU-Übernahmerichtlinie – Anpassungsbedarf im Wertpapiererwerbs- und Übernahmegesetz, BB 2004, S 113; *Hartmut Krause* Der Kommissionsvorschlag für die Revitalisierung der EU-Übernahmerichtlinie, BB 2002, S 2341; *Silja Maul* Die EU-Übernahmerichtlinie – ausgewählte Fragen, NZG 2005, S 151; *Silja Maul/Daniele Muffat-Jeandet* Die EU-Übernahmerichtlinie – Inhalt und Umsetzung in nationales Recht (Teil II), AG 2004, S 306; *Hanno Merkt/Jens-Hinrich Binder* Änderungen im Übernahmerecht nach Umsetzung der EG-Übernahmerichtlinie: Das deutsche Umsetzungsgesetz und verbleibende Problemfelder, BB 2006, S 1285; *Peter O. Mülbert* Umsetzungsfragen der Übernahmerichtlinie – erheblicher Änderungsbedarf bei den heutigen Vorschriften des WpÜG, NZG 2004, S 633; *Philipp Rühland* Der übernahmerechtliche Squeeze-out im Regierungsentwurf des Übernahmerichtlinie-Umsetzungsgesetzes, NZG 2006, S 401; *Matthias Schüppen* WpÜG-Reform: Alles Europa, oder was?, BB 2006, S 165; *Christoph H. Seibt/Kristian J. Heiser* Analyse des Übernahmerichtlinie-Umsetzungsgesetzes (Regierungsentwurf), AG 2006, S 301; *Christoph Seibt/Kristian Heiser* Analyse der EU-Übernahmerichtlinie und Hinweise für eine Reform des deutschen Übernahmerechts, ZGR 2005, S 200; *Christoph H. Seibt/Kristian J. Heiser* Der neue Vorschlag einer EU-Übernahmerichtlinie und das deutsche Übernahmerecht, ZIP 2002, S 2193; *Stefan Simon* Entwicklungen im WpÜG, Der Konzern, S 12; *Peter M. Wiesner* Die neue Übernahmerichtlinie und die Folgen, ZIP 2004, S 343; *Alexander Zinser* Ein neuer Anlauf – der jüngste Vorschlag einer Übernahmerichtlinie vom 2.10.2002, EuZW 2003, S 10.

Rechtsprechung

1. BVerfG

BVerfG (Beschl v 20.9.2002 – 1 BvR 1691/02) NZG 2003, 31 = NJW 2003, 58 = EWiR § 327a AktG 2/03, 141 (*Dreier*): Subsidiarität der Verfassungsbeschwerde ausgeschlossener Minderheitsaktionäre

BVerfG (Beschl v 29.11.2006 – 1 BvR 704/03) ZIP 2007, 175 (Siemens/Nixdorf): Berücksichtigung der Börsenkurse nach Bekanntgabe der Eingliederungsmaßnahme für Abfindung ausscheidender Aktionäre

2. BGH

BGH (Beschl v 25.10.2005 – II ZR 327/03) ZIP 2005, 2107 = AG 2005, 921 = NZG 2006, 117 = WM 2006, 286 = DB 2005, 2567 (*Gayk*) = BB 2005, 2651 (*Bungert*) = Der Konzern 2006, 69 = MDR 2006, 524 = EWiR § 327a AktG 4/05, 845 (*Linnerz*) = WuB II A. § 327a AktG 2.06 (*Hasselbach*) (Invensys Metering Systems AG/Meinecke AG): Verfassungsmäßigkeit der §§ 327a ff AktG

BGH (Beschl v 13.3.2006 – II ZB 26/04) ZIP 2006, 826 = AG 2006, 414 = NZG 2006, 426 = WM 2006, 909 = DB 2006, 1046 = BB 2006, 1069, 1242 (*Mennicke*) = DStR 2006, 958 = EWiR § 306 AktG a.F. 1/06, 355 (*Hirte/Wittgens*) (Badenia/AMB Generali): Wahrung der Antragsfrist für Spruchverfahren durch rechtzeitigen Antrag bei unzuständigem Gericht und Verweisung erst nach Fristablauf

BGH (Beschl v 29.5.2006 – ZZ ZB 5/06) ZIP 2006, 1151 = WM 2006, 1204 = DB 2006, 1362 = BB 2006, 1473 = DStR 2006, 1145 (T-Online/Deutsche Telekom): keine Rechtsbeschwerde im Freigabeverfahren zur Eintragung einer Verschmelzung

BGH (Beschl v 17.7.2006 – II ZR 163/03) AG 2006, 666: Zum Verständnis des § 327c Abs 3 (Philips/PKV)

BGH (Urt v 18.9.2006 – II ZR 225/04) ZIP 2006, 2080 = DStR 2006, 2090 = DB 2006, 2506 = BB 2006, 2543: Zulässigkeit des Squeeze out auch im Liquidationsstadium der AG

BGH (Urt v 5.10.2006 – III ZR 283/05) ZIP 2006, 2312: Staatshaftung bei Eintragung einer Umwandlung vor Ablauf der Anfechtungsfrist

BGH (Urt v 9.10.2006 – II ZR 46/05) ZIP 2006, 2167 = WM 2006, 2216 = DB 2006, 2566 = BB 2006, 2601: Fortsetzung einer Anfechtungsklage trotz Wegfalls der Aktionärsstellung durch Squeeze out (Massa)

3. OLG

OLG Oldenburg (Beschl v 30.9.2002 – 1 W 45/02) ZIP 2003, 1351 = AG 2002, 682 = NZG 2003, 691 = Der Konzern 2003, 148 = DStZ 2003, 743 (KM Europa Metall AG): Verfassungsmäßigkeit des Squeeze out

OLG Frankfurt (Beschl v 10.2.2003 – 5 W 33/02) ZIP 2003, 1654 = AG 2003, 573 = DB 2003, 872 = Der Konzern 2003, 700 = DStZ 2003, 363 (DIC Beteiligungs- und Immobilien AG): Eintragung einer eine Sachkapitalerhöhung ersetzenden Verschmelzung trotz Anfechtungsklage

OLG Hamburg (Urt v 11.4.2003 – 11 U 215/03) ZIP 2003, 1344 = AG 2003, 441 = NZG 2003, 539 = WM 2003, 1271 = DB 2003, 1499 = Der Konzern 2003, 283 = EWiR § 327a AktG 4/03, 739 (*Rottnauer*) = WuB II A. § 327a AktG 1.03 (*Gesmann-Nuissl*) (Philips/PKV): Pflicht des AG-Vorstands beim Squeeze out, Jahresabschlüsse der drei letzten Geschäftsjahre auszulegen, für die ein festgestellter Jahresabschluss vorliegt bzw. nach Bilanzrecht vorliegen müsste

OLG Saarbrücken (Beschl v 7.8.2003 – 2 W 169/03-37) AG 2004, 217 = NZG 2003, 982 = Der Konzern 2004, 217 = NJW-RR 2003, 1684: Antragsteller sind im Spruchverfahren gem. § 327f AktG keine Kostenschuldner

OLG Hamburg (Urt v 8.8.2003 – 11 U 45/03) ZIP 2003, 2076 = AG 2003, 698 = NZG 2003, 978 = DStZ 2003, 820 = EWiR § 327a AktG 5/03, 1169 (*Korsten*) (Volksfürsorge Holding AG): Verfassungsmäßigkeit des Squeeze out

OLG Hamburg (Beschl v 11.8.2003 – 11 W 28/03) AG 2003, 696 = Der Konzern 2003, 615 (Volksfürsorge Holding AG): Verfassungsmäßigkeit der §§ 327a ff AktG

OLG Hamburg (Beschl v 1.9.2003 – 11 W 30/03) ZIP 2003, 2301 = AG 2003, 694 = NZG 2004, 45 (*Lieder, NZG 2005, 159*) = BB 2004, 1295 (*Dißars, BB 2004, 1293*) = Der Konzern 2004, 135 = DStR 2004, 51 = NJW-RR 2004, 125 = EWiR § 67 AktG 1/03, 1165 (*Leuering*): keine Antragsberechtigung für Spruchstellenverfahren nach Squeeze out bei fehlender Eintragung des Inhabers einer Namensaktie im Aktienregister

OLG Celle (Urt v 29.9.2003 – 9 U 55/03) AG 2004, 206 = DB 2004, 301 = Der Konzern 2004, 616 (Allied Signal Chemical Holding AG): Ausschluss von Minderheitsaktionären

OLG Köln (Beschl v 6.10.2003 – 18 W 35/03) ZIP 2004, 760 = AG 2004, 39 = DB 2003, 2592 = BB 2003, 2307 = Der Konzern 2004, 27 = DStZ 2004, 352 = IPRax 2004, 251: Geltendmachung von Informationsdefiziten zur Unternehmensbewertung beim Squeeze out nur im Spruchverfahren

OLG Köln (Beschl v 6.10.2003 – 18 W 36/03) BB 2003, 2311 = Der Konzern 2004, 30: Verfassungsmäßigkeit der §§ 327a ff AktG

OLG Stuttgart (Beschl v 5.11.2003 – 20 W 5/03) ZIP 2003, 2199 = AG 2004, 109 = NZG 2004, 97 = DB 2003, 2693 = Der Konzern 2004, 209 = DStR 2004, 698 (*Wagner*): Mindestwert von 200.000 € als Geschäftswert auch bei Antragsrücknahme im Spruchverfahren

OLG Stuttgart (Beschl v 3.12.2003 – 20 W 6/03) ZIP 2003, 2363 = AG 2004, 105 = NZG 2004, 146 (*Leuering, NZG 2004, 606*) = DB 2004, 60 = Der Konzern 2004, 204 = DStR 2004, 429 = EWiR § 327c AktG 1/04, 833 (*Hasselbach*) (Alcatel SEL AG): Prüfung der Angemessenheit der Barabfindung durch sachverständigen Prüfer beim Squeeze out zeitgleich mit Erstellung des Berichts durch Hauptaktionär

OLG München (Beschl v 4.12.2003 – 7 W 2518/03) ZIP 2004, 237 = AG 2004, 217 = DB 2004, 972 = Der Konzern 2004, 486 = EWiR § 327e AktG 2/04, 685 (*Merkner*) (Bayerische Immobilien AG): mündliche Verhandlung in Verfahren um Eintragbarkeit eines Squeeze out trotz Anfechtungsklage bei fehlender Dringlichkeit

OLG Schleswig (Urt v 18.12.2003 – 5 U 30/03) AG 2004, 155 = NZG 2004, 281 = DB 2004, 1416 = Der Konzern 2004, 487: Pflicht zum Hinweis auf die durch einen Bezugsrechtsausschluss geschaffene Möglichkeit eines Squeeze out im vorbereitenden Vorstandsbericht

OLG Düsseldorf (Beschl v 16.1.2004 – I-16 W 63/03) ZIP 2004, 359 = AG 2004, 207 = NZG 2004, 328 = WM 2004, 728 = DB 2004, 590 (*Schautes*) = Der Konzern 2004, 278 = DStZ 2004, 352 = EWiR § 327e AktG 1/04, 467 (*Sustmann*) = WuB II A. § 327a AktG 1.04 (*Gesmann-Nuissl*) (Edscha AG): offensichtliche Unbegründetheit einer Klage gegen Squeeze out-Beschluss bei fehlender Aussicht auf Erfolg nach voller tatsächlicher und rechtlicher Prüfung

OLG München (Beschl v 11.5.2004 – 7 W 1056/04) AG 2004, 455 = NZG 2004, 781 = DB 2004, 1356 (*Götz*) = DStR 2004, 1359 = Der Konzern 2004, 611: Widerlegung der Abhängigkeitsvermutung; keine Rechtsbeschwerde im Freigabeverfahren

OLG Hamburg (Beschl v 14.6.2004 – 11 W 94/03) AG 2004, 622 = Der Konzern 2005, 105 (VTG-Lehnkering AG): Antragsberechtigung im Spruchverfahren

OLG Köln (Urt v 26.8.2004 – 18 U 48/04) ZIP 2005, 1179 = NZG 2005, 931 = DStR 2005, 1953 = EWiR § 327a AktG 3/05, 527 (*Linnerz*): keine Rechtsmissbräuchlichkeit des Squeeze out-Verfahrens bei in Abwicklung befindlicher Gesellschaft

OLG Hamburg (Beschl v 29.9.2004 – 11 W 78/04) ZIP 2004, 2288 = AG 2005, 253 = NZG 2005, 86 = DB 2004, 2805 (*Hentzen, DB 2005, 1891*) = Der Konzern 2005, 108 = EWiR § 327a AktG 1/05, 287 (*Knoll*) (RWE DEA AG): Unternehmensbewertung im Rahmen eines Squeeze out nach IAS/IFRS

OLG Karlsruhe (Beschl v 28.10.2004 – 12 W 62/04) ZIP 2004, 2205 (Badenia AG/AMB Generali Holding AG): Fristwahrung durch Antrag auf Einleitung eines Spruchverfahrens beim unzuständigen Gericht

OLG Karlsruhe (Beschl v 28.10.2004 – 12 W 65/04) AG 2005, 254 = NZG 2005, 84: gerichtliche Bestimmung der angemessenen Barabfindung

KG (Urt v 25.11.2004 – 2 U 44/03) AG 2005, 478 = NZG 2005, 224 = DB 2005, 41 = BB 2004, 2774 (*Schautes*): Rechtsausübung aus vermeintlichem Beteiligungsbesitz über 25 %

OLG Düsseldorf (Urt v 14.1.2005 – I-16 U 59/04) AG 2005, 293 = NZG 2005, 347 = WM 2005, 650 = Der Konzern 2005, 380 = DStR 2005, 343 = EWiR § 327a AktG 2/05, 495 (*Wilsing*) = WuB II A. § 327a AktG 1.05 (*Gesmann-Nuissl*): Verfassungsmäßigkeit des Squeeze out-Verfahrens und Verfahrensanforderungen

OLG Koblenz (Urt v 27.1.2005 – 6 U 342/04) ZIP 2005, 714 = AG 2005, 365 = DB 2005, 878 = BB 2005, 1352 (*Bungert, BB 2005, 1345*) = Der Konzern 2005, 445 (Massa AG): Wegfall der Klagebefugnis der Aktionäre für Anfechtungsklage bei Verlust der Mitgliedschaft durch Squeeze out

OLG Düsseldorf (Beschl v 9.2.2005 – I-19 W 12/04 AktE) ZIP 2005, 1369 = NZG 2005, 895 = DStR 2005, 1784 (Stelcon/Readymix): nur Darlegung, kein Nachweis der Aktionärseigenschaft im Spruchverfahren innerhalb der Antragsfrist

OLG Saarbrücken (Beschl v 11.2.2005 – 1 W 293/04-47) AG 2005, 366 (Kaufhalle AG): keine Freigabeentscheidung bei Verstoß gegen das Auskunftsrecht

OLG Hamm (Beschl v 17.3.2005 – 27 W 3/05) ZIP 2005, 1457 = AG 2005, 773 = DB 2005, 1263 = Der Konzern 2005, 662 (GEA AG): zur Anfechtbarkeit eines Squeeze out-Beschlusses

OLG Stuttgart (Beschl v 13.5.2005 – 20 W 9/05) AG 2005, 662 = DB 2005, 2235: Ausschluss eines Minderheitsaktionärs: Mündlichkeitsgrundsatz im Freigabeverfahren

OLG Frankfurt (Beschl v 19.5.2005 – 20 W 267/04) AG 2005, 658 (Wayss & Freitag/Hollandsche Beton Groep): Bemessung der Vergütung und eines Vorschusses für den gemeinsamen Vertreter

OLG Düsseldorf (Beschl v 29.6.2005 – I-15W 38/05) ZIP 2005, 2128 = AG 2005, 654 = WM 2005, 1948 = Der Konzern 2005, 747 = EWiR § 327e AktG 1/05, 847 (*Neumann*) = WuB II A. § 327a AktG 1.06 (*Gesmann-Nuissl*): Unbedenklichkeitsverfahren

OLG Frankfurt (Urt v 19.7.2005 – 5 U 134/04) AG 2005, 657 = DB 2005, 2807 = DStZ 2006, 135: keine Nichtigkeit des Übertragungsbeschlusses wegen nicht ordnungsgemäßer Garantieerklärung hinsichtlich der Barabfindung

OLG Frankfurt (Beschl v 10.10.2005 – 20 W 244/05) NZG 2006, 151: Nachweis der Aktionärsstellung im Spruchverfahren

OLG Frankfurt (Beschl v 11.10.2005 – 20 W 149/04) ZIP 2005, 2064 = AG 2006, 160 = NZG 2005, 1016 = DStR 2005, 2049 = DStZ 2006, 56 = Der Konzern 2006, 220 (MAN): Anwendbarkeit des alten Spruchverfahrensrechts bei Antrag vor dem 1.9.2003 unabhängig von dessen Zulässigkeit

OLG Frankfurt (Beschl v 18.10.2005 – 20 W 118/04) ZIP 2006, 443 = AG 2006, 295 = NZG 2006, 272: keine Wahrung der Antragsfrist zur Einleitung eines Spruchverfahrens durch Antrag bei unzuständigem Gericht

OLG Stuttgart (Urt v 16.11.2005 – 20 U 2/05) ZIP 2006, 27 = WM 2006, 292 = WuB II A. § 327a AktG 4.06 (*Gesmann-Nuissl*) (Landesbank Baden-Württemberg): zur Klagebefugnis für Anfechtungsklage nach Verlust der Aktionärsstellung durch Squeeze out

OLG München (Beschl v 11.7.2006 – 31 Wx 41, 66/05) ZIP 2006, 1722 = OLGR München 2006, 750 = Der Konzern 2006, 692: Bemessung der Barabfindung auch bei Marktenge anhand des Börsenkurses

OLG Düsseldorf (Beschl v 4.10.2006 – I-26 W 7/06 AktE) WM 2006, 2219 = DB 2006, 2391: Maßgeblicher Unternehmenswert für Barabfindung beim Squeeze out

OLG München (Urt v 23.11.2006 – 23 U 2306/06) ZIP 2006, 2370 (Lindner): Rechtsmissbrauch des Squeeze out bei Erwerb der 95 %-Beteiligungsquote durch Wertpapierleihe

4. LG

LG Osnabrück (Urt v 5.7.2002 – 13 O 177/02) AG 2002, 527 (*Wirth/Arnold, AG 2005, 503*) = EWiR § 327a AktG 1/02, 981 (*Leuering*) (KM Europa Metall AG): Verfassungsmäßigkeit der §§ 327a ff AktG: Art. 14 GG

LG Hamburg (Urt v 30.10.2002 – 411 O 34/02) ZIP 2003, 168 = AG 2003, 109 = NZG 2003, 186 = DB 2002, 2478 = BB 2002, 2625 (*Beier/Bungert*) = EWiR § 327a AktG 1/03, 1 (*Mallmann*): Auslegung der Jahresabschlüsse der letzten drei Geschäftsjahre vor Squeeze out-Beschluss unabhängig von der handelsrechtlichen Pflicht zur Aufstellung

LG Hamburg (Urt v 13.1.2003 – 415 O 140/02) ZIP 2003, 947 = NZG 2003, 787 = BB 2003, 1296 = Der Konzern 2003, 413 = EWiR § 327a AktG 3/03, 553 (*Wilsing*) (Volksfürsorge Holding AG): Verfassungsmäßigkeit des Squeeze out

LG Berlin (Urt v 17.2.2003 – 99 I 111/02) ZIP 2003, 1352 = DB 2003, 707: kein Verstoß des Squeeze out gegen die grundgesetzliche Eigentumsgarantie

LG Berlin (Beschl v 17.2.2003 – 99 O 142/02) Der Konzern 2003, 635 (Eternit): Freigabeverfahren beim Squeeze out

LG Berlin (Beschl v 25.3.2003 – 102 O 19/03 AktG) ZIP 2003, 1300 = AG 2003, 647 = NZG 2003, 930 = DB 2003, 1669 = BB 2003, 1299: Unzulässigkeit des Antrags auf Bestimmung der angemessenen Barabfindung beim Squeeze out, wenn Eintragung des Übertragungsbeschlusses ins Handelsregister nicht absehbar

LG Frankfurt (Beschl v 14.5.2003 – 3-13 O 22/03) NZG 2003, 731 (korrigiert in NZG 2004, 100) = DB 2003, 1726 = EWiR § 327e AktG 1/03, 1063 (*Vetter*) (SAI Automotive): „Vorläufige" Eintragung eines Squeeze out

LG München I (Beschl v 14.8.2003 – 5 HK O 13413/03) ZIP 2004, 167: Suspendierung vom übernahmerechtlichen Pflichtangebot mit rechtzeitiger Stellung des Befreiungsantrags

LG Frankfurt/M (Urt v 27.8.2003 – 3-13 O 205/02) NZG 2003, 1027 = BB 2003, 2590: Unwirksamkeit eines Squeeze out-Beschlusses

LG Wuppertal (Beschl v 6.11.2003 – 12 O 119/03) AG 2004, 161 (Edscha AG): Ausschluss von Minderheitsaktionären

LG München I (Beschl v 15.1.2004 – 5 HKO 22304/02) AG 2004, 393 = DB 2004, 476 = Der Konzern 2004, 361 = EWiR § 304 a.F. 1/04, 523 (*Kiem/Riedel*) (Ingram Macrotron GmbH): Anwendung des Spruchverfahrens auf das so genannte Delisting

LG Regensburg (Beschl v 16.1.2004 – 2 HK O 2124/03 (1)) Der Konzern 2004, 811 (*Fuhrmann/Linnerz*) (E.ON Bayern): Freigabebeschluss beim Squeeze out

LG Heidelberg (Beschl v 23.1.2004 – 11 AktE 2/02 KfH) EWiR § 327a AktG 1/04, 265 (*Großfeld*) (Scheidemandel): Ermittlung der Barabfindung außenstehender Aktionäre

LG Mainz (Urt v 17.2.2004 – 10 HK O 79/97) NZG 2004, 1118 = DB 2004, 807 (*Dreier*) = BB 2004, 1132 (*Heise/Dreier, BB 2004, 1126*) = Der Konzern 2004, 623: Wegfall der Anfechtungsbefugnis durch Squeeze out

LG Düsseldorf (Beschl v 4.3.2004 – 31 O 144/03) ZIP 2004, 1755 = NZG 2004, 1168 (Kamps): Rechtmäßigkeit eines Squeeze out trotz Zahlungen an ausscheidende Vorstandsmitglieder

LG Bonn (Urt v 9.3.2004 – 11 O 35/03) Der Konzern 2004, 491: Anfechtung eines Squeeze out-Beschlusses

LG Frankfurt/M (Urt v 9.3.2004 – 3/5 O 107/03) ZIP 2004, 1419 = NZG 2004, 672 (*Dißars/Kocher, NZG 2004, 856*) = EWiR § 124 AktG 1/04, 625 (*Kort*) (Radeberger): Anfechtung eines Squeeze out-Hauptversammlungsbeschlusses

LG Frankfurt/M (Beschl v 10.3.2004 – 3-5 O 74/03) ZIP 2004, 808 = AG 2004, 392 = NZG 2004, 425 = Der Konzern 2004, 620 = DStR 2004, 1842 (*Geyrhalter*) = DStZ 2004, 352 (MAN Roland Druckmaschinen AG): Antrag auf Einleitung eines Spruchverfahrens ab Eintragung des Squeeze out-Beschlusses

LG Frankfurt/M (Urt v 31.3.2004 – 3-02 O 97/03) EWiR § 327a AktG 2/04, 525 (*Fleischer/Fuchs*) (Microlog Logistics AG): Squeeze out, Anfechtungsklage, Auskunftsrecht, abfindungswertbezogene Informationsmängel

LG Köln (Beschl v 8.4.2004 – 82 O 23/04) Der Konzern 2004, 619: Freigabeverfahren beim Squeeze out

LG Frankfurt/M (Urt v 4.5.2004 – 3-5 O 22/04) DB 2004, 1550: Squeeze out: wirksame Garantieerklärung hinsichtlich der Barabfindung auch durch eine selbständige Niederlassung einer Bank in einem EU-Mitgliedstaat?

LG Saarbrücken (Beschl v 28.7.2004 – 7 I O 24/04) NZG 2004, 1012: offensichtliche Unbegründetheit der Anfechtung eines Squeeze out-Beschlusses

LG Stuttgart (Beschl v 28.7.2004 – 34 AktE 21/02 KfH) EWiR § 327f AktG 1/04, 1061 (*Knoll*) (ATB Antriebstechnik AG): Minderheitsaktionäre, Abfindung, Alternativinvestition, Basiszins

LG Stuttgart (Urt v 29.9.2004 – 39 O 49/03 KfH) DB 2005, 327: Squeeze out: zulässige Zurechnung des Aktienbestands eines abhängigen Unternehmens beim Hauptaktionär

LG Frankfurt/M (Beschl v 12.10.2004 – 3-5 O 71/04) ZIP 2005, 405 = AG 2005, 545 = DB 2004, 2742 (*Zschocke/Rahlf*) = EWiR § 136 AktG 1/05, 99 (*Wilsing*) (DEPFA Deutsche Pfandbriefbank AG): Leveraged Squeeze out: Unwirksamkeit des Übertragungsbeschlusses im Hinblick auf einen unwirksamen Gewinnverwendungsbeschluss

LG Frankfurt/M (Beschl v 12.10.2004 – 3-5 O 117/04) AG 2005, 490 (DEPFA Deutsche Pfandbriefbank AG): Anfechtbarkeit des Squeeze out-Beschlusses

LG Bochum (Urt v 07.12.2004 – 12 O 136/04) AG 2005, 738 (GEA AG Bochum): Ausschluss von Minderheitsaktionären

LG Frankfurt/M (Beschl v 17.12.2004 – 3-5 O 253/04) ZIP 2005, 215 = NZG 2005, 190 = NJW-RR 2005, 473 = EWiR § 327b AktG 2/05, 193 (*Luttermann*) (Buderus AG): Spruchverfahren über die Angemessenheit der Abfindung nach Squeeze out: Nachweis der Aktionärsstellung innerhalb der Antragsfrist

LG Dortmund (Urt v 7.4.2005 – 18 O 136/04) DB 2005, 1449 = DStZ 2005, 540 = Der Konzern 2005, 603 (Harpen): Anfechtung eines Squeeze out-Beschlusses

LG Mannheim (Urt v 7.4.2005 – 23 O 102/04) AG 2005, 780 (Friatec AG): Bestätigung eines Beschlusses über den Ausschluss von Minderheitsaktionären

LG Frankfurt/M (Beschl v 10.5.2005 – 3-5 O 53/05) AG 2005, 740 (Hoechst AG/SdK): Freigabeverfahren für die Handelsregistereintragung eines Squeeze out-Beschlusses

LG Frankfurt/M (Beschl v 22.6.2005 – 3/8 O 171/02) AG 2005, 930 = DB 2005, 2069: Spruchverfahren nach Squeeze out: fehlende Aktivlegitimation der antragstellenden Aktionäre bei fehlender Eintragung in das Aktienregister

LG Frankfurt (Beschl v 17.1.2006 – 3-5 O 75/03) AG 2006, 757 = Der Konzern 2006, 223: Berücksichtigung des Börsenkurses bei Berechnung der Abfindung auch bei Marktenge (MAN/MAN Roland)

LG Frankfurt (Beschl v 13.6.2006 – 3-5 O 110/04) NZG 2006, 868: Funktion des Spruchverfahrens beim Squeeze out (SAI Automotive)

I. Entstehungsgeschichte

1. Gesetzgebungsverfahren

Die §§ 327a–327f sind durch Art 7 Nr 2 des Gesetzes zur Regelung von öffentlichen Angeboten zum Erwerb von Wertpapieren und von Unternehmensübernahmen vom 20. Dezember 2001[1] in das AktG eingefügt worden und am 1. Januar 2002 in Kraft getreten.[2] Ihr Entstehungsprozess verlief in vergleichsweise ruhigen Bahnen[3]: Die in 1

[1] BGBl I, S 3822.
[2] Vgl Art 12 des Wertpapiererwerbs- und Übernahmegesetzes.
[3] Allgemein zu den einzelnen Stationen des Gesetzgebungsverfahrens *Fleischer/Kalss* S 9 ff; speziell zur Genese der Squeeze out-Vorschriften *Greulich* S 4 ff.

Art 6 des Diskussionsentwurfs vom Juni 2000 enthaltene Ursprungsversion[4] entsprach bereits in allen wesentlichen Punkten der späteren Endfassung. Referentenentwurf[5] und Regierungsentwurf[6] haben nur zu kleineren Änderungen geführt. Während der parlamentarischen Beratungen, die sich in der Stellungnahme des Bundesrates,[7] der Gegenäußerung der Bundesregierung[8] und der Beschlussfassung des Finanzausschusses[9] widerspiegeln, ging es lediglich um Einzelfragen der Barabfindung (vgl § 327b Rdn 12).

2. Rechtswissenschaftliche Vorarbeiten

2 Die Gesellschaftsrechtswissenschaft hat die Ausformung der neuen Rechtsfigur angeregt,[10] maßgeblich mitgeprägt[11] und mitunter kritisch begleitet.[12] Die Initialzündung gab ein Festschriftenbeitrag aus dem Jahre 1997, der in Anlehnung an die britische Regelung ein Ausschlussrecht nach einem erfolgreichen Übernahmeangebot vorschlug.[13] In dieselbe Richtung zielten eine Gesetzesinitiative des Bundesverbandes der Deutschen Industrie vom 6.1.1997 und eine Empfehlung der Börsensachverständigenkommission beim Bundesministerium der Finanzen vom 12.11.1997.

3 Für ein allgemeines, von Übernahmesachverhalten unabhängiges Ausschlussrecht trat erstmals das Forum Europaeum Konzernrecht im Jahre 1998 ein: Seinem Vorschlag zufolge sollte jeder Mehrheitsgesellschafter ab einem gewissen, zwischen 90 und 95 Prozent festzusetzenden Schwellenwert die Möglichkeit zum Ausschluss der Minderheitsaktionäre erhalten.[14] Die Börsensachverständigenkommission hat diesen Vorschlag in ihrem Standpunktepapier vom Februar 1999 aufgegriffen[15] und hiermit beim Handelsrechtsausschuss des DAV Unterstützung gefunden.[16] Nachdem auch die von der Bundesregierung eingesetzte Expertenkommission „Unternehmensübernahmen" in ihrem Eckpunktepapier vom 17. Mai 2000 ein solches Ausschlussrecht befürwortet hatte,[17] war der Weg frei für eine gesetzliche Squeeze out-Regelung.

3. Terminologie

4 Der Gesetzgeber hat den §§ 327a–327f die amtliche Überschrift „Ausschluss von Minderheitsaktionären" vorangestellt. In der Rechtspraxis hat sich für sie die griffigere Kurzbezeichnung „Squeeze out" eingebürgert. Soweit man damit an die US-amerikani-

---

4 Abgedruckt bei *Fleischer/Kalss* S 264 ff (Text) und S 366 ff (Begründung).

5 Abgedruckt bei *Fleischer/Kalss* S 401 ff (Text) und S 511 ff (Begründung).

6 BT-Drucks 14/7034, S 24 f, 31 f, 72 ff.

7 BT-Drucks 14/7034, S 86 f.

8 BT-Drucks 14/7090, S 2.

9 BT-Drucks 14/7477, S 54.

10 Vgl in zeitlicher Reihenfolge: *Than* FS Claussen, 1997, S 405, 421 f; Forum Europaeum Konzernrecht ZGR 1998, 672, 732 ff; DAV-Handelsrechtsausschuß NZG 1999, 850; *Schiessl* AG 1999, 442, 451 f; *T Baums* Gutachten F zum 63. DJT 2000, F 116 f.

11 Vgl aus dem reichhaltigen Schrifttum zum Diskussions-, Referenten- und Regierungsentwurf *P Baums* WM 2001, 1843; *Ehricke/Roth* DStR 2001, 1120; *Halm* NZG 2000, 1162; *Heidel/Lochner* DB 2001, 2031; *Kallmeyer* AG 2000, 59; *Kossmann* NZG 1999, 1198; *Land/Hasselbach* DB 2000, 557; *Rühland* WM 2000, 1884; *ders* NZG 2001, 448; *Schwichtenberg* DStR 2001, 2075; *Wenger/Kaserer/Hecker* ZBB 2001, 317.

12 Grundsatzkritik von *Habersack* ZIP 2001, 1230; sowie in Teilbereichen von *Vetter* ZIP 2000, 1817; *ders* DB 2001, 743.

13 Vgl *Than* FS Claussen, 1997, S 405, 421 f.

14 Vgl Forum Europaeum Konzernrecht ZGR 1998, 672, 738.

15 Vgl Börsensachverständigenkommission beim Bundesministerium der Finanzen, Standpunkte zur künftigen Regelung von Unternehmensübernahmen vom Februar 1999, S 26 f.

16 Vgl DAV Handelsrechtsausschuß NZG 1999, 850.

17 Abgedruckt in *Fleischer/Kalss* S 233, 236.

sche Begrifflichkeit anknüpfen wollte, liegt dem ein Missverständnis zugrunde[18]: In den Vereinigten Staaten bezeichnet man den juristisch-technischen Ausschluss als „Freeze out", um ihn sachlich und begrifflich vom faktischen Hinausdrängen, dem „Squeeze out", zu unterscheiden.[19] Da sich sprachliche Gewohnheiten auch bei besserer Einsicht nur selten ändern, wird hier an dem eingeführten Begriff „Squeeze out" festgehalten.

II. Weitere Gesetzesentwicklung

1. SpruchG und UMAG

Eine erste Novellierung haben die Squeeze out-Regeln durch Art 2 Nr 2 des Gesetzes zur Neuordnung des gesellschaftsrechtlichen Spruchverfahrens vom 12. Juni 2003[20] erfahren: § 327f Abs 2 aF, der die Grundzüge des Spruchverfahrens enthielt, wurde gestrichen und durch eine entsprechende Regelung in §§ 3, 4 SpruchG ersetzt (vgl § 327f Rdn 2). 5

Das Gesetz zur Unternehmensintegrität und Modernisierung des Anfechtungsrechts vom 22. September 2005[21] hat – entgegen ursprünglichen Vorschlägen[22] – den Normtext des § 327f unberührt gelassen. Es wirkt aber durch die Neufassung des § 243 Abs 4 S 1 und 2 nachhaltig auf den Rechtsschutz beim Squeeze out ein (vgl § 327f Rdn 18). 6

2. Übernahmerichtlinie-Umsetzungsgesetz

Durch das Übernahmerichtlinie-Umsetzungsgesetz vom 8. Juli 2006[23] hat der Gesetzgeber in § 39a WpÜG einen übernahmerechtlichen Squeeze out eingeführt. Die Vorschrift dient der Umsetzung von Art 15 der gemeinschaftsrechtlichen Übernahmerichtlinie.[24] Danach kann der Bieter eines Übernahme- oder Pflichtangebots die in der Zielgesellschaft verbliebenen Aktionäre innerhalb einer Dreimonatsfrist ausschließen, wenn ihm nach einem solchen Angebot Aktien der Zielgesellschaft in Höhe von mindestens 95 Prozent des stimmberechtigten Grundkapitals gehören. Die §§ 327a ff bleiben von dieser übernahmerechtlichen Neuregelung grundsätzlich unberührt.[25] Dem Bieter steht es frei, zwischen beiden Ausschlussverfahren zu wählen.[26] Ausgeschlossen ist jedoch die gleichzeitige Durchführung des aktien- und übernahmerechtlichen Verfahrens 7

---

[18] Dazu bereits *Fleischer* ZGR 2002, 757, 772; *Grzimek* in Geibel/Süßmann § 327a Rdn 1; AnwK-AktG/*Heidel*/*Lochner* vor § 327a Rdn 3; *Hamann* S 12 f; *Schwichtenberg* S 9.

[19] Vgl zuletzt *Subramanian* 115 Yale LJ 2, 5 n 1 (2005): „A freezeout is a transaction in which a controlling shareholder buys out the minority shareholders in a publicly traded corporation, for cash or the controller's stock."; ferner *Clark* Corporate Law, 1986, S 500; rechtsvergleichend *P Baums* S 175 ff; *Merkt*/*Goethel* US-amerikanisches Gesellschaftsrecht, 2. Aufl 2005, Rdn 1270 f.

[20] BGBl I, S 838.

[21] BGBl I, S 2802; dazu *Fleischer* NJW 2005, 3525.

[22] Vgl die noch im Referentenentwurf des UMAG, NZG 2004, Beilage 4, vorgesehene Streichung des § 327f S 3 unter gleichzeitiger Erstreckung der S 1 und 2 auf die Fälle des fehlenden oder nicht ordnungsgemäßen Angebots; dazu *Seibert*/*Schütz* ZIP 2004, 252, 256; *Diekmann*/*Leuering* NZG 2004, 249, 254; *Weißhaupt* WM 2004, 705, 710 f.

[23] BGBl I, S 1426.

[24] Richtlinie 2004/25/EG des Europäischen Parlaments und des Rates vom 21.4.2004 betreffend Übernahmeangebote, ABl EG Nr L 142/12 vom 30.4.2004.

[25] Vgl Begr RegE ÜbernahmeRL-Umsetzungsgesetz, BT-Drucks 16/1003, S 14.

[26] Vgl Begr RegE ÜbernahmeRL-Umsetzungsgesetz, BT-Drucks 16/1003, S 14.

(vgl Rdn 31).[27] Ausweislich der Gesetzesmaterialien soll der übernahmerechtliche Squeeze out einen zügigeren und kostengünstigeren Ausschluss ermöglichen[28]: Er erfordert im Gegensatz zu § 327a keinen Hauptversammlungsbeschluss,[29] sondern erfolgt gemäß § 39b WpÜG durch Gerichtsbeschluss im Rahmen eines Antragsverfahrens vor dem Landgericht Frankfurt am Main.

III. Regelungsziele

1. Gesetzgeberische Motive

8 Der Gesetzgeber hat für die Einführung des allgemeinen Ausschlussrechts in §§ 327a ff ein ganzes Motivbündel angeführt.[30] Er gibt zunächst Stimmen aus der Wirtschaft wieder, nach denen es ökonomisch keinen Sinn mache, sehr kleine Minderheiten in Aktiengesellschaften zu belassen. Die Beteiligung von Minderheitsaktionären stelle einen erheblichen – kostspieligen – Formalaufwand dar, der sich aus der Beachtung zwingender minderheitsschützender Normen ergebe. Dieser Aufwand bleibe im Wesentlichen derselbe, auch wenn neben dem Mehrheitsaktionär nur ein Rest an Splitterbesitz vorhanden sei.[31]

9 Darüber hinaus verweisen die Gesetzesmaterialien auf das Obstruktionspotential von Kleinstbeteiligungen: Die Praxis zeige, dass diese oftmals missbraucht würden, um den Mehrheitsaktionär bei der Unternehmensführung zu behindern und ihn zu finanziellen Zugeständnissen zu veranlassen. Eine Behinderung könne insbesondere durch Anfechtung von Hauptversammlungsbeschlüssen erfolgen. Daher ließen sich gegen den Willen einzelner Kleinaktionäre auch notwendige Umstrukturierungen oft nicht oder nur mit großer zeitlicher Verzögerung durchsetzen.[32]

10 Weiterhin erläutert die Regierungsbegründung, dass es Fälle gebe, in denen einzelne Aktien nicht erworben werden könnten, weil deren Inhaber nicht ausfindig zu machen seien oder von ihrem vielleicht ererbten Aktienbesitz selbst nichts wüssten.[33] Außerdem erscheine die Einführung einer Squeeze out-Regelung auch aus rechtsvergleichender Sicht geboten, weil zahlreiche andere Mitgliedstaaten der Europäischen Union über solche Regelungen verfügten.[34]

11 Schließlich stellen die Gesetzesmaterialien einen Zusammenhang der §§ 327a ff mit der Einführung des übernahmerechtlichen Pflichtangebots her: Wer verpflichtet sei, bei Überschreitung einer bestimmten Schwelle ein Angebot auf Übernahme aller Anteile an einer Gesellschaft abzugeben, solle auch die Möglichkeit haben, Kleinstbeteiligungen abzufinden, um damit tatsächlich die Position als alleiniger Anteilseigner zu erreichen. Die vorherige Abgabe eines Angebots nach dem Wertpapiererwerbs- und Übernahme-

---

[27] Vgl Begr RegE ÜbernahmeRL-Umsetzungsgesetz, BT-Drucks 16/1003, S 14.

[28] Vgl Begr RegE ÜbernahmeRL-Umsetzungsgesetz, BT-Drucks 16/1003, S 14; ebenso *Rühland* NZG 2006, 401, 402.

[29] Näher *Heidel/Lochner* Der Konzern 2006, 653, 654; *Merkt/Binder* BB 2006, 1285, 1291; *Meyer* WM 2006, 1135, 1143; *Rühland* NZG 2006, 401, 402.

[30] Vgl Begr RegE WpÜG, BT-Drucks 14/7034, S 31 f; ausführlich dazu *Fleischer* ZGR 2002, 757, 760 ff; *Greulich* S 13 ff; *Moritz* S 23 ff; FK-WpÜG/*Schüppen/Tretter*² § 327a Rdn 1 f.

[31] Vgl Begr RegE WpÜG, BT-Drucks 14/7034, S 31.

[32] Vgl Begr RegE WpÜG, BT-Drucks 14/7034, S 31.

[33] Vgl Begr RegE WpÜG, BT-Drucks 14/7034, S 32.

[34] Vgl Begr RegE WpÜG, BT-Drucks 14/7034, S 32.

gesetz solle allerdings nicht zur Voraussetzung des Squeeze out gemacht werden, auch wenn in der Mehrzahl der Fälle ein solches Angebot vorangehen dürfte.[35]

2. Rechtspolitische Würdigung

Die §§ 327a ff sind von der *Rechtspraxis* von Anbeginn mit großer Zustimmung aufgenommen worden.[36] Diese hohe Akzeptanz, die sich vor allem in der großen Anzahl von Ausschlussverfahren zeigt (vgl Rdn 74), hat bis heute angehalten. Auch in der *Rechtswissenschaft* überwiegt ein positives Gesamturteil;[37] ihre vorherige Grundsatzkritik richtete sich insbesondere gegen den Formalaufwand minderheitsschützender Regelungen[38] und die Gefahr missbräuchlicher Beschlussmängelklagen.[39] **12**

In konzeptionellen Einzelfragen haben die §§ 327a ff allerdings scharfe Kritik erfahren.[40] Als Kardinalfehler gilt vielen die Erstreckung des Squeeze out auf nicht börsennotierte Gesellschaften.[41] Sie sieht sich nicht nur rechtssystematischer Kritik ausgesetzt, sondern ist auch aus rechtsvergleichender und rechtsökonomischer Sicht angreifbar.[42] Überzeugender wäre es daher gewesen, den Squeeze out als ein Rechtsinstitut des „Börsengesellschaftsrechts"[43] auszugestalten und ihn auf kapitalmarktaktive Gesellschaften zu beschränken.[44] Kritikwürdig ist des weiteren die fehlende zeitliche Begrenzung des Ausschlussrechts, weil sie dem Hauptaktionär eine unbefristete *Call*-Option zubilligt[45] und die gesellschaftsinternen Kontrollkräfte schwächt: Eine sinnvolle Ausübung von Informations- und Mitverwaltungsrechten der Kleinanleger ist unter dem Damoklesschwert eines drohenden Ausschlusses auf Dauer kaum möglich.[46] Schließlich bedarf das Ausschlussrecht des Hauptaktionärs zur Ausbalancierung der gegensätzlichen Interessen **13**

---

35 Vgl Begr RegE WpÜG, BT-Drucks 14/7034, S 32.

36 Vgl DAV Handelsrechtsausschuß NZG 2000, 1162, 1164 f; *Halm* NZG 2000, 1162, 1164 f; KK-WpÜG-*Hasselbach* § 327a Rdn 2; *Kallmeyer* AG 2000, 59 ff; *Kiem* in Henze/Hoffmann-Becking (Hrsg), Gesellschaftsrecht 2001, S 329 ff; *Krieger* BB 2002, 53, 55; *Schwichtenberg* DStR 2001, 2075, 2081; *Sieger/Hasselbach* ZGR 2002, 132; FK-WpÜG/*Schüppen/Tretter*[2] § 327a Rdn 1 f; *Vetter* ZIP 2000, 1817 f; *Wolf* ZIP 2002, 153.

37 Vgl MK-*Grunewald*[2] vor § 327a Rdn 2 ff; *Hüffer*[7] § 327a Rdn 4a; *Mülbert* FS Ulmer 2003, S 433, 438 f, 449 f; KK-*Koppensteiner*[3] vor § 327a Rdn 8.

38 Vgl *P Baums* S 26; Forum Europaeum Konzernrecht ZGR 1998, 672, 732 f; *Gampenrieder* S 111 ff; MK-*Grunewald*[2] § 327a Rdn 2; *Moritz* S 23 f; *Rühland* S 114 ff; *Scharpf* S 188; FK-WpÜG/*Schüppen/Tretter*[2] § 327a Rdn 1.

39 Vgl MK-*Grunewald*[2] § 327a Rdn 2; *Moritz* S 25 ff; *Rühland* S 118 ff; *Scharpf* S 188 f; FK-WpÜG/*Schüppen/Tretter*[2] § 327a Rdn 2.

40 Für eine Zusammenstellung der rechtspolitischen Ungereimtheiten *Fleischer* ZGR 2002, 757, 768 ff.

41 Vgl *Drygala* AG 2001, 291, 297 f; Emmerich/*Habersack* Aktien- und GmbH-Konzernrecht[4] § 327a Rdn 5; *Fleischer* ZGR 2002, 757, 770 f; *Gampenrieder* S 125 f; *Greulich* S 42 f; *Habersack* ZIP 2002, 1230, 1232 ff; *Hanau* NZG 2002, 1040, 1042 ff; *Hüffer*[7] § 327a Rdn 4a; *Merkt* AG 2003, 126, 133; *Zöllner* GesRZ 2004, Sonderheft S 5, 12; unzutreffend daher *Mülbert* FS Ulmer, 2003, S 433, 438, wonach dieser Gedanke „nur wenige Befürworter" gefunden hat.

42 Näher *Fleischer* ZGR 2002, 757, 770 ff.

43 Begriff: *Nobel* FS Bär, 1998, S 301; aufgenommen von *Fleischer* ZHR 165 (2001) 513, 514 f; Konzeption: *Fleischer* ZIP 2006, 451, 454 f.

44 Vgl zuletzt *Fleischer* ZIP 2006, 451, 458 sowie die Belege in Fn 41; **aA** MK-*Grunewald*[2] vor § 327a Rdn 5; KK-WpÜG-*Hasselbach* § 327a Rdn 18; *Krieger* BB 2002, 53, 55; *Vetter* AG 2002, 176, 184.

45 Vgl *Fleischer* ZGR 2002, 757, 769 f.

46 Vgl *Fleischer* ZGR 2002, 757, 769; in diese Richtung bereits BGHZ 81, 263, 266 f (KG).

einer Ergänzung durch ein Andienungsrecht der Restminderheit.[47] Einen ersten Schritt in diese Richtung hat der Reformgesetzgeber jüngst durch § 39c WpÜG gemacht, der dem übernahmerechtlichen Squeeze out-Recht ein Sell out-Recht an die Seite stellt.[48]

3. Rechtsökonomische Beurteilung

14 Rechtsökonomisch steht ein gesetzliches Ausschlussrecht im Einklang mit den Einsichten der modernen Verhandlungstheorie.[49] Zwar könnte ein Hauptaktionär Restminderheiten zu einer freiwilligen Anteilsveräußerung veranlassen, doch scheitert eine solche Verhandlungslösung nicht selten am strategischen Verhalten der Gegenseite: Weil der Minderheitsaufwand auch bei schrumpfendem Splitterbesitz im Wesentlichen gleich bleibt, kann es sich für einen Kleinaktionär lohnen, seine Beteiligung als letzter zu veräußern, um eine höchstmögliche Verkäuferrente abzuschöpfen. Rechtsökonomen sprechen plastisch von einem *Holdout*-Problem,[50] zu dessen Überwindung ein Zwangsauskauf beitragen kann.[51] Derselben ökonomischen Logik gehorcht im Übrigen der staatliche Zwangseingriff durch Enteignung,[52] der es gestattet, marktförmige Verhandlungen durch eine gesetzliche *Exit*-Option abzubrechen.[53] Unter diesem Gesichtspunkt lassen sich die Squeeze out-Vorschriften auch als Haftungsregeln (*liability rules*) begreifen, die im Gegensatz zu Eigentumsregeln (*property rules*)[54] einen Ressourcenzugriff gegen den Willen des Rechtsinhabers gestatten, sofern eine Entschädigung gezahlt wird.[55] Schließlich stärkt die Möglichkeit des Gesellschafterausschlusses auch den Markt für Unternehmenskontrolle: Der Anreiz für Unternehmensübernahmen steigt, wenn der Bieter nach einem erfolgreichen Angebot sämtliche Anteile erwerben kann.[56]

15 Eine rechtsökonomisch ausgewogene Lösung verlangt allerdings, dass der Gesetzgeber dem Minderheitenschutz bei der Ausgestaltung des Ausschlussrechts in angemessener Weise Rechnung trägt. Darin liegt nicht nur ein rechtsethisches Gebot,[57] sondern auch und vor allem eine kapitalmarktrechtliche Notwendigkeit: Empirische Untersuchungen aus neuerer Zeit legen nämlich den Schluss nahe, dass Breite und Tiefe nationaler Kapitalmärkte wesentlich von der Leistungsfähigkeit minderheitsschützender Vor-

---

[47] Vgl Emmerich/*Habersack* Aktien- und GmbH-Konzernrecht[4] § 327a Rdn 5; *Fleischer* ZGR 2002, 757, 773 f; Forum Europaeum Konzernrecht ZGR 1998, 672, 736 f; *Gampenrieder* S 126 f; *Hanau* NZG 2002, 1040, 1047; KK-*Koppensteiner*[3] vor § 327a Rdn 8.

[48] Dazu *Meyer* WM 2006, 1135, 1143; *Seibt/Heiser* AG 2006, 301, 320.

[49] Vgl *Fleischer* ZGR 2002, 757, 762.

[50] Vgl *Easterbrook/Fischel* The Economic Structure of Corporate Law, 1991, S 134; *Posner* Economic Analysis of Law, 5th ed 1998, S 458.

[51] Vgl *T Baums* in von Rosen/Seifert (Hrsg), Die Übernahme börsennotierter Unternehmen (1999), S 165, 182; *Fleischer* ZGR 2002, 757, 762; *Rühland* S 180; *Winner* GesRZ 2006, Sonderheft S 9, 13.

[52] Vgl *Fleischer* ZGR 2002, 757, 762; *Winner* GesRZ 2006, Sonderheft S 9, 13.

[53] Vgl *Fleischer* ZGR 2002, 757, 762.

[54] Allgemein zu diesem Gegensatzpaar *Calabresi/Melamed* 85 Harv L Rev 1089 (1972) unter dem Titel „Property Rules, Liability Rules, and Inalienability: One View of the Cathedral".

[55] Vgl mit Blick auf den Squeeze out bereits *Fleischer* ZHR 168 (2004) 673, 701; allgemein zu diesem Ansatz im Gesellschaftsrecht *Whincop* An Economic and Jurisprudential Genealogy of Corporate Law, 2001, S 19 ff unter Gegenüberstellung einer „contract solution" und einer „proprietary solution".

[56] Vgl *Coates* 147 U Pa L Rev 1328 (1999); *Gall/Potyka/Winner* Rdn 75.

[57] Grundlegend *Wiedemann* ZGR 1980, 147, 155 ff; im vorliegenden Zusammenhang *ders* ZGR 1999, 857 unter der programmatischen, auf *Dworkin* anspielenden Überschrift „Minderheitsrechte ernst genommen".

schriften abhängen.[58] Im konkreten Zugriff kommt es vor allem auf die Angemessenheit der Barabfindung an (vgl § 327b Rdn 11 ff).[59] Tiefer gehende finanzwirtschaftliche Analysen zeigen, dass die Gefahr einer Benachteiligung der Minderheitsaktionäre insoweit nicht auszuschließen ist.[60]

Eine Übervorteilung droht den Minderheitsaktionären vor allem durch eine systematische Unterbewertung der Aktien durch den Kapitalmarkt, die auf Informationsasymmetrien zwischen Hauptaktionär und Minderheitsaktionären beruht[61]: Weil der Hauptaktionär regelmäßig besser über den tatsächlichen Unternehmenswert unterrichtet ist als die Minderheitsaktionäre und er den Zeitpunkt des Ausschlussverlangens nach Belieben bestimmen kann, wird er davon in einer Phase Gebrauch machen, in der das Unternehmen am Markt unterbewertet ist.[62] In der ökonomischen Modellierung führt dies zu sog *lemon market*-Effekten: Unterbewertete Unternehmen werden vom Markt genommen, während überbewertete Unternehmen in aller Regel mit unverändertem Mitgliederbestand fortgeführt werden.[63] Neben dem Zeitfaktor sind auch opportunistische Verhaltensweisen des Hauptaktionärs im Vorfeld eines Gesellschafterausschlusses vorstellbar, die darauf ausgerichtet sind, den Unternehmenswert gezielt zu senken.[64] Gesicherte empirische Erkenntnisse über die Wahrscheinlichkeit solcher Ausbeutungsstrategien durch einen Squeeze out stehen freilich noch aus.[65] 16

---

[58] Vgl die inzwischen schon klassische, länderübergreifend angelegte Untersuchungsserie von *LaPorta/Lopez-de-Silanas/Shleifer* 54 J of Finance 471 (1999); *LaPorta/Lopez-de-Silanas/Shleifer/Vishny* 58 J of Financial Economics 3 (2000); *LaPorta/Lopez-de-Silanas/Shleifer* 106 J of Political Economy 113 (1998); *dies* 52 J of Finance 1131 (1997).

[59] Wie hier aus ökonomischer Sicht *Rudolph* Unternehmensfinanzierung und Kapitalmarkt, 2006, S 518; aus juristischer Perspektive *Rühland* S 181.

[60] Vgl *Gampenrieder* S 51 ff; *Hecker* S 238 ff; *Hecker/Kaserer* BFuP 55 (2003) 137 ff; *Helmis* ZBB 2003, 161 ff.

[61] Dazu *Fleischer* ZGR 2002, 757, 779; *Helmis* DBW 52 (2002) 512, 523; für eine theoretische Analyse, nach der allein die Squeeze out-Option unter bestimmten Annahmen zu einer systematischen Unterbewertung führt, *Bebchuk/Kahan* S 247 ff.

[62] Vgl *Fleischer* ZGR 2002, 757, 779; zuletzt *Subramanian* 115 Yale LJ 2, 32 (2005): „First, the controller determines the timing of a freezeout. This means that a controller can freeze out the minority when it perceives that the market price of the target stock is lower than its intrinsic value. Although insider trading restrictions prevent the most egregious forms of this kind of opportunism, the controller may be able to take advantage of smaller pieces of non-public information, which individually do not meet the test for materiality, but collectively give the controller greater insight than the public minority shareholders about the intrinsic value of the company."

[63] Vgl *Fleischer* ZGR 2002, 757, 779; *Wenger/Kaserer/Hecker* ZBB 2001, 317, 323.

[64] Grundlegend *Coates* 147 U Pa L Rev 1251, 1316 (1999); zusammenfassend *Subramanian* 115 Yale LJ 2, 33 (2005): „underinvestment in positive net present value (NPV) projects, investment in negative NPV projects; and shirking managerial responsibilities".

[65] Eine frühe Studie von *DeAngelo/DeAngelo/Rice* 27 J L & Econ 367, 401 (1984) fand keine Nachweise für eine „systematic exploitation of minority shareholders; weitere Vorbehalte formulieren *Easterbrook/Fischel* The Economic Structure of Corporate Law, 1991, S 138: „First, its likelihood has been exaggerated. Second, the possibility of insiders' profiting is a well-known risk for which investors can demand compensation. Third, tricking the market about current value is hard."

IV. Regelungskonzeption

1. Rechtskonzeptionelle Ausrichtung

17 Rechtskonzeptionell geht mit der Einführung des Squeeze out eine Neuorientierung des aktienrechtlichen Leitbildes einher.[66] Die §§ 327a ff lösen sich von einem mitgliedschaftlichen Verständnis der (Klein-)Aktionärsstellung und betonen den Kapitalanlagecharakter des Investments. Sie können sich dabei in zweierlei Hinsicht auf Vorarbeiten in Rechtsprechung und Rechtslehre stützen: Zum einen hat das BVerfG in seiner jüngeren Judikatur zu Art 14 GG ausgesprochen, dass die mitgliedschaftlichen Elemente des korporativen Eigentums bei Kleinaktionären von vornherein nur von untergeordneter Bedeutung seien (vgl Rdn 51).[67] Zum anderen hatten sich schon zuvor im gesellschaftsrechtlichen Schrifttum Stimmen zu Wort gemeldet, die ein rein verbandsrechtliches Verständnis des Aktieneigentums als verfehlt ansehen und die Doppelrolle des Aktionärs als Verbandsmitglied *und* Kapitalanleger hervorheben.[68]

18 Mit der Einführung der §§ 327a ff hat der Gesetzgeber diesen Paradigmenwechsel[69] vom Verbandsmitglied zum Kapitalanleger in Teilbereichen nachvollzogen und weiter vorangetrieben. Er sieht den Kleinaktionär nicht mehr als Miteigentümer des Vermögens seiner konkreten Gesellschaft an,[70] sondern als „Inhaber eines kapitalmarktrechtlichen Anlagepartikels".[71] Dahinter stehen gewandelte Grundvorstellungen über das Aktieneigentum, welches zu einer geldwerten Position,[72] einem „capitalised dividend stream"[73]

---

[66] Näher *Fleischer* ZGR 2002, 757, 766 ff; *Mülbert* FS Ulmer, 2003, S 433, 449 f; *Zöllner* GesRZ 2004, Sonderheft S 5, 11 ff.

[67] Vgl BVerfG NJW 2001, 279, 280.

[68] Grundlegend *Mülbert* Aktiengesellschaft, Unternehmensgruppe und Kapitalmarkt, 2. Aufl 1996, S 97 ff, 154 ff und passim; *ders* in Großkomm AktG[4] vor §§ 118–147 Rdn 201; knapper schon zuvor *Mertens* AG 1990, 49, 52. Aus neuerer Zeit *Fleischer* ZGR 2002, 757, 766 f („Doppelrolle"); *Kalss* Anlegerinteressen. Der Anleger im Handlungsdreieck von Vertrag, Verband und Markt (2002), S 63 („intuitus pecunia"); *Mülbert* FS Ulmer, 2003, S 433, 450 („hybrider Aktionär").

[69] Vgl *Fleischer* ZGR 2002, 757, 766; dem folgend *Greulich* S 43, 50; abschwächend *Zöllner* GesRZ 2004, Sonderheft S 5; die dort erhobene Begriffskritik übersieht, dass *Kuhn* selbst Verbindungslinien zur Rechtswissenschaft zieht, vgl *Kuhn* Die Struktur wissenschaftlicher Revolutionen, 2. Aufl 1976, S 37: „In einer Wissenschaft hingegen ist ein Paradigma selten ein Objekt der Wiederholung. Es ist vielmehr, der Entscheidung eines Präzedenzfalles im Rechtswesen ähnlich, ein Objekt für weitere Artikulierung und Spezifizierung unter neuen oder strengeren Voraussetzungen."

[70] Sehr klar BVerfG NJW 2001, 279, 280: „Es ist verfassungsrechtlich nicht zu beanstanden, wenn die Beeinträchtigung der Minderheitsaktionäre hinsichtlich ihrer Kapitalanlagen im Lichte dieses Grundrechts nicht als besonders schwer bewertet wird, sofern die Aktionäre eine dem Wert ihrer Aktien entsprechende Entschädigung erhalten. Dann ist es ihnen in aller Regel möglich, eine alternative Kapitalanlage in einem Unternehmen gleicher oder ähnlicher Ausrichtung zu finden, jedenfalls in Zeiten eines funktionierenden Kapitalmarkts."

[71] *Zöllner* GesRZ 2004, Sonderheft S 5, 9.

[72] Vgl *Hopt* in Hommelhoff/Hopt/Lutter, Konzernrecht und Kapitalmarktrecht, 2001, S 278, 291.

[73] Vielzitiert die dagegen ankämpfende Leitentscheidung des *High Court of Australia Gambotto v WCP Limited* (1995) 182 CLR 432, 447: „A share is liable to modification or destruction in appropriate circumstances, but it is more than a capitalized dividend stream: it is a form of investment that confers proprietary rights on the investor."; eingehend dazu *Fleischer* ZGR 2002, 757, 767 f; *Walton* 12 Australian J Corp Law 20 (2000); *Whincop* 23 Australian Bus L Rev 276 (1995).

herabgestuft wird. Anders gewendet genießt die verbandsrechtliche Mitgliedschaft beim Vorliegen der Squeeze out-Voraussetzungen keinen Bestandsschutz mehr, sondern nur noch Vermögensschutz.[74] Damit sind die §§ 327a ff zugleich sichtbares Sinnbild eines tiefer gehenden Veränderungsprozesses, der die Gewichte zwischen Aktien- und Kapitalmarktrecht verschiebt.[75] Es bleibt abzuwarten, ob diese Tendenz zur Verdünnung aktienrechtlicher Mitgliedschaftsrechte weiter anhält. Die Bestimmungen des UMAG[76] zur Belebung der Aktionärsklage und der Sonderprüfungsrechte könnten in eine gegenteilige Richtung deuten.[77]

2. Rechtstechnische Ausformung

Rechtstechnisch hat der Gesetzgeber vor allem bei der Mehrheitseingliederung nach **19** § 320 Maß genommen. Dies zeigt sich nicht nur an der rechtssystematischen Stellung der §§ 327a ff, sondern auch bei der Wahl des Schwellenwertes von 95 Prozent und bei dem Erfordernis eines Hauptversammlungsbeschlusses.[78] Für den Rechtsanwender ist es daher bei Zweifelsfragen stets ratsam, einen Seitenblick auf die Rechtslage bei der Mehrheitseingliederung zu werfen. An verschiedenen Stellen, zB bei der Zurechnung nach § 16 Abs 4,[79] hat der Gesetzgeber sich allerdings von dem eingliederungsrechtlichen Vorbild gelöst und eigene Wege beschritten. Auch dort vermittelt die Gegenüberstellung von Eingliederungs- und Squeeze out-Recht aber wertvolle Einblicke in die Grundstruktur beider Rechtsinstitute.

Darüber hinaus hat sich der Gesetzgeber hinsichtlich der Informationspflichten des **20** Hauptaktionärs gegenüber den Minderheitsaktionären an dem Vorbild des Unternehmensvertrags-, Eingliederungs- und Verschmelzungsrechts orientiert.[80] Das zeigt sich zum einen an den Berichtsanforderungen des § 327c Abs 2 S 1, die sich an jene der §§ 293a Abs 1, 319 Abs. 3 Nr 3, 320 Abs 4 S 2 AktG, 8 Abs 1 UmwG anlehnen, zum anderen an dem Auslegungserfordernis des § 327d, das den §§ 293g Abs 1, 319 Abs 3 S 3 AktG, 64 Abs 1 S 1 UmwG nachgebildet ist. Überdies schreibt § 327c Abs 2 S 2 in Übereinstimmung mit dem Vertrags-, Eingliederungs- und Verschmelzungsrecht die Bestellung eines Ausschließungsprüfers vor, der die Angemessenheit der Barabfindung prüft. In einem Punkt hat § 327c Abs 2 S 3 sogar eine Pionierrolle übernommen, indem er die Prüferauswahl und -bestellung in die Hände des zuständigen Gerichts legt, um dem Eindruck der Nähe des Prüfers zum Hauptaktionär entgegenzuwirken (vgl § 327c Rdn 18). Die Überzeugungskraft dieses Gedankens hat den Gesetzgeber im Rahmen des SpruchG (vgl Rdn 5) veranlasst, den Bestellungsmodus im Unternehmensvertrags-, Eingliederungs- und Verschmelzungsrecht entsprechend zu ändern.[81]

---

[74] Vgl Emmerich/*Habersack* Aktien- und GmbH-Konzernrecht[4] § 327a Rdn 5; KK-*Koppensteiner*[3] vor § 327a Rdn 8; *Mülbert* FS Ulmer, 2003, S 433, 449; *Vetter* AG 2002, 176, 177; *Schoppe* § 7 II 2 c cc.

[75] Näher *Fleischer* ZIP 2006, 451, 453 ff.

[76] BGBl 2005, I, S 2802.

[77] Vgl *Fleischer* NJW 2005, 3525, 3526 f.

[78] Ausdrücklich in diesem Sinne Begr RegE WpÜG, BT-Drucks 14/7034, S 72, die von dem „als Vorbild dienenden Fall der Mehrheitseingliederung" spricht.

[79] Vgl Begr RegE WpÜG, BT-Drucks 14/7034, S 72.

[80] Vgl Begr RegE WpÜG, BT-Drucks 14/7034, S 73.

[81] Vgl *Büchel* NZG 2003, 793, 800 f; *Baßler* AG 2006, 487.

V. Rechtsdogmatik

1. Aktienrecht

21 Die §§ 327a ff greifen tief in das hergebrachte aktienrechtliche Dogmengebäude ein.[82] Sie ermöglichen dem Hauptaktionär einen gezielten und grundlosen Ausschluss sämtlicher Minderheitsaktionäre[83] und gehen damit deutlich über die bisherigen Ausschlusstechniken hinaus, die durchweg enge Tatbestandsvoraussetzungen vorsehen (vgl Rdn 34ff). Dogmatisch bildet die Mitgliedschaft daher kein „absolut wohlerworbenes",[84] unentziehbares Aktionärsrecht mehr. Vielmehr erhält der Hauptaktionär ein allein in seinem Ermessen liegendes Zugriffsrecht, das man als einseitiges Gestaltungsrecht[85] oder unbefristetes Optionsrecht[86] einordnen kann. Dies spricht nicht gegen die rechtspolitische Sinnhaftigkeit des Squeeze out (vgl Rdn 12f), verdeutlicht aber die Tragweite der gesetzlichen Neuerung.

22 Trotz der einschneidenden Auswirkungen für den ausgeschlossenen Aktionär stellt der Squeeze out keine Grundlagen- oder Strukturänderung dar.[87] Unter diesen Begriff subsumiert die hM Maßnahmen, welche die Identität (Verschmelzung, Spaltung), die Rechtsform (Formwechsel), die Kapitalstruktur (Kapitalerhöhung, Kapitalherabsetzung), den Gesellschaftszweck (Liquidation, Konzernierung) oder die Organzuständigkeiten (Beherrschungs- und Gewinnabführungsvertrag, Eingliederung) ändern.[88] Der Squeeze out lässt Identität, Rechtsform und Kapitalstruktur der betroffenen Gesellschaft dagegen ebenso unberührt wie ihren Gesellschaftszweck und die Organzuständigkeiten, weil er keine konzernrechtlichen Auswirkungen hat (vgl Rdn 24).[89] Durch den gesetzlichen Übergang aller Aktien auf den Hauptaktionär kommt es nur zu einer Änderung des Aktionärskreises. Allenfalls kann man davon sprechen, dass die §§ 327a ff aufgrund ihrer regelungstechnischen Anlehnung an die Mehrheitseingliederung (vgl Rdn 19) in das Gewand einer Strukturmaßnahme gekleidet sind.[90]

---

[82] Vgl *Fleischer* ZGR 2002, 757, 758 f; ähnlich Emmerich/*Habersack* Aktien- und GmbH-Konzernrecht[4] § 327a Rdn 5 („gesellschaftsrechtlich betrachtet ein Fremdkörper"); *Habersack* ZIP 2001, 1230, 1235 („Fremdkörper"); *Hamann* S 2 („umstürzende Neuerung"); *Hanau* NZG 2002, 1040 („Systembruch"); *Kiem* in Henze/Hoffmann-Becking S 329, 332 („Fremdkörper im deutschen Gesellschaftsrecht"); *Mülbert* FS Ulmer, 2003, S 433, 449 („stärkster Bruch mit dem verbandsrechtlichen Ausgangspunkt des Aktienrechts"); *Vetter* AG 2002, 176, 177 („entscheidende Veränderung der verbandsrechtlichen Grundlagen des Aktienrechts").

[83] Treffend *Fuchs* § 1 II; ähnlich *Fleischer* ZGR 2002, 757, 760: „breitflächiger und voraussetzungsloser Ausschlussgrund".

[84] Zur Kategorie „absolut wohlerworbener" Rechte *Kunz* Der Minderheitenschutz im schweizerischen Aktienrecht, 2001, § 10 Rdn 190 mit Fn 530.

[85] So *Gude* Strukturänderungen und Unternehmensbewertung zum Börsenkurs, 2004, S 107; *Weber* NJW 2000, 3461, 3473; *Vetter* ZIP 2000, 1817, 1821; *ders* DB 2001, 743, 744.

[86] So *Fuchs* § 1 III 4.

[87] Wie hier *Emmerich/Habersack* KonzernR[8] § 10a II 1, S 155; *Fuchs* § 1 III 2; *Greulich* S 50 f; *Gude* Strukturänderungen und Unternehmensbewertung zum Börsenkurs, 2004, S 107 f; *Vetter* ZIP 2000, 1817, 1821; *ders* DB 2001, 743, 745; **aA** OLG Hamburg NZG 2003, 978, 979; KK-WpÜG-*Hasselbach* § 327a Rdn 60; MK-*Kubis*[2] § 119 Rdn 14; *Raiser/Veil* KapGesR[4] § 16 Rdn 10; wohl auch BGH ZIP 2005, 2107, 2108, wo von „anderen Strukturmaßnahmen" die Rede ist.

[88] Zum Begriff *Kort* Bestandsschutz fehlerhafter Strukturänderungen im Kapitalgesellschaftsrecht, 1998, S 1 ff; *Wiedemann* GesR, Bd I, § 6 III, S 323.

[89] Zutreffend *Fuchs* § 1 IV.

[90] In diesem Sinne *Fuchs* § 1 III 2; *Gude* Strukturänderungen und Unternehmensbewertung zum Börsenkurs, 2004, S 107 f.

Weil der Squeeze out nur die Zusammensetzung des Aktionärskreises verändert, spielt er sich gleichsam hinter dem Vorhang der juristischen Person ab. Er lässt sich als eine Art Zwangsverkauf zwischen Hauptaktionär und Minderheitsaktionären deuten.[91] Das kann in Ausnahmefällen für Begründung und Reichweite vorvertraglicher Informationspflichten des Hauptaktionärs gegenüber den Minderheitsaktionären von Bedeutung sein (vgl § 327d Rdn 12). **23**

2. Konzernrecht

Die §§ 327a ff gehören dogmatisch nicht zu den konzernrechtlichen Bestimmungen.[92] Dies zeigt sich in verschiedener Hinsicht: Zum einen muss der Hauptaktionär kein Unternehmen iSd § 15ff sein;[93] privater Mehrheitsbesitz genügt.[94] Zum zweiten lässt der Übergang der Aktien auf den Hauptaktionär den konzernrechtlichen Status der Gesellschaft unberührt;[95] der nunmehrige Alleinaktionär erlangt kein Weisungsrecht und darf seinen Einfluss nur nach Maßgabe der §§ 311, 317 ausüben, solange kein Beherrschungsvertrag geschlossen wird und auch keine nachträgliche Eingliederung erfolgt.[96] Zum dritten besteht kein konzernrechtlicher Gläubigerschutz nach Art der §§ 321, 322.[97] Diese Konzernrechtsneutralität des Ausschlussverfahrens weckt Zweifel an seiner Ansiedelung im Dritten Buch des AktG („Verbundene Unternehmen").[98] Rechtfertigen lässt sich dieser rechtssystematische Standort allenfalls durch die zahlreichen Regelungsparallelen zur Eingliederung (vgl Rdn 19).[99] Außerdem mag man vorbringen, dass Hauptaktionär und Aktiengesellschaft rechtstatsächlich idR verbundene Unternehmen sein werden,[100] doch bleibt dies ein statistischer und kein dogmatischer Befund. **24**

3. Übernahmerecht

a) **Allgemeines.** Die §§ 327a ff standen von Anbeginn (auch) in einem übernahmerechtlichen Gesamtzusammenhang. Ausweislich der Regierungsbegründung wollte der Gesetzgeber dem Bieter im Anschluss an ein Übernahme- oder Pflichtangebot die Möglichkeit einräumen, Restminderheiten auszukaufen (vgl Rdn 11). Auch wenn der aktienrechtliche Squeeze out hierauf nicht begrenzt war, so konnte man doch mit Fug von einer übernahmerechtlichen Mitprägung sprechen, die sich auch für Auslegungsfragen fruchtbar machen ließ. Seit Einführung der §§ 39a und b WpÜG im Juli 2006 (vgl Rdn 7) haben sich die Grundkoordinaten allerdings verschoben: Das Übernahmerecht verfügt nun über ein eigenständiges Ausschlussrecht. **25**

---

[91] Ebenso Emmerich/*Habersack* Aktien- und GmbH-Konzernrecht[4] § 327a Rdn 1.

[92] Vgl Emmerich/*Habersack* Aktien- und GmbH-Konzernrecht[4] § 327a Rdn 6; *Fleischer* ZGR 2002, 757, 760; *Hüffer*[7] § 327a Rdn 3; KK-*Koppensteiner*[3] vor § 327a Rdn 3; *Moritz* S 92 ff; FK-WpÜG/*Schüppen/Tretter*[2] vor § 327a Rdn 29.

[93] Vgl *Fleischer* ZGR 2002, 757, 760; MK-*Grunewald*[2] § 327a Rdn 5; *Hüffer*[7] § 327a Rdn 7; *Kübler/Assmann* GesR[6] § 30 VIII 1 a, S 439; *Maslo* NZG 2004, 163, 166; *Vetter* AG 2002, 175, 185.

[94] Vgl *Fleischer* ZGR 2002, 757, 60; *Wasmann* in Thaeter/Brandi Teil 7 Rdn 130.

[95] Vgl Emmerich/*Habersack* Aktien- und GmbH-Konzernrecht[4] § 327a Rdn 6; FK-WpÜG/*Schüppen/Tretter*[2] vor § 327a Rdn 29.

[96] Vgl FK-WpÜG/*Schüppen/Tretter*[2] vor § 327a Rdn 29.

[97] Vgl *Hüffer*[7] § 327a Rdn 3.

[98] Vgl Emmerich/*Habersack* Aktien- und GmbH-Konzernrecht[4] § 327a Rdn 6; *Hüffer*[7] § 327a Rdn 3; *Moritz* S 93 f.

[99] In diesem Sinne KK-*Koppensteiner*[3] vor § 327a Rdn 4.

[100] So Emmerich/*Habersack* Aktien- und GmbH-Konzernrecht[4] § 327a Rdn 6.

26 b) **Übernahmerechtlicher Squeeze out. aa) Eigenständige Regelung im WpÜG.** Der übernahmerechtliche Squeeze out tritt in §§ 39a und b WpÜG sachlich und räumlich neben das aktienrechtliche Ausschlussverfahren.[101] Er fußt allein auf kapitalmarktrechtlichen Erwägungen[102] und mildert manche Härten des Pflichtangebots.[103] Seine eigenständige Regelung im WpÜG hat im Schrifttum wegen der besonderen Interessenlage des Bieters vielfach Zuspruch gefunden[104] und ist angesichts unterschiedlicher Regelungstechniken in der Übernahmerichtlinie und den §§ 327a ff auch legistisch gut begründet.[105] Auf längere Sicht sollten die beiden Ausschlussverfahren aber angeglichen werden.[106]

27 bb) **Voraussetzungen und Verfahren.** § 39a Abs 1 S 1 WpÜG setzt voraus, dass ein Bieter nach einem Übernahme- oder Pflichtangebot mindestens 95 Prozent des stimmberechtigten Grundkapitals an der Zielgesellschaft hält. Auf welche Weise er die Ausschlussschwelle erreicht, ist ohne Belang, sofern nur ein enger zeitlicher Zusammenhang mit dem Angebot besteht.[107] Erfasst werden daher auch Paketerwerbe von Großaktionären außerhalb des Angebotsverfahrens[108] sowie Aktienerwerbe über die Börse[109] oder im Zeitraum der erweiterten Annahmefrist nach § 16 Abs 2 WpÜG.[110] Dagegen ist der Bieter bei einem Aktienerwerb aufgrund eines bloßen Aufstockungsangebots nicht zum Ausschluss nach §§ 39a, b WpÜG berechtigt.[111]

28 Eingeleitet wird das übernahmerechtliche Squeeze out-Verfahren durch einen Antrag des Bieters, über den das Landgericht Frankfurt am Main als ausschließlich zuständiges Gericht im FGG-Verfahren entscheidet.[112]

29 cc) **Abfindung.** Wie attraktiv das übernahmerechtliche Ausschlussverfahren tatsächlich sein wird, dürfte sich vor allem bei den Streitfragen um die Abfindung der ausgeschiedenen Aktionäre entscheiden. Nach § 39a Abs 3 Satz 3 ist die im Rahmen des Übernahme- oder Pflichtangebots gewährte Gegenleistung als angemessene Abfindung anzusehen, wenn der Bieter aufgrund des Angebots Aktien in Höhe von mindestens 90 Prozent des vom Angebot betroffenen Grundkapitals erworben hat. Eine verbreitete Schrifttumsmeinung sieht hierin in Übereinstimmung mit der Regierungsbegründung eine

---

[101] Vgl *Merkt/Binder* BB 2006, 1285, 1289; *Simon* Der Konzern 2006, 12, 17.

[102] Vgl *Seibt/Heiser* ZGR 2005, 200, 239 f.

[103] Vgl Bericht der Hochrangigen Gruppe von Experten auf dem Gebiet des Gesellschaftsrechts über die Abwicklung von Übernahmeangeboten vom 10.1.2002, S 70 f; *Seibt/Heiser* AG 2006, 301, 317; vgl auch *Fleischer* ZGR 2002, 757, 760; *Ehricke/Roth* DStR 2001, 1120, 1123; *Kossmann* NZG 1999, 1198, 1202.

[104] Vgl *Austmann/Mennicke* NZG 2004, 846, 847, 855; DAV-Handelsrechtsausschuss NZG 2006, 177, 179; *Hopt/Mülbert/Kumpan* AG 2005, 109, 115; *Krause* BB 2004, 113, 118; *Seibt/Heiser* ZGR 2005, 200, 239 f; *dies* AG 2006, 301, 317; *Wiesner* ZIP 2004, 343, 349.

[105] Zu diesem Gesichtspunkt *Merkt/Binder* BB 2006, 1285, 1289; *Seibt/Heiser* AG 2006, 301, 317.

[106] Wie hier *Merkt/Binder* BB 2006, 1285, 1289; *Meyer* WM 2006, 1135, 1143.

[107] Vgl Begr RegE ÜbernahmeRL-Umsetzungsgesetz, BT-Drucks 16/1003, S 21; *Meyer* WM 2006, 1135, 1142; *Seibt/Heiser* AG 2006, 301, 317.

[108] Vgl Begr RegE ÜbernahmeRL-Umsetzungsgesetz, BT-Drucks 16/1003, S 21.

[109] Vgl *Seibt/Heiser* AG 2006, 301, 318.

[110] Vgl *Meyer* WM 2006, 1135, 1142; *Seibt/Heiser* AG 2006, 301, 318.

[111] Vgl Begr RegE ÜbernahmeRL-Umsetzungsgesetz, BT-Drucks 16/1003, S 21; *Meyer* WM 2006, 1135, 1142; rechtspolitische Kritik daran bei *Seibt/Heiser* AG 2006, 301, 318.

[112] Näher zu folgendem *Heidel/Lochner* Der Konzern 2006, 653, 657; *Merkt/Binder* BB 2006, 1285, 1289 f; *Meyer* WM 2006, 1135, 1143; *Seibt/Heiser* AG 2006, 301, 318 f.

unwiderlegliche Vermutung;[113] zahlreiche Gegenstimmen halten dies im Lichte des Art 14 GG (vgl § 327b Rdn 11) für verfassungswidrig.[114] Für die Überprüfung der Angemessenheit der Abfindung steht – anders als nach § 327f S 2 – kein Spruchverfahren zur Verfügung.[115] Es steht daher zu erwarten, dass ausgeschlossene Aktionäre mit dem ihnen einzig gewährten Rechtsbehelf der sofortigen Beschwerde nach § 39b Abs 3 S 3 WpÜG auch die Unangemessenheit der Barabfindung rügen werden.[116]

dd) Gemeinsamkeiten und Unterschiede zum aktienrechtlichen Squeeze out. Aus den vorstehenden Erläuterungen ergibt sich, dass zwischen dem aktienrechtlichen und dem übernahmerechtlichen Squeeze out gewisse Gemeinsamkeiten, aber auch beträchtliche Unterschiede bestehen. Zu den wichtigsten Gemeinsamkeiten gehört, dass der Schwellenwert des § 39a Abs 1 S 1 WpÜG von 95 Prozent mit dem des § 327a Abs 1 S 1 übereinstimmt,[117] obwohl Art 15 der Übernahmerichtlinie auch eine Absenkung auf 90 Prozent zulässt. Die markantesten Unterschiede bestehen in dem Verzicht des übernahmerechtlichen Squeeze out auf einen Hauptversammlungsbeschluss,[118] in der gattungsspezifischen Ausgestaltung sowie in der abweichenden Ermittlung der Abfindungshöhe.[119] **30**

ee) Konkurrenzverhältnis zum aktienrechtlichen Squeeze out. Ein Bieter, der nach einem Übernahme- oder Pflichtangebot mindestens 95 Prozent des stimmberechtigten Grundkapitals an der Zielgesellschaft hält, kann zwischen dem aktien- und übernahmerechtlichen Ausschlussverfahren frei wählen.[120] Entscheidet er sich für den übernahmerechtlichen Squeeze out, finden die §§ 327a ff gemäß § 39a Abs 6 WpÜG nach Antragstellung bis zum rechtskräftigen Abschluss dieses Verfahrens keine Anwendung. Läuft das aktienrechtliche Ausschlussverfahren bereits, wird es mit Stellung des Antrags nach § 39a Abs 1 S 1 WpÜG von Gesetzes wegen beendet, gleichgültig in welchem Stadium es sich befindet.[121] Auf diese Weise wird die gleichzeitige Durchführung beider Ausschlussverfahren verhindert.[122] Ist das übernahmerechtliche Verfahren beendet, kann der Bieter wieder auf die §§ 327a ff zurückgreifen.[123] **31**

c) Squeeze out und Pflichtangebot. Hat ein Erwerber gemäß § 35 Abs 1 WpÜG die Kontrolle über eine börsennotierte Aktiengesellschaft erlangt und will er bei der Zielgesellschaft ein Squeeze out-Verfahren durchführen, stellt sich die Frage, ob er der Restminderheit zuvor gleichwohl ein Pflichtangebot unterbreiten muss.[124] In der Literatur hält man gelegentlich eine teleologische Reduktion der Pflichtangebotsvorschriften für **32**

---

[113] Vgl Begr RegE ÜbernahmeRL-Umsetzungsgesetz, BT-Drucks 16/1003, S 22; *Heidel/Lochner* Der Konzern 2006, 653, 656; *Merkt/Binder* BB 2006, 1285, 1290 f.

[114] Vgl *Habersack* ZIP 2001, 1230, 1238; *Rühland* NZG 2001, 448, 453; *ders* NZG 2006, 401; *Schoppe* § 7 II 2 c cc.

[115] Rechtspolitische Kritik daran bei *Hopt/Mülbert/Kumpan* AG 2005, 109, 117; *Meyer* WM 2006, 1135, 1143; *Schüppen* BB 2006, 165, 168; *Simon* Der Konzern 2006, 12, 17.

[116] Näher *Meyer* WM 2006, 1135, 1143; *Simon* Der Konzern 2006, 12, 17.

[117] Vgl Begr RegE ÜbernahmeRL-Umsetzungsgesetz, BT-Drucks 16/1003, S 21 f; zustimmend DAV-Handelsrechtsausschuss NZG 2006, 177, 179.

[118] Vgl *Heidel/Lochner* Der Konzern 2006, 653, 654; *Rühland* NZG 2006, 401, 402.

[119] Vgl *Rühland* NZG 2006, 401, 402.

[120] Vgl Begr RegE ÜbernahmeRL-Umsetzungsgesetz, BT-Drucks 16/1003, S 14; *Johannsen-Roth/Illert* ZIP 2006, 2157, 2162.

[121] Vgl DAV-Handelsrechtsausschuss NZG 2006, 177, 181; *Seibt/Heiser* AG 2006, 301, 317.

[122] Vgl Begr RegE ÜbernahmeRL-Umsetzungsgesetz, BT-Drucks 16/1003, S 22; DAV-Handelsrechtsausschuss NZG 2006, 177, 181; *Seibt/Heiser* AG 2006, 301, 317.

[123] Vgl Begr RegE ÜbernahmeRL-Umsetzungsgesetz, BT-Drucks 16/1003, S 22.

[124] Vgl FK-WpÜG/*Schüppen/Tretter*[2] vor § 327a Rdn 30 f.

begründbar;[125] andere verweisen auf die Möglichkeit, gemäß § 37 WpÜG einen Befreiungsantrag zu stellen, der mit der verbindlichen Zusage verknüpft werden soll, innerhalb eines konkreten Zeitraums ein Squeeze out-Verfahren bei der Zielgesellschaft durchzuführen.[126]

4. Börsenrecht

33 Die börsenrechtliche Dimension des Squeeze out zeigt sich darin, dass er die häufigste Erscheinungsform des sog kalten Delisting darstellt.[127] Mit dem Übergang der Aktien auf den Hauptaktionär gemäß § 327e Abs 3 S 1 ist ein ordnungsgemäßer Börsenhandel auf Dauer nicht mehr gewährleistet, so dass sich die Börsenzulassung entweder *ipso iure* erledigt oder jedenfalls die Voraussetzungen eines Zulassungswiderrufs nach § 38 Abs 3 BörsG vorliegen (vgl § 327e Rdn 60).

VI. Verhältnis zu anderen Ausschlusstatbeständen

1. Tableau der aktienrechtlichen Ausschlussmöglichkeiten

34 § 327a ergänzt das überkommene Tableau der Ausschlusstatbestände im Aktienrecht, das vor Erörterung der Konkurrenzfragen (Rdn 47) in gebotener Kürze vorzustellen ist.[128] Eingeschliffener Systematik zufolge pflegt man zwischen unmittelbarem und mittelbarem Gesellschafterausschluss zu unterscheiden.[129]

35 a) **Unmittelbarer Ausschluss.** Für einen unmittelbaren Ausschluss von Aktionären stehen neben dem Squeeze out drei Sondertatbestände zur Verfügung: das Kaduzierungsverfahren, die Einziehung von Aktien sowie der Ausschluss aus wichtigem Grund.

36 aa) **Kaduzierung.** Die in § 64 geregelte Kaduzierung betrifft den Ausschluss von Aktionären, die trotz Aufforderung die vom Vorstand eingeforderten Geldeinlagen nicht rechtzeitig einzahlen. Sie dient der realen Kapitalaufbringung.[130] Die Entscheidung über den Ausschluss säumiger Aktionäre liegt im pflichtgemäßen Ermessen des Vorstands,[131] der an das Gleichbehandlungsgebot des § 53a gebunden ist.[132] Die Kaduzierung bewirkt, dass der betroffene Aktionär seine Mitgliedschaft verliert, ohne dafür eine Entschädigung zu erhalten.[133] Nach heute hM geht die Mitgliedschaft nicht unter, sondern auf die Gesellschaft über.[134] In der aktienrechtlichen Praxis spielt das Kaduzierungsverfahren nur eine geringe Rolle.[135]

---

125 Vgl *Wiesbrock* DB 2003, 2584, 2585 f.

126 Näher *Bredow/Liebscher* DB 2003, 1368, 1371; ferner FK-WpÜG/*Schüppen/Tretter*² vor § 327a Rdn 31.

127 Vgl *Habersack* in Habersack/Mülbert/Schlitt (Hrsg), Unternehmensfinanzierung am Kapitalmarkt, 2005, § 28 Rdn 27; ferner *Funke* Minderheitenschutz im Aktienrecht beim „kalten" Delisting, 2005, S 39 f; *Krolop* Der Rückzug vom organisierten Kapitalmarkt (Delisting), 2005, S 36 ff; *Schäfer/Eckhold* in Marsch-Barner/Schäfer (Hrsg), Die börsennotierte AG, 2005, § 63 Rdn 14.

128 Eingehend zu folgendem *P Baums* S 34 ff; *Fuchs* § 2 I; *Rühland* S 27 ff; *Schilling* S 18 ff.

129 Grundlegend *Wiedemann* GesR, Bd I, § 7 III 2 a, S 383.

130 Vgl *Hüffer*⁷ § 64 Rdn 1.

131 Vgl RGZ 79, 174.

132 Vgl RGZ 85, 366.

133 *Hüffer*⁷ § 64 Rdn 7; KK-*Lutter*² § 64 Rdn 27 f.

134 MK-*Bayer*² § 64 Rdn 68, 70; *Hüffer*⁷ § 64 Rdn 8; KK-*Lutter*² § 64 Rdn 27, 35.

135 Zu den Gründen *P Baums* S 79 f.

37 **bb) Einziehung von Aktien.** Die Zwangseinziehung nach § 237 bildet eine zweite Form des unmittelbaren Gesellschafterausschlusses in der Aktiengesellschaft. Sie bedarf nach § 237 Abs 1 S 2 einer satzungsmäßigen Ermächtigung,[136] kann aber zu ganz unterschiedlichen Zwecken, auch zur Beseitigung der betroffenen Mitgliedschaft, eingesetzt werden.[137] Rechtssystematisch bildet die Zwangseinziehung eine eigenständige Form der Kapitalherabsetzung.[138] Sie führt zu einer Vernichtung der eingezogenen Aktien[139] und ist nach hM nur zulässig, wenn die Gesellschaft den betroffenen Aktionär für den Verlust seiner Mitgliedschaft entschädigt.[140]

38 **cc) Ausschluss aus wichtigem Grund.** Ob ein Aktionärsausschluss aus wichtigem Grund auch ohne satzungsmäßige Grundlage statthaft ist, harrt noch einer abschließenden Klärung. Der BGH hat dies für die GmbH schon früh angenommen,[141] aber zugleich angedeutet, dass hierfür bei der AG kein Bedürfnis bestehe, weil die gesellschaftliche Bindung kapitalbedingter sei als bei der GmbH, die Persönlichkeit der Gesellschafter einer geringere Rolle spiele und das gesellschaftliche Verhältnis kein solches Vertrauensverhältnis erfordere wie vielfach bei der GmbH.[142] Mit Anerkennung der mitgliedschaftlichen Treuepflicht zwischen den Aktionären ist der BGH von diesem *obiter dictum* wieder abgerückt und hat die Zulässigkeit eines Aktionärsausschlusses aus wichtigem Grund ausdrücklich offen gelassen.[143] Die heute hL erkennt einen Ausschluss aus wichtigem Grund als *ultima ratio* an.[144] Er erfordert einen Hauptversammlungsbeschluss mit qualifizierter Mehrheit, ist im Klagewege durchzusetzen und nur unter der Voraussetzung einer vollen Abfindung zulässig.[145]

39 **b) Mittelbarer Ausschluss.** Mittelbare Ausschlusstechniken haben den Verlust der Mitgliedschaft nicht – oder jedenfalls nicht offen – zum Ziel, sondern nur zur Folge. Als Musterfall galt bis zu ihrer Abschaffung im Jahre 1994 durch das Umwandlungsbereinigungsgesetz[146] die übertragende Umwandlung,[147] die Gegenstand der Feldmühle-Entscheidung des BVerfG war (vgl Rdn 49). Heute spielen vor allem die übertragende Auflösung, die Harmonikasanierung, die Zusammenlegung von Aktien und die Mehrheitseingliederung eine Rolle.

40 **aa) Übertragende Auflösung.** Die übertragende Auflösung, auch „sale of assets"-Squeeze out oder Moto-Meter-Methode genannt,[148] begegnet in zwei Spielarten[149]: Bei der einen überträgt die Gesellschaft ihr gesamtes Vermögen nach Maßgabe des § 179a auf den Mehrheitsaktionär oder eine vom ihm kontrollierte Tochtergesellschaft gegen Zahlung eines angemessenen Kaufpreises und wird sodann aufgelöst und abgewickelt; im Zuge der Vollbeendigung erhält jeder Aktionär gemäß § 271 einen seiner Beteiligung

---

136 Vgl dazu *Hüffer*[7] § 237 Rdn 6 ff; MK-*Oechsler*[2] § 237 Rdn 16 ff.

137 KK-*Lutter*[2] § 237 Rdn 13; MK-*Oechsler*[2] § 237 Rdn 4.

138 *Hüffer*[7] § 237 Rdn 1; *Krieger* in MünchHdb GesR[2], Bd 4, § 62 Rdn 1; MK-*Oechsler*[2] § 237 Rdn 2.

139 *Hüffer*[7] § 237 Rdn 5; *Krieger* in MünchHdb GesR[2], Bd 4, § 62 Rdn 1; MK-*Oechsler*[2] § 237 Rdn 2.

140 *Hüffer*[7] § 237 Rdn 17; *Krieger* in MünchHdb GesR[2], Bd 4, § 62 Rdn 12; MK-*Oechsler*[2] § 237 Rdn 65.

141 BGHZ 9, 157 ff.

142 Vgl BGHZ 9, 157, 163; 18, 350, 365.

143 Vgl BGHZ 103, 184, 192.

144 *Becker* ZGR 1986, 383, 386 ff; *Grunewald* S 52 ff; KK-*Lutter*[2] § 237 Rdn 119 f; *Reinisch* S 35 ff; *K Schmidt* GesR[4] § 28 I 5, S 803.

145 *Becker* ZGR 1986, 383, 405; *Krieger* in MünchHdb GesR[2], Bd 4, § 62 Rdn 28.

146 BGBl I, S 3210.

147 Eingehend zu ihr *Fuchs* § 1 II 2 a.

148 MK-*Stein*[2] § 179a Rdn 71.

149 Vgl Emmerich/*Habersack* Aktien- und GmbH-Konzernrecht[4] § 327a Rdn 10.

entsprechenden Anteil am Liquidationserlös. Bei der anderen wird die Gesellschaft zunächst durch einen Hauptversammlungsbeschluss nach § 262 Abs 1 Nr 2 aufgelöst, bevor das Gesellschaftsvermögen im Zuge der Liquidation auf den Mehrheitsaktionär oder eine von ihm kontrollierte Tochtergesellschaft übertragen wird. In beiden Fällen bedarf der Hauptversammlungsbeschluss nach hM keiner sachlichen Rechtfertigung und unterliegt demzufolge auch keiner materiellen Beschlusskontrolle durch die Gerichte auf seine Erforderlichkeit und Verhältnismäßigkeit.[150]

41 Das BVerfG hat die übertragende Auflösung in seinem Moto-Meter-Beschluss unter verfassungsrechtlichen Gesichtspunkten gebilligt, solange gewährleistet ist, dass die Minderheitsaktionäre für den Verlust ihrer Beteiligung wirtschaftlich voll entschädigt werden und ihnen ein wirksamer Rechtsbehelf zum Schutz vor Übervorteilung zur Verfügung steht (vgl Rdn 51).[151] Welcher Rechtsbehelf dafür im einzelnen in Betracht kommt, hat das BVerfG offen gelassen.[152] Eine verbreitete Schrifttumsansicht will die Minderheitsaktionäre in Analogie zu §§ 305 AktG, 15, 34 UmwG auf das Spruchverfahren verweisen.[153] Die Gegenansicht lehnt dies ab[154] und befürwortet statt dessen eine Beschlussanfechtung nach § 243 Abs 2 wegen Verfolgung unzulässiger Sondervorteile, wenn der Kaufpreis unangemessen niedrig ist.[155]

42 Bis zur Einführung des Squeeze out bildete die übertragende Auflösung das praktisch wichtigste Instrument zum Ausschluss von Minderheitsaktionären. Sie hat allerdings den Nachteil, dass sie eine Einzelübertragung aller Vermögensgegenstände erfordert und damit vielfach zur steuerschädlichen Aufdeckung stiller Reserven führt.[156] Außerdem handelt es sich regelmäßig um einen langwierigen und umständlichen Vorgang.[157]

43 **bb) Harmonikasanierung.** Von einer „Harmonika"[158] spricht man, wenn eine Kapitalherabsetzung auf Null mit einer Kapitalerhöhung verbunden wird, die zumindest den Mindestnennbetrag des Grundkapitals erreichen muss.[159] Sie kann gezielt zum Ausschluss von Minderheitsaktionären eingesetzt werden, indem der Nennbetrag der neuen Aktien so hoch festgesetzt wird, dass einzelne Aktionäre aufgrund ihrer beschränkten Finanzmittel oder der begrenzten Zahl erwerbbarer Aktien nicht an der Kapitalerhöhung teilnehmen können und deshalb aus der Gesellschaft ausscheiden.[160] Der BGH hat einem solchen Ausschluss in der sog Hilgers-Entscheidung jedoch enge Grenzen gezogen: Danach ist der die Hauptversammlung kontrollierende Mehrheitsaktionär aufgrund seiner mitgliedschaftlichen Treuepflicht gehalten, möglichst vielen der nach § 186 bezugsberechtigten Minderheitsaktionären den Verbleib in der Gesellschaft zu eröffnen.[161] Im konkreten Zugriff folgt daraus die Pflicht, das Entstehen unverhältnismäßig hoher Spit-

---

150 Vgl BGHZ 103, 184, 189 ff; OLG Stuttgart AG 1994, 411, 413; *Hüffer*[7] § 179 a Rdn 9; MK-*Stein*[2] § 179 a Rdn 76.

151 Vgl BVerfG NJW 2001, 279.

152 Vgl BVerfG NJW 2001, 279, 280.

153 Vgl *Lutter/Leinekugel* ZIP 1999, 261, 265 f; *Rühland* WM 2002, 1957, 1964 ff; *Schwichtenberg* DStR 2001, 2075, 2078; *Wolf* ZIP 2002, 153, 157 ff.

154 Vgl BayObLG ZIP 1998, 2002, 2003 ff; OLG Stuttgart ZIP 1997, 362 f; *Mülbert* FS Ulmer, 2003, S 433, 441 f; *Hüffer*[7] § 179 a Rdn 12 a; *Krieger* BB 2002, 53, 54; *Roth* NZG 2003, 998, 1001 ff.

155 Vgl BayObLG ZIP 1998, 2002, 2005; OLG Stuttgart ZIP 1997, 362, 364; *Krieger* BB 2002, 53, 54; *Mülbert* FS Ulmer, 2003, S 433, 441 f; *Roth* NZG 2003, 998, 1001 ff.

156 *Grzimek* in Geibel/Süßmann § 327 a Rdn 9.

157 Vgl *Kallmeyer* AG 2000, 59; FK-WpÜG/*Schüppen/Tretter*[2] vor § 327 a Rdn 13.

158 Begriff: *Böckli* Schweizer Aktienrecht, 3. Aufl 2004, § 2 Rdn 381 ff.

159 BGHZ 119, 305, 306, 319 f; 142, 167, 169 f; *Hüffer*[7] § 228 Rdn 2; KK-*Lutter*[2] § 228 Rdn 3.

160 Näher *Priester* DNotZ 2003, 592, 597 f.

161 Vgl BGHZ 142, 167, 170 f.

zen zu vermeiden, indem der Nennbetrag der neuen Aktien auf den gesetzlichen Mindestbetrag gemäß § 8 AktG festgesetzt wird.[162]

cc) **Zusammenlegung von Aktien.** Bei der Zusammenlegung von Aktien, auch Reverse Stock Split genannt,[163] werden alte Aktien gegen eine geringere Anzahl neuer Aktien umgetauscht.[164] Die Zusammenlegung setzt nach § 222 Abs 4 S 2 eine Kapitalherabsetzung voraus und ist subsidiär gegenüber einer Herabsetzung des Nennbetrags der Aktien.[165] Sie lässt den Aktionärskreis unberührt, solange sämtliche Aktionäre die für den Erwerb einer neuen Aktie erforderlichen Altaktien besitzen. Als Ausschlussinstrument kann die Aktienzusammenlegung eingesetzt werden, indem man das Umtauschverhältnis so hoch festsetzt, dass einzelne Aktionäre aufgrund ihrer beschränkten Finanzmittel oder der begrenzten Zahl erwerbbarer Aktien keine Möglichkeit haben, die für den Umtausch benötigten zusätzlichen Aktien zu erwerben und deswegen aus der Gesellschaft ausscheiden.[166] Enge Grenzen zieht insoweit aber die Hilgers-Entscheidung des BGH zur Harmonikasanierung (vgl Rdn 43), die auch für die Aktienzusammenlegung maßgeblich sein dürfte.[167] Danach verstößt der die Hauptversammlung kontrollierende Mehrheitsaktionär gegen seine mitgliedschaftliche Treuepflicht, wenn das Umtauschverhältnis nicht so gewählt wird, dass möglichst geringe Spitzen entstehen und möglichst viele Minderheitsaktionäre in der Gesellschaft verbleiben können. 44

dd) **Mehrheitseingliederung.** Die Mehrheitseingliederung nach § 320 AktG steht in ihren Wirkungen zwischen Beherrschungsvertrag und Verschmelzung.[168] Sie eröffnet der Hauptgesellschaft gemäß § 323 Abs 1 eine über das beherrschungsvertragliche Weisungsrecht hinausgehende, umfassende Leitungsmacht gegenüber dem Vorstand der eingegliederten Gesellschaft und hebt in § 323 Abs 2 die Grundsätze der Kapitalaufbringung und Kapitalerhaltung teilweise auf. Den erweiterten Einwirkungsmöglichkeiten entspricht ein gegenüber dem Beherrschungsvertrag erweiterter Gläubigerschutz: Gemäß § 322 Abs 1 haftet die Hauptgesellschaft für sämtliche Verbindlichkeiten der eingegliederten Gesellschaft als Gesamtschuldner. In ihrer wirtschaftlichen Wirkung kommt die Eingliederung der Verschmelzung nahe,[169] allerdings bleibt die eingegliederte Gesellschaft als rechtlich selbständige Gesellschaft erhalten.[170] Die Gesetzesmaterialien sprechen anschaulich von einer „rechtlich selbständigen Betriebsabteilung“[171] der Hauptgesellschaft. 45

Nach § 320 Abs 1 S 1 kann die Hauptversammlung einer Aktiengesellschaft die Eingliederung in eine andere Aktiengesellschaft (= Hauptgesellschaft) beschließen, wenn sich mindestens 95 Prozent der Aktien in der Hand der zukünftigen Hauptgesellschaft befinden. Ausweislich der Gesetzesbegründung soll die Eingliederung nicht daran scheitern, dass sich noch eine kleine Minderheit von Aktien in den Händen bekannter oder unbekannter anderer Aktionäre befindet.[172] Hauptgesellschaft kann – anders als beim 46

---

162 Vgl BGHZ 142, 167, 170 f.

163 Vgl *Land/Hasselbach* DB 2000, 557, 560.

164 Vgl *Land/Hasselbach* DB 2000, 557, 560 f.

165 *Krieger* in MünchHdb GesR², Bd 4, § 60 Rdn 5; KK-*Lutter*² § 222 Rdn 25; MK-*Oechsler*² § 222 Rdn 43.

166 Vgl *Land/Hasselbach* DB 2000, 557, 560 f; *Moritz* S 42; *Rühland* S 47.

167 Vgl *Fuchs* § 2 I 2 c bb; *Land/Hasselbach* DB 2000, 557, 560 f; *Moritz* S 42 f; *Rühland* S 47; FK-WpÜG/*Schüppen/Tretter*² vor § 327 a Rdn 14.

168 *Krieger* in MünchHdb GesR², Bd 4, § 73 Rdn 1.

169 Begr RegE AktG 1965 bei *Kropff* S 421; Emmerich/*Habersack* Aktien- und GmbH-Konzernrecht⁴ § 319 Rdn 3.

170 Emmerich/*Habersack* Aktien- und GmbH-Konzernrecht⁴ § 319 Rdn 3; *Krieger* in MünchHdb GesR², Bd 4, § 73 Rdn 2.

171 Begr RegE AktG 1965 bei *Kropff* S 431.

172 Begr RegE AktG 1965 bei *Kropff* S 424.

Squeeze out (vgl § 327a Rdn 11) – nur eine Aktiengesellschaft mit Sitz im Inland sein. Mit der Eintragung der Eingliederung in das Handelsregister gehen alle Aktien, die sich nicht in den Händen der Hauptgesellschaft befinden, auf diese über. Als Ausgleich haben die ausgeschiedenen Aktionäre gemäß § 320b Abs 1 S 1 Anspruch auf angemessene Abfindung; als Regelabfindung sieht § 320b Abs 1 S 2 eigene Aktien der Hauptgesellschaft vor. Im Gegensatz zum Squeeze out bleiben die Minderheitsaktionäre damit zumindest mittelbar an der Gesellschaft beteiligt;[173] der Minderheitskonflikt verlagert sich nur eine Konzernstufe nach oben.[174]

2. Konkurrenzverhältnis zum aktienrechtlichen Squeeze out

47 Ob die Einführung des Squeeze out auf die hergebrachten Ausschlusstechniken zurückwirkt, wird unterschiedlich beurteilt. Die Diskussion kreist vor allem um Zulässigkeit und Grenzen der übertragenden Auflösung. Eine verbreitete Schrifttumsansicht überträgt die 95 Prozent-Schwelle des § 327a Abs 1 auf die übertragende Auflösung[175] und begrenzt den mittelbaren Ausschluss nach der Moto-Meter-Methode – auch aus verfassungsrechtlichen Gründen – auf eine Aktionärsminderheit von höchstens 5 Prozent des Grundkapitals.[176] Nach der wohl herrschenden Gegenansicht steht die übertragende Auflösung dem Mehrheitsaktionär auch bei einer geringeren Beteiligung als 95 Prozent unverändert als mittelbares Ausschlussinstrument zur Verfügung.[177] Sie hat die besseren Gründe auf ihrer Seite: Für eine – wie auch immer begründete – Sperrwirkung der Squeeze out-Vorschriften geben weder die Gesetzesmaterialien noch die Gesetzessystematik einen Anhalt.[178] Jede Ausschlusstechnik folgt vielmehr ihren eigenen Regeln,[179] so dass dem Mehrheitsaktionär bei einem Anteilsbesitz zwischen 75 und 95 Prozent weiterhin die Möglichkeit einer übertragenden Auflösung zu Gebote steht. Dabei muss er freilich die Nachteile[180] in Kauf nehmen, die mit einem solchen Verfahren einhergehen.[181] Verfassungsrechtliche Bedenken dringen nicht durch, zumal das BVerfG in der Feld-

---

173 Vgl *Fuchs* § 2 I 2 d; FK-WpÜG/*Schüppen/Tretter*² vor § 327a Rdn 9.

174 Vgl Emmerich/*Habersack* Aktien- und GmbH-Konzernrecht⁴ § 327a Rdn 9.

175 Vgl *v Morgen* WM 2003, 1553, 1556; *Greulich* S 47 ff mit Fn 295; noch strenger *Wilhelm/Dreier* ZIP 2003, 1369, 1373 ff, die eine übertragende Auflösung von vornherein für unzulässig halten.

176 Vgl *Rühland* WM 2002, 1957, 1962 f; *Schön* FS Ulmer, 2003, S 1359, 1389 f; schon vor Einführung des Squeeze out *Bauer* NZG 2000, 1214, 1215; *Henze* FS Peltzer, 2001, S 181, 189; *Lutter/Drygala* FS Kropff, 1997, S 191, 220 f; *Lutter/Leinekugel* ZIP 1999, 261, 263; mit anderer Akzentsetzung auch *Mülbert* FS Ulmer, 2003, S 433, 437, wonach eine übertragende Auflösung ausscheidet, wenn ein einzelner Minderheitsaktionär mit mehr als 5 Prozent am Grundkapital beteiligt ist.

177 Vgl *Fleischer* ZGR 2002, 757, 788 f; *Grzimek* in Geibel/Süßmann § 327a Rdn 9; AnwK-AktG/*Heidel/Lochner* vor § 327a Rdn 10; *Henze* FS Wiedemann, 2002, S 935, 952 f; *Roth* NZG 2003, 998, 999 f; *Scharpf* S 179 f; *Schwichtenberg* DStR 2001, 2075, 2078; FK-WpÜG/*Schüppen/Tretter*² vor § 327a Rdn 13; *Wolf* ZIP 2002, 153, 155 ff; einschränkend MK-*Grunewald*² vor § 327a Rdn 12, die unterhalb der 95 Prozent-Schwelle eine besondere Rechtfertigung verlangt; ebenso *Schoppe* § 7 II 2 b cc; offen lassend Emmerich/*Habersack* Aktien- und GmbH-Konzernrecht⁴ § 327a Rdn 10; KK-*Koppensteiner*³ vor § 327a Rdn 7.

178 Vgl *Fleischer* ZGR 2002, 757, 789; *Grzimek* in Geibel/Süßmann § 327a Rdn 9; *Scharpf* S 179 f.

179 Vgl *Fleischer* ZGR 2002, 757, 789.

180 Zu ihnen *Ehricke/Roth* DStR 2001, 1120; *Schwichtenberg* DStR 2001, 2075, 2077 f.

181 Vgl *Fleischer* ZGR 2002, 757, 789; FK-WpÜG/*Schüppen/Tretter*² vor § 327a Rdn 13.

mühle-Entscheidung (vgl Rdn 49) den Ausschluss einer Minderheit gebilligt hat, die insgesamt 21 Prozent des Grundkapitals repräsentierte.[182]

VII. Vereinbarkeit mit höherrangigem Recht

1. Verfassungsrecht

48 Eine beständig wiederkehrende Frage in der reichhaltigen Spruchpraxis zum Squeeze out betrifft seine Vereinbarkeit mit Art 14 GG.[183] Sie ist inzwischen durch einen Richterspruch des BGH im positiven Sinne beantwortet worden,[184] so dass hier über die Rechtsentwicklung in größerer Ruhe berichtet werden kann.

49 a) **BVerfG.** Das BVerfG hatte schon im sog Feldmühle-Urteil aus dem Jahre 1962 zur Mehrheitsumwandlung nach § 15 UmwG aF ausgesprochen, dass darin keine Enteignung iSd Art 14 Abs 3 GG liege: Wenn der Gesetzgeber der Hauptversammlung generell die Befugnis gebe, eine Mehrheitsumwandlung zu beschließen, so verleihe er nicht eine Enteignungsbefugnis, sondern ermächtige die Hauptversammlung zu einer Umgestaltung der privatrechtlichen Beziehungen zwischen den Aktionären.[185] Auch im Hinblick auf Art 14 Abs 1 GG konnte das Gericht keinen Verfassungsverstoß feststellen, weil es dem Gesetzgeber aus gewichtigen Gründen des Gemeinwohls gestattet sei, den Schutz des Eigentums der Minderheitsaktionäre hinter den Interessen der Allgemeinheit an einer freien Entfaltung der unternehmerischen Initiative im Konzern zurücktreten zu lassen.[186] Voraussetzung für die Zulässigkeit dieser gesetzgeberischen Wertung sei allerdings, dass die berechtigten Interessen der zum Ausscheiden gezwungenen Minderheit gewahrt würden. Dazu gehöre einmal, dass ihr wirksame Rechtsbehelfe gegen einen Missbrauch wirtschaftlicher Macht zur Verfügung stünden; zum anderen müsse Vorsorge getroffen sein, dass sie für den Verlust ihrer Rechtsposition voll entschädigt werde.[187]

50 Der sog DAT/Altana-Beschluss des BVerfG aus dem Jahre 1999 hat diese Rechtsprechung für den Fall der Mehrheitseingliederung nach § 320 ausdrücklich bestätigt[188] und hinsichtlich der Entschädigung der ausscheidenden Aktionäre weiter präzisiert. Danach ist es mit Art 14 Abs 1 GG unvereinbar, bei der Bestimmung der Abfindung oder des Ausgleichs für außenstehende oder ausgeschiedene Aktionäre nach §§ 304, 305, 320b den Börsenkurs der Aktien außer Betracht zu lassen.[189] Einzelheiten sind im Zusammenhang mit der Squeeze out-Abfindung darzustellen (vgl § 327b Rdn 11ff).

51 Ein Jahr später hat das BVerfG im sog Moto-Meter-Beschluss erkannt, dass gegen die Ausschlusstechnik der übertragenden Auflösung (vgl Rdn 40ff) mit Blick auf das mit-

---

[182] Darauf verweisend auch *Henze* FS Wiedemann, 2002, S 935, 952 f; MK-*Stein*² § 179a Rdn 75; *Roth* NZG 2003, 998, 1000.

[183] Allgemein zum Schutz des Aktieneigentums durch Art 14 GG aus zivilrechtlicher Sicht *Mülbert* in Großkomm⁴ AktG vor §§ 118–147 Rdn 186 ff; *Schön* FS Ulmer, 2003, S 1359; von öffentlichrechtlicher Seite *Schmidt-Aßmann* FS Badura, 2004, 1009; umfassend *Schoppe* Aktieneigentum, Diss Bonn 2007.

[184] Vgl BGH ZIP 2005, 2107; dazu *Bungert* BB 2005, 2651; *Gayk* DB 2005, 2568; *Linnerz* EWiR 2005, 845; bestätigt durch BGH ZIP 2006, 2080, 2081.

[185] Vgl BVerfGE 14, 263, 277.

[186] Vgl BVerfGE 14, 263, 282.

[187] Vgl BVerfGE 14, 263, 283.

[188] Vgl BVerfGE 100, 289, 302 f; dazu *Neye* EWiR 1999, 751; *Vetter* AG 1999, 566; *Großfeld* BB 2000, 261; *Busse von Colbe* FS Lutter, S 1053; *Piltz* ZGR 2001, 185; *Hüttemann* ZGR 2001, 454.

[189] Vgl BVerfGE 100, 289: Leitsatz.

gliedschaftliche Bestandsinteresse von Verfassungs wegen keine Bedenken bestünden.[190] Die zugunsten der Minderheitsaktionäre gebotenen Schutzvorkehrungen dürften sich auf die Vermögenskomponente der Beteiligung konzentrieren. Die herrschaftsrechtliche Seite des Aktieneigentums sei für Kleinaktionäre ohnehin begrenzt, da diese auf die Unternehmenspolitik regelmäßig keinen relevanten Einfluss nehmen könnten.[191] Auch sei es verfassungsrechtlich nicht veranlasst, dass die (Zivil-)Gerichte eine Prüfung der übertragenden Auflösung auf ihre sachliche Rechtfertigung hin (näher dazu § 327a Rdn 75) vornähmen.[192] Aus der Eigentumsgarantie des Art 14 Abs 1 GG folge allein, dass Minderheitsaktionäre gegen den Missbrauch wirtschaftlicher Macht geschützt werden müssten. Ein solcher Missbrauch könne aber nicht allein darin gesehen werden, dass ein Mehrheitsaktionär mit seiner Stimmenmehrheit das Ziel verfolge, sich der wenigen verbliebenen Minderheitsaktionäre zu entledigen.[193] Grundrechtlich geboten sei allerdings, die Minderheitsaktionäre, die gegen ihren Willen aus der Gesellschaft gedrängt würden, wirtschaftlich voll zu entschädigen. Es müsse Sicherungen dafür geben, dass ein zum Ausscheiden gezwungener Aktionär erhalte, was seine gesellschaftliche Beteiligung an dem arbeitenden Unternehmen wert sei.[194]

52 Im Schrifttum hat man den Moto-Meter-Beschluss schon früh als eine „verfassungsrechtliche Unbedenklichkeitsbescheinigung“ [195] für den geplanten Squeeze out gewürdigt. Eine Sachentscheidung des BVerfG zur Verfassungskonformität der §§ 327a ff steht freilich noch aus: Eine schon bald nach Inkrafttreten der neuen Regelung erhobene Verfassungsbeschwerde lehnte das Gericht unter Hinweis auf den Grundsatz der Subsidiarität ab: Zuvörderst stehe den Minderheitsaktionären die Möglichkeit zu Gebote, gegen den Übertragungsbeschluss im Wege der Anfechtungsklage vorzugehen und sich dabei auf eine Gesetzesverletzung iSd § 243 Abs 1 zu berufen (näher § 327f Rdn 7).[196] Strebten sie hingegen die Sicherung einer angemessenen Barabfindung an, könnten sie die Verfassungswidrigkeit im Spruchverfahren gemäß § 327f Abs 1 S 2 geltend machen.[197]

53 **b) BGH.** Der BGH hat in einem Hinweisbeschluss aus dem Jahre 2005 unter Berufung auf die Moto-Meter-Entscheidung des BVerfG (Rdn 51) ausgeführt, dass das Hinausdrängen von Minderheitsaktionären nach §§ 327a ff unter dem Blickwinkel des Art 14 Abs 1 GG nicht zu beanstanden sei, wenn die Aktionäre „wirtschaftlich voll entschädigt“ würden.[198] Dies sei durch die gesetzliche Regelung hinreichend gewährleistet. Zunächst sei es ohne Bedeutung, dass der Hauptaktionär die Barabfindung gemäß § 327b Abs 1 S 1 selbst festlege, weil ihre Angemessenheit von sachverständigen und unabhängigen (Wirtschafts-)Prüfern geprüft werde und den Minderheitsaktionären mit dem Spruchverfahren eine weitere, gerichtliche Überprüfungsmöglichkeit offen stehe.[199] Auch müsse die Zahlung der Abfindung nicht durch eine „absolut insolvenzfeste Sicherheit“ gewährleistet werden, so dass die vom Hauptaktionär beizubringende Garantieerklärung nach § 327b Abs 3 den verfassungsrechtlichen Anforderungen an die Einschätzungsprärogative des Gesetzgebers genüge.[200] Ebensowenig sei es verfassungswidrig,

---

[190] Vgl BVerfG NJW 2001, 279; dazu *Neye* EWiR 2000, 913; *Bauer* NZG 2000, 1214; *Drygala* WuB II A. § 179a AktG 1.01.
[191] Vgl BVerfG NJW 2001, 279, 280.
[192] Vgl BVerfG NJW 2001, 279, 281.
[193] Vgl BVerfG NJW 2001, 279, 281.
[194] Vgl BVerfG NJW 2001, 279, 280 unter Berufung auf BVerfGE 100, 289, 303.
[195] *Fleischer* DNotZ 2000, 876, 879; andere Stoßrichtung bei *Hanau* NZG 2002, 1040, 1042 („Sündenfall“).
[196] Vgl BVerfG NZG 2003, 31; dazu *Dreier* EWiR 2003, 141.
[197] Vgl BVerfG NZG 2003, 31.
[198] Vgl BGH ZIP 2005, 2105; bestätigt durch BGH ZIP 2006, 2080, 2081.
[199] Vgl BGH ZIP 2005, 2105 f.
[200] Vgl BGH ZIP 2005, 2105, 2106.

dass sich die Bankgarantie nicht auf einen etwaigen, im Spruchverfahren gerichtlich festgesetzten Mehrbetrag erstrecke: Das Risiko des Vermögensverfalls des Hauptaktionärs während des Spruchverfahrens sei ein allgemeines Gläubigerrisiko, vor dem ein Aktionär an anderer Stelle gar nicht geschützt werde: So habe das BVerfG die Regelungen der §§ 291 ff, die ebenfalls in die Eigentumsgarantie der außenstehenden Aktionäre eingriffen, für verfassungsgemäß erklärt, ohne die gänzlich fehlende Insolvenzsicherung für Ausgleichs- und Abfindungsansprüche nach §§ 304, 305 zu rügen.[201]

c) **Oberlandesgerichte und Landgerichte.** Die ober- und instanzgerichtliche Spruchpraxis hat die verfassungsrechtliche Statthaftigkeit des Squeeze out in langen Entscheidungsreihen ebenfalls bejaht.[202] Verschiedene Entscheidungen haben dabei auch zu verfassungsrechtlichen Einzeleinwänden Stellung genommen, zu denen sich der BGH in seinem Hinweisbeschluss (Rdn 53) nicht geäußert hat: Unter dem Gesichtspunkt des Art 14 Abs 1 GG nicht zu beanstanden ist danach insbesondere, dass die Verzinsungspflicht der Barabfindung gemäß § 327b Abs 2 nicht schon mit der Eintragung des Übertragungsbeschlusses in das Handelsregister, sondern erst mit Bekanntmachung der Eintragung beginnt (näher § 327b Rdn 41).[203] Erwähnung verdient schließlich, dass die Gerichte die Rüge der Verfassungswidrigkeit im Freigabeverfahren nach § 327e Abs 2 iVm § 319 Abs 6 nahezu einhellig als offensichtlich unbegründet verworfen haben (näher § 327e Rdn 26).[204] 54

d) **Rechtslehre.** Die Aufsatz-[205] und Kommentarliteratur[206] referiert die einschlägige Rechtsprechung der Fachgerichte und des BVerfG nahezu durchweg mit Zustimmung, und auch im monographischen Schrifttum erheben sich keine durchgreifenden Bedenken gegen die Vereinbarkeit der §§ 327a ff mit der Eigentumsgarantie des Art 14 Abs 1 GG.[207] Verfassungsrechtliche Fundamentalkritik ist selten geblieben[208] und hat die hM nicht zu beeindrucken vermocht. 55

Dieser Befund ist auch nach den jüngsten Änderungen der normativen Rahmenbedingungen unverändert gültig; insbesondere sind die Squeeze out-Vorschriften nicht in die 56

---

201 Vgl BGH ZIP 2005, 2105, 2106 unter Hinweis auf BVerfG NJW 1999, 1699 – SEN/KHS.

202 Vgl in chronologischer Reihenfolge OLG Oldenburg AG 2002, 682; OLG Hamburg AG 2003, 441; AG 2003, 698; OLG Köln AG 2004, 39; OLG Stuttgart AG 2004, 105; OLG Düsseldorf AG 2004, 207; OLG Köln NZG 2005, 931; OLG Hamburg AG 2005, 253; KG AG 2005, 478; OLG Düsseldorf AG 2005, 293; OLG Hamm AG 2005, 773; OLG Stuttgart AG 2005, 662; OLG Düsseldorf AG 2005, 654.

203 Vgl OLG Stuttgart ZIP 2006, 27, 30; iE auch OLG Düsseldorf NZG 2004, 328, 330; OLG Hamburg NZG 2005, 86.

204 Vgl etwa OLG Hamburg AG 2003, 696; OLG Oldenburg ZIP 2003, 1351; OLG Hamm ZIP 2005, 1457, 1458.

205 Vgl *Fleischer* ZGR 2002, 757, 763 ff; *Sieger/Hasselbach* ZGR 2002, 120, 126 f; *Sellmann* WM 2003, 1545 ff; *Schmidt-Aßmann* FS Badura, 2004, S 1009, 1021 ff; *Schön* FS Ulmer, 2003, S 1359, 1383 ff; *Stumpf* NJW 2003, 9, 12; *Vetter* AG 2002, 180 ff; *Wirth/Arnold* AG 2002, 503, 504 ff.

206 Vgl Emmerich/*Habersack* Aktien- und GmbH-Konzernrecht[4] § 327a Rdn 7; MK-*Grunewald*[2] vor § 327a Rdn 8; *Grzimek* in Geibel/Süßmann § 327a Rdn 28 ff; KK-WpÜG-*Hasselbach* § 327a Rdn 11; AnwK-AktG/*Heidel/Lochner* vor § 327a Rdn 7; *Hüffer*[7] § 327a Rdn 4; KK-*Koppensteiner*[3] vor § 327a Rdn 6 f; im Grundsatz auch FK-WpÜG/*Schüppen/Tretter*[2] vor § 327a Rdn 5 ff.

207 Vgl *Fuchs* § 3 I; *Hamann* S 25 ff; *Moritz* S 236 ff; *Rühland* S 112 ff; *Scharpf* S 33 ff; im Grundsatz auch *Lenz/Leinekugel* S 81 f und passim; *Schoppe* § 7 II 2 c cc.

208 Vgl *Hanau* NZG 2002, 1040 ff; dem folgend *Zöllner* GesRZ 2004, Sonderheft S 5, 12: „Dabei ist das Unrecht, das mit einem grundlosen Ausschluss begangen wird, mit Händen zu greifen."

Verfassungswidrigkeit „hineingewachsen".[209] Zwar treffen die seinerzeit vom Gesetzgeber angeführten Begründungsgesichtspunkte (vgl Rdn 8 ff) heute nicht mehr sämtlich zu: So hat das UMAG (vgl Rdn 6) den Missbrauch des Anfechtungsrechts (vgl Rdn 9) durch Einführung eines allgemeinen Freigabeverfahrens in § 246 a und den Ausschluss der Anfechtungsklage bei abfindungswertbezogenen Informationsmängeln in § 243 Abs 4 S 2 wesentlich erschwert, und das Übernahmerichtlinie-Umsetzungsgesetz (vgl Rdn 7) hat durch Einführung der §§ 39 a, b WpÜG dem Argument den Boden entzogen, dass die §§ 327 a ff einen Ausgleich für das übernahmerechtliche Pflichtangebot darstellen (vgl Rdn 11). Das Hauptanliegen des Gesetzgebers, den beträchtlichen Formalaufwand von Kleinstbeteiligungen zu beseitigen (vgl Rdn 8), ist aber nach wie vor stichhaltig und rechtfertigt mit Blick auf den Moto-Meter-Beschluss des BVerfG (vgl Rdn 51) schon für sich genommen die Einführung der §§ 327 a ff.[210]

2. Europäische Menschenrechtskonvention

57 Die §§ 327 a ff müssen sich nicht nur an Art 14 GG, sondern auch an der Eigentumsgarantie der Europäischen Menschenrechtskonvention (EMRK) in Art 1[211] des am 20. März 1952 beschlossenen Zusatzprotokolls (ZP) Nr 1[212] messen lassen.[213] Dass das in der Aktie verkörperte Anteilseigentum unter den konventionsrechtlichen Eigentumsbegriff fällt, entspricht gesicherter Rechtsansicht.[214] Nach einem richtungsweisenden Beschluss der EKMR aus dem Jahre 1982 greifen Squeeze out-Vorschriften auch in diese Eigentumsgarantie ein.[215] Der Eingriff erfolgt allerdings nicht in Form einer Eigentumsentziehung (Art 1 Abs 1 S 2 ZP 1 EMRK) oder Nutzungsregelung (Art 1 Abs 2 ZP 1 EMRK), sondern in Gestalt einer sonstigen Beeinträchtigung (Art 1 Abs 1 S 1 ZP 1 EMRK).[216] Eine derartige Beeinträchtigung ist nach der konventionsrechtlichen Spruch-

---

[209] Eingehend *Fuchs* § 3 I 2; allgemein zum Verfassungswidrigwerden von Normen und der sich daraus ergebenden Nachbesserungspflicht des Gesetzgebers BVerfGE 25, 1, 12 f; 50, 290, 335; *Baumeister* Rechtswidrigwerden von Normen, 1996, S 207 ff.

[210] Eingehend und überzeugend *Fuchs* § 3 I 2.

[211] Die (nichtoffizielle) deutsche Übersetzung lautet:
„Art. 1 – Schutz des Eigentums
(1) Jede natürliche oder juristische Person hat das Recht auf Achtung ihres Eigentums. Niemandem darf sein Eigentum entzogen werden, es sei denn, daß das öffentliche Interesse es verlangt, und nur unter den durch Gesetz und durch die allgemeinen Grundsätze des Völkerrechts vorgesehenen Bedingungen.
(2) Absatz 1 beeinträchtigt jedoch nicht das Recht des Staates, diejenigen Gesetze anzuwenden, die er für die Regelung der Benutzung des Eigentums im Einklang mit dem Allgemeininteresse oder zur Sicherung der Zahlung der Steuern oder sonstigen Abgaben oder von Geldstrafen für erforderlich hält."

[212] Zusatzprotokoll zur Konvention zum Schutze der Menschenrechte und Grundfreiheiten, umgesetzt durch Gesetz vom 20.12.1956, BGBl II 1956, S 1879; ratifiziert am 13.2.1957.

[213] Eingehend dazu *Fleischer/Schoppe* Der Konzern 2006, 329; *Krohn* EBLR 2004, 159.

[214] Grundlegend EKMR DR 29, 64, 81 = EuGRZ 1983, 428 – Bramelid und Malmström; ferner EKMR DR 50, 121, 138 f – S und T; EGMR Serie A Nr 102, 46, Ziff 107 = EuGRZ 1988, 350 – Lithgow; Serie A Nr 330-A, 23 f, Ziff 62 f – Agrotexim; Reports 2002-VII, 133, 166, Ziff 91 – Sovtransavto. Siehe auch *von Danwitz* Eigentumsschutz in Europa und im Wirtschaftsvölkerrecht, in von Danwitz/Depenheuer/Engel (Hrsg), Bericht zur Lage des Eigentums (2002), S 229 f; *Peukert* in Frowein/Peukert, Europäische Menschenrechtskonvention, 2. Aufl (1996), Art 1 des 1. ZP Rdn 6.

[215] Vgl EKMR DR 29, 64, 81 = EuGRZ 1983, 428 – Bramelid und Malmström.

[216] Näher *Fleischer/Schoppe* Der Konzern 2006, 329, 333 f.

praxis nur zulässig, wenn sie auf einer gesetzlichen Grundlage beruht, im öffentlichen Interesse erfolgt und einen gerechten Ausgleich zwischen den Anforderungen des individuellen Grundrechtsschutzes einerseits und denen des Allgemeininteresses andererseits herstellt.[217] Dabei kann die *fair balance* insbesondere durch einen finanziellen Ausgleich hergestellt werden.[218]

Hinsichtlich der Entschädigungshöhe verfügen die Mitgliedstaaten über einen erheblichen Gestaltungsspielraum. Für Squeeze out-Sachverhalte fallen die von den Konventionsorganen aufgestellten Maßstäbe vergleichsweise konturenlos aus: Im schwedischen Fall *Bramelid und Malmström* hielt es die EKMR für zureichend, dass der für die zwangsweise übertragenen Aktien bezahlte Preis von „sachverständigen Schiedsrichtern in einer sorgfältig begründeten Entscheidung und anhand von Kriterien festgestellt" worden war, die „nicht willkürlich und unangemessen" anmuteten.[219] In der deutschen Rechtssache *Kind* verlangte der EGMR sodann eine „vollständige wirtschaftliche Kompensation"; der konkrete Abfindungsbetrag sei von den deutschen Gerichten „in einer ausreichend fundierten Entscheidung unter Zugrundelegung von Kriterien getroffen worden, die weder willkürlich noch unzumutbar" erschienen.[220] Die Richter betonten in diesem Kontext nochmals ihre eingeschränkte Kontrolldichte in Bezug auf Fragen des nationalen Rechts und wiesen dessen vorrangige Auslegung und Anwendung ausdrücklich den staatlichen Stellen zu.[221] Im niederländischen Fall *Offerhaus und Offerhaus* begnügte sich der Gerichtshof schließlich mit einer Barabfindung, die in einem „vernünftigen Verhältnis zum Wert" der in Rede stehenden Anteilsrechte stand, so wie es „für die Zwecke des Artikels 1 des Protokolls Nr 1 verlangt" werde.[222] **58**

Wendet man diese konventionsrechtlichen Leitlinien auf die §§ 327a ff an, so sind diese im Ergebnis mit der Eigentumsgarantie des Art 1 ZP 1 EMRK vereinbar[223]: Erstens genügen sie dem Gesetzesvorbehalt. Zweitens liegen sie im öffentlichen Interesse, weil sie gesamtwirtschaftliche Vorteile versprechen. Drittens gewähren sie den Minderheitsaktionären nicht nur eine volle wirtschaftliche Kompensation (§ 327a Abs 1 S 1), sondern auch eine gerichtliche Überprüfungsmöglichkeit im Spruchverfahren (§ 327f). **59**

---

[217] Eingehend *Fleischer/Schoppe* Der Konzern 2006, 329, 334 ff. Zu den genannten Einzelmerkmalen vgl etwa EGMR Reports 2000-XII, 119, 143 f, Ziff 79 ff = EuGRZ 2001, 397 – König von Griechenland; Serie A Nr 98, 32, Ziff 46 = EuGRZ 1988, 341 – James; Serie A Nr 52, 26 ff, Ziff 69 ff = EuGRZ 1983, 523 – Sporrong und Lönnroth.

[218] Vgl EGMR Serie A Nr 52, 28, Ziff 73 = EuGRZ 1983, 523 – Sporrong und Lönnroth; Serie A Nr 301-A, 35, Ziff 71 = ÖJZ 1995, 428 – Heilige Klöster; *Krohn* EBLR 2004, 159, 163.

[219] Vgl EKMR DR 29, 64, 82 f – Bramelid und Malmström.

[220] Vgl EGMR Urt v 30.3.2000 – Nr 44324/98, 6 – Kind, abrufbar unter http://www.echr.coe.int/.

[221] Vgl EGMR Urt v 30.3.2000 – Nr 44324/98, 6 – Kind, abrufbar unter http://www.echr.coe.int/.

[222] Vgl EGMR Urt v 16.1.2001 – Nr 35730/97, 6 – Offerhaus und Offerhaus, abrufbar unter http://www.echr.coe.int/.

[223] Näher *Fleischer/Schoppe* Der Konzern 2006, 329, 337 f.

VIII. Rechtsvergleichung

1. Überblick

60 Die Squeeze out-Vorschriften sind rechtsvergleichend gut erschlossen.[224] Dies gilt nicht nur für die Ausschlusstechniken des US-amerikanischen Gesellschaftsrechts,[225] sondern auch für den Minderheitenausschluss in Frankreich,[226] Italien,[227] und der Schweiz.[228] Schließlich liegt neuerdings auch eine umfangreiche Studie zu den Squeeze out-Vorschriften in Skandinavien (Dänemark, Finnland, Norwegen, Schweden) vor, die teilweise bis zum Jahre 1944 zurückreichen.[229] Das mag es rechtfertigen, hier nur in gedrängter Form über den Rechtsstand in zwei ausgewählten Nachbarländern zu berichten: *Großbritannien*, das vor allem bei der Ermittlung der Barabfindung eigene Wege geht (vgl Rdn 61 ff), und *Österreich*, das den Squeeze out durch das Gesellschafter-Ausschlussgesetz vom 20. Mai 2006 auf eine neue Grundlage gestellt hat (vgl Rdn 65 ff).

2. Großbritannien

61 a) **Grundlagen.** In Großbritannien hat das Ausschlussrecht eine lange Tradition. Es wurde bereits im Jahre 1929 auf Empfehlung des *Greene Committee* in das Gesetz aufgenommen, um der „oppression of the majority by the minority" abzuhelfen.[230] Die heutige Regelung findet sich in sections 428–430F Companies Act 1985.[231] Sie beschränkt sich auf ein Ausschlussrecht nach einem erfolgreichen Übernahmeangebot (*takeover bid*) und ist damit – anders als ihr deutsches Gegenstück (vgl Rdn 13 und § 327a Rdn 2) – streng kapitalmarktrechtlich konzipiert: Danach kann der Bieter (*offeror*) die verbliebenen Minderheitsaktionäre zwangsweise auskaufen, wenn sein Übernahmeangebot von mindestens 90 Prozent der betroffenen Aktien (gemessen an ihrem Wert) angenommen wurde. Nach sec 429 (2) CA 1985 ist das Erreichen der Kontrollschwelle für jede Aktiengattung gesondert zu ermitteln.

62 Liegen die gesetzlichen Voraussetzungen vor, hat der Bieter das Recht, die restlichen Aktien der Gesellschaft zu den Bedingungen des Übernahmeangebots zu erwerben. Er muss das Ausschlussrecht nach sec 429 (1) und (3) CA 1985 binnen zwei Monaten nach Überschreiten der Kontrollschwelle durch eine formgerechte Anzeige (*notice*) gegenüber den nicht abgabewilligen Aktionären ausüben.

63 b) **Rechtsbehelfe der Minderheitsaktionäre.** Minderheitsaktionäre, die mit dem Auskauf nicht einverstanden sind, können gemäß sec 430C (1) CA 1985 binnen sechs Monaten ab Zugang der Mitteilung des Bieters einen Antrag bei Gericht stellen, die Bedingun-

[224] Für eine bündige Zusammenstellung bereits Forum Europaeum Konzernrecht ZGR 1998, 672, 733 ff; zuletzt *Van der Elst/van den Steen* ECL 2007, 19 ff.

[225] Eingehend zuletzt *Subramanian* 115 Yale LJ 2, 8 ff (2005); rechtsvergleichend *P Baums* S 175 ff; *Moritz* S 61 ff; *Schwichtenberg* S 53 ff.

[226] Vgl *Cozian/Viandier/Deboissy* Droit des sociétés, 19° éd 2006, Rdn 954; rechtsvergleichend *Sieger/Hasselbach* NZG 2001, 926, 927.

[227] Vgl *Ferrara/Corsi* Gli Imprenditori e le società, 13° ed 2006, Rdn 29.19; rechtsvergleichend *Sieger/Hasselbach* NZG 2001, 926, 928.

[228] Vgl *Böckli* Schweizer Aktienrecht, 3. Aufl 2004, Rdn 7–236 ff.

[229] Vgl *Zechner* GesRZ 2006, Sonderheft S 20 ff.

[230] Vgl *Hannigan* Company Law, 2003, S 910.

[231] Eingehend *Gower/Davies* Principles of Modern Company Law, 7th ed 2003, S 742 ff; *Hannigan* Company Law, 2003, S 910 ff; *Mayson/French/Ryan* Company Law, 21th ed 2004, S 253 ff; rechtsvergleichend *Rühland* S 133 ff; *MacKinnon/Bachner* GesRZ 2006, Sonderheft S 31 ff.

gen des Squeeze out zu überprüfen. Unter welchen Voraussetzungen ein solcher Antrag Erfolg hat, ist im Gesetz selbst nicht geregelt. Nach gefestigter Spruchpraxis gibt das Gericht dem Antrag nur statt, wenn es zu der Überzeugung gelangt, dass das Übernahmeangebot für die Aktionäre der Zielgesellschaft nicht „fair" ist.[232] Die Beweislast für fehlende Fairness trägt der Antragsteller: Er muss begründen, warum seine Ansicht über die Angemessenheit der Bewertung zutrifft, obwohl die überwältigende Mehrheit der Aktionäre das Angebot angenommen hat.[233] Dieser Nachweis ist in der Regel nur schwer zu erbringen.[234] Die Gerichte leiten aus der hohen Annahmequote eine Vermutung für die Fairness des Angebots ab.[235]

In bestimmten Fällen haben die Gerichte allerdings ihre Zurückhaltung gegenüber **64**
einer Hinterfragung des Mehrheitsurteils aufgegeben und den Bieter am Ausschluss der verbliebenen Restminderheit gehindert: So lag es etwa, wenn den Aktionären wichtige Informationen für die Beurteilung des Angebots vorenthalten wurden[236] oder wenn die zustimmende Minderheit nicht aus unabhängigen Aktionären bestand.[237] Dann fehlen wesentliche Voraussetzungen für die Richtigkeitsvermutung von Markttest und Mehrheitsentscheidung.

3. Österreich

a) **Grundlagen.** In Österreich ist der Squeeze out jüngst durch das Gesellschafteraus- **65**
schlussgesetz (GesAusG) vom 24.5.2006[238] auf eine neue Grundlage gestellt worden. Zuvor sah das UmwG 1954 als Nachfolgegesetz des reichsdeutschen UmwG 1934 den Ausschluss einer Minderheit im Wege der verschmelzenden Übertragung vor.[239] Als zweite Ausschlusstechnik ist im Jahre 1996 die nicht verhältniswahrende Spaltung (sog Squeeze out-Spaltung) nach §§ 8 Abs 3, 9 SpaltG aF hinzugetreten.[240] Dabei wird Bargeld oder sonstiges nicht betriebsnotwendiges Vermögen in eine neugegründete Gesellschaft (Cashbox) abgespalten; die auszuschließenden Aktionäre verlieren ihre Mitgliedschaft in der abspaltenden Gesellschaft und werden Gesellschafter der Cashbox, in der alsbald ein Liquidationsbeschluss gefasst wird.[241] In der neueren Praxis dominierte der Gesellschafterausschluss durch nicht verhältniswahrende Spaltung.[242]

Die gesetzliche Neuregelung des Gesellschafterausschlusses beruht auf verschiedenen **66**
Impulsen: Erstens hatte der Verfassungsgerichtshof die Abfindungsvorschrift in § 9 SpaltG aF teilweise als verfassungswidrig verworfen;[243] zweitens verpflichtet Art 15 der Übernahmerichtlinie die Mitgliedstaaten zur Einführung eines Squeeze out-Rechts im Anschluss an ein erfolgreiches Übernahmeangebot (vgl Rdn 7); drittens weisen die herge-

---

[232] Grundlegend *Re Hoare & Co Ltd* (1933) Law Times 374.

[233] Anschaulich *Re Sussex Brick Co Ltd* [1961] Ch 289, 291: „The only man in the regiment out of step is the only man whose views ought to prevail."

[234] Vgl *Re Press Caps* [1949] Ch 434, 444: „The onus on the applicant is a heavy one."

[235] Näher *MacKinnon/Bachner* GesRZ 2006, Sonderheft S 31, 32.

[236] Vgl *In Re Chez Nico (Restaurants) Ltd* [1991] BCC 736.

[237] Vgl *Re Bugle Press Ltd* [1961] Ch 270; *Re Diamix Plc* [2002] BCC 707.

[238] öBGBl I, 2006, 75.

[239] Dazu *Gall/Potyka/Winner* Rdn 6 ff; *Kalss* GesRZ 2006, Sonderheft S 39.

[240] Vgl *Gall/Potyka/Winner* Rdn 12 ff; *Kalss/Zollner* Einl Rdn 2.

[241] Näher *Gall/Potyka/Winner* Rdn 13; *Kalss/Zollner* Einl Rdn 3; *Ruhm* ecolex 2006, 291.

[242] Zu den Gründen *Kalss/Zollner* Einl Rdn 4.

[243] Vgl VfGH RdW 2005, 487; dazu *Herbst* RdW 2005, 526.

brachten Ausschlusstechniken je eigene Schwächen auf: Die verschmelzende Umwandlung führt zu nachteiligen steuerlichen Folgen und die nicht verhältniswahrende Spaltung kämpft mit Rechtsschutzdefiziten.[244]

67 Zur rechtspolitischen Rechtfertigung des Ausschlussrechts verweist die Regierungsvorlage zum einen auf die hohe Kostenbelastung der Gesellschaft durch eine kleine Minderheit, die ggf noch durch die Kosten der Börsennotierung verschärft wird; zum anderen stützt sie sich auf ein „öffentliches Interesse" an der Schaffung wettbewerbsfähiger und reaktionsschneller Unternehmens- und Kontrollstrukturen, die ohne Minderheitsgesellschafter leichter zu verwirklichen sind.[245]

68 In der Sache hat das GesAusG nach Anregungen aus der Rechtswissenschaft[246] vor allem am deutschen Aktienrecht Maß genommen. Es beruht daher auf übereinstimmenden Grundwertungen, weicht aber in zahlreichen Einzelheiten von den §§ 327a ff ab.[247] Gerade darum erweist es sich als idealer Prüfstein für die rechtspolitische Überzeugungskraft der hiesigen Regelung.

69 b) **Regelungskonzeption.** Die Regelungstechnik des österreichischen Squeeze out folgt im wesentlichen dem deutschen Vorbild: Gemäß § 1 Abs 1 GesAusG kann die Hauptversammlung einer Aktiengesellschaft auf Verlangen des Hauptgesellschafters die Übertragung der Anteile der übrigen Gesellschafter auf den Hauptgesellschafter gegen Gewährung einer angemessenen Abfindung beschließen. Für den Hauptgesellschafter sieht § 1 Abs 2 GesAusG eine vergleichsweise mehrheitsfreundliche Kontrollschwelle von 90 Prozent des Nennkapitals vor.[248] Als Anteile, die dem Hauptaktionär gehören, gelten nach § 1 Abs 3 GesAusG auch Anteile anderer mit dem Hauptgesellschafter verbundener Unternehmen; die Verbindung muss allerdings – anders als nach § 327a Abs 2 – im letzten Jahr vor der Beschlussfassung durchgehend bestanden haben.[249]

70 Große rechtskonzeptionelle Unterschiede zum deutschen Recht sind in Bezug auf den Anwendungsbereich des Squeeze out zu verzeichnen: Nach § 1 Abs 1 GesAusG steht die Ausschlussmöglichkeit unter den genannten Voraussetzungen auch dem Hauptgesellschafter einer GmbH zu (vgl demgegenüber § 327a Rdn 8).[250] Anders als hierzulande (vgl § 327a Rdn 1) ist die gesamte Regelung zudem nicht zwingend, sondern dispositiv ausgestaltet: Gemäß § 1 Abs 4 GesAusG können Satzung oder Gesellschaftsvertrag vorsehen, dass der Ausschluss von Gesellschaftern nicht zulässig ist oder dass dem Hauptgesellschafter eine höhere Anteilsquote als 90 Prozent gehören muss.[251]

71 c) **Rechtstechnische Einzelheiten.** In Übereinstimmung mit der deutschen Regelung muss der Hauptgesellschafter nach § 2 Abs 1 Satz 1 GesAusG eine angemessene Barabfindung gewähren. Diese ist nach § 2 Abs 2 GesAusG nicht erst ab Bekanntmachung

---

[244] Vgl *Gall/Potyka/Winner* Rdn 15; *Kalss/Zollner* Einl Rdn 4.

[245] Vgl ErläutRV 1334 BlgNR 22.GP 26.

[246] Vgl vor allem *Diregger/Kalss/Winner* Übernahmerecht, 2003, Rdn 223.

[247] Plastisch *Kalss* GesRZ 2006, Sonderheft S 39, 40: „Dennoch bildet das GesAusG keine Blaupause des deutschen Gesetzes, vielmehr weicht es nicht nur im Detail, sondern auch in grundlegenden Fragen davon ab."

[248] Vgl *Kaindl/Rieder* GesRZ 2006, 247, 247, 263; *Kalss* GesRZ 2006, Sonderheft S 39, 42.

[249] Vgl *Gall/Potyka/Winner* Rdn 35; *Kalss* GesRZ 2006, Sonderheft S 39, 44; *Kalss/Zollner* § 1 GesAusG Rdn 22.

[250] Vgl *Gall/Potyka/Winner* Rdn 129 ff; *Kalss* GesRZ 2006, Sonderheft S 39, 41; *Ruhm* ecolex 2006, 291, 293.

[251] Vgl *Gall/Potyka/Winner* Rdn 77; *Kalss* GesRZ 2006, Sonderheft S 39, 49; *Kalss/Zollner* § 1 GesAusG Rdn 29 ff.

der Eintragung (vgl § 327b Rdn 39 und 41), sondern ab dem der Beschlussfassung durch die Gesellschafterversammlung folgenden Tag zu verzinsen.[252]

Was die Vorbereitung der Beschlussfassung anbelangt, geht der österreichische Gesetzgeber im Detail andere Wege: Der Bericht an die Hauptversammlung ist nicht nur durch den Hauptaktionär (vgl § 327c Rdn 6ff), sondern durch Vorstand und Hauptaktionär gemeinsam aufzustellen.[253] Neben der Berichtsprüfung durch einen sachverständigen Prüfer verlangt § 3 Abs 3 GesAusG eine zusätzliche Prüfung und Berichterstattung durch den Aufsichtsrat der Gesellschaft.[254] Weiterhin gewährt § 3 Abs 8 GesAusG jedem Aktionär in der Hauptversammlung ein Auskunftsrecht über alle für den Ausschluss wesentlichen Angelegenheiten des Hauptaktionärs (vgl demgegenüber § 327d Rdn 12).[255] **72**

§ 4 Abs 1 GesAusG stellt ausdrücklich klar, dass für den Squeeze out-Beschluss die Mehrheit der abgegebenen Stimmen ausreicht und dass keine Sonderbeschlüsse einzelner Aktiengattungen erforderlich sind.[256] Beides entspricht – auch ohne ausdrücklichen Anhalt im Gesetzestext – der hiesigen Rechtslage (vgl § 327a Rdn 17 und 67). Gesonderte Vorsorge hat der österreichische Gesetzgeber (zum Rechtsstand in Deutschland § 327b Rdn 27ff) schließlich für die Behandlung von Bezugsrechten getroffen: Hat die Gesellschaft Rechte zum Bezug von Anteilen (Umtausch-, Bezugs-, Optionsrechte oder ähnliche Rechte) begeben, so haben die Berechtigten nach § 5 Abs 5 GesAusG ab der Eintragung des Beschlusses einen Anspruch gegenüber dem Hauptgesellschafter auf eine dem Inhalt der Rechte angemessene Barabfindung.[257] **73**

IX. Rechtstatsachen

Die §§ 327a ff haben schon unmittelbar nach ihrem Inkrafttreten große praktische Bedeutung erlangt.[258] Allein in dem Zeitraum von Januar bis Oktober 2002 sind 57 Squeeze out-Fälle gezählt worden.[259] Einer weiteren Erhebung zufolge ist die Zahl bis Dezember 2003 auf 157 Fälle angestiegen.[260] Die Ausschlussverfahren haben nach einer empirischen Studie aus dem Jahre 2004 in 25 Prozent der Fälle zu einer Anfechtungsklage und in fast 70 Prozent der Fälle zu einem Spruchverfahren geführt.[261] Inzwischen liegen annähernd 100 veröffentlichte Gerichtsentscheidungen zu zahlreichen Einzelfragen der gesetzlichen Regelung vor.[262] **74**

---

252 Vgl *Gall/Potyka/Winner* Rdn 245; *Ruhm* ecolex 2006, 291, 293.

253 Vgl *Kalss* GesRZ 2006, Sonderheft S 39, 46; *Ruhm* ecolex 2006, 291, 292.

254 Vgl *Gall/Potyka/Winner* Rdn 316; *Kalss* GesRZ 2006, Sonderheft S 39, 47; *Kalss/Zollner* § 3 GesAusG Rdn 16 ff.

255 Vgl *Gall/Potyka/Winner* Rdn 333; *Kalss* GesRZ 2006, Sonderheft S 39, 48; *Kalss/Zollner* § 3 GesAusG Rdn 34.

256 Vgl *Gall/Potyka/Winner* Rdn 354; *Kalss/Zollner* § 4 GesAusG Rdn 8 und 14.

257 Vgl *Gall/Potyka/Winner* Rdn 190; *Kalss/Zollner* § 5 GesAusG Rdn 20.

258 Vgl Emmerich/*Habersack* Aktien- und GmbH-Konzernrecht[4], § 327a Rdn 5; *Greulich* S 23 ff; *Scharpf* S 20.

259 Vgl Einzelnachweise bei *Helmis* ZBB 2003, 161, 164, 165 f; *Helmis/Kemper* DBW 62 (2002) 512, 519.

260 Vgl *Greulich* S 24 (aggregierte Zahlen), S 295 ff (Einzelnachweise).

261 Vgl *Rathausky* AG 2004, AG-Report R 24 ff.

262 Vgl Einzelangaben vor Rdn 1.

§ 327a
Übertragung von Aktien gegen Barabfindung

(1) Die Hauptversammlung einer Aktiengesellschaft oder einer Kommanditgesellschaft auf Aktien kann auf Verlangen eines Aktionärs, dem Aktien der Gesellschaft in Höhe von 95 vom Hundert des Grundkapitals gehören (Hauptaktionär), die Übertragung der Aktien der übrigen Aktionäre (Minderheitsaktionäre) auf den Hauptaktionär gegen Gewährung einer angemessenen Barabfindung beschließen. § 285 Abs. 2 Satz 1 findet keine Anwendung.

(2) Für die Feststellung, ob dem Hauptaktionär 95 vom Hundert der Aktien gehören, gilt § 16 Abs. 2 und 4.

Übersicht

Schrifttum

Vgl Angaben vor §§ 327a–327f.

I. Regelungsgegenstand

1 § 327a bildet die Spitzenvorschrift des neuen aktienrechtlichen Ausschlussverfahrens. Er benennt die Basisvoraussetzungen für den Ausschluss von Minderheitsaktionären: eine AG oder KGaA als betroffene Gesellschaft (Rdn 2ff), die Existenz eines Hauptaktionärs, dem definitionsgemäß mindestens 95 Prozent des Grundkapitals gehören müssen (Rdn 9ff), dessen Verlangen, ihm die Anteile der Minderheitsaktionäre (Rdn 53ff) gegen Gewährung einer angemessenen Barabfindung zu übertragen (Rdn 56ff) sowie den zustimmenden Beschluss der Hauptversammlung (Rdn 63ff). Breite Aufmerksamkeit hat schließlich die ungeregelte Frage gefunden, ob die Ausübung des Ausschlussrechts trotz Vorliegens der genannten Voraussetzungen im Einzelfall rechtsmissbräuchlich sein kann (Rdn 75ff). Die gesamte Regelung ist in Tatbestand und Rechtsfolge zwingendes Recht.[1]

II. Betroffene Gesellschaften (Abs 1 S 1)

1. Aktiengesellschaft

2 a) **Allgemeines.** Gemäß § 327a Abs 1 S 1 ist der Squeeze out bei einer AG zulässig. Keine Rolle spielt, ob die Aktien der Gesellschaft zum Börsenhandel zugelassen sind oder waren.[2] Der Gesetzgeber hat sich dafür entschieden, die Ausschließung auch bei nicht

[1] Vgl FK-WpÜG/*Schüppen/Tretter*[2] § 327a Rdn 3.

[2] Vgl Begr RegE BT-Drucks 14/7034 S 32; LG Osnabrück AG 2002, 527; LG Berlin Der Konzern 2003, 635, 638; Emmerich/*Habersack* Aktien- und GmbH-Konzernrecht[4]

börsennotierten Gesellschaften (vgl vor § 327a Rdn 13) und völlig unabhängig von einem vorausgegangenen Übernahmeangebot (zur neuen Sonderregelung in § 39a WpÜG vor § 327a Rdn 25ff) zuzulassen.

3 b) **Vorgesellschaft.** Auf die Vor-AG findet § 327a nach einhelliger Meinung keine entsprechende Anwendung.[3] Eine genauere Begründung dafür wird selten gegeben; zumeist heißt es zirkelschlüssig, die betroffene Gesellschaft müsse als AG iSd § 41 Abs 1 entstanden sein[4]; gelegentlich verneint man auch ein anerkennenswertes Bedürfnis für einen Ausschluss im Gründungsstadium[5] oder verweist auf das Übertragungsverbot des § 41 Abs 4 S 1 Hs 1.[6] Dogmatisch tragfähiger ist der Hinweis auf die Einordnung der Vor-AG als Gesamthandsgemeinschaft, bei der ein Gesellschafterausschluss gemeinhin nur aus wichtigem Grund und als letztes Mittel auf Betreiben aller übrigen Gesellschafter zugelassen wird.[7] Unabhängig davon liegt der Vorwurf eines widersprüchlichen Verhaltens nahe, wenn der Hauptaktionär die Minderheitsaktionäre kurz zuvor für eine Gesellschaftsgründung gewonnen hat (näher Rdn 84).[8]

4 c) **Aufgelöste Gesellschaft.** Die Auflösung der Gesellschaft steht nach hM einem Squeeze out nicht entgegen, weil sie nur eine Zweckänderung und keinen Wegfall der Gesellschaft bewirkt.[9] Gegenstimmen wenden ein, das Ziel der Vorschrift, Reibungsverluste zu vermeiden und die unternehmerische Freiheit des Hauptaktionärs zu fördern (vgl vor § 327a Rdn 8), sei im Liquidationsverfahren nicht mehr zu erreichen und § 327a daher teleologisch zu reduzieren.[10] Sie übersehen, dass aussichtslose Anfechtungsklagen auch bei Abwicklungsgesellschaften anzutreffen sind[11] und dass der Ausschluss von Minderheitsaktionären die Liquidation beschleunigt.[12] Hinzu kommt, dass nach § 274 vor Beginn der Vermögensverteilung sogar die Fortsetzung der Gesellschaft beschlossen werden kann. Infolgedessen ist die Ausübung des aktienrechtlichen Ausschließungsrechts während des Liquidationsverfahrens ohne Hinzutreten weiterer Umstände auch nicht rechtsmissbräuchlich.[13]

5 Ein Squeeze out bleibt selbst nach Eröffnung des Insolvenzverfahrens über das Vermögen der Gesellschaft möglich.[14] Die Insolvenzeröffnung führt nach § 262 Abs 1 Nr 3

---

§ 327a Rdn 12; AnwK-AktG/*Heidel/Lochner* § 327a Rdn 22; *Hüffer*[7] § 327a Rdn 5; *Marsch-Barner* in Zschocke/Schuster Bad Homburger Hdb G 19 und 21; *Raiser/Veil* KapGesR[4] § 12 Rdn 78; *Rühland* S 184; FK-WpÜG/*Schüppen/Tretter*[2] § 327a Rdn 4; *Steinmeyer/Häger* § 327a Rdn 2; *Wasmann* in Thaeter/Brandi Teil 7 Rdn 128.

[3] Vgl Emmerich/*Habersack* Aktien- und GmbH-Konzernrecht[4] § 327a Rdn 12; *Fuchs* § 4 II 1 b; *Hüffer*[7] § 327a Rdn 6; MK-*Grunewald*[2] § 327a Rdn 4; FK-WpÜG/*Schüppen/Tretter*[2] § 327a Rdn 4; KK-*Koppensteiner*[3] § 327a Rdn 2.

[4] So *Hüffer*[7] § 327a Rdn 6; Emmerich/*Habersack* Aktien- und GmbH-Konzernrecht[4] § 327a Rdn 12.

[5] Vgl KK-*Koppensteiner*[3] § 327a Rdn 2.

[6] Vgl *Moritz* S 90.

[7] Näher *Fuchs* § 4 II 1 b mit weiteren Argumenten.

[8] Vgl *Fleischer* ZGR 2002, 757, 785 f; MK-*Grunewald*[2] § 327a Rdn 4.

[9] Vgl BGH ZIP 2006, 2080, 2081; OLG Köln NZG 2005, 931, 932; *Buchta/Ott* DB 2005, 990, 992; *Buchta/Sasse* DStR 2004, 958, 961; Emmerich/*Habersack* Aktien- und GmbH-Konzernrecht[4] § 327a Rdn 12; *Hüffer*[7] § 327a Rdn 6; MK-*Grunewald*[2] § 327a Rdn 4; *Goette* DStR 2006, 2132, 2135 f.

[10] Vgl FK-WpÜG/*Schüppen/Tretter*[2] § 327a Rdn 4; KK-*Koppensteiner*[3] § 327a Rdn 2.

[11] Vgl BGH ZIP 2006, 2080, 2081; *Buchta/Ott* DB 2005, 990, 992.

[12] Vgl *Buchta/Sasse* DStR 2004, 958, 960.

[13] Vgl OLG Köln NZG 2005, 931, 932; *Buchta/Ott* DB 2005, 990, 992; *Buchta/Sasse* DStR 2004, 958, 960.

[14] Vgl Emmerich/*Habersack* Aktien- und GmbH-Konzernrecht[4] § 327a Rdn 12; *Fuchs* § 4 II 1c; **aA** KK-*Koppensteiner*[3] § 327a Rdn 2.

nur zur Auflösung der Gesellschaft, lässt aber deren Organstruktur einschließlich der Hauptversammlungskompetenzen unberührt.[15] Gesichtspunkte der Gläubigergleichbehandlung stehen einer Ausschließung nicht entgegen, da die Barabfindung nicht aus dem Gesellschaftsvermögen, sondern durch den Hauptaktionär erbracht wird (vgl § 327b Rdn 38). Weil eine Gesellschaft ohne Minderheitsaktionäre wirtschaftlich wertvoller ist als eine solche mit Minderheitsaktionären, mag man in dem Squeeze out sogar ein wichtiges Sanierungsinstrument erblicken.[16]

d) **Vertragsabhängige Gesellschaft.** Ein Squeeze out ist auch dann möglich, wenn zwi- 6
schen Hauptaktionär und betroffener Gesellschaft bereits ein Unternehmensvertrag iSd § 291 besteht.[17] Dazu bedarf es keines Sonderbeschlusses der außenstehenden Aktionäre nach § 295 Abs 2 S 1 (näher Rdn 70). Der Zustimmungsbeschluss über einen Beherrschungsvertrag mit dem Hauptaktionär kann sogar auf derselben Hauptversammlung gefasst werden wie der Übertragungsbeschluss: Weil der Hauptaktionär durch den Ausschluss der Minderheitsaktionäre kein Weisungsrecht gegenüber der betroffenen Gesellschaft erhält (vgl vor § 327a Rdn 24), kann es vielmehr sinnvoll sein, zugleich einen Beherrschungsvertrag abzuschließen und so ein konzernrechtliches Weisungsrecht zu begründen.[18] Welchen Einfluss die Squeeze out-Abfindung auf die Ausgleichs- und Abfindungsansprüche der außenstehenden (Minderheits-)Aktionäre nach §§ 304, 305 hat, ist im jeweiligen Sachzusammenhang zu erörtern (vgl § 327b Rdn 20 und § 327e Rdn 52ff).

2. Kommanditgesellschaft auf Aktien

Nach § 327a Abs 1 S 1 erstreckt sich der Anwendungsbereich des Squeeze out auch 7
auf die KGaA. Mit dieser auf den Referentenentwurf[19] zurückgehenden Erweiterung hat der Gesetzgeber eine Anregung aus der Praxis aufgegriffen[20], nachdem der Diskussionsentwurf[21] die Ausschlussmöglichkeit noch auf die AG beschränkt hatte. Rechtssystematisch weicht § 327a Abs 1 S 1 an dieser Stelle vom Regelungsvorbild der Mehrheitseingliederung ab[22], weil die KGaA nach dem eindeutigen Wortlaut des § 320 Abs 1 S 1 nicht als einzugliedernder Rechtsträger in Betracht kommt.[23] In der Sache ist die unterschiedliche Behandlung gleichwohl gerechtfertigt: Während die einzugliedernde Gesellschaft bei der Mehrheitseingliederung gemäß § 323 unter die Leitungsmacht des Hauptaktionärs gerät, lässt der Squeeze out den konzernrechtlichen Status der Gesellschaft unberührt (vgl vor § 327a Rdn 24).[24] Der Hauptaktionär erlangt kein Weisungsrecht und an der Rechtsstellung des Komplementärs ändert sich nichts, so dass dem Squeeze

---

[15] Allgemein dazu OLG München AG 1995, 232; *Hüffer*[7] § 264 Rdn 8.
[16] In diesem Sinne *Fuchs* § 4 II 1 c.
[17] Vgl OLG Hamburg AG 2003, 696, 697; *Fuhrmann* Der Konzern 2004, 1, 4; KK-*Koppensteiner*[3] § 327a Rdn 17; FK-WpÜG/*Schüppen/Tretter*[2] § 327a Rdn 38.
[18] Vgl OLG Düsseldorf WM 2005, 1948, 1953.
[19] Abgedruckt in *Fleischer/Kalss* S 374, 401 ff.
[20] Vgl Begr RegE BT-Drucks 14/7034 S 72; AnwK-AktG/*Heidel/Lochner* § 327a Rdn 22.
[21] Abgedruckt in *Fleischer/Kalss* S 237 ff, 264 ff; ebenso DAV-Handelsrechtsausschuß NZG 1999, 850, 852.
[22] Vgl *Hüffer*[7] § 327a Rdn 6; KK-*Koppensteiner*[3] § 327a Rdn 3; MK-*Grunewald*[2] § 327a Rdn 3.
[23] Ganz hM, vgl Emmerich/*Habersack* Aktien- und GmbH-Konzernrecht[4] § 319 Rdn 5; *Hüffer*[7] § 319 Rdn 3; KK-*Koppensteiner*[3] vor § 319 Rdn 6.
[24] Vgl DAV-Handelsrechtsausschuß NZG 2001, 430, 431; Emmerich/*Habersack* Aktien- und GmbH-Konzernrecht[4] § 327a Rdn 13; *Hüffer*[7] § 327a Rdn 6; KK-*Koppensteiner*[3] § 327a Rdn 3.

out bei der KGaA weder die bei der Eingliederung ausschlaggebende Inkompatibilität mit § 278 Abs 2 noch die persönliche Haftung der Komplementäre entgegenstehen.[25] Allerdings gibt es bei der Durchführung des Squeeze out gewisse rechtsformbedingte Unterschiede gegenüber der AG, auf die gesondert einzugehen ist (vgl unten Rdn 71 ff).

3. Gesellschaft mit beschränkter Haftung?

8 Einzelne Literaturstimmen wollen die §§ 327a ff analog auf die GmbH anwenden.[26] Dem ist mit der hM zu widersprechen.[27] Der Squeeze out ist nach Herkommen und Zielrichtung ganz auf die Rechtsverhältnisse in der AG zugeschnitten: Bei der GmbH fehlt nicht nur der den Squeeze out mitprägende kapitalmarktrechtliche Zusammenhang (vgl vor § 327a Rdn 11), sondern auch das Bedürfnis, unbekannte Splitterbeteiligungen einzusammeln. Vor allem aber lassen sich GmbH-Gesellschafter selbst bei kleineren Beteiligungen nicht auf die Rolle als Kapitalanleger (dazu vor § 327a Rdn 17) reduzieren. Eine Regelungslücke liegt nach alledem nicht vor.[28] Ebenso wenig wird man unterhalb der Analogieebene eine Ausstrahlungswirkung[29] der Squeeze-out-Vorschriften auf das GmbH-Recht anerkennen können.[30] Insbesondere besteht kein Anlass, sog Hinauskündigungsklauseln in GmbH-Satzungen unter Berufung auf § 327a zu akzeptieren.[31] Deren punktuelle Zulassung durch die neuere BGH-Rechtsprechung[32] folgt vielmehr eigenen Erwägungen. Betreibt der Mehrheitsgesellschafter einer GmbH deren Formwechsel in eine AG, um sich eines missliebigen Mitgesellschafters zu entledigen, kann im Einzelfall ein Verstoß gegen Treu und Glauben vorliegen (näher Rdn 78).[33]

III. Hauptaktionär (Abs 1 S 1)

1. Persönliche Anforderungen

9 a) **Allgemeines.** Zentrale Figur des Ausschließungsverfahrens ist der Hauptaktionär. Ausweislich der Legaldefinition des § 327a Abs 1 S 1 handelt es sich um einen Aktionär, dem Aktien der Gesellschaft in Höhe von 95 vom Hundert des Grundkapitals gehören. Zu ergänzen ist das Wort mindestens, weil ein Aktionär mit größerer Kapitalbeteiligung ebenfalls erfasst wird.[34] Weitere persönliche Anforderungen stellt das Gesetz nicht auf.

[25] Vgl KK-*Koppensteiner*[3] § 327a Rdn 3.

[26] Eingehend *v Morgen* WM 2003, 1553, 1558 ff; knapper *Angerer* BKR 2002, 260, 267 („Institutionenbildung im Gesellschaftsrecht").

[27] Wie hier Emmerich/*Habersack* Aktien- und GmbH-Konzernrecht[4] § 327a Rdn 5; *Hamann* S 170; AnwK-AktG/*Heidel/Lochner* vor § 327a Rdn 6; FK-WpÜG/*Schüppen/Tretter*[2] § 327a Rdn 4; KK-*Koppensteiner*[3] § 327a Rdn 2.

[28] Vgl *Hamann* S 170; *Heckschen* in Heckschen/Simon, Umwandlungsrecht, 2003, § 9 Rdn 54; AnwK-AktG/*Heidel/Lochner* vor § 327a Rdn 6; *Neye* in Hirte (Hrsg), WpÜG, 2002, S 25, 28.

[29] Allgemein zu dieser Rechtsfigur *Canaris* Grundrechte und Privatrecht, 1999, S 30; *Lerche* FS Odersky, 1996, 216, 233 ff; *Wiedemann* ZGR 1999, 857, 865.

[30] Wie hier Emmerich/*Habersack* Aktien- und GmbH-Konzernrecht[4] § 327a Rdn 5; **aA** *Harrer* FS Sonnenberger, 2004, S 235, 237 ff, 244 ff.

[31] So bereits *Fleischer* ZGR 2002, 757, 770; zustimmend Emmerich/*Habersack* Aktien- und GmbH-Konzernrecht[4] § 327a Rdn 5; **aA** *Harrer* FS Sonnenberger, 2004, S 235, 237 ff, 244 ff.

[32] Vgl BGHZ 164, 98 (Manager-Modell) und BGHZ 164, 107 (Mitarbeiter-Modell).

[33] Vgl *Fleischer* ZGR 2002, 757, 787.

[34] Vgl Begr RegE WpÜG, BT-Drucks 14/7034, S 31; *Rühland* S 185.

Als Hauptaktionär kommt daher jeder in Betracht, der Mitglied einer Aktiengesellschaft sein kann.[35] Dazu gehören insbesondere natürliche Personen deutscher Staatsangehörigkeit[36], inländische juristische Personen des Privatrechts (rechtsfähiger Verein, Stiftung, AG, KGaA, GmbH, Genossenschaft, VVaG, SE)[37] und des öffentlichen Rechts (Körperschaften, Anstalten, Stiftungen).[38] Hinzu kommen rechts- und teilrechtsfähige Personengesellschaften (OHG, KG, EWIV, Partenreederei, Vorgesellschaft, BGB-Außengesellschaft).[39] Demgegenüber scheiden Innengesellschaften bürgerlichen Rechts als Hauptaktionär aus.[40] Sonderprobleme entstehen bei BGB-Gesellschaften, bei denen die einzelnen Gesellschafter selbst Inhaber der Aktien bleiben (näher unten Rdn 35).

Unterschiedlich beurteilt wird, ob auch die bürgerlich-rechtlichen Gesamthands- **10**
gemeinschaften, also die Erbengemeinschaft (§ 2032 BGB) und die Gütergemeinschaft (§ 1419 BGB), hauptaktionärsfähig sind. Die hM neigt dazu, die Erbengemeinschaft als Hauptaktionär anzuerkennen[41], auch wenn deren Teilrechtsfähigkeit nach wie vor umstritten ist.[42] Gegenstimmen verweisen darauf, dass die Erbengemeinschaft nach § 2042 Abs 1 BGB auf Auseinandersetzung angelegt sei und deshalb nicht den Gesetzeszweck erfüllen könne, dass nach erfolgtem Ausschluss nur noch ein Aktionär verbleibe.[43] Für die hM spricht, dass die Erbengemeinschaft Unternehmensträgerin[44] und nach inzwischen ganz überwiegender Auffassung auch taugliche Gründerin einer AG[45] sein kann.[46] Ähnlich wird man für die Gütergemeinschaft entscheiden.[47]

b) Ausländische Rechtssubjekte. Anders als bei der Mehrheitseingliederung nach **11**
§ 320 Abs 1 S 1, bei der die Hauptgesellschaft ihren Sitz im Inland haben muss, können im Rahmen des § 327a Abs 1 S 1 auch ausländische Rechtssubjekte Hauptaktionär sein.[48] Das gilt sowohl für natürliche Personen ausländischer Staatsangehörigkeit[49] als

---

[35] Vgl Emmerich/*Habersack* Aktien- und GmbH-Konzernrecht[4] § 327a Rdn 14; MK-*Grunewald*[2] § 327a Rdn 5; *Hüffer*[7] § 327a Rdn 7; KK-*Koppensteiner*[3] § 327a Rdn 4; FK-WpÜG/*Schüppen/Tretter*[2] § 327a Rdn 5.

[36] Vgl Emmerich/*Habersack* Aktien- und GmbH-Konzernrecht[4] § 327a Rdn 14; AnwK-AktG/*Heidel/Lochner* § 327a Rdn 3; KK-WpÜG-*Hasselbach* § 327a Rdn 24; *Hüffer*[7] § 327a Rdn 7; *Rühland* S 186.

[37] Vgl Emmerich/*Habersack* Aktien- und GmbH-Konzernrecht[4] § 327a Rdn 14; *Grzimek* in Geibel/Süßmann § 327a Rdn 35; KK-WpÜG-*Hasselbach* § 327a Rdn 24; *Hüffer*[7] § 327a Rdn 7; *Rühland* S 187; *Steinmeyer/Häger* § 327a Rdn 16.

[38] Vgl *Fuchs* § 4 III 1 a; KK-WpÜG-*Hasselbach* § 327a Rdn 24; *Sieger/Hasselbach* ZGR 2002, 120, 133.

[39] Vgl Emmerich/*Habersack* Aktien- und GmbH-Konzernrecht[4] § 327a Rdn 14; MK-*Grunewald*[2] § 327a Rdn 5; AnwK-AktG/ *Heidel/Lochner* § 327a Rdn 3; *Hüffer*[7] § 327a Rdn 7; KK-*Koppensteiner*[3] § 327a Rdn 4; FK-WpÜG/*Schüppen/Tretter*[2] § 327a Rdn 5.

[40] Vgl KK-WpÜG-*Hasselbach* § 327a Rdn 24.

[41] Vgl *Hüffer*[7] § 327a Rdn 7; KK-*Koppensteiner*[3] § 327a Rdn 4; FK-WpÜG/*Schüppen/Tretter*[2] § 327a Rdn 5.

[42] Die Rechtsfähigkeit der Erbengemeinschaft ablehnend BGH NJW 2002, 3389, 3390; *K Schmidt* GesR[4] § 8 III 3 a, S 201; *Ulmer* AcP 198 (1998) 113, 124 ff; bejahend *Grunewald* AcP 197 (1997) 305; *Wagner* ZZP 117 (2004) 305, 354 f.

[43] Vgl AnwK-AktG/*Heidel/Lochner* § 327a Rdn 3; *Moritz* S 92.

[44] Vgl RGZ 16, 339, 340 f; BGHZ 92, 259, 262; *Dauner-Lieb* Unternehmen in Sondervermögen, 1998, S 330 ff.

[45] Die Gründerfähigkeit der Erbengemeinschaft bejahend AnwK-AktG/*Ammon* § 2 Rdn 21; *Brändel* in Großkomm AktG[4] § 2 Rdn 29; *Hüffer*[7] § 2 Rdn 11; MK-*Heider*[2] § 2 Rdn 8; **aA** früher *Baumbach/Hueck* § 2 Rdn 4; *v Godin/Wilhelmi*[4] § 2 Rdn 5; KK-*Kraft* § 2 Rdn 27.

[46] Wie hier *Fuchs* § 4 III 1 a.

[47] IE ebenso *Hüffer*[7] § 327a Rdn 7; KK-*Koppensteiner*[3] § 327a Rdn 4; FK-WpÜG/*Schüppen/Tretter*[2] § 327a Rdn 5.

[48] Vgl Emmerich/*Habersack* Aktien- und GmbH-Konzernrecht[4] § 327a Rdn 14; KK-WpÜG-*Hasselbach* § 327a Rdn 25;

auch für sonstige ausländische Rechtsträger, deren Rechtsfähigkeit im Inland anerkannt wird.[50] Die Eröffnung des Ausschließungsrechts für ausländische Rechtssubjekte beruht auf einer wohlerwogenen Entscheidung des Reformgesetzgebers.[51] Sie erleichtert Umstrukturierungen bei grenzüberschreitenden Unternehmensverflechtungen[52], stärkt den Wirtschaftsstandort Deutschland[53] und trägt, soweit EU-Rechtsträger betroffen sind, den Anforderungen der Artikel 43 und 48 EG Rechnung.[54] Zudem weist sie Parallelen zum Bieterbegriff des WpÜG auf[55], der auch ausländische Rechtsträger einschließt.[56]

12 Die bewusste Abweichung vom Recht der Mehrheitseingliederung beeinträchtigt die Interessen der Minderheitsaktionäre nicht über Gebühr: Auch gegen einen *ausländischen* Hauptaktionär können sie die ihnen gemäß § 327b Abs 1 S 1 zustehende Barabfindung im Spruchverfahren nach § 327f – und damit vor *deutschen* Gerichten – nachprüfen lassen.[57] Darüber hinaus muss der Barabfindungsanspruch gemäß § 327b Abs 3 durch eine Gewährleistung eines *im Inland* zugelassenen Kreditinstituts gesichert sein (vgl § 327b Rdn 45), so dass sich das Ausfallrisiko der Minderheitsaktionäre weiter verringert.[58] Dass sie den im Spruchverfahren ggf zugesprochenen Mehrbetrag, der von der Bankgewährleistung nicht gedeckt wird (vgl § 327b Rdn 50), bei einem ausländischen Hauptaktionär im Ausland einklagen müssen, ist ihnen zuzumuten.[59]

13 c) **Unternehmenseigenschaft?** Obwohl die Bestimmungen über den Ausschluss von Minderheitsaktionären im Dritten Buch des AktG angesiedelt sind, handelt es sich in systematischer Hinsicht nicht um konzernrechtliche Bestimmungen (vgl vor § 327a Rdn 24).[60] Insbesondere muss der Hauptaktionär kein Unternehmen iSd §§ 15ff sein.[61] Privater Mehrheitsbesitz genügt.[62] Das unterscheidet den Squeeze out vom Recht der Mehrheitseingliederung[63], bei der die Hauptgesellschaft nach hM ein Unternehmen im

---

AnwK-AktG/*Heidel/Lochner* § 327a AktG Rdn 3; *Hüffer*[7] § 327a Rdn 7; KK-*Koppensteiner*[3] § 327a Rdn 4; *Rühland* S 186; FK-WpÜG/*Schüppen/Tretter*[2] § 327a Rdn 5.

49 Vgl *Grzimek* in Geibel/Süßmann § 327a Rdn 35; KK-WpÜG-*Hasselbach* § 327a Rdn 24; *Nirk* in Nirk/Reuter/Bächle Hdb AG Teil I Rdn 2627; *Steinmeyer/Häger* § 327a Rdn 16; *Wasmann* in Thaeter/Brandi Teil 7 Rdn 130.

50 Vgl *Grzimek* in Geibel/Süßmann § 327a Rdn 35; KK-WpÜG-*Hasselbach* § 327a Rdn 24; *Nirk* in Nirk/Reuter/Bächle Hdb AG Teil I Rdn 2627; *Steinmeyer/Häger* § 327a Rdn 16; *Wasmann* in Thaeter/Brandi Teil 7 Rdn 130.

51 Vgl Begr RegE WpÜG, BT-Drucks 14/7034, S 32.

52 Vgl KK-WpÜG-*Hasselbach* § 327a Rdn 25; *Nirk* in Nirk/Reuter/Bächle Hdb AG Teil I Rdn 2627; *Sieger/Hasselbach* ZGR 2002, 120, 133.

53 Vgl *Nirk* in Nirk/Reuter/Bächle Hdb AG Teil I Rdn 2627.

54 Dazu *Fuchs* § 4 III 1 a.

55 Vgl KK-*Koppensteiner*[3] § 327a Rdn 4.

56 Vgl *Pötzsch* in Assmann/Pötzsch/Schneider § 2 WpÜG Rdn 104 und 105.

57 Vgl KK-WpÜG-*Hasselbach* § 327a Rdn 25; *Sieger/Hasselbach* ZGR 2002, 120, 133.

58 Vgl Emmerich/*Habersack* Aktien- und GmbH-Konzernrecht[4] § 327a Rdn 14; KK-WpÜG-*Hasselbach* § 327a Rdn 25; KK-*Koppensteiner*[3] § 327a Rdn 4; *Rühland* S 186 f.

59 Vgl KK-WpÜG-*Hasselbach* § 327a Rdn 25; KK-*Koppensteiner*[3] § 327a Rdn 4; *Sieger/Hasselbach* ZGR 2002, 120, 133 f mit engen Ausnahmen für „eindeutige Missbrauchsfälle".

60 Vgl Emmerich/*Habersack* Aktien- und GmbH-Konzernrecht[4] § 327a Rdn 6; KK-*Koppensteiner*[3] vor § 327a Rdn 3; *Kübler/Assmann* GesR[6] § 30 VIII 1 a, S 439; FK-WpÜG/*Schüppen/Tretter*[2] vor § 327a WpÜG Rdn 29.

61 Vgl *Fleischer* ZGR 2002, 757, 760; MK-*Grunewald*[2] § 327a Rdn 5; *Hüffer*[7] § 327a Rdn 7; *Kübler/Assmann* GesR[6] § 30 VIII 1 a, S 439; *Maslo* NZG 2004, 163, 166; *Moritz* S 92 ff; *Vetter* AG 2002, 175, 185.

62 Vgl *Fleischer* ZGR 2002, 757, 760; *Wasmann* in Thaeter/Brandi Teil 7 Rdn 130.

63 Vgl *Fuchs* § 4 III 1 b.

konzernrechtlichen Sinne sein muss.[64] Eine Parallele besteht freilich zum Bieterbegriff des § 2 Abs 4 WpÜG[65], der ebenfalls keine Unternehmenseigenschaft voraussetzt.[66]

2. Sachliche Anforderungen

a) **Kapitalmehrheit von 95 vom Hundert (Abs 1 S 1). aa) Allgemeines.** Sachlich verlangt § 327a Abs 1 S 1 für ein Ausschlussbegehren eine Kapitalmehrheit in Höhe von mindestens 95 vom Hundert des Grundkapitals. Zur Begründung dieser Schwelle verweist der Gesetzgeber zum ersten auf das Vorbild der Mehrheitseingliederung nach § 320 Abs 1 S 1; zum zweiten macht er geltend, dass fünf Prozent des Grundkapitals im deutschen Aktienrecht eine anerkannte Größenordnung für die Festlegung einer Minderheit seien (vgl zB §§ 122 Abs 2, 260 Abs 1, 265 Abs 3); zum dritten führt er an, dass die Regelung den Ausschluss einer Restminderheit ermöglichen solle und dass sich dies in dem Schwellenwert widerspiegeln müsse.[67] **14**

Ausländische Aktienrechte kennen teilweise eine Schwelle von 90 Prozent (zB Österreich, Großbritannien), teilweise verlangen sie aber auch eine Beteiligung des Hauptaktionärs von mindestens 98 Prozent (zB Schweiz, Italien).[68] Eine verständige Auswahl des Gesetzgebers darf hier schwanken (näher vor § 327a Rdn 60ff). Für das übernahmerechtliche Ausschlussverfahren gibt Art 15 Abs 2 der Übernahmerichtlinie[69] den Mitgliedstaaten eine Bandbreite von mindestens 90 bis höchstens 95 Prozent vor. **15**

Auf welche Weise der Hauptaktionär die erforderliche Kapitalmehrheit erlangt hat, ist für die Anwendbarkeit der §§ 327a ff ohne Belang.[70] Er kann sie etwa durch Zukäufe an der Börse[71], einen außerbörslichen Paketkauf[72] oder im Wege einer Kapitalerhöhung mit Bezugsrechtsausschluss[73] erworben haben. Ebenso wenig ist erforderlich, dass der Hauptaktionär seine Beteiligung von mindestens 95 Prozent vor Beginn des Ausschlussverfahrens schon für eine bestimmte Zeit gehalten hat.[74] **16**

bb) Gattungsübergreifende Ausgestaltung. Berechnungsgrundlage für die Ermittlung der prozentualen Kapitalbeteiligung des Hauptaktionärs ist das *gesamte* nominelle Grundkapital der Gesellschaft.[75] Das Ausschlussrecht des § 327a Abs 1 S 1 ist damit nicht *gattungsspezifisch*[76], sondern *gattungsübergreifend* angelegt.[77] Ausländische Ak- **17**

---

64 Vgl Emmerich/*Habersack* Aktien- und GmbH-Konzernrecht[4] § 319 Rdn 5.

65 Dazu bereits *Fleischer* ZGR 2002, 757, 760.

66 Vgl MK-*Wackerbarth*[2] § 2 WpÜG Rdn 49; *Pötzsch* in Assmann/Pötzsch/Schneider § 2 WpÜG Rdn 103; s auch *Hopt* ZHR 166 (2002) 383, 396.

67 Vgl Begr RegE WpÜG, BT-Drucks 14/7034, S 72.

68 Näher *Marsch-Barner* in Zschocke/Schuster Bad Homburger Hdb G 22; *Rühland* S 163 und 199.

69 Richtlinie 2004/25 EG v 21.4.2004 betreffend Übernahmeangebote, ABl EU v 30.4. 2004 L 142/12.

70 Vgl OLG Düsseldorf ZIP 2004, 359, 362; OLG Hamburg NZG 2003, 539, 544; KK-WpÜG-*Hasselbach* § 327a Rdn 27; *Hüffer*[7] § 327a Rdn 7; KK-*Koppensteiner*[3] § 327a Rdn 5; FK-WpÜG/*Schüppen/Tretter*[2] § 327a Rdn 7.

71 Vgl *Hüffer*[7] § 327a Rdn 7; *Rühland* S 190.

72 Vgl *Hüffer*[7] § 327a Rdn 7; *Rühland* S 190; *Steinmeyer/Häger* § 327a Rdn 21.

73 Vgl OLG Schleswig AG 2004, 155, 158; *P Baums* WM 2001, 1843, 1844 f; *Nirk* in Nirk/Reuter/Bächle Hdb AG Teil I Rdn 2632; *Steinmeyer/Häger* § 327a Rdn 21.

74 Vgl *Fuhrmann/Simon* WM 2002, 1211, 1212; s auch OLG Düsseldorf ZIP 2004, 359, 362.

75 Vgl KK-WpÜG-*Hasselbach* § 327a Rdn 33.

76 Allgemein zur Entstehung, Ausgestaltung und Verbreitung einzelner Aktiengattungen *Polte* Aktiengattungen, 2005, S 33 ff, 52 ff und 83 ff.

77 Vgl *Fuchs* § 4 III 2 a aa; *Steinmeyer/Häger* § 327a Rdn 23.

tienrechte sehen dagegen zum Teil vor, dass der maßgebliche Schwellenwert für jede Aktiengattung gesondert erreicht werden muss[78], und Art 15 Abs 2 S 3 der Übernahmerichtlinie[79] räumt den Mitgliedstaaten die Möglichkeit ein, das übernahmerechtliche Ausschlussverfahren gattungsspezifisch auszugestalten.[80] Die deutsche Lösung ist vorzugswürdig[81], weil ein gattungsspezifischer Squeeze out die *Hold-out*-Probleme verschärfen würde, die § 327a gerade abmildern soll (vgl vor § 327a Rdn 14).

18 cc) **Stimmrechtsmehrheit von 95 vom Hundert?** § 327a Abs 1 S 1 verlangt nach ganz hM nur eine Kapitalmehrheit und nicht zugleich eine Stimmrechtsmehrheit von 95 vom Hundert.[82] Stimmrechtslose Vorzugsaktien sind danach in vollem Umfang in die Berechnung einzubeziehen.[83] Einer vereinzelten Stimme zufolge kann Hauptaktionär dagegen nur sein, wer zusätzlich 95 Prozent der ausübbaren Stimmen auf sich vereinigt.[84] Dem ist zu widersprechen. Zunächst bieten weder der Gesetzeswortlaut noch die Gesetzesmaterialien Anhaltspunkte für ein solches Zusatzerfordernis. Darüber hinaus stellt die ganz hM auch im Rahmen der Mehrheitseingliederung ausschließlich auf eine qualifizierte Kapitalmehrheit ab.[85] Schließlich bildet das Erfordernis einer qualifizierten Stimmrechtsmehrheit im Aktienrecht nicht die Regel, sondern die begründungsbedürftige Ausnahme.[86]

19 dd) **Maßgeblicher Zeitpunkt für die Kapitalmehrheit.** Welcher Zeitpunkt für das Erreichen der Schwelle von 95 Prozent maßgeblich ist, wird unterschiedlich beurteilt: Manche stellen allein auf den Zeitpunkt des Hauptversammlungsbeschlusses ab („einfache Stichtagsbetrachtung“ [87]) [88]; andere verlangen die erforderliche Kapitalmehrheit sowohl zum Zeitpunkt des Einberufungsverlangens als auch zu dem der Beschlussfassung („doppelte Stichtagsbetrachtung“ [89]) [90]; wieder andere fordern, dass die Kapitalmehrheit über

---

78 Vgl etwa für England sec 428–430F Companies Act 1985; dazu *Gower/Davies* Principles of Modern Company Law, 7th ed 2003, S 741 ff; rechtsvergleichend *Rühland* S 138.

79 Richtlinie 2004/25 EG v 21.4.2004 betreffend Übernahmeangebote, ABl EU v 30.4. 2004 L 142/12.

80 Nach Art 14 Abs 2 S 2 des Kommissionsvorschlags v 2.10.2002, KOM (2002) 534 endg, ABl EU v 25.2.2003 C 45 E/1 war die gattungsspezifische Ausgestaltung sogar noch verbindlich vorgeschrieben.

81 Ebenso *Fuchs* § 4 III 2 a aa.

82 Vgl *Grzimek* in Geibel/Süßmann § 327a Rdn 41; KK-WpÜG-*Hasselbach* § 327a Rdn 30; *Marsch-Barner* in Zschocke/Schuster Bad Homburger Hdb G 23; *Nirk* in Nirk/Reuter/Bächle Hdb AG Teil I Rdn 2627; FK-WpÜG/*Schüppen/Tretter*[2] § 327a Rdn 6; *Wasmann* in Thaeter/Brandi Teil 7 Rdn 133.

83 Vgl *Fuhrmann/Simon* WM 2002, 1211, 1212; KK-WpÜG-*Hasselbach* § 327a Rdn 33; *Marsch-Barner* in Zschocke/Schuster Bad Homburger Hdb G 23; *Nirk* in Nirk/Reuter/Bächle Hdb AG Teil I Rdn 2627; FK-WpÜG/*Schüppen/Tretter*[2] § 327a Rdn 6; *Steinmeyer/Häger* § 327a Rdn 23.

84 Vgl KK-*Koppensteiner*[3] § 327a Rdn 12.

85 Vgl Emmerich/*Habersack* Aktien- und GmbH-Konzernrecht[4] § 320 Rdn 11; MK-*Grunewald*[2] § 320 Rdn 7; *Hüffer*[7] § 320 Rdn 4; OLG Hamm AG 1994, 376, 377; **aA** *v Godin/Wilhelmi*[4] § 320 Rdn 3; KK-*Koppensteiner*[3] § 320 Rdn 7.

86 Vgl *Fuchs* § 4 III 2 a bb.

87 Begriff: *Fuchs* § 4 III 2 a cc.

88 Vgl *Grzimek* in Geibel/Süßmann § 327a Rdn 52; MK-*Grunewald*[2] § 327a Rdn 10; *König/Römer* NZG 2004, 944, 947; *Nirk* in Nirk/Reuter/Bächle Hdb AG Teil I Rdn 2633; *Scharpf* S 43; wohl auch, allerdings beiläufig, OLG Hamburg NZG 2003, 978, 979.

89 Begriff: *Fuchs* § 4 III 2 a cc.

90 Vgl OLG Düsseldorf ZIP 2004, 359, 362; LG Bonn Der Konzern 2004, 491, 494; *Greulich* S 75 f; KK-WpÜG-*Hasselbach* § 327a Rdn 38; KK-*Koppensteiner*[3] § 327a Rdn 11; *Rühland* S 198; *Sieger/Hasselbach* ZGR 2002, 120, 138 f; FK-WpÜG/*Schüppen/Tretter*[2] § 327a Rdn 19; *Wasmann* in Thaeter/Brandi Teil 7 Rdn 131.

den Beschlusszeitpunkt hinaus bis zur Anmeldung bzw Eintragung des Squeeze out-Beschlusses in das Handelsregister vorliegt („Intervallbetrachtung“ [91]).[92] Bedeutung gewinnt der Meinungsstreit vor allem bei der Ausübung von Bezugsrechten zwischen Einberufungsverlangen und Beschlussfassung[93] sowie beim Absinken der Kapitalbeteiligung unter die 95-Prozent-Schwelle nach Beschlussfassung.

Für die doppelte Stichtagslösung sprechen der Wortlaut des § 327a Abs 1 S 1[94] und das Interesse der betroffenen Gesellschaft, keine unnötige Hauptversammlung anzuberaumen.[95] Dagegen können die Vertreter der einfachen Stichtagslösung geltend machen, dass es nach der gesetzlichen Grundkonzeption allein auf die sorgfältig vorbereitete (§ 327c) und ordnungsgemäß durchgeführte (§ 327d) Hauptversammlung ankommt.[96] Zu ihren Gunsten spricht außerdem, dass nach hM auch bei der Mehrheitseingliederung nur der Zeitpunkt der Beschlussfassung entscheidet.[97] Schließlich können sie dem berechtigten Schutzbedürfnis der Gesellschaft, keine nutzlose Hauptversammlung einzuberufen, dadurch genügen, dass sie von dem Hauptaktionär eine vorherige Kostenübernahme für den Fall des Verfehlens der erforderlichen Mehrheit verlangen.[98] Insgesamt sprechen daher die besseren Argumente für die einfache Stichtagslösung, sofern der Hauptaktionär substantiiert darlegt, dass er die erforderliche Kapitalmehrheit zum Zeitpunkt der Hauptversammlung erreichen wird[99], und sofern er sich für den gegenteiligen Fall zur Kostenübernahme verpflichtet.[100] **20**

Nach der Beschlussfassung ist ein Absinken der Kapitalmehrheit unter den gesetzlichen Schwellenwert unschädlich.[101] Die weitergehende Intervallösung ist zum einen wenig praktikabel, weil der Registerrichter aus der Anmeldung nur ersehen kann, dass die Kapitalmehrheit zum Zeitpunkt des Hauptversammlungsbeschlusses (wahrscheinlich) vorlag[102]; zum anderen vermag sie nicht zu erklären, warum ein Absinken der Beteiligungsquote zwischen Beschlussfassung und Eintragung schädlich, nach Eintragung aber unbeachtlich sein soll. **21**

---

91 Begriff: *Fuchs* § 4 III 2 a cc.

92 Für den Anmeldungszeitpunkt *Fuhrmann/Simon* WM 2002, 1211, 1212; für den Eintragungszeitpunkt Emmerich/*Habersack* Aktien- und GmbH-Konzernrecht[4] § 327a Rdn 18.

93 Vgl *Grzimek* in Geibel/Süßmann § 327a Rdn 52; *Nirk* in Nirk/Reuter/Bächle Hdb AG Teil I Rdn 2633; ferner FK-WpÜG/*Schüppen/Tretter*[2] § 327a Rdn 20 für den Fall der Ausgabe von Aktien aus bedingtem Kapital in diesem Zeitraum.

94 Vgl OLG Düsseldorf ZIP 2004, 359, 362; KK-WpÜG-*Hasselbach* § 327a Rdn 38; KK-*Koppensteiner*[3] § 327a Rdn 11; FK-WpÜG/*Schüppen/Tretter*[2] § 327a Rdn 19; in abgeschwächter Form auch *Moritz* S 99; *Nirk* in Nirk/Reuter/Bächle Hdb AG Teil I Rdn 26 33; *Rühland* S 198.

95 Vgl OLG Köln Der Konzern 2004, 30, 33; FK-WpÜG/*Schüppen/Tretter*[2] § 327a Rdn 19; tendenziell auch KK-*Koppensteiner*[3] § 327a Rdn 11.

96 Vgl *Grzimek* in Geibel/Süßmann § 327a Rdn 52; MK-*Grunewald*[2] § 327a Rdn 10; *Nirk* in Nirk/Reuter/Bächle Hdb AG Teil I Rdn 2633; *Scharpf* S 43.

97 Vgl AnwK-AktG/*Knöfler* § 319 Rdn 3; MK-*Grunewald*[2] § 319 Rdn 5; KK-*Koppensteiner*[3] vor § 319 Rdn 17; abw *Bungert* NZG 2000, 167, 168; Emmerich/*Habersack* Aktien- und GmbH-Konzernrecht[4] § 319 Rdn 8 und § 320 Rdn 9.

98 Vgl *König/Römer* NZG 2004, 944, 947 mit Fn 17.

99 Vgl *Grzimek* in Geibel/Süßmann § 327a Rdn 52; MK-*Grunewald*[2] § 327a Rdn 11; *Fuchs* § 4 III 2 a cc aaa.

100 Vgl *König/Römer* NZG 2004, 944, 947 mit Fn 17; *Fuchs* § 4 III 2 a cc aaa.

101 Vgl *Fuchs* § 4 III 2 a cc bbb; FK-WpÜG/*Schüppen/Tretter*[2] § 327a Rdn 20.

102 Vgl KK-WpÜG-*Hasselbach* § 327a Rdn 38; KK-*Koppensteiner*[3] § 327a Rdn 11; *Nirk* in Nirk/Reuter/Bächle Hdb AG Teil I Rdn 2633.

22 ee) **Mitteilungspflicht bei Erreichen der Kapitalmehrheit.** Die §§ 327a ff enthalten keine Pflicht des Hauptaktionärs, das Erreichen der 95-Prozent-Schwelle bekanntzugeben.[103] In Übernahmesachverhalten half bislang § 23 Abs 1 Nr 2 und 3 WpÜG, der den Bieter verpflichtet, nach Ablauf der Annahmefrist die Anzahl sämtlicher ihm zustehender oder zuzurechnender Anteile zu veröffentlichen[104], doch verliert diese Meldepflicht mit Inkrafttreten des Übernahmerichtlinie-Umsetzungsgesetzes[105] ihre Bedeutung für den aktienrechtlichen Squeeze out (vgl vor § 327a Rdn 25ff). Die Ad-hoc-Publizitätspflicht der betroffenen – börsennotierten – Gesellschaft nach § 15 Abs 1 WpHG führt ebenfalls nicht weiter: Ausweislich des Emittentenleitfadens der BaFin ist nur der Beschluss des Hauptaktionärs, einen Squeeze out durchzuführen, eine Insiderinformation iSd § 13 WpHG, welche die Gesellschaft veröffentlichen muss, sobald sie davon Kenntnis erlangt.[106] Eine Ad-hoc-Publizitätspflicht des – börsennotierten – Hauptaktionärs wird häufig an der fehlenden Eignung des Anteilserwerbs zur erheblichen Kursbeeinflussung scheitern.[107] Es bleiben damit etwaige Mitteilungspflichten des Hauptaktionärs nach § 20 AktG und § 21 WpHG, die jedoch nicht speziell auf die für den Squeeze out maßgebliche Beteiligungsschwelle von 95 Prozent zugeschnitten sind.[108] Daran wird auch das Transparenzrichtlinie-Umsetzungsgesetz[109] nichts ändern, das in § 21 Abs 1 S 1 WpHG nF nur 3, 5, 10, 15, 20, 25, 30, 50 und 75 Prozent als Schwellenwerte nennt.

23 Die solchermaßen bestehende „Publizitätslücke"[110] ist entgegen der hM nicht hinzunehmen[111], sondern durch Rückgriff auf die mitgliedschaftliche Treuepflicht des Mehrheitsaktionärs zu schließen.[112] Als pflichtenbegründendes Moment lässt sich die besondere Gefährdungslage der Minderheitsaktionäre anführen, die sich auf einen jederzeitigen Zwangsausschluss einrichten müssen.[113] *De lege ferenda* ist daher an der Forderung nach einer entsprechenden Ergänzung der §§ 20 AktG, 21 WpHG festzuhalten.[114]

24 b) **Berechnung der Kapitalmehrheit (Abs 2 iVm § 16 Abs 2, 4).** Für die Feststellung, ob dem Hauptaktionär 95 vom Hundert der Aktien gehören, gilt gemäß § 327a Abs 2 die allgemeine Regelung in § 16 Abs 2 und 4. Hierbei handelt es sich allerdings nur um eine *partielle* Rechtsgrundverweisung, da es im Rahmen des Squeeze out nicht auf die

---

103 Vgl *Fleischer* ZGR 2002, 757, 778 f; KK-WpÜG-*Hasselbach* § 327a Rdn 42; *Rühland* S 100.

104 Dazu *Fleischer* ZGR 2002 757, 778; KK-WpÜG-*Hasselbach* § 327a Rdn 42.

105 Gesetz zur Umsetzung der Richtlinie 2004/25/EG des Europäischen Parlaments und des Rates vom 21. April 2004 betreffend Übernahmeangebote, BGBl I, S 1426.

106 Vgl BaFin, Emittentenleitfaden v 15.7.2005, S 53; ähnlich *Assmann* in Assmann/Schneider[4] § 15 WpHG Rdn 84; zur Rechtslage nach § 15 Abs 1 WpHG aF *Zimmer* in Schwark KMRK[3] § 15 WpHG Rdn 174.

107 Vgl *Fleischer* ZGR 2002, 757, 778; ähnlich *Assmann* in Assmann/Schneider[4] § 15 WpHG Rdn 84 („Frage des Einzelfalls"); s auch BAWe, Rundschreiben vom 26.4. 2002, abgedruckt in NZG 2002, 563, 564 (Kursrelevanz „nur in Ausnahmefällen").

108 Vgl *Fleischer* ZGR 2002, 757, 778.

109 BGBl 2007, I, S. 10.

110 *Fleischer* ZGR 2002, 757, 778 f.

111 **AA** KK-WpÜG-*Hasselbach* § 327a Rdn 43; *Rühland* S 199.

112 Vgl *Fleischer* ZGR 2002, 757, 779; *Fuchs* § 4 III 2 a dd; AnwK-AktG/*Heidel*/*Lochner* § 327c Rdn 3; allgemein zur Begründung von Mitteilungspflichten aus der mitgliedschaftlichen Treuepflicht *Emmerich*/Habersack Aktien- und GmbH-Konzernrecht[4] § 20 AktG Rdn 10; *Schneider* in Schneider/Assmann vor § 21 WpHG Rdn 46.

113 Vgl *Fleischer* ZGR 2002, 757, 779.

114 Vgl *Fleischer* ZGR 2002, 757, 779; *Vetter* ZIP 2000, 1817, 1819; so schon im Hinblick auf § 320 AktG *Burgard* AG 1992, 41, 51; für engmaschigere Mitteilungspflichten im Rahmen der §§ 21 ff WpHG bezüglich aller Schritte, die ein Vielfaches von 5 Prozent betragen, *Schneider*/*Burgard* DB 1996, 1761, 1763.

von § 16 vorausgesetzte Unternehmenseigenschaft ankommt (vgl Rdn 13). Im Einzelnen ist zwischen der Ermittlung der Berechnungsgrundlage (§ 16 Abs 2) und der Ermittlung der Beteiligungshöhe (§ 16 Abs 4) zu unterschieden. Von beidem ist nacheinander zu handeln.

aa) Berechnungsgrundlage (Abs 2 iVm § 16 Abs 2). Die Berechnungsgrundlage bildet die Bezugsgröße für die Beteiligungshöhe des Hauptaktionärs. Sie gibt an, welche Grundgesamtheit bei der Berechnung der Beteiligungshöhe zu berücksichtigen ist. 25

aaa) Berechnungsmodus (Abs 2 iVm § 16 Abs 2 S 1). Der Berechnungsmodus hängt von der Form der ausgegebenen Aktien ab. Bei Gesellschaften mit Nennbetragsaktien (§ 8 Abs 2) bestimmt sich die Beteiligungsquote des Hauptaktionärs nach dem Verhältnis des Gesamtnennbetrags der ihm gehörenden Aktien zum Gesamtnennbetrag des Grundkapitals (§ 16 Abs 2 S 1 Alt 1), bei Gesellschaften mit Stückaktien (§ 8 Abs 3) nach dem Verhältnis der Zahl der Aktien des Hauptaktionärs zur Gesamtzahl der Stückaktien (§ 16 Abs 2 S 1 Alt 2).[115] Die folgende Erläuterung beschränkt sich aus Vereinfachungsgründen auf Gesellschaften mit Nennbetragsaktien. 26

bbb) Grundkapital als maßgebliche Bezugsgröße. Maßgebliche Bezugsgröße für die Berechnung der Beteiligungshöhe des Hauptaktionärs ist das satzungsmäßige Grundkapital iSd § 23 Abs 3 Nr 3.[116] Dazu gehören auch Vorzugsaktien ohne Stimmrecht.[117] Ohne Belang ist, ob noch Einzahlungen auf das gezeichnete Kapital ausstehen.[118] Kapitalerhöhungen und -herabsetzungen sind erst zu berücksichtigen, wenn sie wirksam geworden sind.[119] Genehmigtes Kapital ist daher erst mit Eintragung der Durchführung der Kapitalerhöhung im Handelsregister in Ansatz zu bringen (§§ 203 Abs 1, 189)[120], bedingtes Kapital bereits mit Ausgabe der Bezugsaktien (§ 200)[121]. Rücklagen jedweder Art bleiben bei der Berechnung außer Betracht.[122] 27

---

115 Vgl *Grzimek* in Geibel/Süßmann § 327a Rdn 42; *Rühland* S 194; FK-WpÜG/*Schüppen/Tretter*² § 327a Rdn 16; *Steinmeyer/Häger* § 327a Rdn 29; allgemein MK-*Bayer*² § 16 Rdn 29 f; *Hüffer*⁷ § 16 Rdn 8; KK-*Koppensteiner*³ § 16 Rdn 22; *Windbichler* in Großkomm AktG⁴ § 16 Rdn 12.

116 Vgl *Grzimek* in Geibel/Süßmann § 327a Rdn 42; *Rühland* S 195; FK-WpÜG/*Schüppen/Tretter*² § 327a Rdn 17.

117 Vgl KK-WpÜG-*Hasselbach* § 327a Rdn 33; *Marsch-Barner* in Zschocke/Schuster Bad Homburger Hdb G 23; *Steinmeyer/Häger* § 327a Rdn 29; allgemein KK-*Koppensteiner*³ § 16 Rdn 22; *Windbichler* in Großkomm AktG⁴ § 16 Rdn 12.

118 Vgl *Grzimek* in Geibel/Süßmann § 327a Rdn 42; *Rühland* S 195; allgemein KK-*Koppensteiner*³ § 16 Rdn 22; *Windbichler* in Großkomm AktG⁴ § 16 Rdn 12.

119 Vgl *Grzimek* in Geibel/Süßmann § 327a Rdn 42; KK-WpÜG-*Hasselbach* § 327a Rdn 34; *Rühland* S 195; *Wasmann* in Thaeter/Brandi Teil 7 Rdn 135; allgemein MK-*Bayer*² § 16 Rdn 30; *Hüffer*⁷ § 16 Rdn 8; *Windbichler* in Großkomm AktG⁴ § 16 Rdn 11.

120 Vgl *Grzimek* in Geibel/Süßmann § 327a Rdn 42; KK-WpÜG-*Hasselbach* § 327a Rdn 34; *Rühland* S 195; FK-WpÜG/*Schüppen/Tretter*² § 327a Rdn 17; allgemein MK-*Bayer*² § 203 Rdn 35; *Emmerich*/Habersack Aktien- und GmbH-Konzernrecht⁴ § 16 Rdn 10; *Hüffer*⁷ § 16 Rdn 8.

121 Vgl *Grzimek* in Geibel/Süßmann § 327a Rdn 42; KK-WpÜG-*Hasselbach* § 327a Rdn 34; *Rühland* S 195; FK-WpÜG/*Schüppen/Tretter*² § 327a Rdn 17; aA *Hüffer*⁷ § 16 Rdn 8; MK-*Bayer*² § 16 Rdn 30, die entgegen dem eindeutigen Wortlaut des § 200 auf die Handelsregistereintragung abstellen.

122 Vgl allgemein MK-*Bayer*² § 16 Rdn 30; *Emmerich*/Habersack Aktien- und GmbH-Konzernrecht⁴ § 16 Rdn 10; *Hüffer*⁷ § 16 Rdn 8.

28 **ccc) Abzug eigener und zurechenbarer Anteile (Abs 2 iVm § 16 Abs 2 S 2 und 3).** Vom Grundkapitalbetrag sind gemäß § 327a Abs 2 eigene Aktien der Gesellschaft abzusetzen (§ 16 Abs 2 S 2). Gleiches gilt für Anteile, die einem anderen für Rechnung der Gesellschaft gehören (§ 16 Abs 2 S 3). Durch den Abzug eigener Anteile wird ein Squeeze out für den Hauptaktionär erleichtert: Bei Ausschöpfung der 10-Prozent-Obergrenze des § 71 Abs 2 S 1 genügt ihm bereits eine Beteiligung von 85, 5 Prozent[123] am *satzungsmäßigen* Grundkapital, die einer Beteiligung von 95 Prozent[124] am *reduzierten* Grundkapital entspricht.[125]

29 Der Anteilsabzug ist sachlich gerechtfertigt: Zum einen gehört die Gesellschaft ungeachtet ihrer formellen Aktionärsstellung nicht zum schutzbedürftigen Kreis der Restminderheit[126]; zum anderen stehen ihr (§ 71b) – ebenso wie dem Treuhänder der Gesellschaft (§ 71d S 4 iVm § 71b) – aus eigenen Aktien keine Rechte zu, so dass eigene Aktien keinen zusätzlichen Kostenaufwand (zu diesem Gesichtspunkt vor § 327a Rdn 8) verursachen.[127]

30 Unterschiedlich beurteilt wird, ob darüber hinaus auch die Anteile abzuziehen sind, die durch ein von der Gesellschaft abhängiges oder in deren Mehrheitsbesitz stehendes Unternehmen gehalten werden (§ 71d S 2, sog Konzernanteile). Manche Literaturstimmen nehmen dies an, weil eine unterschiedliche Behandlung von Treuhänderanteilen und Konzernanteilen nicht gerechtfertigt sei.[128] Die wohl hM spricht sich gegen einen Anteilsabzug aus.[129] Ihr ist beizutreten: Gegen eine Abzugsfähigkeit spricht zum einen der Gesetzeswortlaut, der bei einer formalen Vorschrift wie § 16 Abs 2 besonderes Gewicht hat[130], zum anderen das Regelungsvorbild der Mehrheitseingliederung[131], bei der Konzernanteile nach hM ebenfalls nicht in Abzug zu bringen sind.[132]

31 **ddd) Hinzurechnung von Bezugsrechten?** Nach ganz hM sind noch nicht ausgeübte Bezugsrechte bei der Berechnung des Gesamtnennbetrags nicht zu berücksichtigen.[133] Einzelne Stimmen wollen dagegen den Nennbetrag sämtlicher Bezugsrechte[134] oder den der Bezugsrechte von Minderheitsaktionären[135] hinzurechnen. Dem ist nicht zu folgen: Die Berücksichtigung sämtlicher Bezugsrechte liefe nicht nur dem Vorbild der Mehrheitseingliederung zuwider,[136] bei der noch nicht ausgeübte Bezugsrechte nach einhelliger Meinung unberücksichtigt bleiben,[137] sondern wäre auch mit dem allgemeinen Grund-

---

123 (100 – 10) * 95/100 = 85, 5.

124 85,5/ (100 – 10) * 100 = 95.

125 Beispiel nach *Fuchs* § 4 III 2 b aa ccc.

126 Vgl KK-WpÜG-*Hasselbach* § 327a Rdn 35.

127 Vgl *Moritz* S 96 f.

128 Vgl KK-WpÜG-*Hasselbach* § 327a Rdn 35; KK-*Koppensteiner*[3] § 327a Rdn 6; FK-WpÜG/*Schüppen/Tretter*[2] § 327a Rdn 12.

129 Vgl *Fuchs* § 4 III 2 b aa ccc; *Grzimek* in Geibel/Süßmann § 327a Rdn 44; *Moritz* S 97; *Rühland* S 196; *Steinmeyer/Häger* § 327a Rdn 30.

130 Vgl *Rühland* S 196; allgemein *Windbichler* in Großkomm AktG[4] § 16 Rdn 13.

131 Vgl *Fuchs* § 4 III 2 b aa ccc.

132 Vgl Emmerich/*Habersack* Aktien- und GmbH-Konzernrecht[4] § 320 Rdn 9; MK-*Grunewald*[2] § 320 Rdn 3; *Hüffer*[7] § 320 Rdn 4; AnwK-AktG/*Knöfler* § 320 Rdn 3; **aA** KK-*Koppensteiner*[3] § 320 Rdn 4.

133 Vgl *Fuchs* § 4 III 2 b aa bbb (1) (b); *J Geßler* § 327a Rdn 13; MK-*Grunewald*[2] § 327a Rdn 9; AnwK-AktG/*Heidel/Lochner* § 327a Rdn 8; KK-*Koppensteiner*[3] § 327a Rdn 6; *Krieger* BB 2002, 53, 61; *Kruse* S 152; *Moritz* S 96; FK-WpÜG/*Schüppen/Tretter*[2] § 327a Rdn 18; *Wilsing/Kruse* ZIP 2002, 1465, 1467.

134 So LG Düsseldorf ZIP 2004, 1755, 1757.

135 So KK-WpÜG-*Hasselbach* § 327a Rdn 34; *Sieger/Hasselbach* § 327a Rdn 120, 138, 158.

136 Vgl *Krieger* BB 2002, 53, 61; *Wilsing/Kruse* ZIP 2002, 1465, 1466 mit Fn 7.

137 Vgl Emmerich/*Habersack* Aktien- und GmbH-Konzernrecht[4] § 320 Rdn 9;

satz unvereinbar, dass Kapitalveränderungen erst mit ihrer Wirksamkeit zu berücksichtigen sind (vgl Rdn 27). Die einseitige Berücksichtigung der Bezugsrechte von Minderheitsaktionären geriete zudem mit dem Gleichbehandlungsgebot des Art 3 Abs 1 GG in Konflikt.[138] Für bereits ausgeübte, aber im Zeitpunkt der Beschlussfassung über den Ausschluss von Minderheitsaktionären noch nicht bediente Bezugsrechte gilt entgegen anderslautender Einzelstimmen dasselbe:[139] Zentraler Begründungsgesichtspunkt ist auch hier das Bedürfnis nach Rechtssicherheit,[140] das durch den formalen Charakter des § 16 Abs 2 noch unterstrichen wird.

bb) Beteiligungshöhe. Die Beteiligungshöhe des Hauptaktionärs errechnet sich aus der Summe der Anteile, die ihm unmittelbar gehören (Rdn 33 ff), und jenen Anteilen, die ihm gemäß § 327a Abs 2 iVm § 16 Abs 4 zugerechnet werden (Rdn 39 ff). Im Übrigen gelten dieselben Grundsätze wie bei der Ermittlung der Berechnungsgrundlage: Stimmrechtslose Vorzugsaktien des Hauptaktionärs sind mitzuzählen, Bezugsrechte bleiben außer Betracht. Aktien, deren Einlage noch nicht vollständig eingezahlt wurde (§ 134 Abs 2 S 1), sind ebenso zu berücksichtigen wie Aktien, deren Rechte wegen Verletzung einer Mitteilungspflicht ruhen (§§ 20 Abs 4, 21 Abs 4 AktG, 28 WpHG, 59 WpÜG). Das Ruhen der Rechte gewinnt erst für das Einberufungsverlangen (Rdn 56) und die Stimmrechtsausübung (Rdn 68) Bedeutung. 32

aaa) Unmittelbare Beteiligung. Nach der Grundregel des § 327a Abs 1 S 1 sind bei der Ermittlung der Beteiligungshöhe sämtliche Aktien mitzuzählen, die dem Hauptaktionär „gehören". 33

(1) Eigentümerstellung des Hauptaktionärs. Der Begriff des Gehörens ist so zu verstehen wie in § 16.[141] Danach gehören Aktien dem Hauptaktionär, wenn er deren Eigentümer oder Vollrechtsinhaber ist.[142] Es kommt also allein auf die dingliche Berechtigung an.[143] Ein bloßes schuldrechtliches Bezugs- oder Erwerbsrecht genügt nicht.[144] Die Legitimation des Hauptaktionärs gegenüber der Gesellschaft gemäß § 67 Abs 2 durch Eintragung in das Aktienbuch ist allerdings ohne Belang.[145] 34

(2) Konsortial- und Stimmrechtspoolverträge. Bei Konsortial- und Stimmrechtspoolverträgen ist im Hinblick auf die dingliche Zuordnung zu unterscheiden: Bleibt das Eigentum an den betreffenden Aktien in den Händen der Konsorten oder Poolmitglieder, können Konsortium oder Pool mangels Eigentümerstellung kein Hauptaktionär sein.[146] 35

MK-*Grunewald*[2] § 320 Rdn 3; AnwK-AktG/*Knöfler* § 320 Rdn 3.

[138] Vgl *Fuchs* § 4 III 2 b aa bbb (1) (b).

[139] **AA** *Kruse* S 152; *Wilsing/Kruse* ZIP 2002, 1465, 1467.

[140] Ebenso *Fuchs* § 4 III 2 b aa bbb (2).

[141] Vgl KK-WpÜG-*Hasselbach* § 327a Rdn 36; KK-*Koppensteiner*[3] § 327a Rdn 6.

[142] Vgl OLG Düsseldorf ZIP 2004, 359, 362; OLG München ZIP 2006, 2370, 2372; Emmerich/*Habersack* Aktien- und GmbH-Konzernrecht[4] § 327a Rdn 13; MK-*Grunewald*[2] § 327a Rdn 6; AnwK-AktG/*Heidel/Lochner* § 327a Rdn 6; *Hüffer*[7] § 327a Rdn 12; *Steinmeyer/Häger* § 327a Rdn 24; allgemein MK-*Bayer*[2] § 16 Rdn 24; KK-*Koppensteiner*[3] § 16 Rdn 37; *Windbichler* in Großkomm AktG[4] § 16 Rdn 21.

[143] Vgl *Hüffer*[7] § 327a Rdn 12; FK-WpÜG/*Schüppen/Tretter*[2] § 327a Rdn 36.

[144] Vgl Emmerich/*Habersack* Aktien- und GmbH-Konzernrecht[4] § 327a Rdn 16; MK-*Grunewald*[2] § 327a Rdn 6; *Marsch-Barner* in Zschocke/Schuster Bad Homburger Hdb G 24.

[145] Vgl Emmerich/*Habersack* Aktien- und GmbH-Konzernrecht[4] § 327a Rdn 12; allgemein *Windbichler* in Großkomm AktG[4] § 16 Rdn 21.

[146] Vgl Emmerich/*Habersack* Aktien- und GmbH-Konzernrecht[4] § 327a Rdn 15; *Hüffer*[7] § 327a Rdn 12; FK-WpÜG/*Schüppen/Tretter*[2] § 327a Rdn 8.

Anders liegt es nur dann, wenn die Aktien ausnahmsweise in das Gesamthandseigentum des Konsortiums oder Pools eingebracht werden.[147] Die dann entstehende Beteiligungsgesellschaft[148] oder Holding[149] kommt als Hauptaktionär in Betracht.[150] Wurde sie ausschließlich zum Zwecke der Durchführung eines Squeeze out gegründet, ist allerdings an einen Rechtsmissbrauch zu denken (vgl Rdn 79).

36 (3) **Vorübergehend erworbene Aktien.** Weil die dingliche Zuordnung maßgeblich ist, werden auch nur vorübergehend erworbene Aktien mitgezählt.[151] Dazu gehören etwa Aktien, die der Hauptaktionär im Wege einer Sicherungsübereignung erworben hat,[152] treuhänderisch hält[153] oder über die er bereits aufschiebend bedingt verfügt hat.[154] Gleiches gilt für Aktien, die sich der Hauptaktionär im Wege der Wertpapierleihe (Sachdarlehen) verschafft hat: Inhaber des Vollrechts ist der Entleiher (Darlehensnehmer)[155]; die Pflicht zur Rückgewähr gleichartiger Aktien nach § 607 Abs 1 S 2 BGB ist unbeachtlich.[156] Allerdings kann die Ausübung des Squeeze-out-Rechts in diesem Fall rechtsmissbräuchlich sein und eine Anfechtung des Übertragungsbeschlusses begründen (vgl Rdn 80).[157] Entgegen einer Literaturmeinung ändert dies jedoch nichts an der Einrechnung der betreffenden Aktien zugunsten des Hauptaktionärs, weil für die Berechnung der Beteiligungsquote aus Gründen der Rechtssicherheit allein formale Kriterien ausschlaggebend sind.[158]

37 (4) **Anfechtungsbefangene Aktien.** Aktien, deren Erwerb mit dem Risiko einer bürgerlich-rechtlichen Anfechtung, zB wegen arglistiger Täuschung nach § 123 Abs 1, 1. Alt. BGB, behaftet sind, gehören dem Hauptaktionär jedenfalls solange, bis noch keine Anfechtungserklärung des Anfechtungsberechtigten vorliegt.[159] Wird sie abgegeben, kommt es darauf an, ob die weiteren Anfechtungsvoraussetzungen gegeben sind und ob die Anfechtung auf die dingliche Rechtslage durchschlägt (was bei einer Anfechtung nach § 123 I, 1. Alt. BGB aufgrund Fehleridentität regelmäßig der Fall sein dürfte).[160]

---

147 Vgl für Konsortien Emmerich/*Habersack* Aktien- und GmbH-Konzernrecht[4] § 327a Rdn 15; KK-WpÜG-*Hasselbach* § 327a Rdn 24; *Hüffer*[7] § 327a Rdn 13; *Maslo* NZG 2004, 163, 165; *Mertens* AG 2002, 377, 378; für Stimmrechtspools AnwK-AktG/*Heidel/Lochner* § 327a Rdn 6; KK-WpÜG-*Hasselbach* § 327a Rdn 24; *Hüffer*[7] § 327a Rdn 13; FK-WpÜG/*Schüppen/Tretter*[2] § 327a Rdn 8; *Steinmeyer/Häger* § 327a Rdn 17.

148 Zum Begriff *K Schmidt* GesR[4] § 58 III 7 d, S 1710.

149 Zum (schillernden) Begriff *Lutter* in ders (Hrsg) Holding-Handbuch[4] § 1 Rdn 11.

150 Vgl Emmerich/*Habersack* Aktien- und GmbH-Konzernrecht[4] § 327a Rdn 15; *Hüffer*[7] § 327a Rdn 12; FK-WpÜG/*Schüppen/Tretter*[2] § 327a Rdn 8.

151 Vgl *Fuchs* § 4 III 2 b bb aaa (2); *Wasmann* in Thaeter/Brandi Teil 7 Rdn 132; **aA** *Steinmeyer/Häger* § 327a Rdn 24.

152 Vgl FK-WpÜG/*Schüppen/Tretter*[2] § 327a Rdn 9.

153 Vgl Emmerich/*Habersack* Aktien- und GmbH-Konzernrecht[4] § 327a Rdn 13; AnwK-AktG/*Heidel/Lochner* § 327a Rdn 6; *Moritz* S 96; MK-*Bayer*[2] § 16 Rdn 25; *Windbichler* in Großkomm AktG[4] § 16 Rdn 23.

154 Vgl Emmerich/*Habersack* Aktien- und GmbH-Konzernrecht[4] § 327a Rdn 16; FK-WpÜG/*Schüppen/Tretter*[2] § 327a Rdn 9.

155 Vgl OLG München WM 2006, 291, 292; OLG München ZIP 2006, 2370, 2372; *Hüffer*[7] § 327a Rdn 12; *Markwardt* BB 2004, 277, 280; FK-WpÜG/*Schüppen/Tretter*[2] § 327a Rdn 8.

156 Vgl *Hüffer*[7] § 327a Rdn 12; *Kort* AG 2006, 557, 559; FK-WpÜG/*Schüppen/Tretter*[2] § 327a Rdn 8.

157 Vgl OLG München WM 2006, 291, 292.

158 Wie hier Emmerich/*Habersack* Aktien- und GmbH-Konzernrecht[4] § 327a Rdn 16; **aA** *Hüffer*[7] § 327a Rdn 12.

159 Vgl OLG Düsseldorf ZIP 2004, 359, 362 f; *Dißars* BKR 2004, 389, 390 f; FK-WpÜG/*Schüppen/Tretter*[2] § 327a Rdn 10.

160 Vgl FK-WpÜG/*Schüppen/Tretter*[2] § 327a Rdn 10.

(5) **Dingliche Belastungen und schuldrechtliche Bindungen.** Dem Hauptaktionär gehören auch Aktien, die mit einem beschränkten dinglichen Recht, zB einem Pfandrecht oder einem Nießbrauch, belastet sind.[161] Derartige Beteiligungen lassen seine Inhaberschaft unberührt.[162] Gleiches gilt für etwaige schuldrechtliche Bindungen, denen er im Hinblick auf die Ausübung seiner Aktionärsrechte unterliegt.[163] 38

bbb) Mittelbare Beteiligung kraft Zurechnung (Abs 2 iVm § 16 Abs 4). Nach § 327a Abs 2 werden dem Hauptaktionär Anteile unter den weiteren Voraussetzungen des § 16 Abs 4 zugerechnet. Die Anteilszurechnung geht auf einen Vorschlag des Handelsrechtsausschusses des DAV zurück[164] und findet im Recht der Mehrheitseingliederung keine Entsprechung.[165] Ausweislich der Gesetzesmaterialien soll die Zurechnungsmöglichkeit ein aufwendiges und wirtschaftlich unsinniges „Umhängen" von Beteiligungen zur Schaffung der formalen Ausschlussvoraussetzungen verhindern.[166] Außerdem hat der Gesetzgeber bei Einführung der Vorschrift einen Gleichlauf mit der Schwellenberechnung in § 30 WpÜG angestrebt, die gleichsinnige Zurechnungsregeln kennt.[167] 39

Die punktuelle Abweichung der Ausschlussregeln vom Vorbild der Mehrheitseingliederung trifft rechtspolitisch das Richtige: Dort hatte sich der Gesetzgeber bewusst gegen eine Zurechnung entschieden,[168] um im Hinblick auf den Beendigungstatbestand des § 327 Abs 1 Nr 3 unerwünschte Unklarheiten durch Anteilsveräußerungen zu vermeiden.[169] Vergleichbare Unsicherheiten sind im Rahmen des § 327a nicht zu besorgen: *Erstens* endet der Squeeze out nicht automatisch, wenn sich nach seiner Durchführung nicht mehr alle Anteile der betroffenen Gesellschaft in der Hand des Hauptaktionärs befinden.[170] *Zweitens* ist der Squeeze out konzernrechtsneutral ausgestaltet (vgl vor § 327a Rdn 24), so dass im Gegensatz zur Eingliederung keine konzernspezifischen Gefahren für die Minderheitsaktionäre bestehen.[171] *Drittens* verlöre der Squeeze out ohne eigene Zurechnungsvorschriften ein Gutteil seiner Attraktivität, weil Beteiligungen in Höhe von 95 Prozent im Hinblick auf § 1 Abs 3 GrEStG[172] eher die Ausnahme bilden.[173] 40

(1) **Anteile abhängiger Unternehmen (Abs 2 iVm § 16 Abs 4 Var 1).** Gemäß § 327a Abs 2 iVm § 16 Abs 4 Var 1 werden dem Hauptaktionär die Anteile zugerechnet, die einem von ihm abhängigen Unternehmen gehören.[174] 41

---

161 Vgl Emmerich/*Habersack* Aktien- und GmbH-Konzernrecht⁴ § 327a Rdn 14; *Moritz* S 96; allgemein KK-*Koppensteiner*³ § 16 Rdn 27; *Windbichler* in Großkomm AktG⁴ § 16 Rdn 21.

162 Vgl *Fuchs* § 4 III 2 b bb aaa (3); *Moritz* S 96; allgemein MK-*Bayer*² § 16 Rdn 27; *Windbichler* in Großkomm AktG⁴ § 16 Rdn 21.

163 Vgl Emmerich/*Habersack* Aktien- und GmbH-Konzernrecht⁴ § 327a Rdn 16; *Fuchs* § 4 III 2 b bb aaa (3).

164 Vgl DAV-Handelsrechtsausschuß NZG 1999, 850, 851.

165 Vgl Emmerich/*Habersack* Aktien- und GmbH-Konzernrecht⁴ § 327a Rdn 17; *Hüffer*⁷ § 327a Rdn 15.

166 Vgl Begr RegE WpÜG, BT-Drucks 14/7034, S 72.

167 Vgl Begr RegE WpÜG, BT-Drucks 14/7034, S 72.

168 Vgl Begr RegE AktG 1965 bei *Kropff* S 422.

169 Vgl Ausschussbericht AktG 1965 bei *Kropff* S 423.

170 Vgl Emmerich/*Habersack* Aktien- und GmbH-Konzernrecht⁴ § 327a Rdn 17; *Hüffer*⁷ § 327a Rdn 15.

171 Vgl *Hüffer*⁷ § 327a Rdn 15.

172 Vgl hierzu *Fischer* in Boruttau GrEStG, 15. Aufl 2002, § 1 Rdn 851 ff; *Pahlke*/Franz GrEStG, 3. Aufl 2005, § 1 Rdn 317 ff.

173 Vgl *Maslo* NZG 2004, 163; s auch LG Dortmund Der Konzern 2005, 603, 605.

174 Vgl LG Regensburg Der Konzern 2004, 811, 814.

42 (a) **Zurechnungstatbestand.** (aa) **Unternehmenseigenschaft?** Die Zurechnung nach § 16 Abs 4 Var 1 setzt nicht voraus, dass der Hauptaktionär herrschendes Unternehmen im konzernrechtlichen Sinne ist.[175] Vielmehr handelt es sich bei § 327a Abs 2 um eine *partielle* Rechtsgrundverweisung (vgl Rdn 24), die redaktionelle Schwächen aufweist. Der Gesetzgeber hätte besser von einer „entsprechenden" Anwendung des § 16 Abs 2 und 4 gesprochen. Der Begriff des abhängigen Unternehmens wird, wie allgemein im Konzernrecht, rechtsformneutral verstanden.[176] Er schließt Personengesellschaften[177] und GmbHs[178] ein und erstreckt sich darüber hinaus auch auf ausländische Rechtsträger.[179]

43 (bb) **Abhängigkeit.** Abhängigkeit liegt vor, wenn der Hauptaktionär auf den anderen Rechtsträger unmittelbar oder mittelbar einen beherrschenden Einfluss ausüben kann.[180] Von einem in Mehrheitsbesitz stehenden Unternehmen wird die Abhängigkeit gemäß § 17 Abs 2 vermutet.[181] Zur Widerlegung der Abhängigkeitsvermutung muss nachgewiesen werden, dass die mit der Mehrheitsbeteiligung typischerweise verbundene Einflussmöglichkeit im konkreten Einzelfall aus Rechtsgründen nicht besteht.[182] Die Darlegungs- und Beweislast für die Unabhängigkeit des anderen Rechtsträgers trifft im Rahmen des § 17 Abs 2 denjenigen, der sich darauf als ihm günstig beruft.[183] Die wohl hM will dies auf den Squeeze out übertragen[184], so dass die Minderheitsaktionäre für die Widerlegung der Abhängigkeitsvermutung darlegungs- und beweispflichtig wären. Dagegen sind jüngst beachtliche Bedenken vorgetragen worden.[185]

44 (cc) **Eigene Aktien der betroffenen Gesellschaft?** Bei folgerichtiger Anwendung der §§ 327a Abs 2, 16 Abs 4 wären dem Hauptaktionär an sich auch eigene Aktien der betroffenen Gesellschaft zuzurechnen. Das verträgt sich freilich nicht mit der Herabsetzung des Grundkapitals um die eigenen Aktien nach Maßgabe der §§ 327a Abs 2, 16 Abs 2 S 2 (vgl Rdn 28 ff) und ist daher abzulehnen.[186]

45 (b) **Zurechnungsfolgen.** (aa) **Zurechnungsinhalt.** Die Anteilszurechnung erfolgt stets vollständig, dh dem Hauptaktionär werden *sämtliche* Anteile zugerechnet, die das abhängige Unternehmen hält.[187] Das gilt nach dem eindeutigen Gesetzeswortlaut auch

---

[175] Vgl *Fuchs* § 4 III 2 b bb bbb (1) (a) (aa); *Maslo* NZG 2004, 163, 166; aA *Grzimek* in Geibel/Süßmann § 327a Rdn 47; *Greulich* S 82 f.

[176] Vgl OLG Hamburg ZIP 2003, 2076, 2078; allgemein MK-*Bayer*² § 15 Rdn 48; *Hüffer*⁷ § 15 Rdn 14; KK-*Koppensteiner*³ § 15 Rdn 86.

[177] Vgl OLG Hamburg ZIP 2003, 2076, 2078; *Hüffer*⁷ § 327a Rdn 15; FK-WpÜG/*Schüppen/Tretter*² § 327a Rdn 11 mit Fn 24.

[178] Vgl OLG Hamburg ZIP 2003, 2076, 2078; *Hüffer*⁷ § 327a Rdn 15.

[179] Vgl KK-WpÜG-*Hasselbach* § 327a Rdn 37; *Windbichler* in Großkomm AktG⁴ vor § 15 Rdn 72; ausführlich MK-BGB/*Kindler*⁴ IntGesR Rdn 731 ff.

[180] Vgl FK-WpÜG/*Schüppen/Tretter*² § 327a Rdn 11 mit Fn 24.

[181] Vgl FK-WpÜG/*Schüppen/Tretter*² § 327a Rdn 11 mit Fn 24.

[182] Vgl MK-*Bayer* § 17 Rdn 90; *Hüffer*⁷ § 17 Rdn 19; KK-*Koppensteiner*³ § 17 Rdn 100; *Windbichler* in Großkomm AktG⁴ § 17 Rdn 71.

[183] Vgl MK-*Bayer*² § 17 Rdn 90; *Hüffer*⁷ § 17 Rdn 18; KK-*Koppensteiner*³ § 17 Rdn 100.

[184] Vgl OLG München NZG 2004, 781, 782; *Maslo* NZG 2004, 163, 166; *Riegger* DB 2003, 541, 543; FK-WpÜG/*Schüppen/Tretter*² § 327a Rdn 11 mit Fn 24.

[185] Vgl *Fuchs* § 4 III 2 b bb bbb (1) (a) (bb).

[186] Vgl *Riegger* DB 2003, 541, 543; *Fuchs* § 4 III 2 b bb bbb (1) (a) (cc) (ccc).

[187] Vgl OLG Hamburg ZIP 2003, 2076, 2078; LG Stuttgart DB 2005, 327; LG Hamburg ZIP 2003, 947, 949; LG Regensburg Der Konzern 2004, 811, 814; KK-WpÜG-*Hasselbach* § 327a Rdn 37.

dann, wenn der Hauptaktionär, zB im Fall einer Kettenzurechnung über mehrere Beteiligungsstufen, mit deutlich weniger als 95 Prozent am Grundkapital der betroffenen Gesellschaft beteiligt ist.[188,189] Gleichsinnig entscheidet die ganz hM im originären Anwendungsbereich des § 16 Abs 4[190] und bei der übernahmerechtlichen Zurechnung nach § 30 WpÜG[191]. Für eine sog durchgerechnete Quotierung entsprechend der Beteiligung des Hauptaktionärs an dem abhängigen Unternehmen hätte es daher einer ausdrücklichen gesetzlichen Regelung im Rahmen des § 327a Abs 2 bedurft.[192] In der Sache fügt sich der Grundsatz vollständiger Zurechnung gut in die Gesetzesteleologie ein, weil er ein wirtschaftlich unsinniges Umhängen von Beteiligungen (vgl Rdn 39) vermeiden hilft.[193]

(bb) **Zurechnungsrichtung.** Die Anteilszurechnung erfolgt nur von unten nach oben, also vom abhängigen Unternehmen zum Hauptaktionär, nicht auch von oben nach unten.[194] Ebenso wenig erfolgt eine Querzurechnung zwischen zwei gleichgeordneten abhängigen Unternehmen.[195] Beides nimmt dem Squeeze out aber nur wenig von seiner Flexibilität, weil jedenfalls der hierarchisch am höchsten stehende Rechtsträger einen Minderheitenausschluss betreiben kann.[196] **46**

(cc) **Absorption der zugerechneten Anteile?** Die Anteilszurechnung bewirkt nach ganz hM keine Absorption der zugerechneten Anteile.[197] Die Anteile werden vielmehr beiden Beteiligten zugeordnet: dem Hauptaktionär nach § 16 Abs 4 und dem abhängigen Rechtsträger als Eigentümer. In mehrstufigen Unternehmensverbindungen kann eine solche Mehrfachzuordnung dazu führen, dass verschiedenen Rechtsträgern 95 Prozent der Anteile an der betroffenen Gesellschaft gehören.[198] Es liegt auf der Linie der vom Gesetzgeber betonten Geschmeidigkeit der Zurechnungslösung, in derartigen Fällen sämtlichen **47**

---

188 Vgl KK-WpÜG-*Hasselbach* § 327a Rdn 37.

189 Beispiel nach *Fuchs* § 4 III 2 b bb bbb (1) (b) (bb): A hält an der B-GmbH 51 Prozent der Geschäftsanteile. Der B-GmbH gehören 51 Prozent der Anteile an der C-GmbH, der C-GmbH 51 Prozent der Anteile an der E-GmbH und der E-GmbH 51 Prozent an der F-GmbH, die ihrerseits mit 95 Prozent an der betroffenen Gesellschaft beteiligt ist. Dem A werden nicht lediglich Anteile in Höhe von 3,28 Prozent (51 * 51/100 * 51/100 * 51/100 * 51/100 * 95/100) des Grundkapitals der betroffenen Gesellschaft, sondern in Höhe von 95 Prozent zugerechnet, so dass er Hauptaktionär iSd § 327a Abs 1 ist.

190 Vgl KK-*Koppensteiner*³ § 16 Rdn 6; *Windbichler* in Großkomm AktG⁴ § 16 Rdn 30.

191 Vgl Begr RegE WpÜG, BT-Drucks 14/7034, S 53; *Diekmann* in Baums/Thoma § 30 WpÜG Rdn 15; *Süßmann* in Geibel/Süßmann § 30 WpÜG Rdn 3.

192 Vgl KK-WpÜG-*Hasselbach* § 327a Rdn 37.

193 Wie hier *Fuchs* § 4 III 2 b bb bbb (1) (b) (bb).

194 Vgl *Giebeler* in Semler/Volhard ArbHdb Unternehmensübernahmen § 59 Rdn 17.

195 Vgl *Giebeler* in Semler/Volhard ArbHdb Unternehmensübernahmen § 59 Rdn 17.

196 Ebenso *Fuchs* § 4 III 2 b bb bbb (1) (b) (aa).

197 Vgl *Grzimek* in Geibel/Süßmann § 327a Rdn 51; *Maslo* NZG 2004, 163, 167; *Nirk* in Nirk/Reuter/Bächle Hdb AG Teil I Rdn 2627; allgemein BGHZ 114, 203, 213 (zu § 20); MK-*Bayer*² § 16 Rdn 45; *Hüffer*⁷ § 16 Rdn 13; KK-*Koppensteiner*³ § 16 Rdn 36; **aA** womöglich *Giebeler* in Semler/Volhard ArbHdb Unternehmensübernahmen § 59 Rdn 17.

198 Beispiel nach *Fuchs* § 4 III 2 b bb bbb (1) (b) (cc): A hält 100 Prozent der Anteile an der B-AG. Die B-AG hält 100 Prozent der Anteile an der C-AG. Die C-AG hält 70 Prozent der Anteile an der betroffenen Gesellschaft, die B-AG 25 Prozent und A 1 Prozent. Dann „gehören" der B-AG insgesamt 95 Prozent (70 Prozent mittelbar und 25 Prozent unmittelbar) und A 96 Prozent (95 Prozent mittelbar und 1 Prozent unmittelbar) der Anteile an der betroffenen Gesellschaft.

Hauptaktionären ein eigenes Ausschlussrecht zuzubilligen[199], zumal sie ihrerseits bei einer Kettenzurechnung im Rahmen des § 30 Abs 1 Nr 1 WpÜG zur Abgabe eines Pflichtangebots verpflichtet sein können.[200] Wer das Ausschlussrecht tatsächlich ausübt, sollte den Hauptaktionären überlassen bleiben.[201] Schützenswerte Belange der Minderheitsaktionäre an einem solventen Abfindungsschuldner werden bereits durch die nach § 327b Abs 3 beizubringende Bankgarantie gewahrt.[202] Die mehr theoretische Frage konkurrierender Ausschlussverlangen zweier Hauptaktionäre ist entgegen der wohl hM nicht nach zeitlicher Priorität zu beantworten.[203] Vielmehr können in einer Hauptversammlung auch verschiedene Ausschlussverlangen beraten und zur Abstimmung gestellt werden.[204]

48 (2) **Für Rechnung des Hauptaktionärs gehaltene Anteile (Abs 2 iVm § 16 Abs 4 Var 2).** Gemäß § 327a Abs 2 iVm § 16 Abs 4 Var 2 werden dem Hauptaktionär auch solche Anteile zugerechnet, die einem Dritten für seine Rechnung oder für Rechnung eines von ihm abhängigen Unternehmens gehören. Wiederum gilt, dass der Hauptaktionär kein herrschendes Unternehmen im konzernrechtlichen Sinne sein muss[205] und dass als abhängiges Unternehmen jeder andere Rechtsträger in Betracht kommt.

49 Für Rechnung des Hauptaktionärs heißt, dass der Dritte zwar formal Rechtsinhaber der Anteile ist, der Hauptaktionär aber Kosten und Risiko trägt.[206] Unterschiedlich beurteilt wird, ob im Rahmen des Squeeze out eine engere Auslegung dieses Tatbestandsmerkmals geboten ist als im angestammten Anwendungsbereich des § 16 Abs 4. Eine verbreitete Ansicht nimmt dies an, weil die Zurechnung für den Hauptaktionär vorteilhaft sei und es daher – anders als im allgemeinen Konzernrecht – nicht darauf ankomme, Umgehungsversuche zu verhindern.[207] Die Gegenansicht sieht keinen Anlass für eine abweichende Auslegung, für die sie einen Anhalt im Gesetzeswortlaut oder in den Gesetzesmaterialien vermisst.[208] Für sie mag man anführen, dass § 327a Abs 2 gerade nicht von einer „entsprechenden“ Anwendung des § 16 Abs 2 und 4 spricht, doch zögert die hL nicht, den Wortlaut des § 16 auch an anderer Stelle zu korrigieren, indem sie zB von der Unternehmenseigenschaft absieht (vgl Rdn 42). Methodische Skrupel gegen ein unterschiedliches Verständnis der Zurechnungsregeln entsprechend ihrem jeweiligen Regelungszweck sind daher nicht veranlasst. Bedenkt man, dass die §§ 327a ff durch den übernahmerechtlichen Zusammenhang mitgeprägt sind (vgl vor § 327a Rdn 11), bietet sich eine Orientierung an § 30 Abs 1 Nr 2 WpÜG an.[209]

50 (3) **Im Privatvermögen eines Einzelkaufmanns gehaltene Anteile (Abs 2 iVm § 16 Abs 4 Var 3).** Gemäß § 327a Abs 2 iVm § 16 Abs 4 Var 3 werden einem Hauptaktionär,

---

199 Vgl Emmerich/*Habersack* Aktien- und GmbH-Konzernrecht[4] § 327a Rdn 17; MK-*Grunewald*[2] § 327a Rdn 7; *Grzimek* in Geibel/Süßmann § 327a Rdn 51; KK-WpÜG-*Hasselbach* § 327a Rdn 29; *Maslo* NZG 2004, 163, 167.

200 So die hM, vgl *Baums/Hecker* in Baums/Thoma § 35 WpÜG Rdn 293; *Ekkenga/Schulz* in Ehricke/Ekkenga/Oechsler § 35 WpÜG Rdn 49.

201 Für ein Wahlrecht auch KK-WpÜG-*Hasselbach* § 327a Rdn 29; *Maslo* NZG 2004, 163, 167.

202 Vgl *Fuchs* § 4 III 2 b bb bbb (1) (b) (cc).

203 **AA** KK-WpÜG-*Hasselbach* § 327a Rdn 29; *Maslo* NZG 2004, 163, 167; *Nirk* in Nirk/Reuter/Bächle Hdb AG Teil I Rdn 2627.

204 Ebenso *Fuchs* § 4 III 2 b bb bbb (1) (b) (cc).

205 Vgl FK-WpÜG/*Schüppen/Tretter*[2] § 327a Rdn 11 mit Fn 25.

206 Vgl FK-WpÜG/*Schüppen/Tretter*[2] § 327a Rdn 11 mit Fn 26.

207 Vgl *Maslo* NZG 2004, 163, 167; *Steinmeyer/Häger* § 327a Rdn 28.

208 Vgl FK-WpÜG/*Schüppen/Tretter*[2] § 327a Rdn 11.

209 Vgl *Maslo* NZG 2004, 163, 167; *Fuchs* § 4 III 2 b bb bbb (2).

der Einzelkaufmann ist, auch solche Anteile zugerechnet, die sich in seinem sonstigen Vermögen befinden. Diese Zurechnungsvorschrift soll in ihrem unmittelbaren Anwendungsbereich verhindern, dass der Einzelkaufmann seine Unternehmenseigenschaft auf den Gewerbebetrieb beschränkt und sich im Übrigen als Privataktionär geriert.[210] Im Rahmen des Squeeze out hätte es ihrer freilich nicht bedurft: Ein Einzelkaufmann ist sowohl Eigentümer der Anteile, die sich in seinem Betriebsvermögen befinden, als auch jener Anteile, die er in seinem Privatvermögen hält. Damit liegen die Voraussetzungen einer Vollrechtsinhaberschaft (vgl Rdn 34) vor, ohne dass man einen Zurechnungstatbestand bemühen muss.[211]

ccc) **Ausschließlich mittelbare Beteiligung.** Zum Verhältnis von unmittelbarer und mittelbarer Beteiligung heißt es in den Gesetzesmaterialien, dass eine Zurechnung gemäß § 327a Abs 2 iVm § 16 Abs 4 auch dann erfolgt, wenn der Hauptaktionär nur den kleineren Teil der Anteile unmittelbar hält.[212] Offen geblieben ist damit, ob dem Hauptaktionär mindestens eine Aktie selbst gehören muss oder ob eine ausschließlich mittelbare Beteiligung an der betroffenen Gesellschaft ausreicht. Eine Literaturansicht hält an dem Erfordernis der Aktionärseigenschaft fest.[213] Sie stützt sich auf den Wortlaut des § 327a Abs 1 S 1 („auf Verlangen des Aktionärs")[214] sowie auf Gesichtspunkte der Rechtssicherheit, weil unzweideutig feststehen müsse, auf wen die Anteile der Minderheitsaktionäre übergehen.[215] Die herrschende Gegenansicht,[216] die inzwischen auch Rückhalt in der obergerichtlichen Spruchpraxis findet,[217] lässt eine ausschließlich mittelbare Beteiligung ausreichen: Zu fordern, dass der Hauptaktionär mindestens eine Aktie halte, sei eine bloße Förmelei[218] und laufe dem erklärten Gesetzeszweck zuwider, das aufwendige „Umhängen" von Beteiligungen zu vermeiden (vgl Rdn 39).[219] 51

Die hM verdient den Vorzug. Der Verzicht auf die Aktionärseigenschaft ist folgerichtige Konsequenz der gesetzlichen Verweisung auf § 16 Abs 4[220] und teleologisch überzeugend fundiert. Dogmatische Unzuträglichkeiten halten sich in Grenzen;[221] der Denk- 52

[210] Vgl *Windbichler* in Großkomm AktG[4] § 16 Rdn 33.

[211] Wie hier *Fuchs* § 4 III 2 b bb bbb (3).

[212] Vgl Begr RegE WpÜG, BT-Drucks 14/7034, S 72; LG Hamburg ZIP 2003, 947, 949.

[213] Vgl Emmerich/*Habersack* Aktien- und GmbH-Konzernrecht[4] § 327a Rdn 17; MK-*Grunewald*[2] § 327a Rdn 7; *Grzimek* in Geibel/Süßmann § 327a Rdn 34 und 50; *Wasmann* in Thaeter/Brandi Teil 7 Rdn 136 mit Fn 198.

[214] Vgl Emmerich/*Habersack* Aktien- und GmbH-Konzernrecht[4] § 327a Rdn 17; MK-*Grunewald*[2] § 327a Rdn 7; *Grzimek* in Geibel/Süßmann § 327a Rdn 34; *Wasmann* in Thaeter/Brandi Teil 7 Rdn 136 mit Fn 198.

[215] Vgl MK-*Grunewald*[2] § 327a Rdn 7.

[216] Vgl *Fleischer* ZGR 2002, 757, 774 f; *Greulich* S 76 ff; KK-WpÜG-*Hasselbach* § 327a Rdn 28; *Hüffer*[7] § 327a Rdn 15; *Maslo* NZG 2004, 163, 168; *Nirk* in Nirk/Reuter/Bächle Hdb AG Teil I Rdn 2627; *Scharpf* S 46; FK-WpÜG/*Schüppen*/*Tretter*[2] § 327a Rdn 14; *Sieger*/*Hasselbach* ZGR 2002, 120, 134; wohl auch *Steinmeyer*/*Häger* § 327a Rdn 26.

[217] Vgl OLG Köln ZIP 2004, 760, 763; ebenso LG Bonn Der Konzern 2004, 491, 496.

[218] Vgl OLG Köln ZIP 2004, 760, 763; *Greulich* S 76 ff; *Scharpf* S 46; FK-WpÜG/*Schüppen*/*Tretter*[2] § 327a Rdn 14.

[219] Vgl *Greulich* S 78; KK-WpÜG-*Hasselbach* § 327a Rdn 28; *Nirk* in Nirk/Reuter/Bächle Hdb AG Teil I Rdn 2627; FK-WpÜG/*Schüppen*/*Tretter*[2] § 327a Rdn 14.

[220] Vgl OLG Köln Der Konzern 2004, 30, 34; *Fleischer* ZGR 2002, 757, 774 f.

[221] AA *Fuchs* § 4 III 2 b cc ccc (2), der einen Aktionär ohne Aktien in Anlehnung an eine Formulierung von v *Büren*/*Brütsch* FS Druey, 2002, S 637, 642 für eine „aktienrechtliche Monstrosität" hält.

figur einer verbandsübergreifenden oder konzerndimensionalen Mitgliedschaft bedarf es nicht. Methodisch handelt es sich um eine teleologische Extension,[222] die den zu engen Wortlaut des § 327a Abs 1 S 1 behutsam um mittelbar Beteiligte erweitert.

IV. Minderheitsaktionäre (Abs 1 S 1)

53 Nach der Legaldefinition des § 327a Abs 1 S 1 sind Minderheitsaktionäre die „übrigen Aktionäre". Entgegen dem zu weit gefassten Gesetzeswortlaut gehören dazu aber nicht die Aktionäre, deren Anteile dem Hauptaktionär nach § 16 Abs 2 und 4 zugerechnet werden.[223]

54 Unterschiedlich beurteilt wird, ob die AG in Bezug auf ihre eigenen Aktien Minderheitsaktionär iSd § 327a Abs 1 ist.[224] Von Belang ist das insbesondere bei der Abfindungsberechtigung (vgl § 327b Rdn 25f) und bei dem gesetzlichen Übergang der Aktien auf den Hauptaktionär (vgl § 327e Rdn 44). Richtigerweise ist die Frage aus systematischen und teleologischen Erwägungen zu verneinen (näher § 327b Rdn 25).

55 Obwohl das Gesetz die Mehrzahl verwendet, ist auch der Ausschluss eines einzigen Minderheitsaktionärs zulässig, der höchstens fünf Prozent der Aktien hält.[225] § 327a Abs 1 S 1 gilt daher grundsätzlich auch in der zweigliedrigen AG.[226]

V. Verlangen des Hauptaktionärs (Abs 1 S 1)

1. Tatbestandsseite

56 a) **Allgemeines.** Der Beginn des Ausschlussverfahrens setzt gemäß § 327a Abs 1 S 1 ein Verlangen des Hauptaktionärs voraus. Hierin liegt nicht nur ein Initiativrecht, sondern eine „formale Voraussetzung"[227] für die nachfolgende Beschlussfassung. Das Verlangen selbst ist als Willenserklärung einzuordnen,[228] hat aber zugleich korporationsrechtlichen Charakter.[229] Seine Unwirksamkeit macht den Übertragungsbeschluss der Hauptversammlung anfechtbar.[230] Ruhen die Rechte des Hauptaktionärs wegen Verlet-

---

[222] Ebenso *Greulich* S 77; **aA** KK-WpÜG-*Hasselbach* § 327a Rdn 28, der irrig eine teleologische Reduktion des § 327a Abs 1 annimmt.

[223] Vgl Begr RegE WpÜG, BT-Drucks 14/7034, S 72, wonach es sich schon „begrifflich" nicht um Minderheitsaktionäre handelt; DAV-Handelsrechtsausschuß NZG 2001, 420, 432; Emmerich/*Habersack* Aktien- und GmbH-Konzernrecht[4] § 327a Rdn 23; KK-WpÜG-*Hasselbach* § 327a Rdn 31 f; *Hüffer*[7] § 327a Rdn 10; *Krieger* BB 2002, 53, 55; *Steinmeyer/Häger* § 327a Rdn 26.

[224] Eingehend FK-WpÜG/*Schüppen/Tretter*[2] § 327a Rdn 24.

[225] Vgl FK-WpÜG/*Schüppen/Tretter*[2] § 327a Rdn 23; *Steinmeyer/Häger* § 327a Rdn 15.

[226] Vgl *Steinmeyer/Häger* § 327a Rdn 15 („bedenklich", aber hinzunehmen); ferner Emmerich/*Habersack* Aktien- und GmbH-Konzernrecht[4] § 327a Rdn 26.

[227] Vgl OLG Köln Der Konzern 2004, 30, 32; LG Bonn Der Konzern 2004, 491, 494; *Fuchs* § 4 IV 1.

[228] Vgl *Fuchs* § 4 IV 1; MK-*Grunewald*[2] § 327a Rdn 12; KK-*Koppensteiner*[3] § 327a Rdn 14.

[229] Vgl Emmerich/*Habersack* Aktien- und GmbH-Konzernrecht[4] § 327a Rdn 19; *Hüffer*[7] § 327a Rdn 8; s auch OLG Köln Der Konzern 2004, 30, 32; LG Bonn Der Konzern 2004, 491, 494.

[230] Vgl Emmerich/*Habersack* Aktien- und GmbH-Konzernrecht[4] § 327a Rdn 19; MK-*Grunewald*[2] § 327a Rdn 12; FK-WpÜG/*Schüppen/Tretter*[2] § 327a Rdn 28; **aA** KK-*Koppensteiner*[3] § 327a

zung von Mitteilungspflichten nach §§ 20 Abs 7 AktG, 28 WpHG, so ruht auch sein Recht, ein Einberufungsverlangen zu stellen.[231] In Ausnahmefällen soll es an der Relevanz des Beschlussmangels fehlen, wenn das Verlangen bis zum Tag der Hauptversammlung wiederholt wurde und schutzwürdige Interessen der Minderheitsaktionäre gewahrt sind.[232] Ein nicht vom Hauptaktionär unterstütztes Einberufungsverlangen der Minderheitsaktionäre iSd § 122 Abs 1 S 1 dürfte wegen Rechtsmissbrauchs regelmäßig unbeachtlich sein.[233]

b) **Modalitäten des Verlangens.** Adressat des Verlangens ist die betroffene Gesell- 57
schaft[234], vertreten durch ihren Vorstand.[235] Gemäß § 78 Abs 2 S 2 genügt es, wenn das Verlangen nur einem von mehreren Vorstandsmitgliedern zugeht.[236] Eine besondere Form ist – anders als bei § 122 Abs 1 S 1 – von Gesetzes wegen nicht vorgeschrieben.[237] Das Verlangen kann daher auch mündlich oder konkludent erfolgen.[238] In diesem Fall wird man den Vorstand aber für berechtigt halten, zu seiner eigenen Absicherung eine beweiskräftige Bestätigung des Verlangens einzufordern.[239]

Inhaltlich muss aus dem Verlangen hervorgehen, dass der Hauptaktionär die Einberu- 58
fung einer Hauptversammlung zur Beschlussfassung über einen Squeeze out begehrt.[240] Zudem muss die Erklärung, wie sich aus § 327c Abs 1 schließen lässt, die Höhe der vom Hauptaktionär festgesetzten Barabfindung enthalten.[241] Weitere Angaben sind nicht erforderlich. Insbesondere bedarf das Verlangen keiner besonderen Begründung.[242]

c) **Zeitliche Geltendmachung des Verlangens.** Das Verlangen des Hauptaktionärs 59
braucht nicht in zeitlichem Zusammenhang mit dem Erwerb der erforderlichen Kapital-

---

Rdn 14: Übertragungsbeschluss entfaltet keine Wirkung.

231 Vgl OLG Köln Der Konzern 2004, 30, 32; LG Mannheim AG 2005, 780, 781; LG Bonn Der Konzern 2004, 491, 494; *Römer* NZG 2004, 944, 946; FK-WpÜG/*Schüppen/Tretter*² § 327a Rdn 21.

232 Vgl OLG Köln Der Konzern 2004, 30, 32; FK-WpÜG/*Schüppen/Tretter*² § 327a Rdn 21.

233 Vgl *Fuchs* § 4 IV 1 unter Hinweis darauf, dass das Einberufungsbegehren dann jeder vernünftigen Grundlage für eine Behandlung in der Hauptversammlung entbehre.

234 Wie hier Emmerich/*Habersack* Aktien- und GmbH-Konzernrecht⁴ § 327a Rdn 19; MK-*Grunewald*² § 327a Rdn 13; KK-WpÜG-*Hasselbach* § 327a Rdn 44; FK-WpÜG/*Schüppen/Tretter*² § 327a Rdn 26; **aA** *Hüffer*⁷ § 327a Rdn 8; KK-*Koppensteiner*³ § 327a Rdn 14; *Wasmann* in Thaeter/Brandi Teil 7 Rdn 138, die den Vorstand als Adressaten ansehen.

235 Vgl Emmerich/*Habersack* Aktien- und GmbH-Konzernrecht⁴ § 327a Rdn 19; *Grzimek* in Geibel/Süßmann § 327a Rdn 33; FK-WpÜG/*Schüppen/Tretter*² § 327a Rdn 26.

236 Vgl Emmerich/*Habersack* Aktien- und GmbH-Konzernrecht⁴ § 327a Rdn 19; *Hüffer*⁷ § 327a Rdn 8; KK-*Koppensteiner*³ § 327a Rdn 14; FK-WpÜG/*Schüppen/Tretter*² § 327a Rdn 26.

237 Vgl OLG Köln Der Konzern 2004, 30, 32; MK-*Grunewald*² § 327a Rdn 12; KK-WpÜG-*Hasselbach* § 327a Rdn 44; AnwK-AktG/*Heidel/Lochner* § 327a Rdn 9; *Hüffer*⁷ § 327a Rdn 8; *Marsch-Barner* in Zschocke/Schuster Bad Homburger Hdb G 26.

238 Vgl *Hüffer*⁷ § 327a Rdn 8; FK-WpÜG/*Schüppen/Tretter*² § 327a Rdn 25.

239 Vgl KK-WpÜG-*Hasselbach* § 327a Rdn 44; KK-*Koppensteiner*³ § 327a Rdn 14 mit Fn 48; ähnlich *Marsch-Barner* in Zschocke/Schuster Bad Homburger Hdb G 26 („zweckmäßig"); *Wasmann* in Thaeter/Brandi Teil 7 Rdn 138.

240 Vgl *Grzimek* in Geibel/Süßmann § 327a Rdn 33; *Nirk* in Nirk/Reuter/Bächle Hdb AG Teil I Rdn 2634.

241 Vgl KK-*Koppensteiner*³ § 327a Rdn 14; FK-WpÜG/*Schüppen/Tretter*² § 327a Rdn 25.

242 Vgl *Marsch-Barner* in Zschocke/Schuster Bad Homburger Hdb G 26.

mehrheit erklärt zu werden.[243] Das ist rechtspolitisch misslich,[244] *de lege lata* aber hinzunehmen. Folgerichtig bildet auch ein längeres Zuwarten des Hauptaktionärs noch keine Treupflichtverletzung.[245] Beim Vorliegen besonderer Umstände ist aber an eine Verwirkung des Ausschlussrechts zu denken (vgl unten Rdn 86).

2. Rechtsfolgenseite

60 a) **Einberufungspflicht.** Ein wirksames Verlangen des Hauptaktionärs verpflichtet die Gesellschaft[246], eine Hauptversammlung zur Beschlussfassung (§ 124 Abs 1) über den Squeeze out einzuberufen.[247] Die innergesellschaftliche Pflicht zur Vorbereitung dieser Hauptversammlung trifft entsprechend § 83 Abs 1 S 1 den Vorstand. Zur Beschlussfassung haben Vorstand und Aufsichtsrat nach § 124 Abs 3 S 1 einen Beschlussvorschlag zu unterbreiten.[248] Dabei sind sie nicht gehalten, das Ausschlussbegehren des Hauptaktionärs zu unterstützen.[249] Vielmehr müssen sie sich allein am Gesellschaftsinteresse ausrichten[250] und ihren Beschlussvorschlag in eigener Verantwortung erarbeiten.[251]

61 b) **Zeitpunkt der Hauptversammlung.** Der Vorstand legt den Zeitpunkt der Hauptversammlung nach pflichtgemäßem Ermessen fest. Er muss entscheiden, ob die Einberufung einer außerordentlichen Hauptversammlung im Gesellschaftsinteresse liegt[252] oder ob er aus Kostengründen bis zur nächsten ordentlichen Hauptversammlung wartet.[253] Die verbreitete Redeweise von einer Pflicht zur unverzüglichen Einberufung iSd § 121 Abs 1 S 1 BGB[254] ist daher zumindest missverständlich. Dem Hauptaktionär steht es

---

243 Vgl Emmerich/*Habersack* Aktien- und GmbH-Konzernrecht[4] § 327a Rdn 19; KK-*Koppensteiner*[3] § 327a Rdn 14.

244 Näher *Fleischer* ZGR 2002, 757, 768 f; zustimmend Emmerich/*Habersack* Aktien- und GmbH-Konzernrecht[4] § 327a Rdn 19 mit Fn 77 und Rdn 30.

245 Vgl Emmerich/*Habersack* Aktien- und GmbH-Konzernrecht[4] § 327a Rdn 19; KK-*Koppensteiner*[3] § 327a Rdn 14.

246 Vgl Emmerich/*Habersack* Aktien- und GmbH-Konzernrecht[4] § 327a Rdn 20; *Fuchs* § 5 I; MK-*Grunewald*[2] § 327a Rdn 13; **aA** *Hüffer*[7] § 327a Rdn 8; KK-WpÜG-*Hasselbach* § 327a Rdn 45; KK-*Koppensteiner*[3] § 327a Rdn 15; FK-WpÜG/*Schüppen/Tretter*[2] § 327a Rdn 26.

247 Vgl Emmerich/*Habersack* Aktien- und GmbH-Konzernrecht[4] § 327a Rdn 20; MK-*Grunewald*[2] § 327a Rdn 13; KK-*Koppensteiner*[3] § 327a Rdn 15.

248 Vgl LG Frankfurt NZG 2004, 672, 673 f; *Dißars* BKR 2004, 389, 391; *Fuchs* § 5 II 1 c; *Greulich* S 127 f; Emmerich/*Habersack* Aktien- und GmbH-Konzernrecht[4] § 327a Rdn 20; AnwK-AktG/*Heidel/Lochner* § 327a Rdn 10; *Hüffer*[7] § 327a Rdn 8; *Marsch-Barner* in Zschocke/Schuster Bad Homburger Hdb G 27; **aA** *Angerer* BKR 2002, 261, 265; *Krieger* BB 2002, 53, 59, die den Ausnahmetatbestand des § 124 Abs 3 S 2 Alt 2 bemühen.

249 Vgl LG Regensburg Der Konzern 2004, 811, 815; Emmerich/*Habersack* Aktien- und GmbH-Konzernrecht[4] § 327a Rdn 20; MK-*Grunewald*[2] § 327a Rdn 13; *Hüffer*[7] § 327a Rdn 8; KK-*Koppensteiner*[3] § 327a Rdn 16; FK-WpÜG/*Schüppen/Tretter*[2] § 327a Rdn 27.

250 Vgl Emmerich/*Habersack* Aktien- und GmbH-Konzernrecht[4] § 327a Rdn 20; *Hüffer*[7] § 327a Rdn 8; FK-WpÜG/*Schüppen/Tretter*[2] § 327a Rdn 27.

251 Vgl AnwK-AktG/*Heidel/Lochner* § 327a Rdn 10.

252 **AA** KK-WpÜG-*Hasselbach* § 327a Rdn 45; *Fuchs* § 5 I.

253 Vgl Emmerich/*Habersack* Aktien- und GmbH-Konzernrecht[4] § 327a Rdn 20; *Fuchs* § 5 I; MK-*Grunewald*[2] § 327a Rdn 13; KK-*Koppensteiner*[3] § 327a Rdn 16.

254 So *Hüffer*[7] § 327a Rdn 8; AnwK-AktG/*Heidel/Lochner* § 327a Rdn 9; ferner FK-WpÜG/*Schüppen/Tretter*[2] § 327a Rdn 26, die aber klarstellen, dass hinsichtlich des schuldhaften Zögerns auch Kostengesichtspunkte zu berücksichtigen sind.

frei, die Kosten einer außerordentlichen Hauptversammlung zu übernehmen[255] und damit die Beschlussfassung zu beschleunigen. Im Übrigen ist er nicht verpflichtet, die Kosten einer ordentlichen Hauptversammlung zu tragen, auch wenn der Ausschluss von Minderheitsaktionären in seinem Interesse liegt.[256]

c) **Rechtsdurchsetzung durch den Hauptaktionär.** Weigert sich der Vorstand, die Hauptversammlung einzuberufen, so kann der Hauptaktionär nach § 122 vorgehen.[257] Entgegen einer verbreiteten Ansicht wird man den Hauptaktionär aber nicht auf § 122 Abs 1 verweisen,[258] sondern ihm sogleich gestatten, das gerichtliche Verfahren nach § 122 Abs 3 zu betreiben.[259] **62**

VI. Hauptversammlungsbeschluss (Abs 1 S 1)

1. Beschlusserfordernis

a) **Allgemeines.** Gemäß § 327a Abs 1 S 1 muss die Hauptversammlung die Übertragung der Aktien der Minderheitsaktionäre auf den Hauptaktionär *beschließen.*[260] Mit der Eintragung des Übertragungsbeschlusses in das Handelsregister gehen dann gemäß § 327e Abs 3 S 1 alle Aktien auf den Hauptaktionär über. Das Beschlusserfordernis entspricht dem Vorbild der Mehrheitseingliederung nach § 320 Abs 1 S 1 und geht auf den Gesetzesvorschlag des Handelsrechtsausschusses des DAV zurück.[261] Es hat sich im Gesetzgebungsverfahren trotz scharfer Kritik (vgl sogleich Rdn 64) gegen das Alternativkonzept eines gerichtlichen Antragsverfahrens durchgesetzt. Für den jüngst eingeführten Ausschluss von Aktionären im Anschluss an ein Übernahme- oder Pflichtangebot nach § 39a Abs 1 S 1 WpÜG genügt dagegen ein Gerichtsbeschluss (vgl vor § 327a Rdn 30), der innerhalb von drei Monaten nach Ablauf der Annahmefrist gestellt werden muss. **63**

b) **Rechtspolitische Würdigung.** Das aktienrechtliche Beschlusserfordernis hat schon während des Gesetzgebungsverfahrens ein gespaltenes rechtspolitisches Echo gefunden[262]; seine Gegner[263] und Befürworter[264] halten sich bis heute die Waage. Erstere **64**

---

[255] Vgl Emmerich/*Habersack* Aktien- und GmbH-Konzernrecht[4] § 327a Rdn 20; MK-*Grunewald*[2] § 327a Rdn 13; KK-*Koppensteiner*[3] § 327a Rdn 16 mit Fn 53.

[256] Vgl MK-*Grunewald*[2] § 327a Rdn 13; KK-WpÜG-*Hasselbach* § 327a Rdn 45.

[257] Vgl Emmerich/*Habersack* Aktien- und GmbH-Konzernrecht[4] § 327a Rdn 20; MK-*Grunewald*[2] § 327a Rdn 13; *Hüffer*[7] § 327a Rdn 8; KK-*Koppensteiner*[3] § 327a Rdn 15.

[258] **AA** wohl Emmerich/*Habersack* Aktien- und GmbH-Konzernrecht[4] § 327a Rdn 20; MK-*Grunewald*[2] § 327a Rdn 13; *Hüffer*[7] § 327a Rdn 8; KK-*Koppensteiner*[3] § 327a Rdn 15, die allesamt global auf § 122 verweisen.

[259] Wie hier AnwK-AktG/*Heidel*/*Lochner* § 327a Rdn 9; FK-WpÜG/*Schüppen*/*Tretter*[2] § 327a Rdn 26; *Wasmann* in Thaeter/Brandi Teil 7 Rdn 139.

[260] Vgl Emmerich/*Habersack* Aktien- und GmbH-Konzernrecht[4] § 327a Rdn 21; MK-*Grunewald*[2] § 327a Rdn 14; AnwK-AktG/*Heidel*/*Lochner* § 327a Rdn 17; *Hüffer*[7] § 327a Rdn 9; FK-WpÜG/*Schüppen*/ *Tretter*[2] § 327a Rdn 29.

[261] Vgl DAV-Handelsrechtsausschuß NZG 1999, 850, 851.

[262] Als profilierteste Kritiker hervorgetreten sind *Habersack* ZIP 2001, 1230, 1237; *Vetter* ZIP 2000, 1817, 1819 ff; *ders* DB 2001, 743 f.

[263] Vgl außer den in Fn 262 Genannten Emmerich/*Habersack* Aktien- und GmbH-Konzernrecht[4] § 327a Rdn 21; *Nirk* in Nirk/Reuter/Bächle Hdb AG Teil I Rdn 2636; *Rühland* S 205 ff; zuvor bereits *Kallmeyer* AG 2000, 59 ff; *Schiessl* AG 1999, 442, 452; kritisch auch *Grzimek* in Geibel/Süßmann § 327a Rdn 31.

[264] Vgl DAV-Handelsrechtsausschuß NZG 2001, 420, 421 f; *Fuchs* § 4 V 1 c;

sehen eine Beschlussfassung als sinnlose Formalität an, weil ihr Ergebnis angesichts der überragenden Stimmrechtsmacht des Hauptaktionärs von vornherein feststehe.[265] Sie bemängeln weiter, dass den Minderheitsaktionären auf diese Weise eine letzte Gelegenheit eingeräumt werde, Obstruktion zu betreiben und ihr Anfechtungsrecht zu missbrauchen, was dem Zweck des Squeeze out zuwiderlaufe.[266] Schließlich verweisen sie auf die Regelungen des englischen, französischen, italienischen und niederländischen Rechts, die allesamt auf einen Hauptversammlungsbeschluss verzichten.[267] Die Befürworter halten eine Befassung der Hauptversammlung mit dem Squeeze out für sach- und systemgerecht, weil sie dem Informationsbedürfnis der Minderheitsaktionäre Rechnung trage[268] und den Ausschluss der Minderheitsaktionäre in geordnete gesellschaftsrechtliche Bahnen lenke.[269]

65 Rechtskonstruktiv ist der Weg über einen Hauptversammlungsbeschluss (§ 327a Abs 1) ebenso gangbar wie derjenige über ein gerichtliches Antragsverfahren (§ 39a Abs 1 WpÜG). Für ein Festhalten am Beschlusserfordernis im Rahmen des aktienrechtlichen Squeeze out spricht, dass es auf der Grundlage eines schriftlichen Berichts des Hauptaktionärs (§ 327c Abs 2 S 1) eine umfassende Aussprache über den beabsichtigten Ausschluss in der Hauptversammlung ermöglicht[270] und den Minderheitsaktionären mit der Anfechtungsklage gegen den Übertragungsbeschluss einen erprobten Rechtsbehelf zur Verfügung stellt.[271] Zudem liegt das Beschlusserfordernis auf der Linie der Macrotron-Entscheidung des BGH, nach der sich die Zuständigkeit der Hauptversammlung für eine Maßnahme daraus ergeben kann, dass sie den Bestand des Mitgliedschaftsrechts berührt.[272] Demgegenüber sollte die Gefahr missbräuchlicher Anfechtungsklagen nicht überwertet werden, zumal für bewertungsbezogene Informationsmängel das Spruchverfahren vorgesehen ist (vgl § 327f Rdn 18). Außerdem verliert das gerichtliche Antragsverfahren vieles von seiner vermeintlichen Schneidigkeit, wenn man bedenkt, dass daran auch die Minderheitsaktionäre zu beteiligen sind (vgl § 39b Abs 2 und 4 WpÜG).[273]

2. Beschlussinhalt

66 Die Hauptversammlung beschließt gemäß § 327a Abs 1 S 1 die Übertragung sämtlicher Aktien der Minderheitsaktionäre auf den Hauptaktionär gegen Gewährung einer angemessenen Barabfindung.[274] Der notwendige Beschlussinhalt ergibt sich aus § 327c

---

MK-*Grunewald*[2] § 327a Rdn 14; KK-WpÜG-*Hasselbach* § 327a Rdn 19; *Hüffer*[7] § 327a Rdn 9; KK-*Koppensteiner*[3] § 327a Rdn 18; *Marsch-Barner* in Zschocke/Schuster Bad Homburger Hdb G 32.

[265] Vgl *Grzimek* in Geibel/Süßmann § 327a Rdn 31; *Nirk* in Nirk/Reuter/Bächle Hdb AG Teil I Rdn 2636; *Schiessl* AG 1999, 442, 452; *Vetter* ZIP 2000, 1817, 1820 f; *ders* DB 2001, 743, 744.

[266] Vgl *Vetter* ZIP 2000, 1817, 1820 f.

[267] Vgl *Habersack* ZIP 2000, 1230, 1237; *Nirk* in Nirk/Reuter/Bächle Hdb AG Teil I Rdn 2636.

[268] Vgl MK-*Grunewald*[2] § 327a Rdn 14; AnwK-AktG/*Heidel/Lochner* § 327a Rdn 17; KK-*Koppensteiner*[3] § 327a Rdn 18; FK-WpÜG/*Schüppen/Tretter*[2] § 327a Rdn 32.

[269] Vgl *Hüffer*[7] § 327a Rdn 9; AnwK-AktG/*Heidel/Lochner* § 327a Rdn 17.

[270] Vgl KK-WpÜG-*Hasselbach* § 327a Rdn 19; KK-*Koppensteiner*[3] § 327a Rdn 18; *Marsch-Barner* in *Zschocke/Schuster* Bad Homburger Hdb G 32.

[271] Vgl MK-*Grunewald*[2] § 327a Rdn 14; KK-WpÜG-*Hasselbach* § 327a Rdn 19; *Hüffer*[7] § 327a Rdn 9; KK-*Koppensteiner*[3] § 327a Rdn 18; *Marsch-Barner* in Zschocke/Schuster Bad Homburger Hdb G 32.

[272] Vgl BGHZ 153, 47, 55; darauf verweisend *Fuchs* 4 V 1 c.

[273] Ähnlich bereits zuvor der Hinweis bei *Marsch-Barner* in Zschocke/Schuster Bad Homburger Hdb G 32.

[274] Vgl Emmerich/*Habersack* Aktien- und GmbH-Konzernrecht[4] § 327 Rdn 22; MK-*Grunewald*[2] § 327a Rdn 15; *Grzimek*

Abs 1: Danach muss der Beschluss zum einen den Hauptaktionär bezeichnen (Nr 1), und zwar durch Firma und Sitz, bei natürlichen Personen durch Name und Adresse;[275] zum anderen hat er die vom Hauptaktionär betragsmäßig festgelegte Barabfindung zu enthalten (Nr 2).[276] Weitere Angaben sind nicht vorgesehen. Insbesondere brauchen (und können mitunter, vgl vor § 327a Rdn 10) die Minderheitsaktionäre im Beschluss nicht namentlich genannt zu werden.[277] Auch die Modalitäten der Abwicklung sowie die vom Hauptaktionär beizubringende Garantie nach § 327b Abs 3 sind kein Pflichtbestandteil des Hauptversammlungsbeschlusses.[278] Die Praxis greift gerne auf Beschlussmuster zurück.[279] Für die Niederschrift des Beschlusses gilt bei börsennotierten Gesellschaften § 130 Abs 1 S 1, bei nichtbörsennotierten Gesellschaften die weniger strenge Form des § 130 Abs 1 S 3.[280]

3. Beschlussmehrheit

Nach ganz hM genügt für den Hauptversammlungsbeschluss gemäß § 133 Abs 1 die einfache Mehrheit.[281] Das entspricht dem Vorbild der Mehrheitseingliederung nach § 320 Abs 1.[282] Die Kapitalmehrheit von 95 Prozent bezieht sich nur auf die Antragsberechtigung[283] und stellt entgegen einer vereinzelten Schrifttumsstimme kein weiteres *gesetzliches* Erfordernis iSd § 133 Abs 1 dar.[284] Allerdings kann die Satzung das Erfordernis einfacher Stimmenmehrheit nach der allgemeinen Regel des § 133 Abs 1 verschärfen.[285] Sie kann sogar ein Einstimmigkeitserfordernis vorsehen.[286] **67**

Bedeutung gewinnt der Verzicht auf eine größere Stimmenmehrheit, wenn die Stimmkraft des Hauptaktionärs hinter seiner Kapitalbeteiligung zurückbleibt.[287] Denkbar ist dies insbesondere, wenn der Hauptaktionär stimmrechtslose Vorzugsaktien hält,[288] wenn bei einer nichtbörsennotierten Gesellschaft gemäß § 134 Abs 1 S 2 Höchststimm- **68**

---

in Geibel/Süßmann § 327a Rdn 37; KK-WpÜG-*Hasselbach* § 327a Rdn 47; AnwK-AktG/*Heidel/Lochner* § 327a Rdn 19; *Hüffer*[7] § 327a Rdn 10; KK-*Koppensteiner*[3] § 327a Rdn 22; FK-WpÜG/*Schüppen/Tretter*[2] § 327a Rdn 39.

[275] Vgl Emmerich/*Habersack* Aktien- und GmbH-Konzernrecht[4] § 327a Rdn 22; KK-WpÜG-*Hasselbach* § 327a Rdn 47.

[276] Vgl KK-WpÜG-*Hasselbach* § 327a Rdn 47; KK-*Koppensteiner*[3] § 327a Rdn 22; FK-WpÜG/*Schüppen/Tretter*[2] § 327a Rdn 33.

[277] Vgl Emmerich/*Habersack* Aktien- und GmbH-Konzernrecht[4] § 327a Rdn 23.

[278] Vgl Emmerich/*Habersack* Aktien- und GmbH-Konzernrecht[4] § 327a Rdn 23.

[279] Dazu die Vorschläge bei *Fuhrmann/Simon* WM 2002, 1211, 1212; *Steinmeyer/Häger* § 327a Rdn 19; *Vossius* ZIP 2002, 511, 515.

[280] Vgl *Grzimek* in Geibel/Süßmann § 327a Rdn 39; KK-WpÜG-*Hasselbach* § 327a Rdn 47; FK-WpÜG/*Schüppen/Tretter*[2] § 327a Rdn 35; *Wasmann* in Thaeter/Brandi Teil 7 Rdn 140.

[281] Vgl Emmerich/*Habersack* Aktien- und GmbH-Konzernrecht[4] § 327a Rdn 24; MK-*Grunewald*[2] § 327a Rdn 16; *Grzimek* in Geibel/Süßmann § 327a Rdn 38; AnwK-AktG/*Heidel/Lochner* § 327a Rdn 18; KK-*Koppensteiner*[3] § 327a Rdn 23; FK-WpÜG/ *Schüppen/Tretter*[2] § 327a Rdn 34; *Wasmann* in Thaeter/Brandi Teil 7 Rdn 140.

[282] Vgl Emmerich/*Habersack* Aktien- und GmbH-Konzernrecht[4] § 320 Rdn 11.

[283] Vgl *Hüffer*[7] § 327a Rdn 11; FK-WpÜG/*Schüppen/Tretter*[2] § 327a Rdn 34.

[284] Vgl *Hüffer*[7] § 327a Rdn 11; **aA** *J Geßler* § 327a Rdn 7.

[285] Vgl FK-WpÜG/*Schüppen/Tretter*[2] § 327a Rdn 34.

[286] Vgl FK-WpÜG/*Schüppen/Tretter*[2] § 327a Rdn 34.

[287] Vgl Emmerich/*Habersack* Aktien- und GmbH-Konzernrecht[4] § 327a Rdn 24.

[288] Vgl Emmerich/*Habersack* Aktien- und GmbH-Konzernrecht[4] § 327a Rdn 24; *Giebeler* in Semler/Volhard ArbHdb Unternehmensübernahmen § 59 Rdn 32; KK-WpÜG-*Hasselbach* § 327a Rdn 46; *Hüffer*[7] § 327a Rdn 11.

rechte kraft Satzungsbestimmung bestehen[289] oder wenn Minderheitsaktionäre nach § 5 Abs 1 S 1 EGAktG noch über Mehrstimmrechte verfügen.[290] Weiterhin entspricht die Stimmkraft des Hauptaktionärs in den Zurechnungsfällen des § 16 Abs 2 und 4 nicht seiner Kapitalquote, weil ihm nur die Anteile, nicht aber die Stimmrechte zugerechnet werden.[291] In die gleiche Reihe gehören schließlich die Fälle der nicht vollständigen Einlageleistung nach § 134 Abs 2 und des Ruhens von Stimmrechten nach §§ 20 Abs 7 AktG, 28 WpHG.[292] Beim Ruhen der Stimmrechte ruht freilich auch das Recht des Hauptaktionärs, ein Einberufungsverlangen zu stellen (vgl Rdn 56).

4. Sonderbeschlüsse?

69 Ein Sonderbeschluss der Vorzugsaktionäre nach § 141 Abs 1 und 3 ist nicht erforderlich.[293] Gemäß § 141 Abs 1 bedürfen nur solche Beschlüsse ihrer Zustimmung, durch die der Vorzug unmittelbar beeinträchtigt wird.[294] Maßnahmen mit mittelbarer Beeinträchtigung sind dagegen, vom Ausnahmefall des § 141 Abs 2 S 1 abgesehen, nicht zustimmungspflichtig.[295] Durch den Übertragungsbeschluss wird der in der Satzung festgelegte Vorzug nicht unmittelbar beeinträchtigt, weil die Übertragung nur einen Inhaberwechsel zur Folge hat, aber – ebenso wie Liquidations- und Verschmelzungsbeschlüsse – die rechtliche Ausgestaltung der Aktiengattung unberührt lässt.[296]

70 Aus den gleichen Gründen ist bei mehreren Gattungen von Aktien auch ein Sonderbeschluss nach § 179 Abs 3 entbehrlich.[297] Ebenso wenig bedarf es eines Sonderbeschlusses außenstehender Aktionäre nach § 295 Abs 2 S 1, weil der Squeeze out den Beherrschungs- und Gewinnabführungsvertrag unberührt lässt.[298]

VII. Besonderheiten bei der Kommanditgesellschaft auf Aktien (Abs 1 S 2)

71 Gemäß § 327a Abs 1 S 1 kann ein Squeeze out auch in der KGaA durchgeführt werden (vgl Rdn 7). Hinsichtlich der Ausschlussvoraussetzungen gelten gewisse rechtsformbedingte Unterschiede gegenüber der AG:

---

289 Vgl Emmerich/*Habersack* Aktien- und GmbH-Konzernrecht[4] § 327a Rdn 24; *Giebeler* in Semler/Volhard ArbHdb Unternehmensübernahmen § 59 Rdn 32.

290 Vgl *Giebeler* in Semler/Volhard ArbHdb Unternehmensübernahmen § 59 Rdn 32; KK-WpÜG-*Hasselbach* § 327a Rdn 46.

291 Vgl *Giebeler* in Semler/Volhard ArbHdb Unternehmensübernahmen § 59 Rdn 32; KK-WpÜG-*Hasselbach* § 327a Rdn 46.

292 Vgl *Fuchs* § 4 V 4.

293 Vgl OLG Düsseldorf WM 2005, 650, 655; OLG Hamm ZIP 2005, 1457, 1463; LG Frankfurt NZG 2004, 672, 675; LG Bochum AG 2005, 738, 740; *Fuhrmann/Simon* WM 2002, 1211, 1213; Emmerich/*Habersack* Aktien- und GmbH-Konzernrecht[4] § 327a Rdn 24; KK-WpÜG-*Hasselbach* § 327c Rdn 9; AnwK-AktG/*Heidel/Lochner* § 327a Rdn 20; FK-WpÜG/*Schüppen/Tretter*[2] § 327a Rdn 37; *Wasmann* in Thaeter/Brandi Teil 7 Rdn 140; *Wilsing* EWiR 2005, 495 f.

294 Vgl OLG Hamm ZIP 2005, 1457, 1463; *Hüffer*[7] § 141 Rdn 4; MK-*Volhard*[2] § 141 Rdn 3 ff; *Bezzenberger* Vorzugsaktien ohne Stimmrecht, 1991, S 121 ff.

295 Vgl OLG Düsseldorf WM 2005, 650, 655; *Hüffer*[7] § 141 Rdn 4; MK-*Volhard*[2] § 141 Rdn 7; KK-*Zöllner* § 141 Rdn 4.

296 Vgl OLG Düsseldorf WM 2005, 650, 655; OLG Hamm ZIP 2005, 1457, 1463; *Fuhrmann/Simon* WM 2002, 1211, 1213; FK-WpÜG/*Schüppen/Tretter*[2] § 327a Rdn 37; *Wilsing* EWiR 2005, 495 f.

297 Vgl *Fuhrmann/Simon* WM 2002, 1211, 1213; KK-WpÜG-*Hasselbach* § 327d Rdn 9; *Wasmann* in *Thaeter/Brandi* Teil 7 Rdn 141; *Fuchs* § 4 V 5.

298 Vgl *Fuhrmann* Der Konzern 2004, 1, 4; *Fuchs* § 4 V 5; FK-WpÜG/*Schüppen/Tretter*[2] § 327a Rdn 39 mit Fn 79.

1. Ausschluss nur der Kommanditaktionäre

Ausgeschlossen werden können nur Kommanditaktionäre, nicht auch persönlich haftende Gesellschafter (Komplementäre).[299] Daher wird die Ausschlussmöglichkeit bei der KGaA in der Rechtspraxis – anders als bei der AG (vgl vor § 327a Rdn 74) – keine größere Bedeutung erlangen.[300] 72

2. Bezugsgröße für die Beteiligungshöhe

Maßgebliche Bezugsgröße für die Berechnung der Beteiligungshöhe des Hauptaktionärs ist auch bei der KGaA das um die eigenen Aktien reduzierte *Grundkapital* der Gesellschaft (§ 278 Abs 1).[301] Die satzungsmäßigen *(Sonder-)Einlagen* der Komplementäre, die nicht auf das Grundkapital geleistet werden (§ 281 Abs 2), bleiben außer Betracht. Das ist folgerichtig, weil der Ausschluss nur die Kommanditaktionäre betrifft (vgl Rdn 7).[302] 73

3. Hauptversammlungsbeschluss

Wie bei der AG genügt für den Hauptversammlungsbeschluss in der KGaA die einfache Stimmenmehrheit. Abstimmungsberechtigt sind nur die Kommanditaktionäre.[303] Den Komplementären steht als solchen kein Stimmrecht in der Hauptversammlung zu; gemäß § 285 Abs 1 S 1 sind sie aber für die von ihnen gehaltenen Aktien stimmberechtigt.[304] § 285 Abs 2 S 1 findet nach § 327a Abs 1 S 2 keine Anwendung, so dass der Ausschluss von Kommanditaktionären nicht der Zustimmung der Komplementäre bedarf. Die Regelung hat nur deklaratorische Bedeutung,[305] weil der Ausschluss die Rechtsstellung der Komplementäre nicht berührt[306] und auch sonst nicht den Charakter eines Grundlagengeschäfts oder einer außergewöhnlichen Geschäftsführungsmaßnahme hat.[307] Das gilt entgegen einer vereinzelten Literaturstimme auch für die börsennotierte KGaA:[308] Bei ihr hat der Squeeze out zwar ein sog unechtes Delisting zur Folge, doch löst der Wegfall der Börsennotierung keinen Zustimmungsvorbehalt zugunsten der Komplementäre aus, weil nur die Kommanditanteile börsengehandelt werden.[309] 74

VIII. Missbrauchskontrolle

1. Keine allgemeine Inhaltskontrolle

Eine allgemeine Inhaltskontrolle des Übertragungsbeschlusses unter Treuepflichtgesichtspunkten scheidet nach ganz überwiegender Auffassung in Rechtsprechung und Rechtslehre aus.[310] Der Übertragungsbeschluss bedarf keiner sachlichen Rechtferti- 75

---

[299] Vgl *Fett* in Hdb KGaA § 12 Rdn 39; *Fuchs* § 4 VI 1; KK-*Koppensteiner*[3] § 327a Rdn 3.

[300] Ebenso die Einschätzung von *Fett* in Hdb KGaA § 12 Rdn 39; für einen praktischen Beispielsfall aber LG Landshut AG 2006, 513: Lindner Holding KGaA.

[301] Vgl *Fett* in Hdb KGaA § 12 Rdn 39; *Fuchs* § 4 VI 1.

[302] Ebenso *Fuchs* § 4 VI 1.

[303] Vgl *Hüffer*[7] § 327a Rdn 6; FK-WpÜG/*Schüppen/Tretter*[2] § 327a Rdn 30.

[304] Vgl MK-*Grunewald*[2] § 327a Rdn 29; *Markwardt* BB 2004, 277.

[305] Vgl Begr RegE WpÜG, BT-Drucks 14/7034, S 72; Emmerich/*Habersack* Aktien- und GmbH-Konzernrecht[4] § 327a Rdn 13; MK-*Grunewald*[2] § 327a Rdn 29; *Grzimek* in Geibel/Süßmann § 327a Rdn 54.

[306] Vgl Emmerich/*Habersack* Aktien- und GmbH-Konzernrecht[4] § 327a Rdn 13; KK-*Koppensteiner*[3] § 327a Rdn 2 und 24.

[307] Vgl *Fuchs* § 4 VI 2.

[308] AA KK-WpÜG-*Hasselbach* § 327a Rdn 60.

[309] Vgl *Fuchs* § 4 VI 2.

[310] Vgl OLG Köln ZIP 2004, 760, 762; NZG 2005, 931, 932; OLG Düsseldorf ZIP 2004,

gung,[311] sondern trägt seine Legitimation in sich,[312] weil der Gesetzgeber die normative Abwägung der widerstreitenden Interessen der Minderheitsaktionäre an ihrem Verbleib in der Gesellschaft und des Hauptaktionärs an ihrem Ausschluss selbst vorgenommen hat.[313] Dies entspricht der Rechtslage zur Eingliederung und zur übertragenden Auflösung (vgl vor § 327a Rdn 40), bei denen eine breitflächige Beschlusskontrolle ebenfalls abgelehnt wird.[314] Für eine materielle Kontrolle des Übertragungsbeschlusses durch die Zivilgerichte am Maßstab der Erforderlichkeit und Angemessenheit ist demnach im Rahmen des § 327a kein Raum.[315] Insbesondere ist der Hauptaktionär nicht zur positiven Rechtfertigung des Minderheitenausschlusses oder zur Offenlegung seiner Motive verpflichtet.[316] Die gerichtliche Inhaltskontrolle schrumpft damit auf Restbereiche einer Treuepflichtkontrolle im Einzelfall zusammen (näher sogleich Rdn 76ff).[317] Das gilt nach dem Willen des Gesetzgebers auch für nicht börsennotierte Gesellschaften (zur rechtspolitischen Beurteilung vor § 327a Rdn 13) bis hin zum Sonderfall der zweigliedrigen Aktiengesellschaft (vgl Rdn 55).[318]

2. Einzelfallbezogene Treuepflichtkontrolle

76 Wie jedes andere Rechtsinstitut steht auch der Ausschluss von Minderheitsaktionären unter dem Vorbehalt des Rechtsmissbrauchs.[319] Der Hauptaktionär darf sein Aus-

---

359, 361; LG Düsseldorf ZIP 2004, 1755, 1758; LG Regensburg Der Konzern 2004, 811, 813; **aA** *Zöllner* GesRZ 2004, Sonderheft S 5, 12: „Die deutsche Aktienrechtsliteratur vertritt nahezu einhellig die Auffassung, dass für die Durchführung des squeeze-out keine besonderen sachlichen Voraussetzungen, insbesondere kein sog Sachgrund vorzuliegen brauche, ein wahrhaft trauriger Befund, der kein gutes Licht auf den Gerechtigkeitssinn der Zunft wirft."

311 Vgl OLG Köln ZIP 2004, 760, 762; NZG 2005, 931, 932; OLG Düsseldorf ZIP 2004, 359, 361; LG Düsseldorf ZIP 2004, 1755, 1758; LG Regensburg Der Konzern 2004, 811, 813; Emmerich/*Habersack* Aktien- und GmbH-Konzernrecht[4] § 327a Rdn 26; *Fleischer* ZGR 2002, 757, 784 f; MK-*Grunewald*[2] § 327a Rdn 18; *Hamann* S 161 ff; AnwK-AktG/*Heidel*/*Lochner* § 327a Rdn 11; *Hüffer*[7] § 327a Rdn 11; *v Schnurbein* AG 2005, 725, 732; FK-WpÜG/*Schüppen*/*Tretter*[2] § 327a Rdn 40.

312 Vgl OLG Köln ZIP 2004, 760, 762; NZG 2005, 931, 932; OLG Düsseldorf ZIP 2004, 359, 361; *Hüffer*[7] § 327a Rdn 11.

313 Vgl BGH ZIP 2006, 2080, 2081; OLG Köln ZIP 2004, 760, 762; NZG 2005, 931, 932; OLG Düsseldorf ZIP 2004, 359, 361; LG Düsseldorf ZIP 2004, 1755, 1758; LG Regensburg Der Konzern 2004, 811, 813; Emmerich/*Habersack* Aktien- und GmbH-Konzernrecht[4] § 327a Rdn 26; *Halasz*/*Kloster* DB 2002, 1253, 1256; KK-WpÜG/*Hasselbach* § 327a Rdn 49.

314 Vgl Emmerich/*Habersack* Aktien- und GmbH-Konzernrecht[4] § 320 Rdn 6.

315 Vgl OLG Köln ZIP 2004, 760, 762; NZG 2005, 931, 932; OLG Düsseldorf ZIP 2004, 359, 361; LG Düsseldorf ZIP 2004, 1755, 1758; LG Regensburg Der Konzern 2004, 811, 813; Emmerich/*Habersack* Aktien- und GmbH-Konzernrecht[4] § 327a Rdn 26; *Hüffer*[7] § 327a Rdn 11; *v Schnurbein* AG 2005, 725, 732.

316 Vgl OLG Düsseldorf ZIP 2004, 359, 361; AnwK-AktG/*Heidel*/*Lochner* § 327a Rdn 11.

317 Vgl LG Düsseldorf ZIP 2004, 1755, 1758; *Fleischer* ZGR 2002, 757, 785; *Grzimek* in Geibel/Süßmann § 327a Rdn 11; Emmerich/*Habersack* Aktien- und GmbH-Konzernrecht[4] § 327f Rdn 4; *Halasz*/*Kloster* DB 2002, 1253, 1256; AnwK-AktG/*Heidel*/*Lochner* § 327f Rdn 4; *Kort* ZIP 2006, 1519, 1520; *v Schnurbein* AG 2005, 725, 726 f; FK-WpÜG/*Schüppen*/*Tretter*[2] § 327a Rdn 40.

318 Vgl Emmerich/*Habersack* Aktien- und GmbH-Konzernrecht[4] § 327a Rdn 26.

319 Vgl OLG München ZIP 2006, 2370, 2372; *Bolte* DB 2001, 2587, 2589; *Greulich* S 249; MK-*Grunewald*[2] § 327a Rdn 19; AnwK-AktG/*Heidel*/*Lochner* § 327a Rdn 11; *Moritz* S 260.

schließungsrecht nicht treuwidrig oder missbräuchlich ausüben.[320] Wann dies der Fall ist, wird im Fachschrifttum ausgiebig erörtert.[321] Wegweisende Gerichtsentscheidungen sind demgegenüber rar geblieben.[322] Dogmatische Stabilität lässt sich auf diesem unsicheren Boden noch am ehesten erreichen, wenn man den in seiner Besonderheit voll gewürdigten Einzelfall mit allgemeinen Rechtsgedanken verknüpft, die Rechtsprechung und Rechtslehre zur Konkretisierung des § 242 BGB ausgearbeitet haben.[323] Als allgemeine Leitlinie kann man festhalten, dass die gesetzgeberische Entscheidung gegen eine breitflächige Inhaltskontrolle (vgl Rdn 75) Zurückhaltung bei der Annahme eines Treuepflichtverstoßes gebietet. Allgemein gehaltene Vorwürfe reichen keinesfalls aus; vielmehr müssen besondere Umstände hinzutreten, welche die Ausübung des Squeeze out-Rechts im konkreten Fall als rechtsmissbräuchlich erscheinen lassen.

a) **Unredlicher Erwerb der eigenen Rechtsstellung.** Gegen Treu und Glauben verstößt, wer ein Recht geltend macht, das er sich durch eigenes treuwidriges Verhalten auf unredliche Weise verschafft hat.[324] **77**

aa) **Formwechsel zum Zwecke des Squeeze out.** Als treuwidrig anzusehen ist danach, wenn der Hauptaktionär einen Formwechsel von der GmbH in eine AG oder KGaA ausschließlich zu dem Zweck betreibt, sich eines missliebigen Minderheitsgesellschafters zu entledigen.[325] Der Vorwurf der Treuwidrigkeit gründet sich auf die „Erschleichung" einer Ausschlussmöglichkeit, die ihm das GmbH-Recht gerade verwehrt (vgl Rdn 8). Da die Minderheitsaktionäre die wahren Gründe für den Formwechsel oft erst im nachhinein erfahren, führt eine Anfechtung des Umwandlungsbeschlusses im Hinblick auf § 202 Abs 3 UmwG nicht weiter.[326] Hier hilft die Vorstellung einer unzulässigen Rechtsausübung infolge unredlichen Erwerbs der eigenen Rechtsposition, die zugleich die Anfechtbarkeit des Squeeze out-Beschlusses zu begründen vermag.[327] Ein enger zeitlicher Zusammenhang zwischen Formwechsel und Squeeze out[328] oder eine bereits geplante **78**

---

[320] Vgl LG Stuttgart DB 2005, 327 f; *Fleischer* ZGR 2002, 757, 784 f; *Fuchs* § 11 II 2 b cc; *Grzimek* in Geibel/Süßmann § 327a Rdn 11; Emmerich/*Habersack* Aktien- und GmbH-Konzernrecht[4] § 327a Rdn 26; noch stärker einschränkend *Kort* ZIP 2006, 1519, 1521 („nur in extrem gelagerten Ausnahmefällen"); **aA** KK-*Koppensteiner*[3] § 327f Rdn 11; offenlassend OLG Düsseldorf ZIP 2004, 359, 361 f.

[321] Ausführliche Analysen bei *P Baums* S 133 ff; *Fleischer* ZGR 2002, 757, 785 ff; *Fuchs* § 11 II 2 b cc; *Greulich* S 250 ff; *Hamann* S 163 ff, 169 ff; *Kort* ZIP 2006, 1519 ff; *Markwardt* BB 2004, 277, 280 ff; *Moritz* S 261 ff.

[322] Für eine Auflistung möglicher Missbrauchsfälle, aber ohne eigene Stellungnahme OLG Düsseldorf ZIP 2004, 359, 361 f; tendenziell zurückhaltend, aber ebenfalls dahinstehen lassend OLG Köln ZIP 2004, 760, 762; einem Rechtsmissbrauch zuneigend im Fall eines Wertpapierdarlehens OLG München AG 2006, 296, 297; LG Landshut AG 2006, 513, 514; s auch BGH ZIP 2006, 2080, 2082.

[323] Zu dieser Vorgehensweise bereits *Fleischer* ZGR 2002, 757, 785 ff.

[324] Vgl BGHZ 13, 346, 350.

[325] Vgl *Fleischer* ZGR 2002, 757, 787; *Gesmann-Nuissl* WM 2002, 1205, 1210; MK-*Grunewald*[2] § 327a Rdn 25; Emmerich/*Habersack* Aktien- und GmbH-Konzernrecht[4] § 327a Rdn 28; *Hamann* S 174; AnwK-AktG/*Heidel*/*Lochner* § 327a Rdn 14; *Krieger* BB 2002, 53, 61; *Rühland* S 249; FK-WpÜG/*Schüppen*/*Tretter*[2] § 327a Rdn 44; *Witthuhn*/*Giermann* MDR 2002, 372, 373; **aA** KK-*Koppensteiner*[3] § 327 f Rdn 11; *Markwardt* BB 2004, 277, 283; *von Morgen* WM 2003, 1553, 1560.

[326] Vgl *Fleischer* ZGR 2002, 757, 787.

[327] Vgl *Fleischer* ZGR 2002, 757, 787; *Grunewald* ZIP 2002, 18, 20; *Krieger* BB 2002, 176, 190.

[328] Vgl Emmerich/*Habersack* Aktien- und GmbH-Konzernrecht[4] § 327a Rdn 28; *Fleischer* ZGR 2002, 757, 787; *Fuchs* § 11 II 2

Rückumwandlung[329] bilden beweiskräftige Anzeichen für eine treuwidrige Verknüpfung beider Maßnahmen.

79 **bb) Vorübergehende Zusammenschlüsse.** Der Vorwurf des unredlichen Erwerbs der eigenen Rechtsstellung ist weiterhin begründet, wenn die Mehrheitsbeteiligung von 95 Prozent nur vorübergehend zu Squeeze out-Zwecken erworben wird.[330] Hierher gehört etwa die Bündelung der Aktien in der Hand eines einzelnen Aktionärs im Wege treuhänderischer Übertragung[331] oder die vorübergehende Einbringung der Aktien in eine eigens zu diesem Zweck gegründete Gesellschaft[332]. Eine tatsächliche Vermutung für eine Treuwidrigkeit ist gegeben, wenn die Rückübertragung der Aktien unmittelbar nach Durchführung des Squeeze out erfolgt oder schon vorher verabredet wird.[333] Allerdings wird es den Minderheitsaktionären idR schwer fallen, den Nachweis einer Treuepflichtverletzung innerhalb der kurzen Anfechtungsfrist des § 246 Abs 1 zu führen. Daher wird man ihnen Erleichterungen der Darlegungs- und Beweislast zubilligen müssen, wenn die erforderliche Kapitalmehrheit kurz vor dem Übertragungsbeschluss durch Übertragungsvorgänge zwischen (Groß-)Aktionären geschaffen wurde.[334] Tragen die Minderheitsaktionäre konkrete[335] Tatsachen vor, die eine treuwidrige Ausübung des Ausschlussrechts möglich erscheinen lassen, so obliegt es dem Hauptaktionär darzulegen, dass die Aktienbündelung nicht ausschließlich zu Squeeze out-Zwecken erfolgte.[336] Ein Missbrauch scheidet aus, wenn die Anteilsbündelung einer unternehmerischen Initiative diente[337] oder die Veräußerung an einen Dritten mit dem üblichen Zuschlag für 100 %-Beteiligungen vorbereitete.[338] Davon zu unterscheiden ist die Folgefrage, ob die Minderheitsaktionäre an einem solchen Zuschlag zu beteiligen sind.

80 **cc) Wertpapierleihe.** Nach den vorstehenden Grundsätzen (Rdn 79) ist auch der neuerdings vieldiskutierte Fall der Wertpapierleihe zu entscheiden. Dient die Wertpapierleihe ausschließlich dem Erwerb der 95-Prozent-Schwelle (zu ihrer diesbezüglichen Eignung Rdn 36), so liegt ein treuwidriger Erwerb der eigenen Rechtsposition vor.[339]

---

b cc bbb (1) (a); MK-*Grunewald*² § 327a Rdn 25.

329 Vgl *Fuchs* § 11 II 2 b cc bbb (1) (a); MK-*Grunewald*² § 327a Rdn 25; *Haarmann* S 174; FK-WpÜG/*Schüppen/Tretter*² § 327a Rdn 44.

330 Vgl *P Baums* WM 2001, 1843, 1845 f; *Bolte* DB 2001, 2587, 2589; Emmerich/*Habersack* Aktien- und GmbH-Konzernrecht⁴ § 327a Rdn 29; *Fuchs* § 11 II 2 b cc bbb (1) (b); MK-*Grunewald*² § 327a Rdn 21; *Halasz/Kloster* DB 2002, 1253, 1255 f; *Hüffer*⁷ § 327a Rdn 12; *Moritz* S 271 ff; FK-WpÜG/*Schüppen/Tretter*² § 327a Rdn 45; *Steinmeyer/Häger* § 327a Rdn 16; **aA** *Dißars* BKR 2004, 389, 393; KK-WpÜG/*Hasselbach* § 327a Rdn 56 f; *Krieger* BB 2002, 53, 62; *Markwardt* BB 2004, 277, 285; *Witthun/Giermann* MDR 2003, 372, 373.

331 Vgl Emmerich/*Habersack* Aktien- und GmbH-Konzernrecht⁴ § 327a Rdn 29; *Fuchs* § 11 II 2 b cc bbb (1) (b); *Moritz* S 271; FK-WpÜG/*Schüppen/Tretter*² § 327a Rdn 45.

332 Vgl Emmerich/*Habersack* Aktien- und GmbH-Konzernrecht⁴ § 327a Rdn 29; *Fuchs* § 11 II 2 b cc bbb (1) (b); MK-*Grunewald*² § 327a Rdn 22; *Moritz* S 271; FK-WpÜG/*Schüppen/Tretter*² § 327a Rdn 45.

333 Vgl *Fuchs* § 11 II 2 b cc bbb (1) (b); MK-*Grunewald*² § 327a Rdn 22; *Moritz* S 273.

334 Vgl Emmerich/*Habersack* Aktien- und GmbH-Konzernrecht⁴ § 327a Rdn 29; *Fuchs* § 11 II 2 b cc bbb (1) (b); **aA** *Kort* AG 2006, 557, 562.

335 Vgl OLG Düsseldorf ZIP 2004, 359, 361 f, wonach ein pauschaler, nicht mit Tatsachen unterlegter Vortrag nicht ausreicht.

336 Vgl *Fuchs* § 11 II 2 b cc bbb (1) (b); *Moritz* S 273.

337 Vgl *Hüffer*⁷ § 327a Rdn 12.

338 Vgl *Fuchs* § 11 II 2 b cc bbb (1) (b); MK-*Grunewald*² § 327a Rdn 22; **aA** *Mertens* AG 2002, 377, 381.

339 Vgl LG Landshut AG 2006, 513, 514; tendenziell auch OLG München AG 2006, 296,

dd) Kapitalerhöhung unter Bezugsrechtsausschluss. Rechtlich anders zu würdigen sind Fälle, in denen der Hauptaktionär die erforderliche Kapitalmehrheit durch eine Kapitalerhöhung unter Ausschluss des Bezugsrechts erwirbt. Hierin liegt nach zutreffender hM kein Rechtsmissbrauch.[340] Allerdings kann der Bezugsrechtsausschluss selbst rechtswidrig sein, wenn er allein dem Erwerb der 95-Prozent-Beteiligung dient,[341] so dass sich die betroffenen Aktionäre durch Anfechtung des Kapitalerhöhungsbeschlusses zur Wehr setzen können.[342] **81**

b) Verbot widersprüchlichen Verhaltens. Gegen Treu und Glauben verstößt, wer sich durch die Ausübung seines Rechts zu seinem eigenen Vorverhalten in Widerspruch setzt.[343] **82**

aa) Abredewidriger Ausschluss. Ein solches widersprüchliches Verhalten kann vorliegen, wenn der Hauptaktionär durch sein Ausschlussverlangen gegen vorherige vertragliche Absprachen mit den Minderheitsaktionären verstößt.[344] Die Verletzung schuldrechtlicher Nebenabreden begründet nach – freilich umstrittener – Rechtsprechung des BGH ausnahmsweise die Anfechtbarkeit des Hauptversammlungsbeschlusses, wenn sich sämtliche Gesellschafter derart gebunden haben (vgl § 327f Rdn 12). Auf diese Weise können die Minderheitsaktionäre privatautonom Vorsorge gegen einen Squeeze out treffen,[345] auch wenn die gesetzliche Ausschlussregelung an sich zwingendes Recht darstellt (vgl Rdn 1). Als Alternative steht es ihnen offen, das Erfordernis einfacher Mehrheit für den Übertragungsbeschluss durch ein Einstimmigkeitserfordernis zu ersetzen (vgl Rdn 67). **83**

bb) Vorherige Veranlassung zum Gesellschaftsbeitritt. Widersprüchlich handelt der Hauptaktionär außerdem, wenn er den Squeeze out betreibt, nachdem er die Minderheitsaktionäre kurz zuvor für eine Gesellschaftsgründung gewonnen oder zur Teilnahme an einer Kapitalerhöhung veranlasst hat.[346] Der Vorwurf des Rechtsmissbrauchs gründet sich hier vor allem darauf, dass der Hauptaktionär den Eindruck einer dauerhaften **84**

297; ferner OLG München ZIP 2006, 2370, wenn nach der konkreten Ausgestaltung des Wertpapierdarlehens der Darlehensgeber die wesentlichen wirtschaftlichen Rechte aus den Aktien behält; *P Baums* S 145; *ders* WM 2001 1843, 1845 f; *Fuchs* § 11 II 2 b cc bbb (1) (b); *Moritz* S 271; **aA** *Kort* AG 2006, 513 ff; *Markwardt* BB 2004, 277, 285 f.

340 Vgl Emmerich/*Habersack* Aktien- und GmbH-Konzernrecht[4] § 327a Rdn 27; *Fuchs* § 11 II 2 b cc bbb (1) (c); MK-*Grunewald*[2] § 327a Rdn 23.

341 Vgl OLG Schleswig AG 2004, 155, 158 f; Emmerich/*Habersack* Aktien- und GmbH-Konzernrecht[4] § 327a Rdn 27; MK-*Grunewald*[2] § 327a Rdn 23; *Moritz* S 265.

342 Vgl *P Baums* S 134 ff; *ders* WM 2001, 1842, 1845; Emmerich/*Habersack* Aktien- und GmbH-Konzernrecht[4] § 327a Rdn 27; *Hamann* S 200 ff; *Rühland* WM 2002, 1957, 1960.

343 Vgl BGHZ 47, 184, 189; MK-BGB/*Roth*[4] § 242 BGB Rdn 322.

344 Vgl OLG Celle AG 2004, 206 f; *Buchta/Ott* DB 2005, 990, 993; Emmerich/*Habersack* Aktien- und GmbH-Konzernrecht[4] § 327a Rdn 31; *Fuchs* § 11 II 2 b cc bbb (2) (a); *Greulich* S 275 ff; MK-*Grunewald*[2] § 327a Rdn 26; FK-WpÜG/*Schüppen/Tretter*[2] § 327a Rdn 47; **aA** KK-*Koppensteiner*[3] § 327 f Rdn 6 und 11.

345 Wie hier *Grunewald* ZIP 2002, 18, 22; *Greulich* S 275.

346 Vgl *Fleischer* ZGR 2002, 757, 785 f; Emmerich/*Habersack* Aktien- und GmbH-Konzernrecht[4] § 327a Rdn 30; MK-*Grunewald*[2] § 327a Rdn 28; AnwK-AktG/*Heidel/Lochner* § 327a Rdn 13; *Rühland* S 248; *Witthun/Giermann* MDR 2003, 372, 373; FK-WpÜG/*Schüppen/Tretter*[2] § 327a Rdn 46; s auch *Greulich* S 274 ff; **aA** KK-*Koppensteiner*[3] § 327 f Rdn 11; *Markwardt* BB 2004, 277, 286.

Kapitalanlage erweckt, diesen „Investitionsvertrag“ aber alsbald wieder aufkündigt.[347] Das führt bei den ausgeschlossenen Minderheitsaktionären nicht nur – wie bisweilen etwas leichtfertig dahingesagt – zur Enttäuschung emotionaler Erwartungen,[348] sondern auch zu Reinvestitionskosten und möglichen Steuernachteilen.[349] Die Anfechtbarkeit des Übertragungsbeschlusses kommt in derartigen Fällen aber nur in Betracht, wenn sich der Hauptaktionär gegenüber sämtlichen Minderheitsaktionären treuwidrig verhalten hat.[350] Ansonsten bleibt es bei Schadensersatzansprüchen nach § 280 Abs 1 BGB oder § 311 Abs 2 BGB.

85 cc) **Nachträgliche (Wieder-)Aufnahme von Aktionären.** Nach einer Literaturmeinung soll ein *venire contra factum proprium* ferner vorliegen, wenn der Hauptaktionär im engen zeitlichen Zusammenhang mit dem Squeeze out wieder Aktionäre in die betroffene Gesellschaft aufnimmt.[351] Dem wird man in dieser Allgemeinheit nicht folgen können,[352] weil die Rechtmäßigkeit des Squeeze out nicht voraussetzt, dass der Hauptaktionär wirtschaftlicher Alleineigentümer der Gesellschaft bleibt (vgl Rdn 21). Bedenken erweckt ein solches Vorgehen aber dann, wenn nach Durchführung des Ausschlussverfahrens nur einzelne Minderheitsaktionäre wieder aufgenommen werden und eine unterschiedliche Behandlung der anderen Minderheitsaktionäre sachlich nicht gerechtfertigt ist.[353] Dogmatisch liegt hierin ein Verstoß des Hauptaktionärs gegen seine – nachwirkende – Treuepflicht.[354] Scheitert die treuepflichtgestützte Beschlussanfechtung (vgl § 327f Rdn 10) an der Anfechtungsfrist des § 246 Abs 1,[355] steht den benachteiligten Minderheitsaktionären ein Schadensersatzanspruch zu.[356]

86 c) **Verwirkung.** Dem widersprüchlichen Verhalten steht die Verwirkung nahe.[357] Ihre Voraussetzungen pflegt man dahin zu umschreiben, dass (1.) der Berechtigte sein Recht längere Zeit nicht geltend macht, (2.) dadurch beim anderen Teil berechtigterweise das Vertrauen entsteht, der Berechtigte werde sein Recht nicht mehr ausüben, und (3.) der andere Teil sich darauf eingerichtet hat.[358] Bedeutung erlangen kann dies im Rahmen des § 327a, wenn der Hauptaktionär nach Erreichen der 95-Prozent-Schwelle ungebührlich lange Zeit verstreichen lässt, ehe er mit seinem Ausschlussverlangen hervortritt. Im Einzelfall wird es hier allerdings wesentlich auf die Intensität des Vertrauenstatbestandes und die Schutzbedürftigkeit der Minderheitsaktionäre ankommen, die bei geschlossenen Gesellschaften am ehesten gegeben sein dürfte.[359] Dass der Gesetzgeber keine festen Zeit-

---

347 Vgl *Fleischer* ZGR 2002, 757, 785 f.

348 So DAV-Handelsrechtsausschuß NZG 1999, 850.

349 Näher *Fleischer* ZGR 2002, 757, 786 mit Fn 186.

350 Zutreffend *Fuchs* § 11 II 2 b cc bbb (2) (b) unter Hinweis auf andernfalls drohende Wertungswidersprüche zur eingeschränkten Anfechtbarkeit schuldrechtlicher Nebenabreden.

351 Vgl *Grzimek* in Geibel/Süßmann § 327 f Rdn 11; AnwK-AktG/*Heidel*/*Lochner* § 327a Rdn 13.

352 Ablehnend auch Emmerich/*Habersack* Aktien- und GmbH-Konzernrecht[4] § 327a Rdn 30; *Fuchs* § 11 II 2 b cc bbb (2) (c); MK-*Grunewald*[2] § 327a Rdn 28; *Hamann* S 180 ff.

353 Vgl *Fuchs* § 11 II 2 b cc bbb (2) (c); MK-*Grunewald*[2] § 327a Rdn 28.

354 Vgl *Fuchs* § 11 II 2 b cc bbb (2) (c); auf eine Verletzung des Gleichbehandlungsgrundsatzes abstellend MK-*Grunewald*[2] § 327a Rdn 28; § 53 richtet sich freilich nur gegen die Gesellschaft.

355 Zu dieser regelmäßigen Gefahr Emmerich/*Habersack* Aktien- und GmbH-Konzernrecht[4] § 327a Rdn 30.

356 Vgl *Fuchs* § 11 II 2 b cc bbb (2) (c).

357 Vgl MK-BGB/*Roth*[4] § 242 BGB Rdn 323, der die Verwirkung als Unterfall des widersprüchlichen Verhaltens bezeichnet.

358 Vgl etwa BGHZ 105, 290, 298; BGH NJW 1984, 1684.

359 Vgl *Fleischer* ZGR 2002, 757, 786; dem im Grundsatz folgend *Fuchs* § 11 II 2 b cc bbb

grenzen für das Ausschlussbegehren eingeführt hat (vgl vor § 327a Rdn 13), schließt die Annahme einer Verwirkung nicht von vornherein aus. Die Gegenansicht, die darin eine ungerechtfertigte Beschränkung des unternehmerischen Ermessens zu erkennen glaubt,[360] verkennt, dass die Verwirkung gerade bei den keiner Verjährung unterliegenden Gestaltungsrechten eine große Rolle spielt,[361] sofern ihre – strengen – Tatbestandsvoraussetzungen vorliegen.

§ 327b
Barabfindung

(1) Der Hauptaktionär legt die Höhe der Barabfindung fest; sie muss die Verhältnisse der Gesellschaft im Zeitpunkt der Beschlussfassung ihrer Hauptversammlung berücksichtigen. Der Vorstand hat dem Hauptaktionär alle dafür notwendigen Unterlagen zur Verfügung zu stellen und Auskünfte zu erteilen.

(2) Die Barabfindung ist von der Bekanntmachung der Eintragung des Übertragungsbeschlusses in das Handelsregister an mit jährlich 2 vom Hundert über dem jeweiligen Basiszinssatz nach § 247 des Bürgerlichen Gesetzbuchs zu verzinsen; die Geltendmachung eines weiteren Schadens ist nicht ausgeschlossen.

(3) Vor Einberufung der Hauptversammlung hat der Hauptaktionär dem Vorstand die Erklärung eines im Geltungsbereich dieses Gesetzes zum Geschäftsbetrieb befugten Kreditinstituts zu übermitteln, durch die das Kreditinstitut die Gewährleistung für die Erfüllung der Verpflichtung des Hauptaktionärs übernimmt, den Minderheitsaktionären nach Eintragung des Übertragungsbeschlusses unverzüglich die festgelegte Barabfindung für die übergegangenen Aktien zu zahlen.

Übersicht

(3); *Greulich* S 278 ff; AnwK-AktG/*Heidel*/*Lochner* § 327a Rdn 13; vorsichtig in diese Richtung auch *Kiem* in Henze/Hoffmann-Becking, Gesellschaftsrecht 2001, S 329, 340; in Ausnahmefällen auch *Krieger* BB 2002, 53, 55.

360 Vgl *Markwardt* BB 2004, 277, 286; zurückhaltend auch Emmerich/*Habersack* Aktien- und GmbH-Konzernrecht[4] § 327a Rdn 30; MK-*Grunewald*[2] § 327a Rdn 26, die aber dem im Text vertretenen, differenzierten Standpunkt mit ihrer Kritik nicht gerecht werden.

361 Vgl *Larenz*/*Wolf*[8], Allgemeiner Teil des Bürgerlichen Rechts, § 6 Rdn 63.

Schrifttum

Björn-Axel Dißars/Dirk Kocher Der Deckungsumfang der Banksicherheit im Squeeze-out-Verfahren, BKR 2004, 856; *Jochen Drukarczyk* Squeeze-out gemäß §§ 327a ff AktG – Konzeption und das Problem der Abfindung, FS Scherrer, 2004, S 625; *Markus J Friedl* Die Rechte von Bezugsrechtsinhabern beim Squeeze out im Vergleich zu den Rechten der Minderheitsaktionäre, Der Konzern 2004, 309; *Thomas Halberkamp/Martin Greve* Squeeze out und Barabfindung, FB 2002, 580; *Thomas Heidel/Daniel Lochner* Squeeze-out ohne hinreichenden Eigentumsschutz DB 2001, 2031; *Verena Huber* Squeeze out: Rechtslage, Praxis, Bewertung, 2006; *Leonhard Knoll* Gesetzliche Verzinsung von Spruchverfahrensansprüchen: Legislativer Wille und verfassungswidrige Wirklichkeit, BB 2004, 1727; *Mathias Korsten* Vermögensrechtliche Ansprüche der Minderheitsaktionäre beim Squeeze out und bei der Übernahme, 2006; *Sabine Mattes/Maximilian Graf von Maldeghem* Unternehmensbewertung beim Squeeze out, BKR 2003, 531; *Sven Oeverdieck* Der Kapitalisierungszinssatz bei Unternehmensbewertungen in Squeeze-out-Verfahren, 2006; *Christopher Quandt* Squeeze out in Deutschland: eine Diskussion der §§ 327a–f AktG unter besonderer Berücksichtigung der Barabfindung ausgeschlossener Minderheitsaktionäre, 2004; *Bodo Riegger* Das Schicksal eigener Aktien beim Squeeze out, DB 2003, 541; *Petra Ritzer-Angerer* Angemessenheit von Barabfindungen beim Squeeze out, FB 2004, 285; *Philipp Rühland* Der Squeeze-out nach dem RefE zum Wertpapiererwerbs- und Übernahmegesetz vom 21.3.2001, NZG 2001, 448; *Bernd Singhof/Christian Weber* Bestätigung der Finanzierungsmaßnahmen und Barabfindungsgewährleistung nach dem Wertpapiererwerbs- und Übernahmegesetz, WM 2003, 1158; *Joachim Tebben* Ausgleichszahlungen bei Aktienübergang, AG 2003, 600; *Daniel Wehmann* Die Barabfindung beim Squeeze-out, §§ 327a–f AktG, 2006; *Hans-Ulrich Wilsing/Tobias Kruse* Zur Behandlung bedingter Aktienbezugsrechte beim Squeeze out, ZIP 2002, 1465. Vgl außerdem die Angaben vor § 327a.

I. Regelungsgegenstand

1 § 327b regelt Einzelheiten der vom Hauptaktionär zu zahlenden Barabfindung. Er legt die Festlegung der Abfindungshöhe in die Hände des Hauptaktionärs (Abs 1 S 1) und verpflichtet den Vorstand, diesem alle dafür erforderlichen Informationen zu erteilen (Abs 1 S 2). Zudem sieht er eine Verzinsungspflicht der Barabfindung vor (Abs 2) und verlangt von dem Hauptaktionär, die Gewährleistungserklärung eines Kreditinstituts zur Besicherung des Abfindungsanspruchs beizubringen (Abs 3). Insgesamt will die Vor-

schrift sicherstellen, dass die ausscheidenden Minderheitsaktionäre für den Verlust ihrer Mitgliedschaft angemessen entschädigt werden.[1] Sie trägt damit auch den verfassungsrechtlichen Anforderungen an einen Ausschluss von Minderheitsaktionären (näher vor § 327a Rdn 48 ff) Rechnung.[2]

II. Barabfindung (Abs 1)

1. Festlegung durch den Hauptaktionär (Abs 1 S 1 Hs 1)

a) Befugnis des Hauptaktionärs. Gemäß § 327b Abs 1 S 1 Hs 1 legt der Hauptaktionär die Höhe der Barabfindung fest. Diese Bestimmung ist Ausdruck der ganz auf den Hauptaktionär zugeschnittenen Gesetzeskonzeption: Er leitet das Ausschlussverfahren durch sein Verlangen ein und muss auch die Abfindung aus seinem Vermögen bezahlen.[3] Sein einseitiges Festlegungsrecht weicht von den Regelungen der §§ 304 Abs 1, 305 Abs 1 ab, wonach Entschädigungsansprüche unter Beteiligung des Vorstands der abhängigen Gesellschaft festgelegt werden und Weisungen ausdrücklich ausgeschlossen sind.[4] Dennoch begegnet die Festlegung durch den Hauptaktionär keinen verfassungsrechtlichen Bedenken, weil der Gesetzgeber geeignete Maßnahmen ergriffen hat, um dessen Interesse an einer möglichst niedrigen Abfindung hintanzuhalten[5]: Zunächst ist die Angemessenheit der Abfindung von sachverständigen Prüfern zu prüfen (§ 327c Abs 2 S 2), die nicht vom Hauptaktionär, sondern vom Gericht ausgewählt und bestellt werden (§ 327c Abs 2 S 3) und unabhängig sein müssen (§ 327c Abs 2 S 4 iVm § 293d Abs 1 S 1).[6] Sodann stehen den Minderheitsaktionären bei einer schuldhaften Falschbewertung des Prüfers Schadensersatzansprüche zu (§ 327c Abs 2 S 4 iVm § 293d Abs 2).[7] Schließlich können die Minderheitsaktionäre die festgelegte und sachverständig geprüfte Barabfindung im Spruchverfahren noch gerichtlich auf ihre Angemessenheit überprüfen lassen (§ 327f S 2).[8] 2

b) Art der Abfindung. Im Gegensatz zur Mehrheitseingliederung sieht § 327b Abs 1 S 1 nur eine Barabfindung vor,[9] die in Euro erfolgen muss.[10] Die Abfindung in einer anderen Währung ist ebenso wenig zulässig wie die Abfindung in Wertpapieren.[11] Beides wäre kein ordnungsgemäßes Angebot iSd § 327f S 2 und begründete die Anfechtbarkeit des Übertragungsbeschlusses.[12] Der Hauptaktionär ist allerdings nicht gehindert, den 3

---

[1] Vgl Begr RegE WpÜG, BT-Drucks 14/7034, S 32; Emmerich/*Habersack* Aktien- und GmbH-Konzernrecht[4] § 327b Rdn 1; *Hüffer*[7] § 327b Rdn 1; KK-*Koppensteiner*[3] § 327b Rdn 2; FK-WpÜG/*Schüppen/Tretter*[2] § 327b Rdn 1.

[2] Vgl MK-*Grunewald*[2] § 327b Rdn 2; KK-*Koppensteiner*[3] § 327b Rdn 2 mit Fn 1.

[3] Vgl Emmerich/*Habersack* Aktien- und GmbH-Konzernrecht[4] § 327b Rdn 3; *Grzimek* in Geibel/Süßmann § 327b Rdn 2; *Hüffer*[7] § 327b Rdn 6; KK-*Koppensteiner*[3] § 327b Rdn 4.

[4] Vgl AnwK-AktG/*Heidel/Lochner* § 327b Rdn 4.

[5] Eingehend BGH ZIP 2005, 2107 f; ZIP 2006, 2080, 2084.

[6] Vgl BGH ZIP 2005, 2107; *Fuchs* § 5 II 3.

[7] Vgl BGH ZIP 2005, 2107; ZIP 2006, 2080, 2084.

[8] Vgl BGH ZIP 2005, 2107 f; ZIP 2006, 2080, 2084; MK-*Grunewald*[2] § 327b Rdn 3.

[9] Vgl KK-WpÜG-*Hasselbach* § 327b Rdn 1 und 2; AnwK-AktG/*Heidel/Lochner* § 327b Rdn 4.

[10] Vgl *Fuhrmann/Simon* WM 2002, 1211, 1214; AnwK-AktG/*Heidel/Lochner* § 327b Rdn 4.

[11] Vgl *Fuhrmann/Simon* WM 2002, 1211, 1214 f; *Gesmann-Nuissl* WM 2002, 1205, 1207.

[12] Vgl *Fuhrmann/Simon* WM 2002, 1211, 1215.

Minderheitsaktionären zusätzlich zu der Barabfindung ein Tauschangebot zu ihrer freien Wahl zu offerieren.[13] Dann entsteht eine Wahlschuld iSd §§ 262 ff BGB.

4 c) **Zeitpunkt der Festlegung.** Die Festlegung der Barabfindung konkretisiert das gesetzliche Schuldverhältnis zwischen Hauptaktionär und Minderheitsaktionären.[14] Wann sie erfolgt, regelt § 327b nicht ausdrücklich. Richtigerweise muss schon das Verlangen des Hauptaktionärs nach § 327a Abs 1 S 1 ein Abfindungsangebot enthalten.[15] Dieses wird nach hM mit Bekanntmachung der Tagesordnung verbindlich[16] und kann dann nicht mehr widerrufen werden.[17] Möglich bleibt aber eine Anfechtung der angebotenen Abfindung nach Maßgabe der allgemeinen Vorschriften,[18] doch geben Bewertungsirrtümer keinen tauglichen Anfechtungsgrund ab.[19] Ein letzter Notbehelf liegt für den Hauptaktionär darin, bei der Beschlussfassung gegen sein eigenes Übertragungsverlangen zu stimmen.[20]

5 d) **Nachträgliche Änderungen.** Spätere Änderungen der einmal festgelegten Barabfindung *zulasten* der Minderheitsaktionäre sind nach ganz hM ausgeschlossen.[21] Als Ausweg verbleibt dem Hauptaktionär nur, auf die Abstimmung zu verzichten und ein neues Squeeze-out-Verfahren zu betreiben.[22] Enthält der Übertragungsbeschluss eine geringere als die ursprünglich festgelegte Barabfindung, begründet dies seine Anfechtbarkeit.[23]

6 Zulässig sind dagegen nachträgliche Änderungen *zugunsten* der Minderheitsaktionäre bis zur Beschlussfassung in der Hauptversammlung.[24] Auf diese Weise kann der Hauptaktionär vor allem durch eine Erhöhung des Angebots zwischenzeitlichen Wertverände-

---

[13] Vgl *Fuhrmann/Simon* WM 2002, 1211, 1215; KK-WpÜG-*Hasselbach* § 327b Rdn 2; *Fuchs* § 7 III 1; **aA** wohl *Tröger* DZWiR 2002, 397, 406.

[14] Vgl Emmerich/*Habersack* Aktien- und GmbH-Konzernrecht[4] § 327b Rdn 4; *Hüffer*[7] § 327b Rdn 6; KK-*Koppensteiner*[3] § 327b Rdn 4; FK-WpÜG/*Schüppen/Tretter*[2] § 327b Rdn 3.

[15] Vgl KK-*Koppensteiner*[3] § 327b Rdn 4; FK-WpÜG/*Schüppen/Tretter*[2] § 327b Rdn 3.

[16] Vgl Emmerich/*Habersack* Aktien- und GmbH-Konzernrecht[4] § 327b Rdn 4; MK-*Grunewald*[2] § 327b Rdn 6; AnwK-AktG/*Heidel/Lochner* § 327b Rdn 5; KK-*Koppensteiner*[3] § 327b Rdn 4; für eine Verbindlichkeit ab Zugang des Einberufungsverlangens bei der Gesellschaft mit beachtlichen Gründen *Fuchs* § 7 III 3 c.

[17] Vgl MK-*Grunewald*[2] § 327b Rdn 6.

[18] Vgl MK-*Grunewald*[2] § 327b Rdn 6; KK-*Koppensteiner*[3] § 327b Rdn 4.

[19] Vgl Emmerich/*Habersack* Aktien- und GmbH-Konzernrecht[4] § 327b Rdn 4; MK-*Grunewald*[2] § 327b Rdn 6; ausführlich und rechtsvergleichend zur Unbeachtlichkeit von Wertirrtümern *Fleischer* Informationsasymmetrie im Vertragsrecht, 2001, S 353 ff.

[20] Vgl Emmerich/*Habersack* Aktien- und GmbH-Konzernrecht[4] § 327b Rdn 4; MK-*Grunewald*[2] § 327b Rdn 8; *Grzimek* in Geibel/Süßmann § 327b Rdn 7; KK-*Koppensteiner*[3] § 327b Rdn 4.

[21] Vgl Emmerich/*Habersack* Aktien- und GmbH-Konzernrecht[4] § 327b Rdn 4; *Grzimek* in Geibel/Süßmann § 327b Rdn 7; KK-WpÜG-*Hasselbach* § 327b Rdn 6; AnwK-AktG/*Heidel/Lochner* § 327b Rdn 5; *Moritz* S 138; **aA** *Vossius* ZIP 2002, 511, 513 f.

[22] Vgl *Grzimek* in Geibel/Süßmann § 327b Rdn 7; KK-WpÜG-*Hasselbach* § 327b Rdn 6.

[23] Vgl Emmerich/*Habersack* Aktien- und GmbH-Konzernrecht[4] § 327b Rdn 4; MK-*Grunewald*[2] § 327b Rdn 8; *Grzimek* in Geibel/Süßmann § 327b Rdn 6; *Hüffer*[7] § 327b Rdn 6.

[24] Vgl *Angerer* BKR 2002, 260, 264; Emmerich/*Habersack* Aktien- und GmbH-Konzernrecht[4] § 327b Rdn 4; MK-*Grunewald*[2] § 327b Rdn 7; *Grzimek* in Geibel/Süßmann § 327b Rdn 6; KK-WpÜG-*Hasselbach* § 327b Rdn 6; AnwK-AktG/*Heidel/Lochner* § 327b Rdn 5; KK-*Koppensteiner*[3] § 327b Rdn 4; **aA** anscheinend *Hüffer*[7] § 327b Rdn 6.

rungen Rechnung tragen und die spätere Einleitung eines Spruchverfahrens vermeiden.[25] Ebenso steht es ihm frei, nachträglich eine alternative Abfindungsart zur Wahl der Minderheitsaktionäre anzubieten.[26]

2. Informationserteilung durch den Vorstand (Abs 1 S 2)

Der Hauptaktionär kann die Höhe der Barabfindung nur festlegen, wenn er die dafür erforderlichen Informationen besitzt.[27] § 327b Abs 1 S 2 gewährt ihm daher einen Informationsanspruch, der sowohl die Einsichtnahme von Unterlagen als auch die Erteilung mündlicher Auskünfte umfasst.[28] Dieser Anspruch richtet sich entgegen dem irreführenden Gesetzeswortlaut gegen die Gesellschaft[29] und ist vom Vorstand für diese zu erfüllen.[30] In der Sache erstreckt er sich auf sämtliche bewertungsrelevanten Unternehmensdaten.[31] Dazu gehören insbesondere Unterlagen des Rechnungs- und Kostenwesens, Übersichten zu betriebsnotwendigem und sonstigem Vermögen, Planungsrechnungen und Risikobewertungen.[32] **7**

Die Unterrichtungspflicht des § 327b Abs 1 S 2 ist *lex specialis* gegenüber § 93 Abs 1 S 3[33] und befreit die Vorstandsmitglieder von ihrer sonst geltenden Verschwiegenheitspflicht. Ein Informationsverweigerungsrecht nach dem Vorbild des § 131 Abs 3 steht dem Vorstand nicht zu.[34] Ebenso wenig lassen sich die zur Durchführung einer sog *Due-Diligence*-Prüfung entwickelten Grundsätze und Grenzen der Informationsweitergabe[35] unbesehen auf § 327b Abs 1 S 2 übertragen.[36] Besteht ein begründeter Verdacht, dass der Hauptaktionär die Informationen missbraucht, ist der Vorstand allerdings berechtigt und verpflichtet, den Abschluss einer Geheimhaltungsvereinbarung[37] oder die Einschaltung eines zur Berufsverschwiegenheit verpflichteten Vertreters des Hauptaktionärs[38] zu **8**

---

[25] Vgl Emmerich/*Habersack* Aktien- und GmbH-Konzernrecht[4] § 327b Rdn 4; MK-*Grunewald*[2] § 327b Rdn 7; *Moritz* S 138.

[26] Vgl *Fuchs* § 7 III 3 d.

[27] Vgl Begr RegE WpÜG, BT-Drucks 14/7034, S 72; Emmerich/*Habersack* Aktien- und GmbH-Konzernrecht[4] § 327b Rdn 5; MK-*Grunewald*[2] § 327b Rdn 4; AnwK-AktG/*Heidel/Lochner* § 327b Rdn 6; KK-*Koppensteiner*[3] § 327b Rdn 6; FK-WpÜG/*Schüppen/Tretter*[2] § 327b Rdn 4; *Steinmeyer/Häger* § 327b Rdn 54.

[28] Vgl Emmerich/*Habersack* Aktien- und GmbH-Konzernrecht[4] § 327b Rdn 5; KK-WpÜG-*Hasselbach* § 327b Rdn 7.

[29] Vgl Emmerich/*Habersack* Aktien- und GmbH-Konzernrecht[4] § 327b Rdn 5; *Gesmann-Nuissl* WM 2002, 1205, 1208; MK-*Grunewald*[2] § 327b Rdn 4; KK-WpÜG-*Hasselbach* § 327b Rdn 7; KK-*Koppensteiner*[3] § 327b Rdn 6; FK-WpÜG/*Schüppen/Tretter*[2] § 327b Rdn 4; **aA** *Steinmeyer/Häger* § 327b Rdn 55: persönliche Verpflichtung des Vorstands.

[30] Vgl Emmerich/*Habersack* Aktien- und GmbH-Konzernrecht[4] § 327b Rdn 5; KK-WpÜG-*Hasselbach* § 327b Rdn 7; FK-WpÜG/*Schüppen/Tretter*[2] § 327b Rdn 4.

[31] Vgl KK-WpÜG-*Hasselbach* § 327b Rdn 7; KK-*Koppensteiner*[3] § 327b Rdn 6; FK-WpÜG/*Schüppen/Tretter*[2] § 327b Rdn 4; *Steinmeyer/Häger* § 327b Rdn 54.

[32] Vgl Emmerich/*Habersack* Aktien- und GmbH-Konzernrecht[4] § 327b Rdn 5; MK-*Grunewald*[2] § 327b Rdn 5; *Hüffer*[7] § 327b Rdn 7; FK-WpÜG/*Schüppen/Tretter*[2] § 327b Rdn 4.

[33] Vgl AnwK-AktG/*Heidel/Lochner* § 327b Rdn 6; *Hüffer*[7] § 327b Rdn 7; *Moritz* S 135.

[34] Vgl Emmerich/*Habersack* Aktien- und GmbH-Konzernrecht[4] § 327b Rdn 5; MK-*Grunewald*[2] § 327b Rdn 5; KK-WpÜG-*Hasselbach* § 327b Rdn 7; FK-WpÜG/*Schüppen/Tretter*[2] § 327b Rdn 5; **aA** *Steinmeyer/Häger* § 327b Rdn 55.

[35] Zu ihnen eingehend *Fleischer/Körber* in Berens/Brauer/Strauch (Hrsg), Due Diligence bei Unternehmensakquisitionen, 4. Aufl 2005, S 289, 293 ff.

[36] Wie hier KK-WpÜG-*Hasselbach* § 327b Rdn 8.

[37] Vgl KK-WpÜG-*Hasselbach* § 327b Rdn 8.

[38] Vgl MK-*Grunewald*[2] § 327b Rdn 5.

verlangen. In Extremfällen kann und muss er die Informationserteilung gänzlich verweigern.[39]

9 Der Hauptaktionär ist zur Verschwiegenheit über die erhaltenen Informationen verpflichtet.[40] Das folgt aus seiner mitgliedschaftlichen Treuepflicht.[41] Gestattet ist ihm allerdings, zur Ermittlung der Barabfindung Sachverständige beizuziehen, die ihrerseits zur Verschwiegenheit verpflichtet sein müssen.[42] Verstößt der Hauptaktionär gegen seine Verschwiegenheitspflicht, macht er sich nach allgemeinen Grundsätzen schadensersatzpflichtig.[43]

10 Den Minderheitsaktionären steht hinsichtlich der dem Hauptaktionär erteilten Informationen kein erweitertes Auskunftsrecht nach § 131 Abs 4 S 1 zu.[44] Zur Begründung pflegt man auf die besondere Zweckbindung der Informationen[45] sowie auf die Sonderstellung des Hauptaktionärs[46] abzustellen. Manche fassen § 327b Abs 1 S 2 zudem als *lex specialis* gegenüber § 131 Abs 4 S 1 auf.[47]

3. Angemessene Höhe (Abs 1 S 1 Hs 2 iVm § 327a Abs 1 S 1)

11 a) **Allgemeines.** Die Höhe der Barabfindung muss nach § 327a Abs 1 S 1 angemessen sein und gemäß § 327b Abs 1 S 1 Hs 2 die Verhältnisse der Gesellschaft im Zeitpunkt der Beschlussfassung ihrer Hauptversammlung berücksichtigen. Das Recht der Minderheitsaktionäre auf eine angemessene Abfindung ist durch die Eigentumsgarantie des Art 14 Abs 1 GG geboten,[48] die auch das Anteilseigentum einschließt.[49] Nach gefestigter Rechtsprechung des BVerfG steht den ausscheidenden Aktionären von Verfassungs

---

[39] Vgl KK-WpÜG-*Hasselbach* § 327b Rdn 8; AnwK-AktG/*Heidel/Lochner* § 327b Rdn 6.

[40] AllgM, vgl Emmerich/*Habersack* Aktien- und GmbH-Konzernrecht[4] § 327b Rdn 5; AnwK-AktG/*Heidel/Lochner* § 327b Rdn 6; *Hüffer*[7] § 327b Rdn 7; KK-*Koppensteiner*[3] § 327b Rdn 6; FK-WpÜG/*Schüppen/Tretter*[2] § 327b Rdn 5.

[41] Vgl Emmerich/*Habersack* Aktien- und GmbH-Konzernrecht[4] § 327b Rdn 5; *Hüffer*[7] § 327b Rdn 7; FK-WpÜG/*Schüppen/Tretter*[2] § 327b Rdn 5; **aA** AnwK-AktG/*Heidel/Lochner* § 327b Rdn 6, die auf eine „Nebenpflicht aus dem mit dem Einberufungsverlangen zustande gekommenen gesetzlichen Schuldverhältnis zwischen Hauptaktionär und AG“ abstellen; wieder anders KK-*Koppensteiner*[3] § 327b Rdn 6, der ein Verbot zweckwidriger Informationsverwendung unmittelbar aus dem Gesetz ableitet.

[42] Vgl KK-*Koppensteiner*[3] § 327b Rdn 6; FK-WpÜG/*Schüppen/Tretter*[2] § 327b Rdn 5.

[43] Vgl FK-WpÜG/*Schüppen/Tretter*[2] § 327b Rdn 5.

[44] Vgl OLG Düsseldorf ZIP 2004, 359, 364 f; LG Saarbrücken NZG 2004, 1012, 1013; wohl auch LG Frankfurt AG 2005, 740, 742; Emmerich/*Habersack* Aktien- und GmbH-Konzernrecht[4] § 327b Rdn 5; *Greulich* S 172; MK-*Grunewald*[2] § 327b Rdn 5; KK-WpÜG-*Hasselbach* § 327b Rdn 9; KK-*Koppensteiner*[3] § 327b Rdn 6; *Hüffer*[7] § 327b Rdn 7; *Moritz* S 136 f; FK-WpÜG/*Schüppen/Tretter*[2] § 327b Rdn 6; *Steinmeyer/Häger* § 327b Rdn 57; **aA** AnwK-AktG/*Heidel/Lochner* § 327b Rdn 6.

[45] Vgl KK-*Koppensteiner*[3] § 327b Rdn 6; FK-WpÜG/*Schüppen/Tretter*[2] § 327b Rdn 6.

[46] Vgl OLG Düsseldorf ZIP 2004, 359, 365; Emmerich/*Habersack* Aktien- und GmbH-Konzernrecht[4] § 327b Rdn 5; *Greulich* S 173; KK-WpÜG-*Hasselbach* § 327b Rdn 9; *Hüffer*[7] § 327b Rdn 7.

[47] Vgl KK-WpÜG-*Hasselbach* § 327b Rdn 9; *Steinmeyer/Häger* § 327b Rdn 57.

[48] Vgl Begr RegE WpÜG, BT-Drucks 14/7034, S 72; OLG München ZIP 2006, 1722, 1723; *Dißars* BKR 2004, 389, 393; *Ehricke/Roth* DStR 2001, 1120, 1122; *Fleischer* ZGR 2002, 757, 780 f; KK-WpÜG-*Hasselbach* § 327b Rdn 16; AnwK-AktG/*Heidel/Lochner* § 327b Rdn 7; *Moritz* S 103; FK-WpÜG/*Schüppen/Tretter*[2] vor § 327a Rdn 6.

[49] Vgl BVerfGE 14, 263, 276 f und 283 f (Feldmühle); 100, 289, 301 (DAT/Altana); BVerfG ZIP 2000, 1670, 1671 (Moto-Meter).

wegen eine „volle Entschädigung“ [50] für den Verlust ihres Anteilseigentums zu, die nicht unter dem Verkehrswert liegen darf.[51] Zur Ermittlung der vollen wirtschaftlichen Kompensation ist eine Unternehmensbewertung vorzunehmen (näher Rdn 13).[52] Mit deren Durchführung wird der Hauptaktionär idR einen sachverständigen Dritten beauftragen;[53] gesetzlich vorgeschrieben ist das allerdings nicht.[54]

b) Keine unwiderlegliche Angemessenheitsvermutung. Nicht Gesetz geworden ist die noch in § 327 Abs 1 S 3 AktG-RegE vorgesehene Vermutungsregel, wonach ein binnen sechs Monaten vor dem Hauptversammlungsbeschluss abgegebenes WpÜG-Angebot als angemessene Barabfindung anzusehen ist, sofern es von mindestens 90 Prozent der Aktionäre angenommen wurde. Ausweislich der Regierungsbegründung sollte bei einer solchen Zustimmungsquote eine „unwiderlegliche Vermutung“ bestehen, dass es sich um einen marktgerechten Preis handelt, der auch den Interessen der Minderheitsaktionäre angemessen Rechnung trägt.[55] Hiergegen hat man im Schrifttum verfassungsrechtliche Bedenken erhoben.[56] Der Bundesrat hat sich diese Kritik in seiner Stellungnahme zu eigen gemacht, weil nicht ausgeschlossen werden könne, dass der wahre Wert der Beteiligung im Einzelfall höher sei, als er sich im Übernahmeangebot widerspiegele.[57] Er regte an, statt der vorgeschlagenen unwiderleglichen eine widerlegliche Angemessenheitsvermutung einzuführen. Die Bundesregierung hat dies in ihrer Gegenäußerung abgelehnt, weil sich die angestrebte Entlastung des Spruchverfahrens auf diese Weise nicht erreichen lasse.[58] Der Finanzausschuss empfahl schließlich die Streichung des § 327b Abs 1 S 3 AktG-RegE.[59] Für den aktienrechtlichen Squeeze out ist die Frage damit erledigt, doch kehrt sie beim übernahmerechtlichen Squeeze out wieder, der in § 39a Abs 3 S 3 WpÜG eine ähnliche Vermutungsregel aufstellt (vgl vor § 327a Rdn 29).[60] 12

c) Bewertungsmethoden. Das Gesetz schreibt nicht vor, nach welchen Methoden der Unternehmenswert zu ermitteln ist.[61] Die Rechtsprechung hat allerdings im Rahmen der §§ 305, 320b entsprechende Bewertungsgrundsätze entwickelt,[62] die nach allgM auch hier herangezogen werden können.[63] Danach ist der Unternehmenswert regelmäßig 13

---

[50] BVerfGE 14, 263, 284; 100, 289, 305.

[51] Vgl BVerfGE 100, 289, 305.

[52] Vgl OLG Düsseldorf WM 2006, 2219, 2222; *Fuhrmann/Simon* WM 2002, 1211, 1214; *Grzimek* in Geibel/Süßmann § 327b Rdn 13; *Halberkamp/Greve* FB 2002, 580, 584; KK-WpÜG-*Hasselbach* § 327b Rdn 17; *Moritz* S 106; *Rühland* S 211; FK-WpÜG/*Schüppen/Tretter*[2] § 327b Rdn 12; *Wilts/Schaldt/Nottmeier* FB 2002, 621.

[53] Vgl *Eisolt* DStR 2002, 1145, 1146; *Fuhrmann/Simon* WM 2002, 1211, 1215; *Marten/Müller* FS Röhricht, WM 2005, 963, 968; *Moritz* S 147; *Picot* BFuP 2002, 433, 442.

[54] Vgl *Fuhrmann/Simon* WM 2002, 1211, 1215.

[55] Vgl Begr RegE WpÜG, BT-Drucks 14/7034, S 72.

[56] Vgl *Heidel/Lochner* DB 2001, 2031, 2032 f; *Rühland* NZG 2001, 448, 453 f; *Wenger/Kaserer/Hecker* ZBB 2001, 317, 332; *Habersack* ZIP 2001, 1230, 1238; für die ursprünglich vorgesehene Regel aber DAV-Handelsrechtsausschuß NZG 2001, 420, 434; KK-WpÜG-*Hasselbach* § 327b Rdn 26; *Kossmann* NZG 1999, 1198, 1202; *Krieger* BB 2002, 53, 57; *Sieger/Hasselbach* ZGR 2002, 120, 148.

[57] Vgl BR-Drucks 574/01 S 7 f.

[58] Vgl BT-Drucks 14/7090, S 2.

[59] Vgl BT-Drucks 14/7477, S 42, 54.

[60] Dazu *Merkt/Binder* BB 2006, 1285, 1290 f.

[61] Vgl OLG Düsseldorf WM 2006, 2219, 2222; LG Dortmund Der Konzern 2005, 603, 605; *Grzimek* in Geibel/Süßmann § 327b Rdn 13; *Quandt* S 152; *Rühland* S 211; allgemein-kritisch *Drukarczyk* FS Scherrer, 2004, S. 625, 642 ff.

[62] Einzelbelege bei *Emmerich*/Habersack Aktien- und GmbH-Konzernrecht[4] § 305 Rdn 54 ff; *Hirte/Hasselbach* in Großkomm AktG[4] § 305 Rdn 63 ff.

[63] Vgl Emmerich/*Habersack* Aktien- und GmbH-Konzernrecht[4] § 327b Rdn 9; MK-*Grunewald*[2] § 327b Rdn 9; *Halberkamp/*

durch die sog Ertragswertmethode zu bestimmen, die den nachhaltigen Zukunftsertrag eines Unternehmens ermittelt und auf den Bewertungsstichtag abzinst.[64] Daneben ist in der Bewertungspraxis der Wirtschaftsprüfer auch die sog Discounted-Cash-Flow-Methode (DCF-Methode) anerkannt, die das Ertragswertverfahren durch Umstellen von Gewinnen auf Zahlungsgrößen verfeinert.[65] Nicht zu beanstanden ist, dass die abgelaufenen Geschäftsjahre im Rahmen der Ertragswertmethode auf der Grundlage von IAS/IFRS-Jahresabschlüssen analysiert werden.[66] Befindet sich das Unternehmen in der Abwicklung und betreibt es auch kein operatives Geschäft mehr, so ist es idR nicht zu beanstanden, wenn als maßgeblicher Unternehmenswert der Liquidationswert angesetzt wird.[67]

14 d) **Berücksichtigung des Börsenkurses.** Bei börsennotierten Gesellschaften darf nach der jüngeren Rechtsprechung des BVerfG im Rahmen der Unternehmensbewertung ein existierender Börsenkurs nicht unberücksichtigt bleiben.[68]

15 aa) **Börsenkurs als Wertuntergrenze.** Nach Auffassung des BVerfG bestehen gegen die Anwendung der Ertragswertmethode bei der Unternehmensbewertung zwar im Prinzip keine verfassungsrechtlichen Bedenken.[69] Jedoch bilde der Verkehrswert der Aktie, der mit ihrem Börsenkurs regelmäßig identisch sei, die Untergrenze der wirtschaftlich vollen Entschädigung, die Art 14 Abs 1 GG für den Verlust der Anteilsrechte verlange.[70] Diese vom BGH aufgenommene und weiter konkretisierte Bewertungsvorgabe[71] erheischt auch im Rahmen des Squeeze out Beachtung: Von Ausnahmefällen abgesehen (dazu sogleich Rdn 16 f) muss die den Minderheitsaktionären angebotene Barabfindung zumindest dem Börsenkurs der betroffenen Gesellschaft während des maßgeblichen Referenzzeitraums (näher Rdn 18) entsprechen.[72] Die Minderheitsaktionäre können jedoch den Betrag des quotal auf ihre Aktien entfallenden Unternehmenswerts verlangen, wenn dieser höher ist als der Börsenwert.[73] Eine solche Überschreitung des Börsenkurses ist verfassungsrechtlich unbedenklich.[74]

Greve FB 2002, 580, 584; *Hüffer*[7] § 327b Rdn 5; *Moritz* S 106.

[64] Zur Ertragswertmethode im Rahmen des Squeeze out OLG Düsseldorf WM 2006, 2219, 2222 f; OLG Hamburg ZIP 2004, 2288, 2289; LG Frankfurt NZG 2006, 868, 870; *Grzimek* in Geibel/Süßmann § 327b Rdn 15 ff; *Hüffer*[7] § 327b Rdn 5; *Mattes/v Maldeghem* BKR 2003, 531, 533 ff; *Moritz* S 107 ff; *Rühland* S 212 f; FK-WpÜG/*Schüppen/Tretter*[2] § 327b Rdn 12; *Steinmeyer/Häger* § 327b Rdn 14 ff; *Wilts/Schaldt/Nottmeier* FB 2002, 621, 622 ff; *Wehmann* S 81 ff; **aA** *Quandt* S 172 ff, der sich bei börsennotierten Gesellschaften grundsätzlich für die Maßgeblichkeit des Börsenkurses ausspricht.

[65] Zur DCF-Methode im Rahmen des Squeeze out *Halberkamp/Greve* FB 2002, 580, 584 f; *Mattes/v Maldeghem* BKR 2003, 531, 534 f; *Moritz* S 111 f; FK-WpÜG/*Schüppen/Tretter*[2] § 327b Rdn 12; *Wehmann* S 102 ff.

[66] Vgl OLG Hamburg ZIP 2004, 2288, 2289; LG Dortmund Der Konzern 2005, 603, 605.

[67] Vgl OLG Düsseldorf WM 2006, 2219, 2223; s auch LG Frankfurt NZG 2006, 868, 869.

[68] Grundlegend BVerfGE 100, 289, 307 (DAT/Altana).

[69] Vgl BVerfGE 100, 289, 307.

[70] Vgl BVerfGE 100, 289, 308.

[71] Grundlegend BGHZ 147, 108 (DAT/Altana).

[72] Vgl OLG München ZIP 2006, 1722, 1723; LG Frankfurt AG 2006, 757, 758; LG Frankfurt NZG 2006, 868, 869; Emmerich/*Habersack* Aktien- und GmbH-Konzernrecht[4] § 327b Rdn 9; *Gesmann-Nuissl* WM 2002, 1205, 1207; MK-*Grunewald*[2] § 327b Rdn 9; *Hüffer*[7] § 327b Rdn 5; *Marsch-Barner* in Zschocke/Schuster Bad Homburger Hdb G 40; *Quandt* S 193 f; FK-WpÜG/*Schüppen/Tretter*[2] § 327b Rdn 13.

[73] Vgl BGHZ 147, 108, 117 (zu § 305); LG Frankfurt NZG 2006, 868, 869; Emmerich/*Habersack* Aktien- und GmbH-Konzernrecht[4] § 327b Rdn 9; *Moritz* S 118; *Quandt* S 203 ff; allgemein kritisch *Piltz* ZGR 2001, 185, 196 f.

[74] Vgl BVerfGE 100, 289, 309.

16 **bb) Unterschreiten des Börsenkurses bei Marktenge.** Auch nach Ansicht des BVerfG kann es verfassungsrechtlich beachtliche Gründe geben, den Börsenkurs zu unterschreiten, wenn dieser ausnahmsweise nicht den Verkehrswert der Aktie widerspiegelt.[75] Zur Erläuterung nennt das BVerfG das Entstehen einer Marktenge bei einer Eingliederung durch Mehrheitsbeschluss, weil in diesem Fall mindestens 95 Prozent der Aktien unverkäuflich seien und es ungewiss sei, ob der Minderheitsaktionär seine Aktien tatsächlich zum Börsenkurs hätte verkaufen können.[76] Auch in diesem Fall fehle dem Börsenkurs aber nicht jede Eignung zur Feststellung des Werts der Unternehmensbeteiligung, solange die Aktien an der Börse gehandelt würden. Der abfindungsverpflichteten Hauptgesellschaft müsse jedoch die Möglichkeit eingeräumt werden, im Spruchverfahren darzulegen und ggf zu beweisen, dass der Börsenkurs nicht dem Verkehrswert entspreche, etwa weil längere Zeit praktisch überhaupt kein Handel mit den Aktien der Gesellschaft stattgefunden habe.[77] Der BGH hat diese Vorgaben übernommen und ihnen seinerseits den Fall des manipulierten Börsenpreises hinzugefügt.[78]

17 Diese auf die Eingliederung gemünzten Ausführungen des BVerfG lassen sich auf den Squeeze out übertragen: Auch hier wird es häufig an hinreichender Marktliquidität fehlen, wenn nicht mehr als 5 Prozent des Aktienkapitals als Freefloat zur Verfügung stehen.[79] Zu weit geht es aber, dem Börsenkurs von vornherein jede Relevanz abzusprechen.[80] Die Operationalisierung des Kriteriums der Marktenge bereitet gewisse Schwierigkeiten. Orientierungsmarken bieten die übernahmerechtlichen Vorgaben in § 5 Abs 4 WpÜG-AngebotsVO, nach denen der Börsenkurs außer Betracht zu bleiben hat, wenn für die betreffenden Aktien während der letzten drei Monate an weniger als einem Drittel der Börsentage Börsenkurse festgestellt wurden oder mehrere nacheinander festgestellte Börsenkurse um mehr als 5 Prozent voneinander abweichen. Sie sind im Sinne eines einheitlichen und widerspruchsfreien Systems der Abfindungsbewertung auch im Rahmen des § 327b zu beachten.[81] Nicht ausgeblendet werden darf der Börsenkurs dagegen für die Bemessung der Barabfindung, wenn ein Minderheitsaktionär in einem Zeitraum von drei Monaten vor der Hauptversammlung an „vielen Börsentagen" die Möglichkeit hatte, seine Aktien zu veräußern.[82]

18 **cc) Referenzzeitraum.** Soweit es auf den Börsenkurs ankommt, stellt die zivilgerichtliche Spruchpraxis nicht auf den Bewertungsstichtag,[83] sondern auf einen Referenzzeitraum von drei Monaten vor dem Stichtag ab.[84] Nach der zu § 305 ergangenen Leitentscheidung des BGH ist ein Durchschnittskurs zugrunde zu legen, der aus dem Mittel der Börsenkurse der letzten drei Monate gebildet wird, wobei außergewöhnliche Tages-

---

75 Vgl BVerfGE 100, 289, 309.

76 Vgl BVerfGE 100, 289, 309.

77 Vgl BVerfGE 100, 289, 309.

78 Vgl BGHZ 147, 108, 116.

79 Vgl *Fleischer* ZGR 2002, 757, 781; *Ehricke/Roth* DStR 2001, 1120, 1127; *Grunewald* ZIP 2002, 18, 20; *Habersack* ZIP 2001, 1230, 1238; *Kallmeyer* AG 2000, 59, 60; *Krieger* BB 2002, 53, 56; *Marsch-Barner* in Zschocke/Schuster Bad Homburger Hdb G 40; *Vetter* DB 2001, 1348, 1351; **aA** AnwK-AktG/*Heidel/Lochner* § 327b Rdn 7.

80 Wie hier *Moritz* S 124; OLG München ZIP 2006, 1722, 1723; LG Frankfurt AG 2006, 757, 758.

81 Vgl *Fleischer* ZGR 2002, 757, 781; MK-*Grunewald*² § 327b Rdn 9; *Krieger* BB 2002, 53, 56; *Quandt* S 193 f; *Vetter* DB 2001, 1348, 1351.

82 Vgl OLG München ZIP 2006, 1722; s auch LG Frankfurt AG 2006, 757, 758.

83 Nach BVerfGE 100, 289, 309 verlangt auch Art 14 Abs 1 GG nicht, dass gerade der Börsenkurs zum Bewertungsstichtag zur Untergrenze der Barabfindung gemacht wird.

84 Grundlegend BGHZ 147, 108 (DAT/Altana); dazu auch BGH ZIP 2006, 2080, 2083; aus methodischer Sicht unter dem Gesichtspunkt „gegriffener Größen" *Fleischer* FS Canaris 2007.

ausschläge und kurzfristige, sich nicht verfestigende sprunghafte Entwicklungen außer Betracht bleiben.[85] Darauf hat sich die Praxis auch im Rahmen des Squeeze out einzustellen;[86] die Instanz- und Obergerichte ziehen insoweit § 5 Abs 1 und 3 WpÜG-AngebotsVO entsprechend heran.[87] Allerdings sollte der Referenzzeitraum bei vergleichsweise geringem Freefloat eher länger als kürzer ausfallen.[88] Außerdem sollte sich der BGH dazu durchringen, als Rückrechnungszeitpunkt nicht den Tag der Hauptversammlung, sondern den der Bekanntmachung des beabsichtigten Ausschlusses anzusehen.[89] Die Referenzperiode muss so konzipiert sein, dass sie allfällige Kursreaktionen auf die Ankündigung des Ausschlusses gerade nicht erfasst.[90] Nach einem jüngsten Beschluss des BVerfG ist die BGH-Rechtsprechung zum Rückrechnungszeitpunkt für die Referenzperiode verfassungsrechtlich nicht zu beanstanden.[91] Zugleich erklärt das BVerfG jedoch, dass auch die hier befürwortete Gegenansicht keinen verfassungsrechtlichen Bedenken begegnet und dass für sie auf der Ebene des einfachen Rechts „gute Gründe" sprechen mögen.[92]

19 e) **Berücksichtigung von Vorerwerbspreisen?** Vorerwerbspreise, die vom Hauptaktionär außerhalb der Börse im sachlichen oder zeitlichen Zusammenhang mit einem Ausschlussverfahren für Aktien der betroffenen Gesellschaft gezahlt wurden, sind nach hM bei der Festlegung der Barabfindung nicht zu berücksichtigen.[93] Das entspricht der Rechtslage bei Unternehmensverträgen, Eingliederungen und Umwandlungsmaßnahmen.[94] Es liegt weiterhin auf der Linie der Rechtsprechung des BVerfG, wonach außerbörslich gezahlte Preise „regelmäßig keine Beziehung" zu dem Verkehrswert des Aktieneigentums haben.[95] Ein gewisses Spannungsverhältnis besteht freilich zu § 4 S 1

---

85 Vgl BGHZ 147, 108, 118; **aA** *Moritz* S 122, der grundsätzlich den Börsenkurs zum Stichtag heranziehen möchte.

86 Vgl BGH ZIP 2006, 2080, 2083; LG Frankfurt AG 2006, 757, 758 f; OLG München ZIP 2006, 1722, 1724; *Fleischer* ZGR 2002, 757, 781; KK-WpÜG-*Hasselbach* § 327b Rdn 18; *Quandt* S 223; *Rühland* S 216; FK-WpÜG/*Schüppen/Tretter*[2] § 327b Rdn 13.

87 Vgl OLG München ZIP 2006, 1722, 1724; LG Frankfurt AG 2006, 757, 759.

88 Vgl *Fleischer* ZGR 2002, 757, 781; *Vetter* DB 2001, 1348, 1351; dem BGH zustimmend aber *Rühland* S 217.

89 Wie hier im Rahmen des Squeeze out KK-WpÜG-*Hasselbach* § 327b Rdn 20; *Krieger* BB 2002, 53, 56; *Marsch-Barner* in Zschocke/Schuster Bad Homburger Hdb G 41; *Quandt* S 224 ff; *Rühland* S 217; FK-WpÜG/*Schüppen/Tretter*[2] § 327b Rdn 13 mit Fn 20; zuletzt für die Verschmelzung KG ZIP 2007, 75; **aA** LG Frankfurt AG 2006, 757, 758 f.

90 Näher *Drukarczyk* FS Scherrer, 2004, S 625, 638 mwN; **aA** LG Frankfurt AG 2006, 757, 759.

91 Vgl BVerfG ZIP 2007, 175 (Eingliederung).

92 Vgl BVerfG ZIP 2007, 175, 178.

93 Vgl Emmerich/*Habersack* Aktien- und GmbH-Konzernrecht[4] § 327b Rdn 9; *Fuhrmann/Simon* WM 2002, 1211, 1215; KK-WpÜG-*Hasselbach* § 327b Rdn 24; *Krieger* BB 2002, 53, 56; *Rühland* S 218; *Wehmann* S 121 ff; **aA** *Moritz* S 129 f.

94 Vgl für Unternehmensverträge OLG Celle AG 1999, 128, 129; OLG Düsseldorf AG 1998, 236, 237; *Hüffer*[7] § 305 Rdn 21; KK-*Koppensteiner*[3] § 305 Rdn 73 f; **aA** *Emmerich*/Habersack Aktien- und GmbH-Konzernrecht[4] § 305 Rdn 49 f.

95 Vgl BVerfGE 100, 289, 306 f mit dem Zusatz: „Im Vorfeld und zur Vorbereitung einer gesellschaftsrechtlichen Maßnahme akzeptiert der Mehrheitsaktionär allein deshalb einen bestimmten (überhöhten) Preis für die ihm für ein erforderliches Quorum noch fehlenden Aktien, weil ihm sonst die beabsichtigte Konzernierungsmaßnahme unmöglich wäre. Eine solche Erwägung ist aber nur für den Mehrheitsaktionär bestimmend, während sie für Dritte keine Bedeutung hat. Aus der Sicht des Minderheitsaktionärs ist der vom Mehrheitsaktionär außerbörslich bezahlte (erhöhte) Preis mithin nur erzielbar, wenn es ihm gelingt, gerade seine Aktien an

WpÜG-AngVO, der die Berücksichtigung von Vorerwerben für die Bestimmung der Mindestgegenleistung im Übernahmerecht ausdrücklich vorschreibt.[96] Manche treten daher *de lege ferenda* auch im Rahmen des Squeeze out für eine Berücksichtigung von Vorerwerben ein;[97] andere lehnen dies ab und verweisen auf die unterschiedliche Schutzrichtung von AktG und WpÜG.[98]

f) **Beherrschungs- und Gewinnabführungsvertrag.** Noch nicht vollständig geklärte Sonderprobleme entstehen bei der Squeeze-out-Abfindung iVm Beherrschungs- und Gewinnabführungsverträgen.[99] Nach hM dürfen Ausgleichszahlungen aus einem schon bestehenden Unternehmensvertrag gemäß § 304, die nach dem Übertragungsbeschluss auszuzahlen sind, nicht von der festgelegten Barabfindung abgezogen werden.[100] Sie sind vielmehr bis zum wirksamen Ausscheiden der Minderheitsaktionäre durch Eintragung des Übertragungsbeschlusses in das Handelsregister zu zahlen,[101] können aber bei der am Unternehmenswert orientierten Festlegung der Abfindung unter Wahrung des Stichtagsprinzips zu berücksichtigen sein.[102] Ein Übertragungsbeschluss, der die Barabfindung festlegt und zugleich bestimmt, dass später zu zahlende Ausgleichszahlungen abgezogen werden, stellt kein ordnungsgemäßes Angebot iSd § 327f Abs 1 S 1 dar und ist daher anfechtbar.[103] Wie sich die Fehlerhaftigkeit dieses Beschlussteils auf den gesamten Übertragungsbeschluss auswirkt, beurteilt sich nach § 139 BGB.[104] 20

4. Fälligkeit, Durchsetzbarkeit, Verjährung

a) **Fälligkeit.** Die Fälligkeit des Abfindungsanspruchs richtet sich nach § 271 Abs 1 BGB.[105] Der Anspruch wird daher mit seiner Entstehung sofort fällig,[106] wie sich auch aus § 327b Abs 3 erschließt. 21

b) **Durchsetzbarkeit.** Sind Aktienurkunden ausgegeben, steht dem Hauptaktionär gemäß § 273 Abs 1 BGB ein Zurückbehaltungsrecht zu.[107] Er muss die Barabfindung nur Zug-um-Zug gegen Aushändigung der Aktienurkunden leisten. Bei einem anhängigen 22

---

den Mehrheitsaktionär zu veräußern. Darauf hat er aber verfassungsrechtlich keinen Anspruch."

[96] Näher *Krause* in Assmann/Pötzsch/Schneider WpÜG, § 4 WpÜG-AngVO Rdn 6 ff.

[97] Vgl *Krieger* BB 2002, 53, 57; *Rühland* S 218 („erst recht"); noch weitergehend DAV-Handelsrechtsausschuß NZG 2001, 420, 431, wonach der höchste innerhalb der letzten zwölf Monate gezahlte Erwerbspreis die Untergrenze bilden soll.

[98] Vgl KK-WpÜG-*Hasselbach* § 327b Rdn 24 unter Berufung darauf, dass § 4 WpÜG-AngVO dem Grundsatz der Gleichberechtigung aller Aktionäre verpflichtet sei.

[99] Praktische Beispiele bei *Popp* WPg 2006, 436, 437 ff.

[100] Vgl OLG Hamburg ZIP 2003, 1344, 1345; LG Hamburg ZIP 2003, 168, 170; *Dißars* BKR 2004, 389, 392; Emmerich/*Habersack* Aktien- und GmbH-Konzernrecht^4 § 327b Rdn 9; KK-*Koppensteiner*^{3} § 327b Rdn 7; FK-WpÜG/*Schüppen/Tretter*^{2} § 327b Rdn 20; aA *Beier/Bungert* BB 2002, 2627, 2629; *Tebben* AG 2003, 600, 607 f.

[101] Vgl OLG Hamburg ZIP 2003, 1344, 1345; LG Hamburg ZIP 2003, 168, 170; FK-WpÜG/*Schüppen/Tretter*^{2} § 327b Rdn 20.

[102] Vgl OLG Hamburg ZIP 2003, 1344, 1346; FK-WpÜG/*Schüppen/Tretter*^{2} § 327b Rdn 20.

[103] Vgl OLG Hamburg ZIP 2003, 1344.

[104] Vgl OLG Hamburg ZIP 2003, 1344, 1346; *Dißars* BKR 2004, 389, 392.

[105] Vgl *Wehmann* S 27 f; *Fuchs* § 7 IV 1.

[106] Vgl *Fuchs* § 7 IV 1; MK-*Grunewald*^{2} § 327e Rdn 12; AnwK-AktG/*Heidel/Lochner* § 327e Rdn 9; *Scharpf* S 136; *Steinmeyer/Häger* § 327b Rdn 59; aA KK-WpÜG-*Hasselbach* § 327b Rdn 11; KK-*Koppensteiner*^{3} § 327e Rdn 16; *Moritz* S 183; FK-WpÜG/*Schüppen/Tretter*^{2} § 327b Rdn 23; *Sieger/Hasselbach* ZGR 2002, 120, 145.

[107] Vgl *Quandt* S 137; *Wehmann* S 29 ff; *Fuchs* § 7 IV 2.

Spruchverfahren kann er sich allerdings nach Treu und Glauben nicht auf ein Zurückbehaltungsrecht hinsichtlich der von ihm festgelegten Barabfindung berufen.[108]

23 c) **Verjährung.** Der Barabfindungsanspruch verjährt nach § 195 BGB in drei Jahren.[109] Der Fristbeginn richtet sich nach § 199 Abs 1 BGB.[110] Während der Dauer des Spruchverfahrens ist die Verjährung entsprechend § 204 Abs 1 Nr 1, Abs 2 BGB für alle Minderheitsaktionäre gehemmt.[111] Der Antrag auf Einleitung eines Spruchverfahrens ist der Klageerhebung iSd § 204 Abs 1 Nr 1 BGB gleichzustellen.[112]

5. Abfindungsberechtigte

24 a) **Aktionäre. aa) Minderheitsaktionäre.** Abfindungsberechtigt sind die Aktionäre, deren Aktien nach § 327e Abs 3 S 1 auf den Hauptaktionär übergehen.[113] Nach dem Sprachgebrauch der §§ 327a Abs 1 S 1, 327e Abs 3 S 1 handelt es sich um die sog Minderheitsaktionäre (vgl § 327a Rdn 53 ff). Zu ihnen zählen allerdings nicht jene Aktionäre, deren Anteile dem Hauptaktionär gemäß § 327a Abs 2 iVm § 16 Abs 2 und 4 zugerechnet werden (vgl § 327a Rdn 53).[114]

25 **bb) Betroffene Gesellschaft hinsichtlich eigener Aktien?** Unterschiedlich beurteilt wird, ob die Gesellschaft selbst abfindungsberechtigt ist, wenn sie eigene Aktien hält. Eine verbreitete Schrifttumsauffassung nimmt dies an.[115] Sie stützt sich zum einen auf die Rechtslage bei der Eingliederung,[116] zum anderen auf das angebliche Regelungsziel des Ausschlussverfahrens, dem Hauptaktionär die Rolle als Alleinaktionär zu sichern.[117] Die wohl hM[118] tritt dem mit überzeugenden Argumenten entgegen: Gegen eine Einordnung der Gesellschaft als Minderheitsaktionär spricht in gesetzessystematischer Hinsicht zunächst, dass eigene Aktien gemäß § 327a Abs 2 iVm § 16 Abs 2 S 2 von der Berech-

---

[108] Vgl *Fuchs* § 7 IV 2; KK-WpÜG-*Hasselbach* § 327b Rdn 12; s auch LG Stuttgart AG 1998, 103 f (zu §§ 304, 305).

[109] Vgl KK-WpÜG-*Hasselbach* § 327b Rdn 15; AnwK-AktG/*Heidel/Lochner* § 327e Rdn 10; KK-*Koppensteiner*³ § 327b Rdn 14; *Wehmann* S 32.

[110] Vgl AnwK-AktG/*Heidel/Lochner* § 327b Rdn 3; KK-*Koppensteiner*³ § 327e Rdn 20; FK-WpÜG/*Schüppen/Tretter*² § 327b Rdn 24; *Wehmann* S 32.

[111] Vgl KK-WpÜG-*Hasselbach* § 327b Rdn 14; AnwK-AktG/*Heidel/Lochner* § 327b Rdn 3; FK-WpÜG/*Schüppen/Tretter*² § 327b Rdn 24; **aA** KK-*Koppensteiner*³ § 327e Rdn 20.

[112] Vgl *Fuchs* § 7 IV 3; s auch BayObLG DB 1983, 333 f.

[113] Vgl Emmerich/*Habersack* Aktien- und GmbH-Konzernrecht⁴ § 327b Rdn 6; MK-*Grunewald*² § 327b Rdn 10; *Hüffer*⁷ § 327b Rdn 2; FK-WpÜG/*Schüppen/Tretter*² § 327b Rdn 7.

[114] Vgl Begr RegE WpÜG, BT-Drucks 14/7034, S 72; Emmerich/*Habersack* Aktien- und GmbH-Konzernrecht⁴ § 327b Rdn 6; MK-*Grunewald*² § 327e Rdn 10; *Grzimek* in Geibel/Süßmann § 327b Rdn 26; KK-*Koppensteiner*³ § 327e Rdn 11; *Rühland* S 240 f.

[115] Vgl Emmerich/*Habersack* Aktien- und GmbH-Konzernrecht⁴ § 327b Rdn 6; *Grzimek* in Geibel/Süßmann § 327e Rdn 24; AnwK-AktG/*Heidel/Lochner* § 327a Rdn 15 und § 327b Rdn 2; *Hüffer*⁷ § 327b Rdn 2.

[116] Dazu Emmerich/*Habersack* Aktien- und GmbH-Konzernrecht⁴ § 320a Rdn 3; *Hüffer*⁷ § 320a Rdn 2; KK-*Koppensteiner*³ § 320a Rdn 3; *Krieger* in MünchHdb AG² § 73 Rdn 37.

[117] So ausdrücklich *Hüffer*⁷ § 327b Rdn 2; s auch *Grzimek* in Geibel/Süßmann § 327e Rdn 25.

[118] Vgl *Fuchs* § 6 I 1 c; MK-*Grunewald*² § 327e Rdn 10; KK-*Koppensteiner*³ § 327e Rdn 12; *Riegger* DB 2003, 541, 543 f; *Rühland* S 241; FK-WpÜG/*Schüppen/Tretter*² § 327a Rdn 24; *Steinmeyer/Häger* § 327e Rdn 27; im Ausgangspunkt auch KK-WpÜG-*Hasselbach* § 327e Rdn 20.

nungsgrundlage für die Beteiligungsquote abgezogen werden (vgl § 327a Rdn 28).[119] Aus teleologischer Sicht kommt hinzu, dass der Gesellschaft aus eigenen Aktien gemäß § 71b keine Rechte zustehen; deren Aktien vermögen den Hauptaktionär daher in seiner Herrschaftsausübung noch weniger zu beeinträchtigen als die ihm nach § 16 Abs 4 zugerechneten Aktien.[120] Was schließlich den Unterschied zur Mehrheitseingliederung anbelangt, so hat er seinen Grund in § 327 Abs 1 Nr 3[121]: Danach endet die Eingliederung, wenn sich nicht mehr alle Aktien der eingegliederten Gesellschaft in der Hand der Hauptgesellschaft befinden. Im Rahmen des § 327a fehlt eine solche Regelung: Ausweislich der Gesetzesmaterialien zielt der Squeeze out gerade nicht darauf ab, dem Hauptaktionär eine Stellung als unmittelbarem Alleinaktionär zu verschaffen,[122] und ebenso wenig endet er, wenn der Hauptaktionär nach Eintragung des Übertragungsbeschlusses Aktien veräußert.[123]

Keine Gefolgschaft verdient der auf dem Boden der hM entwickelte Ergänzungsvorschlag, der Hauptaktionär könne im Übertragungsbeschluss eine abweichende Regelung treffen und – je nach Opportunität – eigene und diesen gleichgestellte Aktien der Gesellschaft in den Ausschluss von Minderheitsaktionären einbeziehen.[124] Dem steht entgegen, dass die Ausschließungsregeln in Tatbestand und Rechtsfolge zwingendes Recht darstellen (vgl § 327a Rdn 1).[125] Allerdings können Hauptaktionär und Gesellschaft das Problem auf rechtsgeschäftlicher Ebene lösen.[126] Von Fall zu Fall mag auch eine Einziehung eigener Aktien nach § 237 Abs 1 S 1 helfen. Auf einem anderen Blatt steht, ob der Gesetzgeber *de lege ferenda* einen gesetzlichen Übergang eigener Aktien anordnen sollte. **26**

b) **Bezugsberechtigte.** Ob auch die Inhaber von Aktienbezugsrechten abfindungsberechtigt sind, ist im Gesetz nicht ausdrücklich geregelt. Während des Gesetzgebungsverfahrens hat man vereinzelt eine ausdrückliche Erstreckung der §§ 327a ff auf Bezugsrechte angemahnt;[127] andere haben davon abgeraten, weil sich das Problem nach dem Muster der Siemens-Nixdorf-Entscheidung des BGH zur Mehrheitseingliederung[128] lösen lasse und eine punktuelle Ergänzung der Squeeze-out-Vorschriften zu unerwünschten Umkehrschlüssen verleiten könne.[129] **27**

aa) Auswirkungen des Squeeze out auf Bezugsrechte. Heute bietet sich folgender Diskussionsstand: Nach ganz hM sind die §§ 327a Abs 1 S 1, 327e Abs 3 analog auf Bezugsrechte anzuwenden.[130] Danach gehen die Bezugsrechte mit Eintragung des Über- **28**

---

[119] Vgl KK-*Koppensteiner*[3] § 327e Rdn 12.
[120] Vgl *Riegger* DB 2003, 541, 543.
[121] Ebenso KK-*Koppensteiner*[3] § 327e Rdn 12; *Riegger* DB 2003, 541, 543; *Rühland* S 241.
[122] Vgl Begr RegE WpÜG, BT-Drucks 14/7034, S 72; *Rühland* S 241; FK-WpÜG/*Schüppen/Tretter*[2] § 327a Rdn 24.
[123] Vgl KK-*Koppensteiner*[3] § 327e Rdn 12; *Fuchs* § 6 I 1 c.
[124] So KK-WpÜG-*Hasselbach* § 327b Rdn 20.
[125] Vgl *Riegger* DB 2003, 541, 544; FK-WpÜG-*Schüppen/Tretter*[2] § 327a Rdn 24 mit Fn 53.
[126] Vgl FK-WpÜG/*Schüppen/Tretter*[2] § 327a Rdn 24 mit Fn 53.
[127] Vgl *Halm* NZG 2000, 1162, 1165; *Kiem* in Henze/Hoffmann-Becking Gesellschaftsrecht 2001, S 329, 349 f.
[128] Vgl BGH NJW 1998, 2146.
[129] Vgl DAV-Handelsrechtsausschuß NZG 2001, 420, 431.
[130] Vgl LG Düsseldorf ZIP 2004, 1755, 1757; *Angerer* BKR 2002, 260, 267; *Casper* Der Optionsvertrag 2005, S 357 f; DAV-Handelsrechtsausschuß NZG 2001, 420, 431; Emmerich/*Habersack* Aktien- und GmbH-Konzernrecht[4] § 327a Rdn 7; *Fleischer* ZGR 2002, 757, 776 f; *Fuchs* § 8 I 2 b; *Gesmann-Nuissl* WM 2002, 1205, 1207; MK-*Grunewald*[2] § 327b Rdn 10; *Grzimek* in Geibel/Süßmann § 327 e Rdn 32; AnwK-AktG/*Heidel/Lochner* § 327e Rdn 9; KK-WpÜG-*Hasselbach* § 327e Rdn 22; *Hüffer*[7] § 327b Rdn 3; KK-*Koppensteiner*[3] § 327e Rdn 17; *Krieger* BB 2002, 53, 61 ff; *Kruse* S 152 ff; *Rühland* S 243 f.

tragungsbeschlusses in das Handelsregister auf den Hauptaktionär über,[131] und die Bezugsrechtsinhaber erwerben gegen den Hauptaktionär kraft Gesetzes einen Abfindungsanspruch.[132] Einer Gegenansicht zufolge bleiben die Bezugsrechte durch den Squeeze out unberührt und richten sich nach Beendigung des Ausschlussverfahrens auf Gewährung von Aktien der betroffenen Gesellschaft.[133] Zur Begründung heißt es, die Bezugsrechtsinhaber seien schutzwürdiger als der Hauptaktionär, weil sie weder am Ausschlussverfahren beteiligt seien noch ein Spruchverfahren beantragen könnten.[134] Ein Rückgriff auf die Rechtsprechung des BGH zur Mehrheitseingliederung sei nicht angängig, weil die Eingliederung durch die Bedienung von Bezugsrechten gemäß § 327 Abs 1 Nr 3 ende.[135] Anders liege es bei der Ausschließung von Minderheitsaktionären, die zudem mehrfach durchgeführt werden könne.[136]

29 Der hM ist beizutreten. Für den von ihr befürworteten Analogieschluss spricht, dass (Minderheits-)Bezugsrechtsinhaber keinen stärkeren Bestandsschutz genießen können als Minderheitsaktionäre.[137] Außerdem fehlt ihnen ein anerkennenswertes Interesse am Erwerb von Aktien der betroffenen Gesellschaft, sofern sie in einem erneuten Squeeze-out-Verfahren ausgeschlossen werden könnten.[138] Was schließlich den bemängelten Verfahrensschutz der Bezugsrechtsinhaber anbelangt, so ist er auf dem Boden der hM auszubauen (vgl Rdn 34 ff).

30 Für die Gestaltungspraxis kann es sich empfehlen, in den Bedingungen künftig begebener Optionsrechte und Wandelschuldverschreibungen vorzusehen, dass sie mit einem Squeeze-out-Beschluss als ausgeübt gelten.[139]

31 **bb) Grenzen des Übergangs von Bezugsrechten.** Auf dem Boden der hM stellt sich die Folgefrage, ob der Schwellenwert des § 327a Abs 1 S 1 beim Ausschluss von Bezugsrechtsinhabern entsprechend gilt. Für die Mehrheitseingliederung hat der BGH beiläufig ausgesprochen, dass eine Barablösung von Optionsrechten nur in Betracht komme, wenn diese sich auf nicht mehr als 5 Prozent des Grundkapitals beliefen.[140] Hieran orientiert sich die hL mit Recht auch im Rahmen des Squeeze out,[141] ist doch der Übergang der

---

[131] Vgl Emmerich/*Habersack* Aktien- und GmbH-Konzernrecht[4] § 327b Rdn 8; MK-*Grunewald*[2] § 327b Rdn 9; KK-*Koppensteiner*[3] § 327e Rdn 18; *Scharpf* S 152.

[132] Vgl *Fuchs* § 8 I 3 b; *Schlitt/Seiler/Singhof* AG 2003, 254, 268; *Wilsing/Kruse* ZIP 2002, 1465, 1470.

[133] Vgl *P Baums* S 156 ff; *ders* WM 2001, 1843, 1847 ff; *Friedl* Der Konzern 2004, 309, 315; *Schüppen* WPg 2001, 958, 975 f; FK-WpÜG/*Schüppen/Tretter*[2] § 327e Rdn 19; *Steinmeyer/Häger* § 327e Rdn 33.

[134] Vgl *Steinmeyer/Häger* § 327e Rdn 33.

[135] Vgl *P Baums* S 156 f; *Friedl* Der Konzern 2004, 309, 315; FK-WpÜG/*Schüppen/Tretter*[2] § 327e Rdn 19.

[136] Vgl *Friedl* Der Konzern 2004, 309, 315; FK-WpÜG/*Schüppen/Tretter*[2] § 327e Rdn 19.

[137] Vgl Emmerich/*Habersack* Aktien- und GmbH-Konzernrecht[4] § 327b Rdn 7; *Hüffer*[7] § 327b Rdn 3; *Marsch-Barner* in Zschocke/Schuster Bad Homburger Hdb G 34; *Rühland* S 243.

[138] Vgl *Angerer* BKR 2002, 260, 267; MK-*Grunewald*[2] § 327b Rdn 10; KK-WpÜG-*Hasselbach* § 327e Rdn 22.

[139] Vgl *Angerer* BKR 2002, 260, 267; FK-WpÜG/*Schüppen/Tretter*[2] § 327e Rdn 19; für eine kautelarjuristische Vorsorge auch KK-*Koppensteiner*[3] § 327e Rdn 17 mit Fn 43.

[140] Vgl BGH NJW 1998, 2146; deutlicher der damalige Senatsvorsitzende *Röhricht* in VGR Bd 1 (1999), S 10.

[141] Vgl *Fleischer* ZGR 2002, 757, 777; MK-*Grunewald*[2] § 327b Rdn 11; Emmerich/*Habersack* Aktien- und GmbH-Konzernrecht[4] § 327b Rdn 7; KK-*Koppensteiner*[3] § 327e Rdn 17; *Krieger* BB 2002, 53, 61; **aA** AnwK-AktG/*Heidel/Lochner* § 327e Rdn 9; *Scharpf* S 151 f; *Vossius* ZIP 2002, 511, 513; *Wilsing/Kruse* ZIP 2002, 1465, 1467.

Bezugsrechte nur insoweit gerechtfertigt, wie die Bezugsrechtsinhaber nach Bedienung ihrer Rechte aus der Gesellschaft ausgeschlossen werden könnten.[142] Unterschiedlich beurteilt wird von den Anhängern der hL, ob ein Übergang der Bezugsrechte schon dann ausscheidet, wenn Bezugsrechte in Höhe von mehr als 5 Prozent des Grundkapitals ausstehen,[143] oder erst dann, wenn Bezugsrechtsinhaber in Höhe von mehr als 5 Prozent des Grundkapitals eine Barabfindung nicht annehmen.[144]

cc) Einzelheiten des Abfindungsanspruchs. Der mit Eintragung des Übertragungsbeschlusses in das Handelsregister entstehende Anspruch der Bezugsrechtsinhaber (vgl Rdn 28) ist sofort fällig[145] und richtet sich auf eine angemessene Barabfindung.[146] Nach ganz hM gebührt den Bezugsrechtsinhabern eine wirtschaftlich volle Entschädigung für den Verlust ihrer Bezugsrechte,[147] weil diese ebenso wie das Aktieneigentum in den Schutzbereich des Art 14 Abs 1 GG fallen.[148] Die Höhe der Abfindung ist nach einem für die Berechnung von Optionen anerkannten Verfahren zu ermitteln,[149] zB nach dem *Black-Scholes*-Modell.[150] Der errechnete Abfindungsanspruch muss analog § 327b Abs 3 durch eine Bankgarantie gesichert werden.[151] Er ist entsprechend § 327b Abs 2 zu verzinsen.[152] 32

dd) Besonderheiten bei Options- und Wandelanleihen. Bei Optionsanleihen mit einem selbständigen Optionsrecht lässt der Übergang des Bezugsrechts den Rückzahlungs- und Verzinsungsanspruch unberührt.[153] Ob das auch bei Wandelanleihen oder unselbständigen Optionsrechten gilt, wird unterschiedlich beurteilt.[154] 33

ee) Verfahrensmäßige Schutzvorkehrungen. Ungesichert, aber unabdingbar sind verfahrensmäßige Schutzvorkehrungen zugunsten der Bezugsrechtsinhaber.[155] Ihre prinzipielle Notwendigkeit kann unter grundrechtlichen Gesichtspunkten keinem Zweifel unterliegen, weil Aktienbezugsrechte ebenfalls vom Schutzbereich des Art 14 Abs 1 GG erfasst werden. 34

aaa) Vorabinformation. Hinsichtlich Verfahrenseinleitung und Vorabinformation gelten ganz ähnliche Regeln wie für den Ausschluss von Minderheitsaktionären.[156] Der 35

---

142 Vgl MK-*Grunewald*² § 327b Rdn 10; KK-WpÜG-*Hasselbach* § 327e Rdn 22.

143 So Emmerich/*Habersack* Aktien- und GmbH-Konzernrecht⁴ § 327b Rdn 7; *Fleischer* ZGR 2002, 757, 777.

144 So MK-*Grunewald*² § 327b Rdn 11; wohl auch KK-*Koppensteiner*³ § 327e Rdn 17.

145 Vgl MK-*Grunewald*² § 327b Rdn 10; *Schlitt/Seiler/Singhof* AG 2003, 254, 268; *Wilsing/Kruse* ZIP 2002, 1465, 1470; aA DAV-Handelsrechtsausschuß NZG 2001, 420, 431; *Vossius* ZIP 2002, 511, 513.

146 Vgl *Fuchs* § 8 I 3 b; *Wilsing/Kruse* ZIP 2002, 1465, 1470.

147 Vgl MK-*Grunewald*² § 327b Rdn 10; *Scharpf* S 154; *Schlitt/Seiler/Singhof* AG 2003, 254, 268; *Wilsing/Kruse* ZIP 2002, 1465, 1470.

148 Vgl *Fuchs* § 8 I 3b.

149 Vgl Emmerich/*Habersack* Aktien- und GmbH-Konzernrecht⁴ § 327b Rdn 8; MK-*Grunewald*² § 327b Rdn 10; *Scharpf* S 154; *Schlitt/Seiler/Singhof* AG 2003, 254, 268; *Wilsing/Kruse* ZIP 2002, 1465, 1470.

150 Vgl *Black/Scholes* 81 Journal of Political Economy 637 (1973).

151 Vgl *Fuchs* § 8 I 3 b; KK-*Koppensteiner*³ § 327e Rdn 19; *Scharpf* S 153; *Wilsing/Kruse* ZIP 2002, 1465, 1470.

152 Vgl Emmerich/*Habersack* Aktien- und GmbH-Konzernrecht⁴ § 327b Rdn 8; KK-*Koppensteiner*³ § 327e Rdn 18; *Wilsing/Kruse* ZIP 2002, 1465, 1470.

153 Vgl Emmerich/*Habersack* Aktien- und GmbH-Konzernrecht⁴ § 327b Rdn 8; *Fuchs* § 8 I 3 c; KK-*Koppensteiner*³ § 327e Rdn 18.

154 Näher *Fuchs* § 8 I 3 c, nach dem der Rückzahlungsanspruch analog §§ 421, 401 Abs 1 BGB mit dem Bezugsrecht auf den Hauptaktionär übergeht.

155 Eingehend *Fuchs* § 8 I 4.

156 So auch KK-*Koppensteiner*³ § 327e Rdn 20.

Hauptaktionär muss in seinem Einberufungsverlangen nach § 327a Abs 1 S 1 und in seinem Bericht nach § 327c Abs 2 S 1 auf den angestrebten Ausschluss der Bezugsrechtsinhaber eingehen,[157] die Tagesordnung hat analog § 327c Abs 1 entsprechende Angaben zu enthalten,[158] und der Ausschließungsprüfer hat entsprechend § 327c Abs 2 S 2 die Höhe der Abfindung der Bezugsrechtsinhaber auf ihre Angemessenheit zu überprüfen.[159]

36 bbb) **Versammlungsgebundene Rechte.** Schwierigkeiten bereitet die Begründung versammlungsgebundener Rechte. Als Nichtaktionären steht den Bezugsrechtsinhabern an sich weder ein Teilnahmerecht an der Squeeze-out-Hauptversammlung zu noch sind sie auskunfts-, stimm- oder anfechtungsberechtigt.[160] Hinsichtlich der Grundinformationen hilft ein schuldrechtlicher, aus § 241 Abs 2 BGB abzuleitender Anspruch gegen die betroffene Gesellschaft auf Einsichtnahme der in § 327c Abs 3 genannten Unterlagen und auf Erteilung einer Abschrift.[161] Ob sich zudem unmittelbare Informationsansprüche der Bezugsrechtsinhaber gegen den Hauptaktionär begründen lassen, bedarf noch weiterer Klärung.[162] Prozessual ist eine allgemeine Feststellungsklage gemäß § 256 Abs 1 ZPO auf Feststellung der Nichtigkeit des Übertragungsbeschlusses zu erwägen, wenn die Voraussetzungen für den Übergang der Bezugsrechte nicht gegeben sind.[163]

37 ccc) **Spruchverfahren.** Den Bezugsberechtigten dürfte schließlich das Recht zustehen, die Höhe der Abfindung im Rahmen eines Spruchverfahrens überprüfen zu lassen (vgl § 327f Rdn 33).[164] Zwar sind nach § 3 S 1 Nr 2 SpruchG an sich nur ausgeschiedene „Aktionäre" antragsberechtigt (vgl § 327f Rdn 28), doch haben Gesetzgeber[165] und Rechtsprechung[166] die grundsätzliche Analogiefähigkeit der das Spruchverfahren eröffnenden Vorschriften in anderem Zusammenhang anerkannt. Zudem hat ein Spruchverfahren den prozessökonomischen Vorzug, dass die gerichtliche Entscheidung entsprechend § 13 S 2 SpruchG für und gegen alle Bezugsrechtsinhaber wirkt[167] und damit die sonst unausweichliche Welle von Leistungsklagen[168] mit ihrer bloßen *inter-partes*-Wirkung[169] vermeidet.

6. Abfindungsverpflichteter

38 Schuldner der Abfindung ist der Hauptaktionär und nicht die betroffene Gesellschaft.[170] Das entspricht der Konzeption des Ausschlussverfahrens als einem Zwangsver-

---

157 Vgl *Fuchs* § 8 I 4 b; KK-WpÜG-*Hasselbach* § 327e Rdn 23; KK-*Koppensteiner*³ § 327e Rdn 19; *Wilsing/Kruse* ZIP 2002, 1465, 1470; aA LG Düsseldorf ZIP 2004, 1755, 1757.

158 Vgl KK-WpÜG-*Hasselbach* § 327e Rdn 23.

159 Vgl *Fuchs* § 8 I 4 b; *Wilsing/Kruse* ZIP 2002, 1465, 1470; aA *Scharpf* S 152.

160 Vgl *Friedl* Der Konzern 2004, 309, 312; *Fuchs* § 8 I 4 c.

161 Vgl *Friedl* Der Konzern 2004, 309, 312 f; offen KK-*Koppensteiner*³ § 327e Rdn 19.

162 Näher *Fuchs* § 8 I 4 c.

163 Vgl *Fuchs* § 8 I 4 c.

164 Vgl *Fuchs* § 8 I 4 b; *Kruse* S 158; *Scharpf* S 152 f; wohl auch Emmerich/*Habersack* Aktien- und GmbH-Konzernrecht⁴ § 327b Rdn 8; *Wilsing/Kruse* ZIP 2002, 1465, 1470.

165 Vgl Begr RegE UMAG, BT-Drucks 15/5092, S 26.

166 Vgl BVerfG NJW 2001, 279, 281; BGHZ 153, 47, 57 f.

167 Vgl *Scharpf* S 153.

168 Für eine Leistungsklage AnwK-AktG/*Heidel/Lochner* § 327e Rdn 9.

169 Vgl Emmerich/*Habersack* Aktien- und GmbH-Konzernrecht⁴ § 327b Rdn 8; *Scharpf* S 153.

170 Vgl OLG Hamburg AG 2004, 622, 623; Emmerich/*Habersack* Aktien- und GmbH-Konzernrecht⁴ § 327b Rdn 3; *Quandt* S 137; *Rühland* S 221.

kauf zwischen Minderheitsaktionären und Hauptaktionär (vgl vor § 327a Rdn 23) und wird durch § 327b Abs 3 bestätigt, der ausdrücklich von der „Verpflichtung des Hauptaktionärs" spricht.

III. Verzinsung (Abs 2)

Gemäß § 327b Abs 2 Hs 1 ist die Barabfindung von der Bekanntmachung der Eintragung des Übertragungsbeschlusses in das Handelsregister an mit jährlich 2 vom Hundert über dem jeweiligen Basiszinssatz nach § 247 BGB zu verzinsen. Diese Verzinsungspflicht folgt dem Vorbild ähnlicher Regelungen in §§ 305 Abs 3 S 3, 320b Abs 1 S 6 AktG, 15 Abs 2, 30 Abs 1 S 2 UmwG.[171] Sie soll dem Hauptaktionär den Anreiz nehmen, zunächst eine unangemessen niedrige Abfindung festzusetzen und dann das Spruchverfahren zu Lasten der Minderheitsaktionäre zu verzögern.[172] Der Zinsanspruch besteht als Fälligkeitszins unabhängig von einem Verzug des Hauptaktionärs.[173] Er bezieht sich auf die angemessene Abfindung und schließt damit etwaige Nachbesserungen im Spruchverfahren ein.[174] **39**

§ 327b Abs 2 Hs 2 stellt klar, dass die Geltendmachung eines weiteren Schadens nicht ausgeschlossen ist. Dafür müssen allerdings die Voraussetzungen einer eigenständigen Anspruchsgrundlage, zB des Schuldnerverzugs,[175] vorliegen.[176] Setzen die Minderheitsaktionäre den Hauptaktionär in Verzug,[177] so beträgt der Verzugszinssatz gemäß § 288 Abs 1 Satz 2 BGB für das Jahr fünf Prozentpunkte über dem Basiszinssatz.[178] **40**

Zwischen dem Rechtsverlust mit Eintragung des Übertragungsbeschlusses in das Handelsregister (§ 327e Abs 3 S 1) und dem Beginn der Verzinsungspflicht mit Bekanntmachung der Eintragung (§ 10 Abs 1 S 1 HGB) besteht eine zeitliche Lücke. Darin wird teilweise ein Verfassungsverstoß gesehen;[179] andere Stimmen nehmen im Wege verfassungskonformer Auslegung an, die Verzinsungspflicht beginne schon mit Eintragung des Übertragungsbeschlusses in das Handelsregister, weil nur dies dem Wertgarantieanspruch des Art 14 Abs 1 GG Rechnung trage.[180] Die hM verneint einen Verfassungsver- **41**

---

[171] Vgl Begr RegE WpÜG, BT-Drucks 14/7034, S 72; KK-WpÜG-*Hasselbach* § 327b Rdn 13; AnwK-AktG/*Heidel/Lochner* § 327b Rdn 9; FK-WpÜG/*Schüppen/Tretter*[2] § 327b Rdn 21.

[172] Vgl KK-WpÜG-*Hasselbach* § 327b Rdn 13; *Rühland* S 222; FK-WpÜG/*Schüppen/Tretter*[2] § 327b Rdn 21.

[173] Vgl Emmerich/*Habersack* Aktien- und GmbH-Konzernrecht[4] § 327b Rdn 10; *Grzimek* in Geibel/Süßmann § 327b Rdn 34; AnwK-AktG/*Heidel/Lochner* § 327b Rdn 9; *Hüffer*[7] § 327b Rdn 8; *Rühland* S 221; *Steinmeyer/Häger* § 327b Rdn 58.

[174] Vgl FK-WpÜG/*Schüppen/Tretter*[2] § 327b Rdn 21.

[175] Vgl OLG Stuttgart ZIP 2003, 2363, 2367; OLG Düsseldorf NZG 2004, 328, 330 f.

[176] Vgl Emmerich/*Habersack* Aktien- und GmbH-Konzernrecht[4] § 327b Rdn 10; MK-*Grunewald*[2] § 327b Rdn 12; *Grzimek* in Geibel/Süßmann § 327b Rdn 36; KK-WpÜG-*Hasselbach* § 327b Rdn 14; *Hüffer*[7] § 327b Rdn 8; *Rühland* S 232; *Scharpf* S 148; FK-WpÜG/*Schüppen/Tretter*[2] § 327b Rdn 21; **aA** AnwK-AktG/*Heidel/Lochner* § 327b Rdn 10.

[177] Zu den Einzelheiten *Lenz/Leinekugel* S 56 f; KK-WpÜG-*Hasselbach* § 327b Rdn 14.

[178] Vgl OLG Stuttgart ZIP 2003, 2363, 2367.

[179] Vgl AnwK-AktG/*Heidel/Lochner* § 327b Rdn 9; ausführlich auch *Lenz/Leinekugel* S 54 f; ferner Emmerich/*Habersack* Aktien- und GmbH-Konzernrecht[4] § 327b Rdn 10 mit Fn 40 („beachtliche Zweifel").

[180] Vgl *Lenz/Leinekugel* S 54 f, die von einem unbeachtlichen Redaktionsversehen des Gesetzgebers ausgehen und hilfsweise auf eine verfassungskonforme Auslegung rekurrieren; für eine verfassungskonforme Auslegung ferner *Korsten* EWiR 2003, 1169,

stoß.[181] Der BGH hat in seinem Beschluss zur grundsätzlichen Verfassungsmäßigkeit des Squeeze out[182] (näher vor § 327a Rdn 53) zu dieser Einzelfrage nicht Stellung genommen. Richtigerweise ist ein Verfassungsverstoß zu verneinen. Dies lässt sich allerdings nicht damit begründen, dass der Hauptaktionär regelmäßig erst mit Bekanntmachung der Eintragung von seiner Zahlungspflicht Kenntnis erlange.[183] Entscheidend ist vielmehr, dass die Minderheitsaktionäre den Hauptaktionär in Verzug setzen und damit nach § 327b Abs 2 Hs 2 auch einen weitergehenden Schaden geltend machen können (vgl Rdn 40).[184] Höhere Verzugszinsen können sich unter den Voraussetzungen des § 288 Abs 2–4 BGB ergeben.

42 *De lege ferenda* ist es geboten, die Verzinsungspflicht bereits mit Eintragung des Übertragungsbeschlusses beginnen zu lassen.[185] Ebenso bedarf der viel zu niedrige Zinssatz[186] einer Anhebung.[187]

IV. Gewährleistung eines Kreditinstituts (Abs 3)

1. Zweck

43 Gemäß § 327b Abs 3 hat der Hauptaktionär dem Vorstand die Gewährleistungserklärung eines Kreditinstituts hinsichtlich der Barabfindungsansprüche der Minderheitsaktionäre zu übermitteln. Die Regelung geht auf einen Vorschlag des Handelsrechtsausschusses des DAV zurück.[188] Sie soll ausweislich der Gesetzesmaterialien den Minderheitsaktionären die Durchsetzung ihrer Ansprüche gegen den Hauptaktionär erleichtern.[189] Sachgerecht[190] ist die damit verbundene Risikominderung[191] und Sicherung des Abfindungsanspruchs[192] vor allem deshalb, weil die Minderheitsaktionäre kraft Gesetzes zur Vorleistung gezwungen werden (§ 327e Abs 3)[193] und der Gesetzgeber keine persön-

---

1170, der allerdings zu Unrecht eine Verzinsungspflicht schon vom Zeitpunkt des Hauptversammlungsbeschlusses an annimmt; dagegen zutreffend OLG Düsseldorf NZG 2004, 328, 330; OLG Hamburg NZG 2005, 86.

181 Vgl OLG Stuttgart ZIP 2006, 27, 30; FK-WpÜG/*Schüppen/Tretter*[2] § 327b Rdn 22; iE auch OLG Düsseldorf NZG 2004, 328, 330, wo allerdings übersehen wird, dass die Zahlungspflicht nicht an die Eintragung, sondern an die Bekanntmachung der Eintragung anknüpft; unscharf auch OLG Hamburg NZG 2005, 86.

182 Vgl BGH ZIP 2005, 2107.

183 So aber FK-WpÜG/*Schüppen/Tretter*[2] § 327b Rdn 22.

184 Wie hier *Fuchs* § 7 V; s auch OLG Düsseldorf WM 2005, 1948, 1951; WM 2006, 2219, 2226; iE auch OLG Stuttgart ZIP 2006, 27, 30; kritisch *Knoll* ZIP 2003, 2329, 2332.

185 Ebenso *Fuchs* § 7 V; AnwK-AktG/*Heidel/Lochner* § 327b Rdn 9.

186 Kritisch dazu auch OLG Stuttgart ZIP 2003, 2363, 2367; *Fuchs* § 7 V; *Knoll* BB 2004, 1727 ff; FK-WpÜG/*Schüppen/Tretter*[2] § 327b Rdn 21 mit Fn 40.

187 Vorschläge bei *Knoll* BB 2004, 1727, 1731; für einen Strafzins *Meilicke/Heidel* DB 2003, 2367, 2368 f.

188 Vgl DAV Handelsrechtsausschuß NZG 1999, 850, 851, 852 und NZG 2001, 420, 432.

189 Vgl Begr RegE WpÜG, BT-Drucks 14/7034, S 72.

190 **AA** KK-WpÜG-*Hasselbach* § 327b Rdn 28, der von einem „Fremdkörper im deutschen Konzernrecht" spricht, welcher das Squeeze-out-Verfahren verteure und verkompliziere.

191 So die Charakterisierung bei Emmerich/*Habersack* Aktien- und GmbH-Konzernrecht[4] § 327b Rdn 11; FK-WpÜG/*Schüppen/Tretter*[2] § 327b Rdn 25; s auch OLG Köln ZIP 2003, 2363, 2367.

192 So die Charakterisierung bei *Hüffer*[7] § 327b Rdn 9; *Steinmeyer/Häger* § 327b Rdn 60; s auch LG München ZIP 2004, 167, 169; OLG Hamm ZIP 2005, 1457, 1461.

193 Vgl Emmerich/*Habersack* Aktien- und

lichen Anforderungen an den Hauptaktionär stellt (vgl § 327a Rdn 10).[194] Im Eingliederungsrecht fehlt eine entsprechende Vorkehrung, doch wird dies dort durch besondere Anforderungen an die Person des Hauptaktionärs ausgeglichen.[195]

2. Inhalt

Welcher Art die Gewährleistung sein soll, ist im Gesetz nicht näher geregelt. Die Regierungsbegründung spricht von einer „Bankgarantie".[196] Mit der hM ist verallgemeinernd die Abgabe eines Zahlungsversprechens zu verlangen.[197] Neben einer Bankgarantie[198] kommen daher auch eine Bürgschaft,[199] ein abstraktes Schuldversprechen[200] oder ein Schuldbeitritt[201] in Betracht. Dagegen reicht die Stellung einer Sicherheit nach § 232 Abs 1 BGB nicht aus,[202] ebenso wenig eine Finanzierungsbestätigung nach § 13 Abs 1 S 2 WpÜG[203] oder eine Patronatserklärung.[204] 44

3. Aussteller

Die Gewährleistungserklärung muss gemäß § 327b Abs 3 von einem Kreditinstitut abgegeben werden, das im Geltungsbereich dieses Gesetzes zum Geschäftsbetrieb befugt ist. Der Inlandsbezug des Kreditinstituts stellt ein Gegengewicht zur Öffnung des Ausschlussverfahrens für ausländische Hauptaktionäre dar (vgl § 327a Rdn 11f). Der Begriff des Kreditinstituts richtet sich nach § 1 Abs 1 S 1 KWG;[205] die Befugnis zum Geschäftsbetrieb im Inland kann sich aus § 32 KWG (Zulassung zum Geschäftsbetrieb),[206] § 53b KWG (Unternehmen mit Sitz in einem anderen Staat des Europäischen 45

GmbH-Konzernrecht[4] § 327b Rdn 11; KK-*Koppensteiner*[3] § 327b Rdn 2.

[194] Vgl MK-*Grunewald*[2] § 327b Rdn 13; KK-*Koppensteiner*[3] § 327b Rdn 2; *Scharpf* S 67.

[195] Vgl Emmerich/*Habersack* Aktien- und GmbH-Konzernrecht[4] § 327b Rdn 11; KK-*Koppensteiner*[3] § 327b Rdn 2.

[196] Begr RegE WpÜG, BT-Drucks 14/7034, S 72.

[197] Vgl OLG Hamm ZIP 2005, 1457, 1461; Emmerich/*Habersack* Aktien- und GmbH-Konzernrecht[4] § 327b Rdn 12; AnwK-AktG-*Heidel/Lochner* § 327b Rdn 11; *Hüffer*[7] § 327b Rdn 10; FK-WpÜG/*Schüppen/Tretter*[2] § 327b Rdn 28; für eine Anlehnung an § 1 Abs 1 S 2 Nr 8 KWG *Fuchs* § 7 VI 3 a; enger *Steinmeyer/Häger* § 327b Rdn 61: „selbständige Garantieerklärung"; **aA** *Fuhrmann/Simon* WM 2002, 1211, 1216: „Zahlungsgewährleistung sui generis".

[198] Zu ihr ausführlich *Wehmann* S 133 ff.

[199] Vgl KK-WpÜG-*Hasselbach* § 327b Rdn 30; AnwK-AktG-*Heidel/Lochner* § 327b Rdn 11; *Hüffer*[7] § 327b Rdn 10; FK-WpÜG/*Schüppen/Tretter*[2] § 327b Rdn 28.

[200] Vgl KK-WpÜG-*Hasselbach* § 327b Rdn 30; *Hüffer*[7] § 327b Rdn 10; FK-WpÜG/*Schüppen/Tretter*[2] § 327b Rdn 28 mit Fn 54.

[201] Vgl Emmerich/*Habersack* Aktien- und GmbH-Konzernrecht[4] § 327b Rdn 12; KK-WpÜG-*Hasselbach* § 327b Rdn 30; *Hüffer*[7] § 327b Rdn 10; FK-WpÜG/*Schüppen/Tretter*[2] § 327b Rdn 28 mit Fn 54; *Moritz* S 142.

[202] Wie hier Emmerich/*Habersack* Aktien- und GmbH-Konzernrecht[4] § 327b Rdn 12; *Fuchs* § 7 VI 3 a; *Hüffer*[7] § 327b Rdn 10; **aA** MK-*Grunewald*[2] § 327b Rdn 15.

[203] Vgl Emmerich/*Habersack* Aktien- und GmbH-Konzernrecht[4] § 327b Rdn 12; *Moritz* S 142.

[204] Vgl *Wehmann* S 142.

[205] Vgl Emmerich/*Habersack* Aktien- und GmbH-Konzernrecht[4] § 327b Rdn 11; MK-*Grunewald*[2] § 327b Rdn 14; KK-WpÜG-*Hasselbach* § 327a Rdn 29; *Hüffer*[7] § 327b Rdn 10; FK-WpÜG/*Schüppen/Tretter*[2] § 327b Rdn 27.

[206] Vgl LG Frankfurt DB 2004, 1550; Emmerich/*Habersack* Aktien- und GmbH-Konzernrecht[4] § 327b Rdn 11; MK-*Grunewald*[2] § 327b Rdn 14; *Hüffer*[7] § 327b Rdn 10; FK-WpÜG/*Schüppen/Tretter*[2] § 327b Rdn 27.

Wirtschaftsraums) oder § 53c KWG (Unternehmen mit Sitz in einem Drittstaat)[207] ergeben. Bei Kreditinstituten, die nach Maßgabe einer Rechtsverordnung zu § 53c KWG zum Geschäftsbetrieb im Inland zugelassen sind,[208] sollte sich der Vorstand der betroffenen Gesellschaft die Zulassung in geeigneter Form nachweisen lassen.[209]

46 Weitere Anforderungen an das Kreditinstitut stellt der Gesetzgeber nicht auf. Insbesondere verlangt er nicht, dass die Gewährleistung durch ein vom Hauptaktionär unabhängiges Kreditinstitut erklärt wird.[210] Die dagegen vorgetragenen Bedenken[211] dringen nicht durch, weil der Gesetzgeber in § 327b Abs 3 – anders als in § 13 Abs 1 S 2 WpÜG[212] – gerade kein Unabhängigkeitserfordernis aufgestellt hat.

4. Ausgestaltung

47 Den Gesetzesmaterialien zufolge muss den Minderheitsaktionären ein unmittelbarer Anspruch gegen das Kreditinstitut eingeräumt werden.[213] Dogmatisch geschieht dies im Wege eines echten Vertrages zugunsten Dritter[214]: Vertragspartner des Kreditinstituts ist idR[215] der Hauptaktionär,[216] die Minderheitsaktionäre sind Drittbegünstigte iSd § 328 BGB.

48 Entsprechend seinem Regelungszweck, die Durchsetzung des Barabfindungsanspruchs zu effektuieren (vgl Rdn 43), darf die Gewährleistung des Kreditinstituts an keine weiteren Bedingungen geknüpft sein.[217] Auch eine Befristung ist nicht statthaft.[218] Ebenso wenig darf sich das Kreditinstitut die Einrede der Vorausklage (wegen § 349 S 1 HGB wenig praktisch) oder ein vergleichbares Leistungsverweigerungsrecht vorbehalten.[219] Die Gegenansicht, die anführt, dass sich das Erfordernis „unverzüglicher“ Auszahlung

---

207 Vgl KK-WpÜG-*Hasselbach* § 327b Rdn 29; FK-WpÜG/*Schüppen/Tretter*[2] § 327b Rdn 27.

208 Dazu Boos/Fischer/Schulte-Mattler/*Mermeder*[2] § 53c KWG Rdn 7 ff.

209 Ebenso die Empfehlung von KK-WpÜG-*Hasselbach* § 327b Rdn 29.

210 Vgl LG München ZIP 2004, 167, 169; Emmerich/*Habersack* Aktien- und GmbH-Konzernrecht[4] § 327b Rdn 11 mit Fn 45; FK-WpÜG/*Schüppen/Tretter*[2] § 327b Rdn 32.

211 Vgl LG Frankfurt NZG 2004, 672, 674.

212 Dazu *Krause* in Assmann/Pötzsch/Schneider § 13 WpÜG Rdn 91 ff.

213 Vgl Begr RegE WpÜG, BT-Drucks 14/7034, S 72.

214 Vgl Emmerich/*Habersack* Aktien- und GmbH-Konzernrecht[4] § 327b Rdn 13; *Greulich* S 89; MK-*Grunewald*[2] § 327b Rdn 16; *Hüffer*[7] § 327b Rdn 10; KK-*Koppensteiner*[3] § 327b Rdn 9; FK-WpÜG/*Schüppen/Tretter*[2] § 327b Rdn 27.

215 Zu Ausnahmen KK-*Koppensteiner*[3] § 327b Rdn 9 mit Fn 36: andere Konzerngesellschaft als Vertragspartner.

216 Vgl OLG Hamburg AG 2004, 66; Emmerich/*Habersack* Aktien- und GmbH-Konzernrecht[4] § 327b Rdn 13; AnwK-AktG-*Heidel/Lochner* § 327b Rdn 12; *Hüffer*[7] § 327b Rdn 10.

217 Vgl OLG Hamm ZIP 2005, 1457, 1461; MK-*Grunewald*[2] § 327b Rdn 15; AnwK-AktG-*Heidel/Lochner* § 327b Rdn 13; *Hüffer*[7] § 327b Rdn 10; FK-WpÜG/*Schüppen/Tretter*[2] § 327b Rdn 33; **aA** KK-WpÜG-*Hasselbach* § 327b Rdn 30, der die „üblichen“ Bedingungen für zulässig hält.

218 Vgl MK-*Grunewald*[2] § 327b Rdn 15; *Scharpf* S 73; AnwK-AktG-*Heidel/Lochner* § 327b Rdn 13; *Hüffer*[7] § 327b Rdn 10; *Singhof/Weber* WM 2002, 1158, 1167; *Vossius* ZIP 2002, 511, 512; **aA** *Fuhrmann/Simon* WM 2002, 1211, 1216; DAV-Handelsrechtsausschuss NZG 2001, 1003, 1008.

219 Vgl Emmerich/*Habersack* Aktien- und GmbH-Konzernrecht[4] § 327b Rdn 12; *Grzimek* in Geibel/Süßmann § 327b Rdn 43; AnwK-AktG-*Heidel/Lochner* § 327b Rdn 13; *Krieger* BB 2002, 53, 58; *Singhof/Weber* WM 2002, 1158, 1168; FK-WpÜG/*Schüppen/Tretter*[2] § 327b Rdn 33; *Vossius* ZIP 2002, 511, 512.

iSd § 327b Abs 3 nur auf den Hauptaktionär beziehe,[220] wird der minderheitenschützenden Regelungstendenz der Vorschrift nicht gerecht. Nicht erforderlich ist dagegen nach zutreffender hL die Eingehung einer Zahlungsverpflichtung auf erstes Anfordern.[221]

Eine bestimmte Form schreibt das Gesetz für die Gewährleistung des Kreditinstituts nicht vor (vgl auch § 350 HGB).[222] Sie ist aber durchweg anzuraten[223] und sowohl im Hinblick auf die Prüfungspflichten des Vorstands (vgl Rdn 52)[224] und des Registerrichters (vgl § 327e Rdn 5)[225] als auch im Hinblick auf die Beweislage der Minderheitsaktionäre[226] praktisch unentbehrlich. Einer obergerichtlichen Entscheidung zufolge muss die wirksame Vertretung des Kreditinstituts bei der Abgabe der Gewährleistung aus dem vom Hauptaktionär zu übermittelnden Schriftstück unter ergänzender Zuhilfenahme der Handelsregistereintragung nachprüfbar sein.[227] **49**

5. Umfang

Gemäß § 327b Abs 3 muss sich die Gewährleistung auf die vom Hauptaktionär festgelegte Barabfindung beziehen. Nicht garantiert zu werden braucht nach zutreffender hM der im Spruchverfahren ggf festgesetzte Mehrbetrag.[228] Entgegen vereinzelter Kritik[229] ist dies von Verfassungs wegen nicht zu beanstanden[230]: Erstens ist das Risiko, dass der zahlungspflichtige Hauptaktionär während des Spruchverfahrens insolvent wird, ein allgemeines Gläubigerrisiko, vor dem ein Aktionär bei anderen Strukturmaßnahmen, zB bei Ausgleichs- und Abfindungsansprüchen nach §§ 304, 305, gar nicht geschützt wird.[231] Zweitens bietet die durch § 327c Abs 2 S 2 vorgeschriebene Angemessenheitsprüfung durch unabhängige Prüfer eine Gewähr dafür, dass es im Spruchverfahren idR nicht zu erheblichen Mehrbeträgen kommen wird.[232] Drittens wäre die von der Gegenansicht geforderte Bankgarantie in unbestimmter Höhe wenig praktikabel, weil die Kreditinstitute hierzu nur selten bereit sein werden.[233] **50**

Ebenso wenig muss sich die Gewährleistung auf die Zahlung von Zinsen nach § 327b Abs 2[234] oder auf mögliche Schadensersatzansprüche[235] erstrecken. Wohl aber **51**

---

220 Vgl MK-*Grunewald*² § 327b Rdn 15; *Sieger/Hasselbach* ZGR 2002, 120, 151.

221 Vgl Emmerich/*Habersack* Aktien- und GmbH-Konzernrecht⁴ § 327b Rdn 12; *Krieger* BB 2002, 53, 55; *Singhof/Weber* WM 2002, 1158, 1168; *Wehmann* S 137 f; **aA** wohl *Scharpf* S 70 unter Berufung auf die Liquiditätsfunktion der Gewährleistungserklärung.

222 Vgl Emmerich/*Habersack* Aktien- und GmbH-Konzernrecht⁴ § 327b Rdn 14; MK-*Grunewald*² § 327b Rdn 17; AnwK-AktG-*Heidel/Lochner* § 327b Rdn 12; *Hüffer*⁷ § 327b Rdn 10.

223 Vgl Emmerich/*Habersack* Aktien- und GmbH-Konzernrecht⁴ § 327b Rdn 14.

224 Vgl OLG Hamm ZIP 2005, 1457, 1461.

225 Vgl AnwK-AktG-*Heidel/Lochner* § 327b Rdn 12.

226 Vgl KK-*Koppensteiner*³ § 327b Rdn 9.

227 Vgl OLG Hamm ZIP 2005, 1457, 1461.

228 Vgl OLG Stuttgart ZIP 2003, 2363, 2367; OLG Hamm ZIP 2005, 1457, 1462; LG Regensburg Der Konzern 2004, 811, 814; LG Bochum AG 2005, 738, 740; **aA** *Scharpf* S 76 ff.

229 Vgl AnwK-AktG/*Heidel/Lochner* § 327b Rdn 15; s auch *Meilicke* DB 2001, 2387, 2389; sowie *Quandt* S 256 f.

230 Eingehend BGH ZIP 2005, 2107, 2108.

231 Vgl BGH ZIP 2005, 2107, 2108; OLG Hamburg NZG 2003, 978, 979; OLG Düsseldorf AG 2005, 293, 295; FK-WpÜG/*Schüppen/Tretter*² § 327b Rdn 29.

232 Vgl BGH ZIP 2005, 2107, 2108; OLG Düsseldorf AG 2005, 293, 295; OLG Stuttgart ZIP 2003, 2363, 2367.

233 Vgl BGH ZIP 2005, 2107, 2108; KK-WpÜG-*Hasselbach* § 327b Rdn 31.

234 Vgl OLG Düsseldorf AG 2005, 293, 296; OLG Hamm ZIP 2005, 1457, 1462; LG Bochum AG 2005, 738, 740; Emmerich/*Habersack* Aktien- und GmbH-Konzernrecht⁴ § 327b Rdn 15; *Fuhrmann/Simon* WM 2002, 1211, 1216; MK-*Grunewald*² § 327b Rdn 18; FK-WpÜG/*Schüppen/*

hat sie etwaige Erhöhungen der Barabfindung in der Hauptversammlung gegenüber dem gemäß § 327c Abs 1 Nr 2 bekannt gemachten Betrag abzudecken.[236] Den gesetzlichen Anforderungen genügt auch eine Höchstbetragsbürgschaft oder -garantie, sofern sie die festgelegte Barabfindung für sämtliche Aktien der Minderheitsaktionäre gewährleistet.[237] Für einen zusätzlichen „Sicherheitszuschlag" gibt es keinen zureichenden Anhaltspunkt.[238]

6. Zeitpunkt

52 Der Hauptaktionär muss dem Vorstand die Gewährleistungserklärung vor Einberufung der Hauptversammlung übermitteln.[239] Fehlt diese, so darf der Vorstand, der die Rechtswirksamkeit der Erklärung überprüfen muss,[240] die Hauptversammlung nicht einberufen.[241] Tut er es dennoch, können sich seine Mitglieder nach § 93 Abs 2 schadensersatzpflichtig machen.[242] Beschließt die Hauptversammlung die Übertragung sämtlicher Aktien, ohne dass eine Gewährleistungserklärung vorliegt, ist der Übertragungsbeschluss gemäß § 243 Abs 1 anfechtbar.[243] Unterschiedlich beurteilt wird, ob die Erklärung nachgereicht werden kann[244] oder ob ein Nachreichen ausscheidet.[245] Richtigerweise fehlt es an der Relevanz der verspäteten Vorlage, wenn die Erklärung bis zur Beschlussfassung nachgereicht wird.[246]

Tretter[2] § 327b Rdn 30; offenlassend OLG Hamburg ZIP 2003, 2076, 2078; **aA** AnwK-AktG/*Heidel/Lochner* § 327b Rdn 12; *Singhof/Weber* WM 2002, 1211, 1216.

[235] Vgl LG Regensburg Der Konzern 2004, 811, 814; Emmerich/*Habersack* Aktien- und GmbH-Konzernrecht[4] § 327b Rdn 15; MK-*Grunewald*[2] § 327b Rdn 18.

[236] Vgl OLG Düsseldorf AG 2005, 293, 296; Emmerich/*Habersack* Aktien- und GmbH-Konzernrecht[4] § 327b Rdn 15; FK-WpÜG/*Schüppen/Tretter*[2] § 327b Rdn 29; aus Vorsichtsgründen auch KK-WpÜG-*Hasselbach* § 327b Rdn 6; **aA** KK-*Koppensteiner*[3] § 327b Rdn 12.

[237] Vgl *Dißars/Kocher* NZG 2004, 856, 857; Emmerich/*Habersack* Aktien- und GmbH-Konzernrecht[4] § 327b Rdn 15; *Hüffer*[7] § 327b Rdn 10; FK-WpÜG/*Schüppen/Tretter*[2] § 327b Rdn 31; **aA** LG Frankfurt NZG 2004, 672, 674 f.

[238] Vgl FK-WpÜG/*Schüppen/Tretter*[2] § 327b Rdn 31; s auch LG Bochum AG 2005, 748, 740; ebenso *Wehmann* S 143 f, der einen solchen Zuschlag aber *de lege ferenda* für wünschenswert hält, weil die Abfindung im Spruchverfahren häufig erhöht werde.

[239] Vgl Emmerich/*Habersack* Aktien- und GmbH-Konzernrecht[4] § 327b Rdn 14; *Greulich* S 97; MK-*Grunewald*[2] § 327b Rdn 17; AnwK-AktG/*Heidel/Lochner* § 327b Rdn 11.

[240] Vgl OLG Hamm ZIP 2005, 1457, 1461; *Scharpf* S 75.

[241] Vgl OLG Hamm ZIP 2005, 1457, 1461; MK-*Grunewald*[2] § 327b Rdn 17; *Hüffer*[7] § 327b Rdn 14; *Rühland* S 224; FK-WpÜG/*Schüppen/Tretter*[2] § 327b Rdn 26.

[242] Vgl Emmerich/*Habersack* Aktien- und GmbH-Konzernrecht[4] § 327b Rdn 14; *Hüffer*[7] § 327b Rdn 14; *Rühland* S 224; *Scharpf* S 76.

[243] Vgl Emmerich/*Habersack* Aktien- und GmbH-Konzernrecht[4] § 327b Rdn 14; *Gesmann-Nuissl* WM 2002, 1205, 1208; KK-WpÜG-*Hasselbach* § 327b Rdn 34; *Hüffer*[7] § 327b Rdn 9; *Rühland* S 224; *Schüppen* WPg 2001, 958, 975; FK-WpÜG/*Schüppen/ Tretter*[2] § 327b Rdn 26; ferner LG Frankfurt AG 2005, 490, 491 für eine „erkennbar zu niedrige Gewährübernahme"; **aA** AnwK-AktG/*Heidel/Lochner* § 327b Rdn 12: Nichtigkeit.

[244] Für eine solche Möglichkeit bis zur Beschlussfassung FK-WpÜG/*Schüppen/Tretter*[2] § 327b Rdn 26; *Rühland* S 224; bis zur Eintragung des Beschlusses MK-*Grunewald*[2] § 327b Rdn 19.

[245] So grundsätzlich Emmerich/*Habersack* Aktien- und GmbH-Konzernrecht[4] § 327b Rdn 14 mit engen Ausnahmen.

[246] Wie hier *Gesmann-Nuissl* WM 2002, 1205, 1207; *Greulich* S 97; KK-WpÜG-*Hasselbach* § 327b Rdn 34; *Krieger* BB 2002, 53, 58; *Rühland* S 224; FK-WpÜG/*Schüppen/ Tretter*[2] § 327b Rdn 26; *Singhof/Weber* WM 2002, 1158, 1167; s auch OLG Hamm ZIP 2005, 1457, 1461.

7. Erlöschen und Verjährung

Die Zahlungsverpflichtung des Kreditinstituts gegenüber den Minderheitsaktionären erlischt mit Erfüllung sämtlicher Abfindungsansprüche durch den Hauptaktionär.[247] Das ergibt sich bei einer Bürgschaft aus ihrem akzessorischen Charakter, bei Übernahme einer gesamtschuldnerischen Zahlungsverpflichtung aus § 422 Abs 1 S 1 BGB.[248] Erfüllungssurrogate genügen.[249] Die Hinterlegung nach §§ 372, 376 Abs 2 BGB ist jedenfalls unter den Voraussetzungen des § 214 Abs 2 BGB statthaft;[250] sie kommt etwa bei unbekannten Minderheitsaktionären in Betracht.[251] Der Anspruch der Minderheitsaktionäre gegen das Kreditinstitut verjährt nach § 195 BGB.[252] 53

§ 327 c
Vorbereitung der Hauptversammlung

(1) Die Bekanntmachung der Übertragung als Gegenstand der Tagesordnung hat folgende Angaben zu enthalten:

1. Firma und Sitz des Hauptaktionärs, bei natürlichen Personen Name und Adresse;

2. die vom Hauptaktionär festgelegte Barabfindung.

(2) Der Hauptaktionär hat der Hauptversammlung einen schriftlichen Bericht zu erstatten, in dem die Voraussetzungen für die Übertragung dargelegt und die Angemessenheit der Barabfindung erläutert und begründet werden. Die Angemessenheit der Barabfindung ist durch einen oder mehrere sachverständige Prüfer zu prüfen. Diese werden auf Antrag des Hauptaktionärs vom Gericht ausgewählt und bestellt. § 293 a Abs. 2 und 3, § 293 c Abs. 1 Satz 3 bis 5 sowie die §§ 293 d und 293 e sind sinngemäß anzuwenden. In Rechtsverordnungen nach § 293 c Abs. 2 kann die Entscheidung nach Satz 3 in Verbindung mit § 293 c Abs. 1 Satz 3 bis 5 entsprechend übertragen werden.

(3) Von der Einberufung der Hauptversammlung an sind in dem Geschäftsraum der Gesellschaft zur Einsicht der Aktionäre auszulegen

1. der Entwurf des Übertragungsbeschlusses;

2. die Jahresabschlüsse und Lageberichte für die letzten drei Geschäftsjahre;

3. der nach Absatz 2 Satz 1 erstattete Bericht des Hauptaktionärs;

4. der nach Absatz 2 Satz 2 bis 4 erstattete Prüfungsbericht.

(4) Auf Verlangen ist jedem Aktionär unverzüglich und kostenlos eine Abschrift der in Absatz 3 bezeichneten Unterlagen zu erteilen.

---

247 Vgl Emmerich/*Habersack* Aktien- und GmbH-Konzernrecht[4] § 327 b Rdn 16; KK-*Koppensteiner*[3] § 327 b Rdn 13.

248 Vgl Emmerich/*Habersack* Aktien- und GmbH-Konzernrecht[4] § 327 b Rdn 16; KK-*Koppensteiner*[3] § 327 b Rdn 13, der zudem auf den Zweck des § 327 b Abs 3 abstellt.

249 Vgl Emmerich/*Habersack* Aktien- und GmbH-Konzernrecht[4] § 327 b Rdn 16; KK-*Koppensteiner*[3] § 327 b Rdn 13.

250 Vgl *Vossius* ZIP 2002, 511, 515.

251 Dazu *Quandt* S 257; für eine Aufbewahrung der Barabfindung durch einen Treuhänder *Ehricke/Roth* DStR 2001, 1120, 1126.

252 Vgl Emmerich/*Habersack* Aktien- und GmbH-Konzernrecht[4] § 327 b Rdn 16; KK-*Koppensteiner*[3] § 327 b Rdn 14; *Steinmeyer/Häger* § 327 b Rdn 62.

Übersicht

Schrifttum

Johannes Baßler Die Rüge der fehlerhaften Prüferbestellung im Anfechtungsprozeß, AG 2006, 487; *Dirk Eisolt* Die Squeeze-out-Prüfung nach § 327c Abs 2 AktG, DStR 2002, 1145; *Dieter Leuering* Die Erteilung von Abschriften an Aktionäre, ZIP 2000, 2053; *Dieter Leuering* Die parallele Angemessenheitsprüfung durch den gerichtlich bestellten Prüfer NZG 2004, 606; *Kai-Uwe Marten/Stefan Müller* Squeeze-out-Prüfung, FS Röhricht, 2005, S 963; *Kai-Peter Ott* Reichweite der Angemessenheitsprüfung beim Squeeze-out, DB 2003, 1615; *Klaus-Rüdiger Veit* Die Prüfung von Squeeze outs DB 2005, 1697; *Jochen Vetter* Auslegung der Jahresabschlüsse für das letzte Geschäftsjahr zur Vorbereitung von Strukturbeschlüssen der Gesellschafter, NZG 1999, 925; *Konrad Wartenberg* Die Auslage von Jahresabschlüssen für das letzte Geschäftsjahr beim Squeeze out, AG 2004, 539; *Fred Wendt* Die Auslegung des letzten Jahresabschlusses zur Vorbereitung der Hauptversammlung – Strukturmaßnahmen als „Saisongeschäft"?, DB 2003, 191. Vgl zudem die Angaben vor § 327a.

I. Regelungsgegenstand

1 § 327c regelt Informationspflichten gegenüber den Minderheitsaktionären im Vorfeld der Hauptversammlung[1] und Prüfungspflichten hinsichtlich der vom Hauptaktionär

[1] Vgl Begr RegE WpÜG, BT-Drucks 14/7034, S 73; OLG München WM 2006, 291, 292; Emmerich/*Habersack* Aktien- und GmbH-Konzernrecht[4] § 327c Rdn 1; MK-*Grune*

festgelegten Barabfindung.[2] Zweck der Vorschrift ist es, den Minderheitsaktionären eine sachgerechte Wahrnehmung ihrer Mitwirkungsrechte in der Hauptversammlung und eine frühzeitige Entscheidung über die Einleitung eines Spruchverfahrens zu ermöglichen.[3] Im Einzelnen stellt Abs 1 besondere Anforderungen an die Bekanntmachung der Tagesordnung der Squeeze-out-Hauptversammlung. Abs 2 S 1 verpflichtet den Hauptaktionär, einen schriftlichen Bericht über das Vorliegen der Übertragungsvoraussetzungen und die Angemessenheit der Barabfindung zu erstellen. Abs 2 S 2–5 schreibt eine Angemessenheitsprüfung durch sachverständige Prüfer vor und legt Einzelheiten des Prüfungsverfahrens fest. Abs 3 und 4 betreffen die Auslegung bestimmter Unterlagen zur Einsicht der Aktionäre und die Erteilung von Abschriften.

II. Bekanntmachung der Tagesordnung (Abs 1)

1. Allgemeines

§ 327c Abs 1 baut auf den allgemeinen Vorschriften zur Einberufung der Hauptversammlung auf. Er setzt voraus, dass die über den Squeeze out beschließende Hauptversammlung gemäß § 121 Abs 2 S 1 durch den Vorstand (nicht durch den Hauptaktionär[4]) einberufen wird, und ergänzt die Bekanntmachungspflicht der Tagesordnung nach § 124 Abs 1 S 1 um zusätzliche Pflichtangaben.[5] Danach muss die Bekanntmachung des Übertragungsbeschlusses bestimmte Angaben über die Person des Hauptaktionärs und die Höhe der Barabfindung enthalten. Die Regelung lehnt sich an § 320 Abs 2 S 1 an[6] und bezweckt die frühzeitige Information der Minderheitsaktionäre über die Identität des Abfindungsschuldners und den Inhalt des Abfindungsangebots.[7] Auf diese Weise sollen die Minderheitsaktionäre möglichst frühzeitig entscheiden können, ob sie die Angemessenheit der angebotenen Abfindung gerichtlich überprüfen lassen wollen.[8] 2

2. Hauptaktionär (Abs 1 Nr 1)

Gemäß § 327c Abs 1 Nr 1 muss die Bekanntmachung der Tagesordnung den Hauptaktionär näher bezeichnen. In der Tagesordnung sind zu diesem Zweck Firma (§ 17 HGB) und Sitz des Hauptaktionärs anzugeben. Die Angabe der Handelsregisterdaten und der vollständigen Anschrift ist nicht vorgeschrieben, aber sinnvoll.[9] Bei ausländi- 3

---

wald[2] § 327c Rdn 2; *Grzimek* in Geibel/Süßmann § 327c Rdn 1; AnwK-AktG/*Heidel/Lochner* § 327c Rdn 1; *Hüffer*[7] § 327c Rdn 1; FK-WpÜG/*Schüppen/Tretter*[2] § 327c Rdn 1.

[2] Vgl FK-WpÜG/*Schüppen/Tretter*[2] § 327c Rdn 1; *Steinmeyer/Häger* § 327c Rdn 2.

[3] Vgl OLG München WM 2006, 291, 292; AnwK-AktG/*Heidel/Lochner* § 327c Rdn 1; *Hüffer*[7] § 327c Rdn 1; FK-WpÜG/*Schüppen/Tretter*[2] § 327c Rdn 1.

[4] Vgl KK-WpÜG/*Hasselbach* § 327c Rdn 2; AnwK-AktG/*Heidel/Lochner* § 327c Rdn 2; *Krieger* BB 2002, 53, 59; *Marsch-Barner* in Zschocke/Schuster Bad Homburger Hdb G 27.

[5] Vgl Begr RegE WpÜG, BT-Drucks 14/7034, S 73; Emmerich/*Habersack* Aktien- und GmbH-Konzernrecht[4] § 327c Rdn 4; *Grzimek* in Geibel/Süßmann § 327c Rdn 2; KK-WpÜG/*Hasselbach* § 327c Rdn 4; *Hüffer*[7] § 327c Rdn 2.

[6] Zum identischen Regelungszweck auch KK-*Koppensteiner*[3] § 327c Rdn 14.

[7] Ebenso Begr RegE AktG 1965 zu § 320 Abs 2 S 1 bei *Kropff* S 424; s auch LG Berlin ZIP 2003, 1352, 1353.

[8] Vgl Emmerich/*Habersack* Aktien- und GmbH-Konzernrecht[4] § 327c Rdn 1; *Hüffer*[7] § 327c Rdn 1; FK-WpÜG/*Schüppen/Tretter*[2] § 327c Rdn 1; ferner Begr RegE AktG 1965 zu § 320 Abs 2 S 1 bei *Kropff* S 424.

[9] Vgl KK-WpÜG/*Hasselbach* § 327c Rdn 4.

schen Gesellschaften ist der Rechtsformzusatz auch dann erforderlich, wenn er nicht Firmenbestandteil ist.[10] In Anlehnung an die zu § 80 geltenden Grundsätze sollte er in seiner Originalsprache mit einem erläuternden Klammerzusatz angegeben werden.[11] Eine Gesellschaft bürgerlichen Rechts mit eigener Identitätsausstattung kann mit ihrem Gesamtnamen bezeichnet werden.[12] Name und Adresse aller Gesellschafter sind nicht bekanntgabepflichtig,[13] weil dem Sicherungsbedürfnis der Minderheitsaktionäre hinsichtlich ihrer Barabfindung bereits durch die Gewährleistungserklärung nach § 327b Abs 3 Rechnung getragen wird.[14] Die persönliche Haftung der BGB-Gesellschafter[15] bleibt davon freilich unberührt.[16] Erben- und Gütergemeinschaften (zu ihrer Hauptaktionärseigenschaft § 327a Rdn 10) müssen Namen und Adressen aller Mitglieder angeben.[17] Bei natürlichen Personen sind nach § 327c Abs 1 Nr 1 Name und Adresse (Wohnort, Straße, Hausnummer[18]) zu benennen; zulässig dürfte auch die Angabe einer von der Privatanschrift abweichenden Geschäftsadresse sein, soweit sie sich am allgemeinen Gerichtsstand befindet und für Zustellungen geeignet ist.[19] Die Angabe der E-Mail-Adresse ist weder erforderlich noch hinreichend.[20]

3. Barabfindung (Abs 1 Nr 2)

4 Nach § 327c Abs 1 Nr 2 muss die Bekanntmachung zudem die vom Hauptaktionär festgelegte Barabfindung enthalten. Das ist der Betrag in Euro,[21] mit dem die Minderheitsaktionäre pro Aktie für den Verlust ihrer Mitgliedschaft entschädigt werden. Es reicht aus, wenn die Barabfindung für Aktien mit höheren Nennwerten (zB 1.000 €) durch einen einfachen Rechenvorgang (zB aus der Barabfindung für Aktien mit einem Nennwert von 50 €) ermittelt werden kann.[22] Auch die Bekanntmachung des Abfindungsbetrages mit dem Zusatz „mindestens" ist nicht zu beanstanden,[23] weil eine nach-

---

[10] Vgl Emmerich/*Habersack* Aktien- und GmbH-Konzernrecht[4] § 327c Rdn 5; MK-*Grunewald*[2] § 327c Rdn 3; *Grzimek* in Geibel/Süßmann § 327c Rdn 3; FK-WpÜG/*Schüppen/Tretter*[2] § 327c Rdn 2.

[11] Vgl *Fuchs* § 5 II 1 a.

[12] Vgl Emmerich/*Habersack* Aktien- und GmbH-Konzernrecht[4] § 327c Rdn 5; MK-*Grunewald*[2] § 327c Rdn 3; *Hüffer*[7] § 327c Rdn 2; FK-WpÜG/*Schüppen/Tretter*[2] § 327c Rdn 2.

[13] **AA** AnwK-AktG/*Heidel/Lochner* § 327c Rdn 2; *Greulich* S 122 f.

[14] Vgl Emmerich/*Habersack* Aktien- und GmbH-Konzernrecht[4] § 327c Rdn 5; MK-*Grunewald*[2] § 327c Rdn 3; FK-WpÜG/*Schüppen/Tretter*[2] § 327c Rdn 2; **aA** *Fuchs* § 5 II 1 a unter Hinweis darauf, dass sich die Gesellschafterhaftung anders als die Gewährleistung nach § 327b Abs 3 auch auf eine etwaige Erhöhung der Abfindung im Spruchverfahren erstrecke.

[15] Grundlegend zur akzessorischen Gesellschafterhaftung analog § 128 HGB BGHZ 146, 341, 358 f; fortgeführt von BGHZ 154, 370, 372 ff.

[16] Dazu Emmerich/*Habersack* Aktien- und GmbH-Konzernrecht[4] § 327c Rdn 5; AnwK-AktG/*Heidel/Lochner* § 327c Rdn 2.

[17] Vgl Emmerich/*Habersack* Aktien- und GmbH-Konzernrecht[4] § 327c Rdn 5; MK-*Grunewald*[2] § 327c Rdn 3; *Hüffer*[7] § 327c Rdn 2; FK-WpÜG/*Schüppen/Tretter*[2] § 327c Rdn 2.

[18] Vgl Emmerich/*Habersack* Aktien- und GmbH-Konzernrecht[4] § 327c Rdn 5; MK-*Grunewald*[2] § 327c Rdn 3; *Hüffer*[7] § 327c Rdn 2; FK-WpÜG/*Schüppen/Tretter*[2] § 327c Rdn 2.

[19] Vgl Emmerich/*Habersack* Aktien- und GmbH-Konzernrecht[4] § 327c Rdn 5; *Hüffer*[7] § 327c Rdn 2; FK-WpÜG/*Schüppen/Tretter*[2] § 327c Rdn 2.

[20] Vgl Emmerich/*Habersack* Aktien- und GmbH-Konzernrecht[4] § 327c Rdn 5; *Fuchs* § 5 II 1 a.

[21] Vgl KK-WpÜG/*Hasselbach* § 327c Rdn 4.

[22] Vgl OLG Hamburg NZG 2003, 539, 543; FK-WpÜG/*Schüppen/Tretter*[2] § 327c Rdn 6.

[23] Vgl LG Berlin ZIP 2003, 1352, 1353; *Fuchs* § 5 II 1 b; *Keul* DB 2003, 708, 709; KK-*Koppensteiner*[3] § 327c Rdn 14.

trägliche Erhöhung durch den Hauptaktionär statthaft ist (vgl § 327b Rdn 6) und die von ihm festgelegte Barabfindung im Hinblick auf eine etwaige Erhöhung im Spruchverfahren immer einen *Mindest*betrag darstellt.[24]

4. Rechtsfolgen eines Verstoßes

Genügt die Bekanntmachung nicht den Anforderungen des § 327c Abs 1, dürfen gemäß § 124 Abs 4 S 1 keine Beschlüsse gefasst werden.[25] Gleichwohl gefasste Übertragungsbeschlüsse sind anfechtbar.[26] In besonderen Einzelfällen kann es an der Relevanz der Gesetzesverletzung fehlen, zB bei marginalen Ungenauigkeiten in der Bezeichnung des Hauptaktionärs, die seine Identifizierung nicht beeinträchtigen.[27] 5

III. Bericht des Hauptaktionärs (Abs 2 S 1)

1. Allgemeines

Gemäß § 327c Abs 2 S 1 hat der Hauptaktionär der Hauptversammlung einen schriftlichen Bericht zu erstellen, in dem die Voraussetzungen für die Übertragung dargelegt und die Angemessenheit der Barabfindung erläutert und begründet werden. Auf diese Weise soll jeder Minderheitsaktionär in die Lage versetzt werden, das Vorliegen der Ausschlussvoraussetzungen und die Angemessenheit der Abfindung nachzuvollziehen.[28] Die Berichtspflicht lehnt sich an gleichsinnige Vorschriften im Eingliederungs- (§§ 319 Abs 3 Nr 3, 320 Abs 4 S 2), Unternehmensvertrags- (§ 293a Abs 1) und Verschmelzungsrecht (§ 8 Abs 1 UmwG) an. Anders als dort ist hier freilich nicht der Vorstand, sondern der Hauptaktionär berichtspflichtig.[29] Das folgt aus der Struktur des Ausschlussverfahrens, das von dem Hauptaktionär eingeleitet (§ 327a Abs 1 S 1) und durch Festlegung der Barabfindung (§ 327b Abs 1 S 1) wesentlich vorgeformt wird.[30] Zur Vorbereitung des Berichts kann sich der Hauptaktionär der Mitwirkung anderer Personen bedienen.[31] 6

2. Form des Berichts

Der Bericht ist schriftlich abzufassen, dh vom Hauptaktionär gemäß § 126 BGB mit einer eigenhändigen Unterschrift zu versehen.[32] Ist der Hauptaktionär eine juristische 7

---

[24] Vgl *Fuchs* § 5 II 1 b.

[25] Vgl MK-*Grunewald*[2] § 327c Rdn 5; AnwK-AktG/*Heidel/Lochner* § 327c Rdn 2; *Hüffer*[7] § 327c Rdn 2.

[26] Vgl MK-*Grunewald*[2] § 327c Rdn 5; AnwK-AktG/*Heidel/Lochner* § 327c Rdn 2; *Hüffer*[7] § 327c Rdn 2; FK-WpÜG/*Schüppen/Tretter*[2] § 327c Rdn 5.

[27] Vgl Emmerich/*Habersack* Aktien- und GmbH-Konzernrecht[4] § 327c Rdn 4 mit Fn 7; *Hüffer*[7] § 327c Rdn 2; kritisch AnwK-AktG/*Heidel/Lochner* § 327c Rdn 2.

[28] Vgl Begr RegE WpÜG, BT-Drucks 14/7034, S 73; Emmerich/*Habersack* Aktien- und GmbH-Konzernrecht[4] § 327c Rdn 7; FK-WpÜG/*Schüppen/Tretter*[2] § 327c Rdn 6.

[29] Vgl OLG Düsseldorf NZG 2004, 328, 332; WM 2005, 650, 652; OLG Stuttgart ZIP 2003, 2363, 2364; Emmerich/*Habersack* Aktien- und GmbH-Konzernrecht[4] § 327c Rdn 7; *Fuchs* § 5 II 2 a; *Grzimek* in Geibel/Süßmann § 327c Rdn 4; *Hüffer*[7] § 327c Rdn 3; KK-*Koppensteiner*[3] § 327c Rdn 4; FK-WpÜG/*Schüppen/Tretter*[2] § 327c Rdn 6.

[30] Vgl MK-*Grunewald*[2] § 327c Rdn 6; AnwK-AktG/*Heidel/Lochner* § 327c Abs 1 Rdn 4; KK-*Koppensteiner*[3] § 327c Rdn 4.

[31] Vgl *Fuchs* § 5 II 2 a.

[32] Vgl OLG Stuttgart NZG 2004, 146, 147; OLG Düsseldorf NZG 2005, 347, 349; *Grzimek* in Geibel/Süßmann § 327c Rdn 5; KK-WpÜG/*Hasselbach* § 327c Rdn 9;

Person, muss der Bericht von deren vertretungsberechtigten Personen unterzeichnet werden.[33] Anders als bei § 293a Abs 1 genügen zur Formwahrung Unterschriften von Mitgliedern des Vertretungsorgans in vertretungsberechtigter Zahl,[34] weil die Berichtspflicht dem „Hauptaktionär“ als solchem und nicht dem „Vertretungsorgan des Hauptaktionärs“ obliegt.[35] Zudem verweist § 327c Abs 2 nur auf § 293a Abs 2 und 3 und nicht auf § 293 Abs 1.[36] Ein Hinweis auf die Vertretungsberechtigung ist nicht erforderlich.[37]

3. Inhalt des Berichts (Abs 2 S 1)

8 a) **Berichtsdichte.** Der Bericht muss die Voraussetzungen für die Übertragung und die Angemessenheit der Barabfindung erläutern. Im Unterschied zu §§ 293a Abs 1 S 1, 319 Abs 3 Nr 3, 320 Abs 4 S 2 sowie § 8 Abs 1 S 1 UmwG spricht § 327c Abs 2 S 1 nicht von einem „ausführlichen“ Bericht. Im Hinblick auf das Informationsbedürfnis der Minderheitsaktionäre dürfen die Kernpunkte des Berichts gleichwohl nicht wesentlich hinter der Informationsdichte des Eingliederungs-, Unternehmensvertrags- oder Verschmelzungsberichts zurückbleiben.[38] Dafür spricht auch, dass die Minderheitsaktionäre nach § 4 Abs 2 S 2 Nr 4 SpruchG nunmehr konkrete Einwendungen gegen die Angemessenheit der Abfindung vorbringen müssen (vgl § 327f Rdn 38).[39] Entbehrlich sind allerdings umfassende Beschreibungen des Hauptaktionärs oder der betroffenen Gesellschaft.[40] Ebenso wenig muss der Bericht Ausführungen zu den Gründen für den Squeeze out[41] oder Belehrungen über die steuerlichen und zivilrechtlichen Folgen der Übertragung[42] enthalten. Auch muss er die Gewährleistungserklärung des Kreditinstituts nach § 327b Abs 3 nicht wörtlich wiedergeben.[43] § 327c Abs 2 S 1 verpflichtet den Hauptaktionär im Unterschied zu §§ 293a Abs 1 S 2, 320 Abs 4 S 2 Halbs 2 und § 8 Abs 1 S 2 UmwG schließlich nicht, auf die Folgen für die Beteiligungen der Aktionäre hinzuweisen.[44]

Hüffer[7] § 327c Rdn 3; KK-*Koppensteiner*[3] § 327c Rdn 8; FK-WpÜG/*Schüppen/Tretter*[2] § 327c Rdn 7.

[33] Vgl FK-WpÜG/*Schüppen/Tretter*[2] § 327c Rdn 7.

[34] Vgl OLG Düsseldorf AG 2004, 207, 210; NZG 2005, 347, 349; OLG Stuttgart NZG 2004, 146, 147; OLG Hamm ZIP 2005, 1457, 1459; Emmerich/*Habersack* Aktien- und GmbH-Konzernrecht[4] § 327c Rdn 7; *Grzimek* in Geibel/Süßmann § 327c Rdn 5; KK-WpÜG/*Hasselbach* § 327c Rdn 9; *Hüffer*[7] § 327c Rdn 3; FK-WpÜG/*Schüppen/Tretter*[2] § 327c Rdn 7.

[35] Vgl OLG Hamm ZIP 2005, 1457, 1459; OLG Stuttgart NZG 2004, 146, 147; *Grzimek* in Geibel/Süßmann § 327c Rdn 5; *Hüffer*[7] § 327c Rdn 3.

[36] Vgl OLG Stuttgart NZG 2004, 146, 147.

[37] Vgl OLG Stuttgart NZG 2004, 146, 147; OLG Düsseldorf NZG 2005, 347, 349; FK-WpÜG/*Schüppen/Tretter*[2] § 327c Rdn 7 mit Fn 10.

[38] Vgl Emmerich/*Habersack* Aktien- und GmbH-Konzernrecht[4] § 327c Rdn 7; *Greulich* S 178 f; KK-WpÜG/*Hasselbach* § 327c Rdn 13; AnwK-AktG/*Heidel/Lochner* § 327c Rdn 4; KK-*Koppensteiner*[3] § 327c Rdn 7; *Moritz* S 148 f; FK-WpÜG/*Schüppen/Tretter*[2] § 327c Rdn 8; s auch OLG Düsseldorf NZG 2005, 347, 350 („umfassend und nachvollziehbar“); ferner OLG Köln NZG 2005, 931, 933. Nach BGH ZIP 2006, 2080, 2083 sind die Voraussetzungen für die Übertragung und die Angemessenheit der Barabfindung „schlüssig und plausibel“ darzulegen.

[39] Zu diesem Zusammenhang auch FK-WpÜG/*Schüppen/Tretter*[2] § 327c Rdn 10; LG Frankfurt NZG 2003, 1027, 1029.

[40] Vgl KK-WpÜG/*Hasselbach* § 327c Rdn 13.

[41] Vgl OLG Düsseldorf ZIP 2004, 359, 361; LG Hamburg ZIP 2003, 947, 949; Emmerich/*Habersack* Aktien- und GmbH-Konzernrecht[4] § 327c Rdn 8; *Fuhrmann/Simon* WM 2002, 1211, 1216; MK-*Grunewald*[2] § 327c Rdn 9; *Krieger* BB 2002, 53, 59; FK-WpÜG/*Schüppen/Tretter*[2] § 327c WpÜG Rdn 8.

[42] Vgl Emmerich/*Habersack* Aktien- und GmbH-Konzernrecht[4] § 327c Rdn 8.

[43] Vgl OLG Hamm ZIP 2005, 1457, 1459.

[44] Vgl MK-*Grunewald*[2] § 327c Rdn 9.

b) **Übertragungsvoraussetzungen.** Im Einzelnen muss der Hauptaktionär zunächst die Voraussetzungen für die Übertragung darlegen. Das zielt insbesondere auf den nach § 327a Abs 1 S 1 erforderlichen Anteilsbesitz von 95 Prozent des Grundkapitals.[45] Die Berechnung des Schwellenwerts ist nachvollziehbar und verständlich darzulegen.[46] Besondere Sorgfalt ist auf die Voraussetzungen der Zurechnungstatbestände nach § 327a Abs 2 iVm § 16 Abs 2 und 4 zu verwenden.[47] Bei komplizierten Zurechnungsvorgängen sind Schaubilder hilfreich.[48] Maßgeblicher Bezugspunkt für die Darlegung der Beteiligungshöhe ist der Tag der Unterzeichnung des Berichts.[49] Veränderungen der Beteiligungsquote, die bei der Berichterstellung bereits absehbar sind und sich bis zur Beschlussfassung auswirken, sind in den Bericht aufzunehmen.[50] Zu den Übertragungsvoraussetzungen gehört ferner die Gewährleistungserklärung eines Kreditinstituts nach § 327b Abs 3, auf die der Bericht daher ebenfalls eingehen muss;[51] ihren Abdruck im Übertragungsbericht verlangt das Gesetz allerdings nicht.[52] 9

c) **Angemessenheit der Barabfindung.** Des Weiteren hat der Hauptaktionär die Angemessenheit der Barabfindung zu erläutern und zu begründen. Dabei darf sich seine Erläuterung nicht auf die verbale Darstellung der Bewertungsgrundsätze beschränken;[53] vielmehr muss der Bericht in Anlehnung an die höchstrichterliche Rechtsprechung zu § 340 aF[54] durch Mitteilung von Tatsachen und Zahlen so weit konkretisiert werden, dass die Aktionäre bereits vor der Hauptversammlung eine erste Plausibilitätsprüfung vornehmen können.[55] Keinesfalls genügt ein Verweis auf die nähere Erläuterung in der Hauptversammlung.[56] Andererseits braucht der Bericht nicht so detailliert zu sein, dass den Minderheitsaktionären auf seiner Grundlage eine eigene Bewertung möglich wäre. Diese nachzuprüfen, ist vielmehr nach § 327c Abs 2 S 2 Aufgabe der sachverständigen Prüfer.[57] 10

---

45 Vgl *Grzimek* in Geibel/Süßmann § 327c Rdn 7; KK-WpÜG/*Hasselbach* § 327c Rdn 11; KK-*Koppensteiner*[3] § 327c Rdn 5.

46 MK-*Grunewald*[2] § 327c Rdn 7; *Grzimek* in Geibel/Süßmann § 327c Rdn 7; KK-WpÜG/*Hasselbach* § 327c Rdn 11.

47 Vgl Emmerich/*Habersack* Aktien- und GmbH-Konzernrecht[4] § 327c Rdn 8; *Grzimek* in Geibel/Süßmann § 327c Rdn 7; AnwK-AktG/*Heidel/Lochner* § 327c Rdn 4; KK-*Koppensteiner*[3] § 327c Rdn 5; FK-WpÜG/*Schüppen/Tretter*[2] § 327c Rdn 9.

48 Vgl MK-*Grunewald*[2] § 327c Rdn 7; KK-WpÜG/*Hasselbach* § 327c Rdn 11; *Vetter* AG 2002, 176, 187.

49 Vgl *Grzimek* in Geibel/Süßmann § 327c Rdn 7; KK-WpÜG/*Hasselbach* § 327c Rdn 11.

50 Vgl MK-*Grunewald*[2] § 327c Rdn 7; *Grzimek* in Geibel/Süßmann § 327c Rdn 7; KK-WpÜG/*Hasselbach* § 327c Rdn 11; abschwächend FK-WpÜG/*Schüppen/Tretter*[2] § 327c Rdn 7 („sollten").

51 Vgl OLG Hamm ZIP 2005, 1457, 1459; Emmerich/*Habersack* Aktien- und GmbH-Konzernrecht[4] § 327c Rdn 8; KK-*Koppensteiner*[3] § 327c Rdn 5; **aA** *Fuchs* § 5 II 2 d aa.

52 Vgl OLG Hamm ZIP 2005, 1457, 1459.

53 Vg *Grzimek* in Geibel/Süßmann § 327c Rdn 8.

54 Vgl BGHZ 107, 296, 302 ff; BGH AG 1990, 259, 260 f; AG 1991, 102, 103.

55 Vgl BGH ZIP 2006, 2080, 2083; LG Bochum AG 2005, 738, 739; *Fuchs* § 5 II 2 d bb; MK-*Grunewald*[2] § 327c Rdn 8; *Grzimek* in Geibel/Süßmann § 327c Rdn 8; KK-WpÜG/*Hasselbach* § 327c Rdn 12; FK-WpÜG/*Schüppen/Tretter*[2] § 327c Rdn 10; ebenso für den Bericht im Unternehmensvertragsrecht MK-*Altmeppen*[2] § 293a Rdn 42 ff; *Emmerich*/Habersack Aktien- und GmbH-Konzernrecht[4] § 293a Rdn 25.

56 Vgl *Greulich* S 178; *Grzimek* in Geibel/Süßmann § 327c Rdn 8; KK-WpÜG/*Hasselbach* § 327c Rdn 12; *Moritz* S 149.

57 Vgl *Fuchs* § 5 II 2 d bb; zu § 340 AktG aF auch BGHZ 107, 296, 302 ff; BGH AG 1990, 259, 260 f.

11 Im Einzelnen muss der Hauptaktionär die wesentlichen Eckdaten der Wertermittlung angeben und erläutern, insbesondere die Erträge der vergangenen Jahre, Planzahlen und Prognosen über die Geschäftsentwicklung, den Kapitalisierungszinssatz einschließlich Risikozuschlag und Geldentwertungsabschlag sowie die Bewertung des nicht betriebsnotwendigen Vermögens und die dabei angewandten Maßstäbe und Methoden.[58] Entsprechend § 293a Abs 1 S 2 wird der Hauptaktionär auch auf besondere Schwierigkeiten bei der Bewertung der betroffenen Gesellschaft hinweisen müssen.[59]

12 Ist die Gesellschaft börsennotiert und wird der Börsenkurs als Abfindungsbetrag angeboten, so ist substantiiert darzulegen, dass für einen höheren Ertragswert (zu seiner Relevanz § 327b Rdn 15) keine Anhaltspunkte gegeben sind.[60] Liegt die angebotene Abfindung ausnahmsweise unter dem Börsenkurs (zu dieser Möglichkeit § 327b Rdn 16), muss auch dies detailliert dargetan und erläutert werden.[61]

4. Ausnahmen von der Berichtspflicht (Abs 2 S 4 iVm § 293a Abs 2, 3)

13 Nach § 327c Abs 2 S 4 iVm § 293a Abs 2 und 3 sind einzelne Berichtselemente oder sogar der ganze Bericht des Hauptaktionärs entbehrlich.

14 a) **Schutzklausel.** Der sinngemäß anwendbaren Schutzklausel des § 293a Abs 2 zufolge brauchen in den Bericht Tatsachen nicht aufgenommen zu werden, die einem Beteiligten oder einem mit ihm verbundenen Unternehmen einen nicht unerheblichen Nachteil zufügen. Dazu gehören nicht nur schutzwürdige Geheimhaltungsinteressen der Gesellschaft,[62] sondern auch solche des Hauptaktionärs.[63] Im Einzelfall bedarf es einer Abwägung zwischen dem Informationsbedürfnis der Minderheitsaktionäre und dem Geheimhaltungsinteresse von Gesellschaft und Hauptaktionär.[64] Die Gegenansicht, die das Informationsinteresse der Minderheitsaktionäre nicht berücksichtigen will,[65] wird dem modernen Verständnis derartiger Schutzklauseln nicht gerecht.[66] Die Abwägung kann gerichtlich vollumfänglich nachgeprüft werden.[67] Bei Nichtaufnahme bestimmter Tatsachen sind entsprechend § 293a Abs 2 S 2 die Gründe dafür in dem Bericht darzulegen.[68] Hierzu ist die Berichtslücke kenntlich zu machen und darzustellen, welche Nach-

---

[58] So für das Unternehmensvertragsrecht *Emmerich*/Habersack Aktien- und GmbH-Konzernrecht[4] § 293a Rdn 26; ausführlich LG Mainz AG 2002, 247, 248.

[59] Wie hier *Fuchs* § 5 II 2 d bb; *Greulich* S 178; KK-WpÜG/*Hasselbach* § 327c Rdn 14; *Steinmeyer/Häger* § 327c Rdn 7.

[60] Vgl MK-*Grunewald*[2] § 327c Rdn 8; *Hüffer*[7] § 327c Rdn 3; s auch Emmerich/*Habersack* Aktien- und GmbH-Konzernrecht[4] § 327c Rdn 9.

[61] Vgl Emmerich/*Habersack* Aktien- und GmbH-Konzernrecht[4] § 327c Rdn 9; MK-*Grunewald*[2] § 327c Rdn 8; *Hüffer*[7] § 327c Rdn 3; KK-*Koppensteiner*[3] § 327c Rdn 7; FK-WpÜG/*Schüppen/Tretter*[2] § 327c Rdn 10.

[62] So aber KK-*Koppensteiner*[3] § 327c Rdn 10.

[63] Wie hier Emmerich/*Habersack* Aktien- und GmbH-Konzernrecht[4] § 327c Rdn 9; KK-WpÜG/*Hasselbach* § 327c Rdn 15; FK-WpÜG/*Schüppen/Tretter*[2] § 327c Rdn 11.

[64] Vgl *Greulich* S 180; *Grzimek* in Geibel/Süßmann § 327c Rdn 9; FK-WpÜG/*Schüppen/Tretter*[2] § 327c Rdn 11; für eine „restriktive" Handhabung *Steinmeyer/Häger* § 327c Rdn 8.

[65] So für den Bericht der Vertragsprüfer MK-*Altmeppen*[2] § 293a Rdn 60; für das Auskunftsrecht der Aktionäre *Hüffer*[7] § 131 Rdn 27.

[66] Ausführlich dazu *Fuchs* § 5 II 2 e bb bbb mit umfassenden Nachweisen.

[67] Vgl *Grzimek* in Geibel/Süßmann § 327c Rdn 11; FK-WpÜG/*Schüppen/Tretter*[2] § 327c Rdn 11; ferner OLG Düsseldorf WM 1991, 2148, 2152 (zu § 131).

[68] Vgl KK-WpÜG/*Hasselbach* § 327c Rdn 15; KK-*Koppensteiner*[3] § 327c Rdn 10; FK-WpÜG/*Schüppen/Tretter*[2] § 327c Rdn 11; *Wasmann* in Thaeter/Brandi Teil 7 Rdn 158.

teile bei Offenlegung der zurückgehaltenen Informationen eintreten könnten.[69] Der bloße Hinweis auf die generelle Geheimhaltungsbedürftigkeit, zB von Planzahlen, genügt nicht,[70] weil er den Minderheitsaktionären keine Plausibilitätskontrolle über den Grund für die Berichtslücke erlaubt.[71] Ein späteres Nachholen der Begründung in der Hauptversammlung reicht nicht aus.[72]

b) Verzicht. Entsprechend § 293a Abs 3 kann der Bericht des Hauptaktionärs ganz **15** entfallen, wenn alle Aktionäre der betroffenen Gesellschaft auf seine Erstellung durch öffentlich beglaubigte Erklärung verzichten. Dem steht die notarielle Beurkundung eines einstimmigen Hauptversammlungsbeschlusses über den Verzicht gleich.[73] Bei börsennotierten Gesellschaften wird der Verzicht freilich kaum praktisch werden.[74]

5. Rechtsfolgen eines Verstoßes

Fehlt der Bericht insgesamt oder entspricht er nicht den gesetzlichen Anforderungen, **16** so ist der Übertragungsbeschluss anfechtbar.[75]

IV. Prüfung der Angemessenheit der Barabfindung (Abs 2 S 2–5)

1. Allgemeines

Gemäß § 327c Abs 2 S 2 ist die Angemessenheit der Barabfindung durch einen oder **17** mehrere sachverständige Prüfer zu prüfen. Die Vorschrift ist den §§ 293b Abs 1 (Vertragsprüfer), 320 Abs 3 (Eingliederungsprüfer) und § 9 Abs 1 UmwG (Verschmelzungsprüfer) nachgebildet[76] und verweist in den Einzelheiten ausdrücklich auf die entsprechenden Regelungen für Unternehmensverträge.[77] Die von ihr vorgeschriebene Angemessenheitsprüfung verfolgt ein dreifaches Regelungsziel: Zum ersten soll sie durch unabhängige Prüfer die Interessen der Minderheitsaktionäre schützen;[78] zum zweiten soll sie die Akzeptanz der Barabfindung bei ihnen erhöhen[79] und auf diese Weise die Zahl der Spruchverfahren verringern;[80] zum dritten soll sie dennoch durchgeführte Spruchverfahren beschleunigen,

---

[69] Vgl OLG Köln NZG 2005, 931, 934; *Grzimek* in Geibel/Süßmann § 327c Rdn 11; KK-WpÜG/*Hasselbach* § 327 Rdn 15.

[70] Vgl OLG Köln NZG 2005, 931, 934; *Grzimek* in Geibel/Süßmann § 327c Rdn 11.

[71] Vgl OLG Köln NZG 2005, 931, 934.

[72] Vgl KK-WpÜG/*Hasselbach* § 327c Rdn 15.

[73] Vgl *Grzimek* in Geibel/Süßmann § 327c Rdn 13; KK-WpÜG/*Hasselbach* § 327c Rdn 16.

[74] S auch KK-WpÜG/*Hasselbach* § 327c Rdn 16.

[75] Vgl Emmerich/*Habersack* Aktien- und GmbH-Konzernrecht[4] § 327c Rdn 7; MK-*Grunewald*[2] § 327c Rdn 10; FK-WpÜG/*Schüppen/Tretter*[2] § 327c Rdn 12.

[76] Vgl Begr RegE WpÜG, BT-Drucks 14/7034, S 73.

[77] Auch dazu Begr RegE WpÜG, BT-Drucks 14/7034, S 73; ferner Emmerich/*Habersack* Aktien- und GmbH-Konzernrecht[4] § 293c Rdn 10; *Grzimek* in Geibel/Süßmann § 327c Rdn 14; KK-*Koppensteiner*[3] § 327c Rdn 11; *Ott* DB 2003, 1615; *Marten/Müller* FS Röhricht, 2005, S 963, 972.

[78] Vgl Begr RegE WpÜG, BT-Drucks 14/7034, S 73; *Eisolt* DStR 2002, 1145, 1147; *Veit* DB 2005, 1697, 1698.

[79] Vgl Begr Beschlussempfehlung Finanzausschuss, BT-Drucks 14/7477, S 54; OLG Düsseldorf WM 2005, 1948, 1952; *Marten/Müller* FS Röhricht, 2005, S 963, 972; *Steinmeyer/Häger* § 327c Rdn 10.

[80] Vgl Begr Beschlussempfehlung Finanzausschuss, BT-Drucks 14/7477, S 54; *Grzimek* in Geibel/Süßmann § 327c Rdn 13; *Marten/Müller* FS Röhricht, 2005, S 963, 972; *Steinmeyer/Häger* § 327c Rdn 10; in diesem Sinne bereits Begr RegE UmwBerG, BT-Drucks 12/6699, S 178 zu § 293b.

indem sie dort ein weiteres Sachverständigengutachten entbehrlich macht.[81] Begrifflich kann man den von § 327c Abs 2 S 2 vorgeschriebenen Prüfer in Anlehnung an die Wortprägungen der Vorbildregeln als Ausschließungsprüfer bezeichnen.[82]

2. Auswahl und Bestellung der Prüfer

18 a) **Prüferbestellung.** Der Prüfer wird gemäß § 327c Abs 2 S 3 auf Antrag des Hauptaktionärs vom Gericht ausgewählt und bestellt. Der RegE hatte noch in Anlehnung an §§ 293c Abs 1 S 1 aF, 320 Abs 3 S 2 aF und § 10 Abs 1 S 1 UmwG aF die Bestellung des Squeeze-out-Prüfers durch den Hauptaktionär vorgesehen,[83] doch ist der Gesetzgeber davon auf Beschlussempfehlung des Finanzausschusses abgerückt. Erklärtes Ziel dieser Neuerung ist es, dem Eindruck der Nähe des Prüfers zum Hauptaktionär von vornherein entgegenzuwirken und damit die Akzeptanz der Prüfungsergebnisse bei den Minderheitsaktionären zu erhöhen.[84] Die Überzeugungskraft dieses Gedankens hat den Gesetzgeber im Rahmen des Spruchverfahrensneuordnungsgesetzes[85] inzwischen veranlasst, den Bestellungsmodus im Unternehmensvertrags-, Eingliederungs- und Verschmelzungsrecht entsprechend zu ändern (vgl vor § 327a Rdn 20).[86]

19 Der Hauptaktionär kann dem Gericht einen Squeeze-out-Prüfer vorschlagen.[87] Das Gericht ist daran jedoch nicht gebunden,[88] sondern entscheidet nach eigenem Ermessen.[89] Dass es – wie zumeist – dem Vorschlag des Hauptaktionärs folgt,[90] ist für sich genommen nicht zu beanstanden.[91] Auch kann der Sachverständige den Gutachtenauftrag bereits kennen und uU seine Tätigkeit bereits zuvor aufgenommen haben.[92]

20 Unterschiedlich beurteilt wurde bislang, ob der Hauptaktionär bei Bestellung eines anderen als dem von ihm vorgeschlagenen Prüfers ein Beschwerderecht hat.[93] Seit der

---

81 Vgl Begr Beschlussempfehlung Finanzausschuss, BT-Drucks 14/7477, S 54; *Marten/Müller* FS Röhricht, 2005, S 963, 972.

82 Vgl AnwK-AktG/*Heidel/Lochner* § 327c Rdn 6; *Fuchs* § 5 II 3.

83 Vgl § 327c Abs 2 S 3 AktG-RegE: „Diese [i.e. die Prüfer] werden vom Hauptaktionär bestellt."

84 Vgl Begr Beschlussempfehlung Finanzausschuss, BT-Drucks 14/7477, S 54; dazu OLG Düsseldorf WM 2005, 1948, 1952; auch Emmerich/*Habersack* Aktien- und GmbH-Konzernrecht[4] § 327c Rdn 11; *Veit* DB 2005, 1697, 1699.

85 Gesetz zur Neuordnung des gesellschaftsrechtlichen Spruchverfahrens (Spruchverfahrensneuordnungsgesetz) vom 12.6.2003, BGBl I, S 838.

86 Vgl *Büchel* NZG 2003, 793, 800 f; *Baßler* AG 2006, 487.

87 Vgl *Marten/Müller* FS Röhricht, 2005, S 963, 973; FK-WpÜG/*Schüppen/Tretter*[2] § 327c Rdn 14 mit Fn 21; *Steinmeyer/Häger* § 327c Rdn 14. BGH ZIP 2006, 2080, 2082 lässt offen, ob der Hauptaktionär ein eigenes Vorschlagsrecht hat, hält einen entsprechenden Vorschlag aber nicht für verboten.

88 Vgl BGH ZIP 2006, 2080, 2082; OLG Stuttgart AG 2004, 105, 107; OLG Düsseldorf WM 2005, 1948, 1952; KK-*Koppensteiner*[3] § 327c Rdn 11; *Moritz* S 152; FK-WpÜG/*Schüppen/Tretter*[2] § 327c Rdn 14 mit Fn 21.

89 Vgl OLG Hamm ZIP 2005, 1457, 1460; *Eisolt* DStR 2002, 1145, 1147; *Marten/Müller* FS Röhricht, 2005, S 963, 973; *Steinmeyer/Häger* § 327c Rdn 14.

90 Dazu *Büchel* NZG 2003, 793, 801; *Baßler* AG 2006, 487.

91 Vgl OLG Köln NZG 2005, 931, 932 f; OLG Düsseldorf WM 2005, 1948, 1952; LG Bochum AG 2005, 738, 740; LG Dortmund Der Konzern 2005, 603, 605; eingehend *Baßler* AG 2006, 487, 488 ff.

92 Vgl OLG Düsseldorf WM 2005, 1948, 1952; NZG 2005, 347, 351; *Büchel* NZG 2003, 793, 801.

93 Für ein solches Beschwerderecht LG Bonn Der Konzern 2004, 491, 494; *Steinmeyer/Häger* § 327c Rdn 14; dagegen KK-*Koppensteiner*[3] § 327c Rdn 11; FK-WpÜG/*Schüppen/Tretter*[2] § 327c Rdn 14 mit Fn 21.

Gesetzgeber im Rahmen des SpruchG[94] den Rechtsschutz gegen die Bestellung des Verschmelzungsprüfers in § 10 Abs 5–7 UmwG neu geregelt und gemäß § 293c Abs 2 auf den Vertragsprüfer erstreckt hat, liegt die Lösung auch für den Squeeze out in einer analogen Anwendung der umwandlungsrechtlichen Vorschriften.[95] Entsprechend § 10 Abs 5 S 1 UmwG ist daher gegen die Bestellung des Ausschließungsprüfers die sofortige Beschwerde statthaft; eine weitere Beschwerde ist analog § 10 Abs 6 S 3 UmwG ausgeschlossen.[96]

Sachlich und örtlich zuständig für die Prüferbestellung ist nach § 327c Abs 2 S 4 iVm § 293c Abs 1 S 3 das Landgericht, in dessen Bezirk die betroffene Gesellschaft ihren Sitz hat. Ist bei dem Landgericht eine Kammer für Handelssachen gebildet, so entscheidet nach § 327c Abs 2 S 4 iVm § 293c Abs 1 S 4 deren Vorsitzender an Stelle der Zivilkammer. **21**

§ 327c Abs 2 S 5 lässt für die Bestellungsentscheidung eine Verfahrenskonzentration zu. Diese setzt allerdings voraus, dass die nach Landesrecht zuständige Stelle von der Verordnungsermächtigung selbständig Gebrauch macht.[97] Die wenig durchsichtige[98] Regelung hat an Verständlichkeit weiter eingebüßt, seitdem der von ihr in Bezug genommene § 293c Abs 2 die Zuständigkeitskonzentration nicht mehr selbst gestattet, sondern seinerseits auf § 10 Abs 3–7 UmwG verweist.[99] Nicht nur an dieser Stelle hat sich der Gesetzgeber im Irrgarten seiner Verweisungsketten verlaufen. **22**

b) **Eignungsvoraussetzungen.** Die Squeeze-out-Prüfung stellt eine Vorbehaltsaufgabe der Wirtschaftsprüfer dar. Nach § 327c Abs 2 S 4 iVm § 293d Abs 1 S 1 iVm § 319 Abs 1 S 1 HGB kommen für sie nur Wirtschaftsprüfer und Wirtschaftsprüfungsgesellschaften in Frage.[100] Ein weiterer Nachweis ihres Sachverstandes – 327c Abs 2 S 2 spricht von „sachverständigen" Prüfern – ist entbehrlich.[101] **23**

c) **Ausschlussgründe.** Über § 327c Abs 2 S 4 iVm § 293d Abs 1 S 1 gelten die Ausschlussgründe der §§ 319 Abs 2–4, 319a Abs 1 HGB entsprechend. Sie greifen nicht nur ein, wenn sie bezüglich der betroffenen Gesellschaft erfüllt sind, sondern auch dann, wenn sie im Hinblick auf den Hauptaktionär verwirklicht werden.[102] Daraus folgt etwa, dass ein Wirtschaftsprüfer entsprechend § 319 Abs 1 Nr 3 HGB von der Squeeze-out-Prüfung ausgeschlossen ist, wenn er an dem Hauptaktionär iSd § 271 Abs 1 HGB beteiligt ist.[103] Die hierüber vor Inkrafttreten des Bilanzrechtsreformgesetzes[104] geführte **24**

---

94 Vgl Fn 85.

95 Vgl *Fuchs* § 5 II 3 d bb ddd; in diese Richtung auch *Leuering* NZG 2004, 606, 609 unter Hinweis darauf, dass § 327c derzeit nicht auf § 293c Abs 2 verweist („alsbald zu korrigierendes Redaktionsversehen").

96 Vgl *Fuchs* § 5 II 3 d bb ddd.

97 Vgl *Hüffer*[7] § 327c Rdn 5; Emmerich/*Habersack* Aktien- und GmbH-Konzernrecht[4] § 327c Rdn 11; MK-*Grunewald*[2] § 327c Rdn 12.

98 Vgl *Grzimek* in Geibel/Süßmann § 327c Rdn 22 („kryptisch"); kritisch auch DAV-Handelsrechtsausschuß NZG 2001, 420, 432.

99 Vgl *Fuchs* § 5 II 3 d bb ccc.

100 Vgl *Marten/Müller* FS Röhricht, 2005, S 963, 972; *Veit* DB 2005, 1697, 1699.

101 Vgl *Veit* DB 2005, 1697, 1699.

102 Vgl *Eisolt* DStR 2002, 1145, 1147; Emmerich/*Habersack* Aktien- und GmbH-Konzernrecht[4] § 327c Rdn 12; MK-*Grunewald*[2] § 327c Rdn 13; *Grzimek* in Geibel/Süßmann § 327c Rdn 17; *Veit* DB 2005, 1697, 1699.

103 Vg *Fuchs* § 5 II 3 d aa aaa; *Marten/Müller* FS Röhricht, 2005, S 963, 973; FK-WpÜG/*Schüppen/Tretter*[2] § 327c Rdn 18.

104 Gesetz zur Einführung internationaler Rechnungslegungsstandards und zur Sicherung der Qualität der Abschlussprüfung (Bilanzrechtsreformgesetz) vom 4.12.2004, BGBl I S 3166.

Debatte[105] hat sich damit erledigt. Unbedenklich ist dagegen, dass der Wirtschaftsprüfer schon im Vorfeld des Ausschließungsverfahrens erklärt hat, für eine Überprüfung der Barabfindung zur Verfügung zu stehen.[106] Kein Ausschlussgrund ist ferner, dass der Wirtschaftsprüfer Geschäftsräume von der betroffenen Gesellschaft gemietet hat.[107] Zudem begegnet es abseits der Sonderfälle der §§ 319 Abs 3 S 1 Nr 5, 319a Abs 1 S 1 Nr 1 HGB keinen Bedenken, den Abschlussprüfer der betroffenen Gesellschaft oder des Hauptaktionärs mit der Angemessenheitsprüfung zu beauftragen,[108] doch ist dies in der Praxis nicht üblich.[109]

25 Heftige Diskussionen haben sich an der Frage entzündet, ob eine sog Parallelprüfung (näher Rdn 28f) einen Ausschlussgrund bildet. Sie stellt sich insbesondere im Hinblick auf § 319 Abs 3 S 1 Nr 3a) HGB,[110] wonach als Abschlussprüfer ausscheidet, wer an der Festlegung der Barabfindung über seine Prüfungstätigkeit hinaus mitgewirkt hat.[111] Rechtsprechung und hL lehnen einen Ausschlussgrund mit Recht ab, wenn der Hauptaktionär und die von ihm beauftragte Wirtschaftsprüfungsgesellschaft Ansichten und Einschätzungen des gerichtlich bestellten Ausschließungsprüfers übernehmen.[112] Diese Einwirkung des Ausschließungsprüfers ist Ausfluss seiner Prüfertätigkeit.[113] Die Gegenansicht, die durch einen solchen „Erfahrungs- und Ergebnisaustausch" die Unvoreingenommenheit des Ausschließungsprüfers gefährdet sieht,[114] verkennt, dass gerade eine frühzeitige Fehlerkorrektur dem Schutz der Minderheitsaktionäre dient[115] und überdies die Prüfungseffizienz fördert.[116] Ihr weiterer Einwand, eine Prüfung erfordere stets eine abgeschlossene Bewertung durch den Hauptaktionär,[117] übersieht, dass der auf die Squeeze-out-Prüfung entsprechend anwendbare § 320 Abs 2 S 2 HGB Vor- und Zwischenprüfungen zulässt (näher Rdn 28f).[118] Ebenso wenig spricht gegen eine unabhängige Prüfung, dass die gerichtliche Bestellung erst zu einem Zeitpunkt erfolgt, zu dem der Ausschließungsprüfer seine Prüfertätigkeit bereits aufgenommen hatte.[119] Nicht mit der

---

105 Vgl einerseits *Grzimek* in Geibel/Süßmann § 327c Rdn 17; andererseits KK-WpÜG/*Hasselbach* § 327c Rdn 18.

106 Vgl OLG Düsseldorf NZG 2004, 328, 333; FK-WpÜG/*Schüppen/Tretter*² § 327c Rdn 18.

107 Vgl LG Dortmund Der Konzern 2005, 603, 605.

108 Vgl KK-WpÜG/*Hasselbach* § 327c Rdn 19; *Marten/Müller* FS Röhricht, 2005, S 963, 973; *Steinmeyer/Häger* § 327c Rdn 11.

109 Vgl *Marten/Müller* FS Röhricht, 2005, S 963, 973.

110 § 319 Abs 3 S 1 Nr 3 a) HGB nF entspricht § 319 Abs 2 S 1 Nr 5 HGB aF.

111 Umfassend *Leuering* NZG 2004, 606 ff.

112 Vgl OLG Stuttgart ZIP 2003, 2363, 2365; OLG Düsseldorf WM 2005, 650, 654; OLG Hamburg NZG 2005, 86, 87; OLG Köln NZG 2005, 931, 932 f; *Fuchs* § 5 II 3 d aa bbb; MK-*Grunewald*² § 327c Rdn 13; *Leuering* NZG 2004, 606, 609; FK-WpÜG/ *Schüppen/Tretter*² § 327c Rdn 19.

113 Vgl OLG Stuttgart ZIP 2003, 2363, 2365; *Fuchs* § 5 II 3 d aa bbb; FK-WpÜG/*Schüppen/Tretter*² § 327c Rdn 19.

114 Vgl OLG Hamm ZIP 2005, 1457, 1460, das die Frage im Rahmen einer Anfechtungsklage aber letztlich dahinstehen lässt; in diese Richtung auch LG Wuppertal AG 2004, 161, 162; ferner AnwK-AktG/*Schubert* § 293b Rdn 11 („bedenklich").

115 Vgl OLG Stuttgart ZIP 2003, 2363, 2365; *Leuering* NZG 2004, 606, 609; FK-WpÜG/ *Schüppen/Tretter*² § 327c Rdn 19.

116 Vgl BGH ZIP 2006, 2080, 2082; LG Bochum AG 2005, 738, 740; *Büchel* NZG 2003, 793, 801.

117 Vgl OLG Hamm ZIP 2005, 1457, 1460, wonach das „Vorliegen eines vom Hauptaktionär vertretenen Gesamtwerkes als geschlossener Prüfungsgegenstand und nicht nur einzelne Fragmente von Versionsständen" erforderlich seien; ähnlich *Puszkajler* ZIP 2003, 518, 521 mit Fn 15.

118 Vgl *Leuering* NZG 2004, 606, 608 f.

119 Vgl OLG Düsseldorf WM 2005, 1948, 1952; NZG 2005, 347, 351; *Büchel* NZG 2003, 793, 801.

gesetzlichen Regelung vereinbar ist es jedoch, wenn der vom Hauptaktionär beauftragte Wirtschaftsprüfer und der Ausschließungsprüfer die anzubietende Abfindung gemeinsam „erarbeiten“.[120]

3. Prüfungsgegenstand

Gegenstand der Squeeze-out-Prüfung ist allein die Angemessenheit der vom Hauptaktionär festgelegten Barabfindung.[121] Der Ausschließungsprüfer hat daher weder die Tatbestandsvoraussetzungen des § 327a Abs 1 S 1[122] noch das Vorliegen der Gewährleistungserklärung eines Kreditinstituts[123] oder gar die wirtschaftliche Zweckmäßigkeit des Ausschlusses[124] zu prüfen. Hinsichtlich des Berichts des Hauptaktionärs nach § 327c Abs 2 S 1 gilt, dass er dem Ausschließungsprüfer zwar als Datengrundlage und Informationsquelle dient, aber keinen Prüfungsgegenstand im eigentlichen Sinne darstellt.[125] **26**

4. Prüfungsumfang

Nach allgemeiner Auffassung ist es nicht Aufgabe des Ausschließungsprüfers, selbst eine Unternehmensbewertung vorzunehmen.[126] Vielmehr kann er sich darauf beschränken, die vom Hauptaktionär vorgenommene Bewertung auf ihre methodische Konsistenz und ihre inhaltlichen Prämissen zu überprüfen.[127] Dazu gehört zunächst die Untersuchung, ob die angewandten Bewertungsmethoden den anerkannten Grundsätzen zur Durchführung von Unternehmensbewertungen (vgl § 327b Rdn 13) entsprechen.[128] Zudem ist zu prüfen, inwiefern bei der Abfindungsermittlung der Börsenkurs (zu dessen Relevanz § 327b Rdn 14ff) berücksichtigt wurde.[129] Weiterhin muss sich der Ausschließungsprüfer vergewissern, ob die zugrunde gelegten Daten fachgerecht abgeleitet **27**

---

120 Vgl FK-WpÜG/*Schüppen/Tretter*² § 327c Rdn 20.

121 Vgl *Eisolt* DStR 2002, 1145, 1147; Emmerich/*Habersack* Aktien- und GmbH-Konzernrecht⁴ § 327c Rdn 10; MK-*Grunewald*² § 327c Rdn 11; *Grzimek* in Geibel/Süßmann § 327c Rdn 15; KK-WpÜG/*Hasselbach* § 327c Rdn 21; *Marten/Müller* FS Röhricht, 2005, S 963, 974; FK-WpÜG/*Schüppen/Tretter*² § 327c Rdn 16; *Veit* DB 2005, 1697, 1700.

122 Vgl *Bolte* DB 2001, 2587, 2588 f; *Eisolt* DStR 2002, 1145, 1147; MK-*Grunewald*² § 327c Rdn 11; *Marten/Müller* FS Röhricht, 2005, S 963, 975; *Scharpf* S 82 f; *Steinmeyer/Häger* § 327c Rdn 11; *Veit* DB 2005, 1697, 1700.

123 Vgl *Greulich* S 186; MK-*Grunewald*² § 327c Rdn 11; *Veit* DB 2005, 1697, 1700; implizit auch Emmerich/*Habersack* Aktien- und GmbH-Konzernrecht⁴ § 327c Rdn 10; aA *Fuhrmann/Simon* WM 2002, 1211, 1216.

124 Vgl *Grzimek* in Geibel/Süßmann § 327c Rdn 15; KK-WpÜG/*Hasselbach* § 327c Rdn 21; AnwK-AktG/*Heidel/Lochner* § 327c Rdn 6; *Marten/Müller* FS Röhricht, 2005, S 963, 974 f; *Veit* DB 2005, 1697, 1700.

125 Vgl MK-*Grunewald*² § 327c Rdn 11; KK-WpÜG/*Hasselbach* § 327c Rdn 21; *Marten/Müller* FS Röhricht, 2005, S 963, 975; *Veit* DB 2005, 1697, 1700; wohl auch *Grzimek* in Geibel/Süßmann § 327c Rdn 16.

126 Vgl *Eisolt* DStR 2002, 1145, 1149; *Leuering* NZG 2004, 606, 607; *Marten/Müller* FS Röhricht, 2005, S 963, 975; *Scharpf* S 83; FK-WpÜG/*Schüppen/Tretter*² § 327b Rdn 16; *Veit* DB 2005, 1697, 1700.

127 Vgl *Grzimek* in Geibel/Süßmann § 327c Rdn 16; *Leuering* NZG 2004, 606, 607; *Marten/Müller* FS Röhricht, 2005, S 963, 975; *Moritz* S 154; FK-WpÜG/*Schüppen/Tretter*² § 327c Rdn 16.

128 Vgl *Leuering* NZG 2004, 606, 607; *Marten/Müller* FS Röhricht, 2005, S 963, 976; FK-WpÜG/*Schüppen/Tretter*² § 327c Rdn 16; *Veit* DB 2005, 1697, 1700.

129 Vgl *Marten/Müller* FS Röhricht, 2005, S 963, 976.

wurden und die Zukunftseinschätzungen plausibel erscheinen.[130] Schließlich sind die rechnerische Richtigkeit der Unternehmensbewertung sowie die Ableitung der angemessenen Barabfindung zu überprüfen.[131]

5. Prüfungszeitpunkt, insbesondere: Parallelprüfung

28 Zum Prüfungsbeginn enthält das Gesetz keine ausdrücklichen Vorgaben. Nach hM kann der Ausschließungsprüfer seine Prüfung zeitgleich mit der Unternehmensbewertung durch den Hauptaktionär aufnehmen.[132] Gegenstimmen halten dies für unzulässig, weil eine Prüfung schon nach ihrem Wortsinn immer nachträglich zu erfolgen habe.[133] Letzteres vermag nicht zu überzeugen: Vorgezogene Prüfungshandlungen sind heute im Rahmen der Abschlussprüfung weit verbreitet und gemäß § 320 Abs 2 S 2 HGB ausdrücklich gestattet.[134] Weil § 327c Abs 2 S 4 iVm § 293d Abs 1 S 1 diese Vorschrift ausdrücklich in Bezug nimmt (vgl Rdn 30), kann für die Squeeze-out-Prüfung nichts anderes gelten.[135] Erforderlich ist allerdings stets, dass abgrenzbare Teile einer Bewertung durch den Hauptaktionär vorliegen, die prüffähig sind.[136] Unter diesen Voraussetzungen bestehen auch keine Einwände gegen die Unabhängigkeit des Abschlussprüfers (vgl oben Rdn 25).

29 Erfolgt eine Parallelprüfung, so kann sie kurzfristig nach Beendigung der Unternehmensbewertung durch den Hauptaktionär abgeschlossen werden.[137] Unter Umständen kann der Prüfungsbericht sogar früher datiert sein als der Bericht des Hauptaktionärs, weil dieser nicht Gegenstand der Ausschließungsprüfung ist (vgl Rdn 26).

6. Auskunfts- und Einsichtsrechte des Prüfers

30 Dem Ausschließungsprüfer stehen für die Durchführung seiner Aufgabe umfangreiche Auskunfts- und Einsichtsrechte zu.[138] Er kann nach § 327c Abs 2 S 4 iVm § 293d Abs 1 S 1 iVm § 320 Abs 2 S 1 und 2 HGB alle Aufklärungen und Nachweise verlangen, die für eine sorgfältige Prüfung notwendig sind. Dies gilt sowohl gegenüber der betroffenen Gesellschaft als auch gegenüber dem Hauptaktionär.[139] Weiterhin ist der Ausschließungsprüfer nach § 327c Abs 2 S 4 iVm § 293d Abs 1 S 1 iVm § 320 Abs 1 S 2 HGB berechtigt, die Bücher und Schriften der Gesellschaft sowie ihre Vermögensgegenstände und Schulden zu überprüfen.

---

[130] Vgl *Eisolt* DStR 2002, 1145, 1149; *Marten/Müller* FS Röhricht, 2005, S 963, 976.

[131] Vgl *Marten/Müller* FS Röhricht, 2005, S 963, 976.

[132] Vgl BGH ZIP 2006, 2080, 2082; OLG Stuttgart ZIP 2003, 2363, 2365; OLG Düsseldorf WM 2005, 650, 654; NZG 2005, 347, 351; OLG Hamburg NZG 2005, 86, 87; *Büchel* NZG 2003, 793, 801; Emmerich/*Habersack* Aktien- und GmbH-Konzernrecht[4] § 327c Rdn 11; MK-*Grunewald*[2] § 327c Rdn 13; *Hüffer*[7] § 327c Rdn 5; *Leuering* NZG 2004, 606, 608; FK-WpÜG/*Schüppen/Tretter*[2] § 327c Rdn 19.

[133] Vgl *Puszkajler* ZIP 2003, 518, 521; dem zuneigend auch OLG Hamm ZIP 2005, 1457, 1460; LG Wuppertal AG 2004, 161, 162.

[134] Näher *Winkeljohann/Hellwege* in Beck Bil-Komm § 320 HGB Rdn 14.

[135] Vgl *Leuering* NZG 2004, 606, 608 f.

[136] Vgl FK-WpÜG/*Schüppen/Tretter*[2] § 327c Rdn 20.

[137] Vgl OLG Düsseldorf ZIP 2004, 359, 364; *Leuering* NZG 2004, 606, 609.

[138] Vgl *Grzimek* in Geibel/Süßmann § 327c Rdn 23; *Marten/Müller* FS Röhricht, 2005, S 963, 979; *Moritz* S 155; *Steinmeyer/Häger* § 327c Rdn 16; *Veit* DB 2005, 1697, 1699.

[139] Vgl *Marten/Müller* FS Röhricht, 2005, S 963, 979; *Steinmeyer/Häger* § 327c Rdn 16.

Im konkreten Zugriff wird der Ausschließungsprüfer zur Wahrnehmung seiner Aufgabe alle Unterlagen beiziehen, die er auch für eine Unternehmensbewertung bräuchte.[140] Es sind dies insbesondere die testierten Jahresabschlüsse der letzten drei Jahre sowie Budget- und Planungsrechnungen für die folgenden Jahre, ferner Geschäftsberichte, Aufsichtsratsprotokolle, ungeprüfte Zwischenberichte und Prüfungsberichte des Abschlussprüfers.[141] Zur Plausibilisierung dieser Unterlagen werden zusätzliche Auskünfte beim Vorstand, leitenden Mitarbeitern sowie dem Abschlussprüfer der Gesellschaft eingeholt.[142] Schließlich lässt sich der Ausschließungsprüfer zu seiner Absicherung vom Vorstand der Gesellschaft eine Vollständigkeitserklärung vorlegen.[143] **31**

7. Prüfungsbericht

a) **Allgemeines.** Gemäß § 327c Abs 2 S 4 iVm § 293e Abs 1 S 1 hat der Ausschließungsprüfer über das Ergebnis der Prüfung schriftlich zu berichten. Aus der Schlusserklärung des Prüfungsberichts sollen die Minderheitsaktionäre entsprechend § 293e Abs 1 S 2 auf einen Blick ersehen können, ob die vom Hauptaktionär festgelegte Barabfindung angemessen ist.[144] Ein die Angemessenheit bestätigendes Testat eines unabhängigen Wirtschaftsprüfers erhöht die Akzeptanz der Abfindung bei den Minderheitsaktionären[145] und kann zur Vermeidung von Spruchverfahren beitragen.[146] **32**

b) **Empfänger und Schutzadressat.** Das Gesetz regelt nicht ausdrücklich, wem der Prüfungsbericht auszuhändigen ist. Richtigerweise ist er sowohl dem Vorstand der betroffenen Gesellschaft als auch dem Hauptaktionär zu übergeben.[147] Letzteres folgt bereits aus dem Vertragsverhältnis zwischen Hauptaktionär und Ausschließungsprüfer;[148] ersteres ergibt sich aus der Pflicht des Vorstands, den Prüfungsbericht nach § 327c Abs 3 Nr 4 in dem Geschäftsraum der Gesellschaft zur Einsicht der Aktionäre auszulegen.[149] Schutzadressat des Prüfungsberichts sind die Minderheitsaktionäre.[150] **33**

c) **Form.** Der Prüfungsbericht ist schriftlich vorzulegen, also von dem Prüfer zu unterzeichnen (§ 126 Abs 1 BGB)[151] und mit einem Siegel zu versehen (§ 48 WPO).[152] Ist der Prüfer eine juristische Person, genügt es, wenn der Prüfungsbericht von Vorstandsmitgliedern oder Geschäftsführern in vertretungsberechtigter Zahl unterschrieben **34**

---

140 Vgl *Marten/Müller* FS Röhricht, 2005, S 963, 980.

141 Vgl *Eisolt* DStR 2002, 1145, 1149; *Marten/Müller* FS Röhricht, 2005, S 963, 980.

142 Vgl *Eisolt* DStR 2002, 1145, 1149; *Marten/Müller* FS Röhricht, 2005, S 963, 980.

143 Vgl *Eisolt* DStR 2002, 1145, 1149; *Marten/Müller* FS Röhricht, 2005, S 963, 981.

144 Vgl *Veit* DB 2005, 1697, 1701 („pointierte Mitteilung des Ergebnisses").

145 Vgl *Marten/Müller* FS Röhricht, 2005, S 963, 981.

146 Vgl *Grzimek* in Geibel/Süßmann § 327c Rdn 29; zum Bericht des Vertragsprüfers auch MK-*Altmeppen*[2] § 293e Rdn 1; *Hüffer*[7] § 293e Rdn 1.

147 Vgl *Eisolt* DStR 2002, 1145, 1148; *Grzimek* in Geibel/Süßmann § 327c Rdn 30; KK-WpÜG/*Hasselbach* § 327c Rdn 25; *Marten/Müller* FS Röhricht, 2005, S 963, 981; *Veit* DB 2005, 1697, 1700; **aA** KK-*Koppensteiner*[3] § 327c Rdn 13: Hauptversammlung.

148 Vgl KK-WpÜG/*Hasselbach* § 327c Rdn 25.

149 Vgl *Grzimek* in Geibel/Süßmann § 327c Rdn 30; KK-WpÜG/*Hasselbach* § 327c Rdn 25.

150 Vgl *Fuchs* § 5 II 3 f aa; unscharf KK-*Koppensteiner*[3] § 327c Rdn 13: „Berichtsadressat ist die Hauptversammlung der Gesellschaft."

151 Vgl OLG Düsseldorf WM 2005, 1948, 1952 f; *Grzimek* in Geibel/Süßmann § 327c Rdn 29; KK-WpÜG/*Hasselbach* § 327c Rdn 24; FK-WpÜG/*Schüppen/Tretter*[2] § 327c Rdn 23.

152 Vgl *Marten/Müller* FS Röhricht, 2005, S 963, 981.

wird.[153] Eine Ersetzung der Unterschrift durch die elektronische Form nach § 126a BGB ist nach Sinn und Zweck des § 327c Abs 2 S 4 und mit Rücksicht auf die Auslegungspflicht der §§ 327c Abs 3 Nr 4, 327d S 1 ausgeschlossen.[154] Mehrere Prüfer können einen gemeinsamen Bericht abgeben.[155]

35 d) **Inhalt.** Der Berichtsinhalt erschließt sich zunächst aus § 293e Abs 1 S 3.[156] Danach ist im Prüfungsbericht anzugeben, nach welchen Methoden die Barabfindung ermittelt wurde (Nr 1); aus welchen Gründen die Anwendung dieser Methoden angemessen ist (Nr 2); welche Barabfindung sich bei der Anwendung verschiedener Methoden, sofern mehrere angewandt worden sind, jeweils ergeben würde; ferner, welches Gewicht den verschiedenen Methoden bei der Bestimmung der festgelegten Barabfindung und der ihr zugrunde liegenden Werte beigemessen worden ist und welche besonderen Schwierigkeiten bei der Bewertung des Unternehmens aufgetreten sind (Nr 3).

36 Unterschiedlich beurteilt wird, ob sich die betreffenden Angaben in einem Ergebnisbericht erschöpfen dürfen[157] oder ob der Bericht weitere Erläuterungen enthalten muss, um den Minderheitsaktionären ohne Beiziehung weiterer Unterlagen eine Plausibilitätskontrolle zu ermöglichen.[158] Dem Normzweck der Prüfungs- und Berichtspflicht (vgl Rdn 17 und 32) wird nur die zweite Ansicht gerecht. Der Prüfungsbericht muss sich daher mit der Bewertung des Hauptaktionärs gründlich auseinandersetzen, Bewertungsspielräume aufzeigen und auf fallspezifische Besonderheiten der Unternehmensbewertung eingehen.[159]

37 Zum Aufbau des Prüfungsberichts enthält das Gesetz keine Vorgaben. In der Praxis hat sich ein weitgehend einheitliches Schema herausgebildet, das fünf Berichtskomponenten enthält: (1) Auftrag und Auftragsdurchführung; (2) Art und Umfang der Prüfung gemäß § 327c; (3) Prüfung der Angemessenheit der Barabfindung; (4) Ableitung der angemessenen Barabfindung; (5) abschließende Erklärung zur Angemessenheit der Barabfindung gemäß § 327c Abs 2 S 2.[160]

38 e) **Ausnahmen von der Berichtspflicht.** Nach § 327c Abs 2 S 4 iVm § 293e Abs 2 iVm § 293a Abs 2 und 3 sind einzelne Berichtselemente oder sogar der ganze Prüfungsbericht entbehrlich.

39 aa) **Schutzklausel.** Entsprechend § 293a Abs 2 S 1 brauchen in den Prüfungsbericht des Ausschließungsprüfers – ebenso wie in den Bericht des Hauptaktionärs (vgl Rdn 14) – Tatsachen nicht aufgenommen zu werden, deren Bekanntwerden geeignet ist, der betrof-

---

153 Vgl OLG Düsseldorf WM 2005, 1948, 1953.

154 Vgl *Fuchs* § 5 II 3 f bb; für den Bericht des Vertragsprüfers auch *Emmerich*/Habersack § 293e Rdn 7.

155 Vgl *Grzimek* in Geibel/Süßmann § 327c Rdn 29; *Moritz* S 157; FK-WpÜG/*Schüppen/Tretter*[2] § 327c Rdn 23.

156 Vgl *Grzimek* in Geibel/Süßmann § 327c Rdn 31; *Marten/Müller* FS Röhricht, 2005, S 963, 981.

157 So für den Bericht des Vertragsprüfers *Hüffer*[7] § 293e Rdn 6; zu § 340b AktG aF auch OLG Hamm AG 1989, 31, 33; eher zurückhaltend auch LG Dortmund Der Konzern 2005, 603, 605 f.

158 So *Eisolt* DStR 2002, 1145, 1148; *Greulich* S 184 ff; *Marten/Müller* FS Röhricht, 2005, S 963, 981 f; FK-WpÜG/*Schüppen/Tretter*[2] § 327c Rdn 22; tendenziell auch *Moritz* S 157 f; für den Bericht des Vertragsprüfers auch MK-*Altmeppen*[2] § 293a Rdn 13; Emmerich/*Habersack* Aktien- und GmbH-Konzernrecht[4] § 293e Rdn 17; zu § 340b AktG aF auch OLG Karlsruhe AG 1990, 35, 37 f.

159 Vgl FK-WpÜG/*Schüppen/Tretter*[2] § 327c Rdn 22.

160 Vgl *Marten/Müller* FS Röhricht, 2005, S 963, 982; s auch *Veit* DB 2005, 1697, 1701.

fenen Gesellschaft oder dem Hauptaktionär einen nicht unerheblichen Nachteil zuzufügen.[161] Macht der Ausschließungsprüfer von dieser Schutzklausel Gebrauch, muss er entsprechend § 293a Abs 2 S 2 die Gründe dafür angeben.[162] In der Praxis kommt eine schutzklauselbedingte Reduzierung von Berichtsergebnissen bislang nur selten vor, weil die Prüfungsberichte (zu[163]) wenige Einzelheiten enthalten.[164]

bb) Verzicht. Gänzlich entbehrlich ist der Prüfungsbericht entsprechend § 293a Abs 3, wenn alle Aktionäre der betroffenen Gesellschaft auf seine Erstellung durch öffentlich beglaubigte Erklärung verzichten. Dies entspricht der für den Bericht des Hauptaktionärs geltenden Parallelregelung (vgl Rdn 15). **40**

f) Rechtsfolgen eines Verstoßes. Fehlt der Bericht oder entspricht er nicht den gesetzlichen Anforderungen, so ist der Übertragungsbeschluss anfechtbar.[165] Hält der Ausschließungsprüfer die Abfindung nicht für angemessen, hat dies auf die Durchführung des Squeeze out keine unmittelbaren Auswirkungen;[166] die Angemessenheit wird dann im Spruchverfahren überprüft.[167] **41**

8. Prüfervergütung

Der vom Gericht bestellte Ausschließungsprüfer hat nach § 327c Abs 2 S 4 iVm 293c Abs 1 S 5 iVm § 318 Abs 5 S 1 HGB Anspruch auf Ersatz angemessener barer Auslagen und auf Vergütung für seine Tätigkeit. Auslagen und Vergütung setzt das Gericht fest. Gegen dessen Entscheidung ist die sofortige Beschwerde zulässig. Die weitere Beschwerde ist ausgeschlossen. Aus der rechtskräftigen Entscheidung findet die Zwangsvollstreckung statt. Schuldner der Vergütung und Auslagenerstattung ist der Hauptaktionär.[168] Nach hL kann zwischen Hauptaktionär und Ausschließungsprüfer eine höhere Vergütung vereinbart werden, die Vorrang gegenüber der gerichtlichen Festsetzung hat.[169] In der Praxis wird zumeist ein Zeithonorar auf der Grundlage des geschätzten Zeitaufwands festgelegt.[170] Neuerdings mehren sich jedoch die Stimmen, welche die Statthaftigkeit einer Vergütungsvereinbarung in Zweifel ziehen.[171] **42**

---

161 Näher *Veit* DB 2005, 1697, 1701 f.

162 Vgl *Grzimek* in Geibel/Süßmann § 327c Rdn 34.

163 Zur Unzulänglichkeit eines reinen Ergebnisberichts Rdn 36.

164 Vgl *Veit* DB 2005, 1697, 1701; ähnlicher Befund bei KK-WpÜG/*Hasselbach* § 327c Rdn 26.

165 Vgl Emmerich/*Habersack* Aktien- und GmbH-Konzernrecht[4] § 327c Rdn 13; MK-*Grunewald*[2] § 327c Rdn 15; FK-WpÜG/*Schüppen/Tretter*[2] § 327c Rdn 24.

166 Vgl MK-*Grunewald*[2] § 327c Rdn 15; *Hüffer*[7] § 327 f Rdn 3; *Marten/Müller* FS Röhricht, 2005, S 963, 983; *Ott* DB 2003, 1615, 1616 f.

167 Vgl MK-*Grunewald*[2] § 327c Rdn 15; *Ott* DB 2003, 1615, 1617; aA *Greulich* S 187 f.

168 Vgl *Eisolt* DStR 2002, 1145, 1147; Emmerich/*Habersack* Aktien- und GmbH-Konzernrecht[4] § 327c Rdn 11; *Greulich* S 189; MK-*Grunewald*[2] § 327c Rdn 12; *Grzimek* in Geibel/Süßmann § 327c Rdn 21; KK-WpÜG/*Hasselbach* § 327c Rdn 20; *Marten/Müller* FS Röhricht, 2005, S 963, 984.

169 Vgl KK-WpÜG/*Hasselbach* § 327c Rdn 20; KK-*Koppensteiner*[3] § 327c Rdn 11; *Marten/Müller* FS Röhricht, 2005, S 963, 984; *Steinmeyer/Häger* § 327c Rdn 15.

170 Vgl *Marten/Müller* FS Röhricht, 2005, S 963, 984.

171 Vgl FK-WpÜG/*Schüppen/Tretter*[2] § 327c Rdn 15; zweifelnd auch *Grzimek* in Geibel/Süßmann § 327c Rdn 21.

9. Verantwortlichkeit des Prüfers

43 Die Verantwortlichkeit des Ausschließungsprüfers richtet sich nach § 327c Abs 2 S 4 iVm § 293d Abs 2 S 1 iVm § 323 HGB. Danach sind der Prüfer, seine Gehilfen und die bei der Prüfung mitwirkenden gesetzlichen Vertreter der Prüfungsgesellschaft zur gewissenhaften und unparteiischen Prüfung und zur Verschwiegenheit verpflichtet. Außerdem ist es ihnen untersagt, unbefugt Geschäfts- und Betriebsgeheimnisse zu verwerten, die sie bei ihrer Tätigkeit erfahren haben. Verletzt der Ausschließungsprüfer seine Pflichten vorsätzlich oder fahrlässig, so ist er zum Ersatz des daraus entstehenden Schadens verpflichtet.[172] Die Verantwortlichkeit besteht bei einer zu gering bemessenen Abfindung gegenüber den Minderheitsaktionären,[173] bei einer zu hoch bemessenen Abfindung gegenüber dem Hauptaktionär.[174] Eine Beschränkung der Haftung zu Lasten der Minderheitsaktionäre über das gesetzlich zulässige Maß hinaus scheidet als Vertrag zu Lasten Dritter aus.[175]

V. Auslegung von Unterlagen (Abs 3)

1. Allgemeines

44 Nach § 327c Abs 3 sind von der Einberufung der Hauptversammlung an bestimmte Unterlagen in dem Geschäftsraum der Gesellschaft zur Einsicht der Aktionäre auszulegen. Die Vorschrift dient dem Ziel, die Minderheitsaktionäre umfassend zu informieren.[176] Sie knüpft an gleichsinnige Regelungen im Eingliederungs- (§§ 319 Abs 3 S 1, 320 Abs 4 S 1), Unternehmensvertrags- (§ 293f Abs 1) und Verschmelzungsrecht (§ 63 Abs 1 UmwG) an. Die Pflicht zur Auslegung trifft die Gesellschaft und wird durch deren Vorstand erfüllt.[177] Liegen die betreffenden Unterlagen nicht vollständig vor, darf der Vorstand die Hauptversammlung nicht einberufen.[178]

2. Auszulegende Unterlagen

45 **a) Überblick.** Auszulegen ist zunächst der Entwurf des Übertragungsbeschlusses (Nr 1), dessen Wortlaut freilich schon in der nach § 124 zu veröffentlichenden Tages-

---

[172] Vgl BGH ZIP 2005, 2107; ZIP 2006, 2080, 2084.

[173] Vgl BGH ZIP 2005, 2107; OLG Stuttgart NZG 2004, 146, 149; *Eisolt* DStR 2002, 1145, 1148; Emmerich/*Habersack* Aktien- und GmbH-Konzernrecht[4] § 327c Rdn 12; *Grzimek* in Geibel/Süßmann § 327c Rdn 25; KK-WpÜG/*Hasselbach* § 327c Rdn 29; KK-*Koppensteiner*[3] § 327c Rdn 11; *Marten/Müller* FS Röhricht, 2005, S 963, 985; FK-WpÜG/*Schüppen/Tretter*[2] § 327c Rdn 26.

[174] Vgl Emmerich/*Habersack* Aktien- und GmbH-Konzernrecht[4] § 327c Rdn 12; KK-WpÜG/*Hasselbach* § 327c Rdn 29; KK-*Koppensteiner*[3] § 327c Rdn 11; *Marten/Müller* FS Röhricht, 2005, S 963, 985; FK-WpÜG/*Schüppen/Tretter*[2] § 327c Rdn 26; wohl auch *Grzimek* in Geibel/Süßmann § 327c Rdn 26; zweifelnd *Eisolt* DStR 2002, 1145, 1148; offenlassend *Veit* DB 2005, 1697, 1699.

[175] Vgl LG Hamburg ZIP 2003, 947, 949; *Greulich* S 189; AnwK-AktG/*Heidel/Lochner* § 327c Rdn 6; s aber auch OLG Hamburg NZG 2003, 539, 543.

[176] Vgl Begr RegE WpÜG, BT-Drucks 14/7034, S 73; KK-WpÜG/*Hasselbach* § 327c Rdn 30.

[177] Vgl *Fuchs* § 5 II 4 b; *Steinmeyer/Häger* § 327d Rdn 2; **aA** *Grzimek* in Geibel/Süßmann § 327c Rdn 38: Vorstand als Pflichtenträger.

[178] Vgl MK-*Grunewald*[2] § 327c Rdn 17; *Grzimek* in Geibel/Süßmann § 327c Rdn 38.

ordnung enthalten ist.[179] Außerdem müssen die Jahresabschlüsse und Lageberichte für die letzten drei Geschäftsjahre vorgelegt werden (Nr 2). Schließlich sind der Bericht des Hauptaktionärs (Nr 3) und der von den sachverständigern Prüfern erstellte Prüfungsbericht zur Angemessenheit der Barabfindung (Nr 4) auszulegen.

b) Insbesondere: Jahresabschlüsse und Lageberichte für die letzten drei Geschäftsjahre. Die mit Abstand größte Aufmerksamkeit in Rechtsprechung und Rechtslehre hat die Auslegungspflicht für Jahresabschlüsse und Lageberichte erlangt. Dabei lassen sich drei Fragenkreise auseinanderhalten, von denen nacheinander zu handeln ist. 46

aa) Berichtsobjekt. Die Auslegungspflicht des § 327c Abs 3 Nr 2 bezieht sich nach ganz hM nur auf die Jahresabschlüsse und Lageberichte der betroffenen Gesellschaft.[180] Rechnungslegungsunterlagen des Hauptaktionärs sind nicht auslegungspflichtig, weil der Gesetzgeber die Abfindungsansprüche der Minderheitsaktionäre durch die Gewährleistungserklärung eines Kreditinstituts nach § 327b Abs 3 hinreichend sichert. Aus den gleichen Gründen brauchen Fragen der Minderheitsaktionäre nach der Bonität oder Liquidität des Hauptaktionärs auf der Hauptversammlung nicht beantwortet zu werden (vgl § 327d Rdn 11). 47

bb) Letzte drei Geschäftsjahre. Streit hat sich in der Rechtspraxis vor allem an der Formulierung „Jahresabschlüsse und Lageberichte für die letzten drei Geschäftsjahre" entzündet. Sie nimmt wortgleiche Wendungen in § 319 Abs 3 S 1 Nr 2, 293f Abs 1 Nr 2 und § 63 Abs 1 Nr 2 UmwG auf. Auch dort harrt der genaue Inhalt der Auslegungspflicht freilich noch einer endgültigen Klärung.[181] 48

Als gesichert gelten darf, dass in zeitlicher Hinsicht die letzten drei Geschäftsjahre *von der Einberufung der Hauptversammlung an* maßgeblich sind,[182] weil die Auslegungspflicht des § 327c Abs 3 zu diesem Zeitpunkt einsetzt (vgl Rdn 55). Dann beginnen die Meinungsstreitigkeiten: Manche verstehen unter den letzten drei Geschäftsjahren die kalendarisch abgelaufenen Geschäftsjahre[183] und stützen sich dabei auf den Gesetzeswortlaut sowie auf das Interesse der Minderheitsaktionäre an einer möglichst aktuellen Informationsgrundlage. Die hM bezieht die Auslegungspflicht dagegen auf die letzten drei Geschäftsjahre, für die Jahresabschluss und Lagebericht tatsächlich vorliegen oder nach den gesetzlichen Vorschriften vorliegen müssten.[184] Sie ist allerdings in sich 49

---

179 Vgl MK-*Grunewald*[2] § 327c Rdn 17; *Hüffer*[7] § 327c Rdn 6; ferner KK-WpÜG/*Hasselbach* § 327c Rdn 31, der deswegen für eine Streichung des § 327c Abs 3 Nr 1 plädiert.

180 Vgl OLG Köln Der Konzern 2004, 30, 34; LG Bonn Der Konzern 2004, 491, 492; Emmerich/*Habersack* Aktien- und GmbH-Konzernrecht[4] § 327c Rdn 14; *Fuchs* § 5 II 4 a bb aaa; MK-*Grunewald*[2] § 327c Rdn 17; *Grzimek* in Geibel/Süßmann § 327c Rdn 37.

181 Eingehend *Vetter* NZG 1999, 925 ff.

182 Vgl OLG Hamburg NZG 2003, 539, 542; *Fuchs* § 5 II 4 bb bbb (3) (a); KK-WpÜG/*Hasselbach* § 327c Rdn 30; *Wartenberg* AG 2004, 539, 541; zu § 63 UmwG *Vetter* NZG 1999, 925, 929; zu § 293 f KK-*Koppensteiner*[3] § 293 f Rdn 6.

183 Vgl LG Hamburg NZG 2003, 186, 187; *Greulich* S 133 ff; AnwK-AktG/*Heidel/Lochner* § 327c Rdn 7.

184 Vgl *Beier/Bungert* BB 2002, 2627, 2628 f; *Dißars* BKR 2004, 389, 391; Emmerich/*Habersack* Aktien- und GmbH-Konzernrecht[4] § 327c Rdn 14; *Fuchs* § 5 II 4 a bb bbb (3) (c) (bb); *Grzimek* in Geibel/Süßmann § 327c Rdn 37; *Hüffer*[7] § 327c Rdn 6; FK-WpÜG/*Schüppen/Tretter*[2] § 327c Rdn 29; *Wendt* DB 2003, 191 f; offenlassend, aber der hM zuneigend BGH AG 2006, 666, 667.

gespalten, ob es für das letzte Geschäftsjahr auf den aufgestellten[185] oder den festgestellten[186] Jahresabschluss ankommt.

50 Die hM verdient den Vorzug. Für sie spricht zunächst, dass § 327c Abs 3 Nr 2 bei einem systematischen Abgleich mit dem Handelsrecht kaum die Auslegung eines Jahresabschlusses verlangen wird, der nach den bilanzrechtlichen Vorschriften noch gar nicht vorliegen muss.[187] Zudem hätte eine unbedingte Pflicht zur Vorlage des Jahresabschlusses für das letzte abgelaufene Geschäftsjahr die missliche Folge, den Hauptaktionär in der zeitlichen Ausübung seines Squeeze-out-Rechts einzuengen, weil der Jahresabschluss bei einer mittelgroßen oder großen Kapitalgesellschaft iSd § 267 HGB frühestens nach vier Monaten und spätestens zum Ende des achten Monats festgestellt sein muss.[188] Dem Interesse der Minderheitsaktionäre an möglichst zeitnaher Information lässt sich demgegenüber durch Aktualisierungen in der Hauptversammlung (vgl § 327d Rdn 9) Rechnung tragen.[189] Darüber hinaus kommt der Auslegung des Jahresabschlusses im Informationssystem der §§ 327c und d ohnehin nur eine unterstützende Funktion zu;[190] für die Unternehmensbewertung nach der Ertragswertmethode (vgl § 327b Rdn 13) sind in erster Linie zukunftsgerichtete Informationen von Bedeutung. Innerhalb der hM sprechen gute Gründe dafür, die Auslegungspflicht nur auf *festgestellte* Jahresabschlüsse zu beziehen: In diese Richtung deutet nicht nur die Parallele zu § 175 Abs 2,[191] sondern auch der Umstand, dass der Jahresabschluss erst mit seiner Feststellung für Gesellschaftsorgane und Aktionäre Verbindlichkeit erlangt.[192]

51 Gibt es die betroffene Gesellschaft noch keine drei Jahre, genügen Jahresabschlüsse und Lageberichte für die seit Gründung abgeschlossenen Geschäftsjahre.[193] War eines der letzten Geschäftsjahre ein Teilgeschäftsjahr, müssen sämtliche Jahresabschlüsse und Lageberichte aus den letzten drei Kalenderjahren ausgelegt werden.[194]

52 cc) **Pflicht zur nachträglichen Auslegung.** Wird der Jahresabschluss für das letzte abgelaufene Geschäftsjahr nach der Einberufung, aber noch vor Abhaltung der Hauptversammlung festgestellt, erhebt sich die Frage nach einer nachträglichen Auslegungspflicht. Sie wird teilweise bejaht,[195] teilweise verneint,[196] weil den Minderheitsaktionären zugemutet werden könne, letzte Sachverhaltsänderungen in mündlicher Form auf der Hauptversammlung zu erfahren. Der ersten Ansicht ist beizutreten, weil sie die gegenläufigen Interessen von Minderheitsaktionären und betroffener Gesellschaft bzw Hauptaktionär nach dem Grundsatz der beidseitigen Begründung[197] zu einem angemessenen Ausgleich bringt.

---

185 So für §§ 293 f Abs 1 Nr 2, 319 Abs 3 S 1 Nr 2 *Vetter* NZG 1999, 925, 928; für § 63 Abs 1 Nr 2 UmwG *Diekmann* in Semler/Stengel § 63 UmwG Rdn 12.

186 So *Dißars* BKR 2004, 389, 391; Emmerich/*Habersack* Aktien- und GmbH-Konzernrecht[4] § 327c Rdn 14; *Fuchs* § 5 II 4 a bb bbb (3) (b); *Hüffer*[7] § 327c Rdn 6; FK-WpÜG/*Schüppen/Tretter*[2] § 327c Rdn 29; *Wartenberg* AG 2004, 539, 541.

187 Vgl *Beier/Bungert* BB 2002, 2627, 2628; *Wartenberg* AG 2004, 539.

188 Näher *Fuchs* § 5 II 4 a bb bbb (3) (b); *Wendt* DB 2003, 191.

189 Vgl *Wartenberg* AG 2004, 539, 541.

190 Vgl *Wartenberg* AG 2004, 539, 540; *Wendt* DB 2003, 191, 192.

191 Vgl FK-WpÜG/*Schüppen/Tretter*[2] § 327c Rdn 29; *Wartenberg* AG 2004, 539, 541.

192 Vgl *Wartenberg* AG 2004, 539, 541.

193 Vgl *Fuchs* § 5 II 4 a bb bbb (4).

194 Vgl KK-WpÜG/*Hasselbach* § 327c Rdn 30.

195 Vgl OLG Hamburg NZG 2003, 539, 542 („wohl zu bejahen"); *Fuchs* § 5 II 4 a bb ccc; wohl auch Emmerich/*Habersack* Aktien- und GmbH-Konzernrecht[4] § 327c Rdn 14 mit Fn 32; offen lassend FK-WpÜG/ *Schüppen/Tretter*[2] § 327c Rdn 29 mit Fn 44.

196 Vgl *Wartenberg* AG 2004, 539, 541; *Vetter* NZG 1999, 925, 929.

197 Allgemein dazu *Bydlinski* System und Grundsätze des Privatrechts, 1996, S 92 ff; *ders* AcP 204 (2004) 309, 341 f.

c) **Abschließender Charakter der Aufzählung.** Die Aufzählung in § 327c Abs 3 ist abschließend.[198] Nicht auszulegen ist daher die Gewährleistungserklärung des Kreditinstituts nach § 327b Abs 3.[199] Auch Konzernabschluss und Konzernlagebericht sind nach zutreffender hM nicht auslegungspflichtig,[200] zumal das Gesetz an anderer Stelle zwischen Einzel- und Konzernrechnungslegung zu unterscheiden weiß (vgl etwa §§ 170 Abs 1, 171 Abs 1, 175 Abs 2 S 3). Das gilt entgegen einer obergerichtlichen Entscheidung auch dann, wenn die betroffene Gesellschaft eine Holding ist.[201] 53

3. Ort der Auslegung

Die Auslegung hat in dem Geschäftsraum der Gesellschaft zu erfolgen. Gemeint sind die Räumlichkeiten am Sitz der Hauptverwaltung.[202] Ist die Hauptverwaltung auf mehrere Standorte verteilt, genügt eine zentrale Auslegestelle, sofern in der Einberufung der Hauptversammlung auf den genauen Auslegungsort hingewiesen wird.[203] Der betreffende Geschäftsraum muss für die Aktionäre während der üblichen Geschäftsstunden ohne weiteres zugänglich sein.[204] Die Gesellschaft kann aber verlangen, dass sich der einsichtswillige Aktionär als solcher ausweist, zB durch Vorlage einer Hinterlegungsbescheinigung.[205] 54

4. Zeitraum der Auslegung

Die Auslegungspflicht beginnt mit dem Tag der Einberufung der Hauptversammlung.[206] Sie setzt sich mit Eröffnung der Squeeze-out-Hauptversammlung in der Auslegungspflicht des § 327d S 1 fort.[207] 55

5. Rechtsfolgen eines Verstoßes

Werden die genannten Unterlagen nicht oder verspätet ausgelegt, macht dies den Übertragungsbeschluss grundsätzlich anfechtbar,[208] sofern es nicht ausnahmsweise an 56

---

198 Vgl Emmerich/*Habersack* Aktien- und GmbH-Konzernrecht[4] § 327c Rdn 14; *Hüffer*[7] § 327c Rdn 16; FK-WpÜG/*Schüppen*/*Tretter*[2] § 327c Rdn 28.

199 Vgl FK-WpÜG/*Schüppen/Tretter*[2] § 327c Rdn 28; **aA** AnwK-AktG/*Heidel*/*Lochner* § 327c Rdn 8; *Vossius* ZIP 2002, 511, 514.

200 Vgl OLG Hamburg ZIP 2003, 2076, 2079; OLG Hamburg Der Konzern 2003, 615, 616; OLG Düsseldorf ZIP 2005, 441; LG Regensburg Der Konzern 2004, 811, 813 f; LG Hamburg NZG 2003, 787, 789; *Dißars* BKR 2004, 389, 391; Emmerich/*Habersack* Aktien- und GmbH-Konzernrecht[4] § 327c Rdn 14; *Fuchs* § 5 II 4 a dd; *Fuhrmann* Der Konzern 2004, 1, 3; *Greulich* S 138 f; MK-*Grunewald*[2] § 327c Rdn 17; *Hüffer*[7] § 327c Rdn 6; FK-WpÜG/*Schüppen/Tretter*[2] § 327c Rdn 28; **aA** LG Landshut AG 2006, 513, 514; offenlassend OLG München WM 2006, 291, 292.

201 Vgl *Dißars* BKR 2004, 389, 391; *Fuchs* § 5 II 4 a dd; **aA** OLG Celle AG 2004, 206, 207; dem zuneigend OLG München WM 2006, 291, 292.

202 Vgl MK-*Grunewald*[2] § 327c Rdn 16; *Grzimek* in Geibel/Süßmann § 327c Rdn 39; KK-WpÜG/*Hasselbach* § 327c Rdn 32.

203 Wie hier KK-WpÜG/*Hasselbach* § 327c Rdn 32; vgl aber auch *Grzimek* in Geibel/Süßmann § 327c Rdn 39, wonach sich in der Praxis eine Auslegung an allen Standorten der Hauptverwaltung empfiehlt; **aA** *Moritz* S 163: Auslegungspflicht an allen Hauptverwaltungsstandorten.

204 Vgl *Grzimek* in Geibel/Süßmann § 327c Rdn 39.

205 Vgl *Grzimek* in Geibel/Süßmann § 327c Rdn 39; KK-WpÜG/*Hasselbach* § 327c Rdn 32.

206 Vgl *Grzimek* in Geibel/Süßmann § 327c Rdn 40; FK-WpÜG/*Schüppen/Tretter*[2] § 327c Rdn 27.

207 Vgl *Fuchs* § 5 II 4 d.

208 Vgl LG Hamburg DB 2002, 2478; LG

der Relevanz fehlt.[209] Außerdem kann der Aktionär Leistungsklage auf Auslegung der Unterlagen erheben.[210] Analog § 407 Abs 1 kommt schließlich auch die Festsetzung eines Zwangsgeldes in Betracht.[211]

VI. Erteilung einer Abschrift (Abs 4)

1. Allgemeines

57 Gemäß § 327c Abs 4 ist jedem Aktionär auf Verlangen unverzüglich und kostenlos eine Abschrift der in Abs 3 bezeichneten Unterlagen zu erteilen. Die Regelung ist dem Eingliederungs- (§§ 319 Abs 3 S 2, 320 Abs 4 S 3), Unternehmensvertrags- (§ 293f Abs 2) und Verschmelzungsrecht (§ 63 Abs 3 UmwG) nachgebildet, findet aber auch anderwärts Parallelen.[212] Der Anspruch richtet sich gegen die Gesellschaft und nicht gegen den Hauptaktionär.[213] Er soll – wie § 327c Abs 3 – eine effektive Vorbereitung auf die Hauptversammlung ermöglichen. Seit Inkrafttreten des Spruchverfahrensneuordnungsgesetzes[214] hat er eine noch größere Bedeutung, weil die Minderheitsaktionäre nach § 4 Abs 2 S 2 Nr 4 SpruchG konkrete Einwendungen gegen die Angemessenheit der Barabfindung vorbringen müssen (vgl § 327f Rdn 38). Diese lassen sich aus schriftlich vorliegenden Unterlagen leichter ableiten.[215]

2. Entstehung und Inhalt des Anspruchs

58 Der Anspruch aus § 327c Abs 4 ist ein sog verhaltener Anspruch; er bedarf der Aktualisierung durch ein Verlangen des Aktionärs. Dieses Verlangen ist nicht formgebunden.[216] Es kann jederzeit, auch schon vor Einberufung der Hauptversammlung, geäußert werden;[217] ein Erfüllungsanspruch besteht jedoch erst danach.[218] Die Gesellschaft kann ihrerseits verlangen, dass sich ein Aktionär, der eine Abschrift fordert, als solcher ausweist.[219] In der Praxis werden die angeforderten Unterlagen zumeist unabhängig vom Nachweis der Aktionärseigenschaft verschickt.

59 Die Abschrift muss unverzüglich, also ohne schuldhaftes Zögern (§ 121 Abs 1 S 1 BGB), erteilt werden.[220] Die Gesellschaft ist jedoch nicht verpflichtet, Kopien vorzuhalten; sie darf diese vielmehr nach Eingang des Verlangens im normalen Geschäftsgang

---

Frankfurt NZG 2003, 731, 732; Emmerich/*Habersack* Aktien- und GmbH-Konzernrecht[4] § 327c Rdn 14; MK-*Grunewald*[2] § 327c Rdn 18.

[209] Dazu MK-*Grunewald*[2] § 327c Rdn 18.

[210] Vgl MK-*Grunewald*[2] § 327c Rdn 18; *Grzimek* in Geibel/Süßmann § 327c Rdn 44.

[211] Wie hier *Grzimek* in Geibel/Süßmann § 327c Rdn 44; KK-*Koppensteiner*[3] § 327c Rdn 16; *Moritz* S 164 f; **aA** Emmerich/*Habersack* Aktien- und GmbH-Konzernrecht[4] § 327c Rdn 14; MK-*Grunewald*[2] § 327c Rdn 19; *Fuchs* § 5 II 4 e.

[212] Vgl §§ 52 Abs 2 S 3, 175 Abs 2 S 2, 179a Abs 2 S 2 sowie die bei AnwK-AktG/*Heidel/Lochner* § 327c Rdn 9 mit Fn 28 genannten Vorschriften; umfassend *Leuering* ZIP 2000, 2053.

[213] Vgl Emmerich/*Habersack* Aktien- und GmbH-Konzernrecht[4] § 327c Rdn 15; AnwK-AktG/*Heidel/Lochner* § 327c Rdn 15.

[214] Fn 85.

[215] Vgl *Büchel* NZG 2003, 793, 796; *Fuchs* § 5 II 5.

[216] Vgl *Grzimek* in Geibel/Süßmann § 327c Rdn 41; KK-WpÜG/*Hasselbach* § 327c Rdn 33.

[217] Vgl *Grzimek* in Geibel/Süßmann § 327c Rdn 41; KK-WpÜG/*Hasselbach* § 327c Rdn 33.

[218] Vgl *Grzimek* in Geibel/Süßmann § 327c Rdn 41; KK-WpÜG/*Hasselbach* § 327c Rdn 33.

[219] Vgl *Leuering* ZIP 2000, 2053, 2054.

[220] Vgl MK-*Grunewald*[2] § 327c Rdn 20; AnwK-AktG/*Heidel/Lochner* § 327c Rdn 9.

erstellen.[221] Die Abschrift muss für den Aktionär kostenlos sein; Herstellungs- und Versendungskosten sind daher von der Gesellschaft zu tragen.[222] Soweit dem Aktionär einzelne der in Abs 3 genannten Unterlagen (zB Jahresabschluss oder Lagebericht) bereits über die Depotbank zugeleitet wurden, ist damit auch sein Anspruch gegen die Gesellschaft erfüllt.[223]

Der Anspruch des Aktionärs erstreckt sich nur auf Abschriften der in Abs 3 genannten Unterlagen. Einen Anspruch auf Abschrift der Gewährleistungserklärung nach § 327b Abs 3 sieht das Gesetz nicht vor.[224] **60**

3. Rechtsfolgen eines Verstoßes

Der Anspruch aus § 327c Abs 4 kann klageweise durchgesetzt werden[225]: Jeder Aktionär kann Leistungsklage auf Abschriftenerteilung erheben und in Eilfällen eine einstweilige Verfügung erwirken.[226] Analog § 407 Abs 1 kann er auch die Festsetzung eines Zwangsgeldes als Beugemittel anregen.[227] Schließlich begründet ein Verstoß gegen § 327c Abs 4 die Anfechtbarkeit des Übertragungsbeschlusses,[228] sofern er relevant ist.[229] **61**

§ 327d
Durchführung der Hauptversammlung

In der Hauptversammlung sind die in § 327c Abs 3 bezeichneten Unterlagen auszulegen. Der Vorstand kann dem Hauptaktionär Gelegenheit geben, den Entwurf des Übertragungsbeschlusses und die Bemessung der Höhe der Barabfindung zu Beginn der Verhandlung mündlich zu erläutern.

Übersicht

---

221 Vgl *Grzimek* in Geibel/Süßmann § 327c Rdn 42; KK-WpÜG/*Hasselbach* § 327c Rdn 34.

222 Vgl *Grzimek* in Geibel/Süßmann § 327c Rdn 43; KK-WpÜG/*Hasselbach* § 327c Rdn 35; allgemein *Leuering* ZIP 2000, 2053, 2057.

223 Vgl *Grzimek* in Geibel/Süßmann § 327c Rdn 43; KK-WpÜG/*Hasselbach* § 327c Rdn 35.

224 Vgl *Marsch-Barner* in Zschocke/Schuster Bad Homburger Hdb G 30; **aA** *Vossius* ZIP 2002, 511, 513.

225 Vgl MK-*Grunewald*[2] § 327c Rdn 20; allgemein *Leuering* ZIP 2000, 2053, 2057.

226 Vgl *Grzimek* in Geibel/Süßmann § 327c Rdn 44; zum Streit um die Durchsetzbarkeit im Wege einstweiliger Verfügung *Leuering* ZIP 2000, 2053, 2057 f.

227 Vgl *Grzimek* in Geibel/Süßmann § 327c Rdn 44; KK-*Koppensteiner*[3] § 327c Rdn 16; **aA** MK-*Grunewald*[2] § 327c Rdn 19 f; *Fuchs* § 7 II 5.

228 Vgl Emmerich/*Habersack* Aktien- und GmbH-Konzernrecht[4] § 327c Rdn 15; MK-*Grunewald*[2] § 327c Rdn 20; *Steinmeyer/Häger* § 327c Rdn 21, allgemein *Leuering* ZIP 2000, 2053, 2058.

229 Dazu MK-*Grunewald*[2] § 327c Rdn 20; *Steinmeyer/Häger* § 327c Rdn 21; vorschriftenübergreifend *Leuering* ZIP 2000, 2053, 2058.

Schrifttum

Vgl die Angaben vor § 327 a.

I. Regelungsgegenstand

1 § 327d regelt die Informationspflichten gegenüber den Minderheitsaktionären während der Hauptversammlung.[1] Er knüpft an die Pflicht zur vorherigen Auslegung bestimmter Unterlagen nach § 327c Abs 3 an und erstreckt sie auf die Hauptversammlung (S 1). Außerdem ermächtigt er den Vorstand, dem Hauptaktionär zu Beginn der Verhandlung Gelegenheit zur Erläuterung des Ausschlussvorhabens zu geben (S 2). Zu weiteren Fragen der Squeeze-out-Hauptversammlung nimmt er entgegen der zu weit geratenen Vorschriftenüberschrift keine Stellung; für sie gelten daher die allgemeinen Regeln der §§ 118 ff.[2] Schwierigkeiten bereiten vor allem das Auskunftsrecht der Minderheitsaktionäre (dazu Rdn 10 ff) und die Prüfungspflicht des Versammlungsleiters (dazu Rdn 13). Gesetzestechnisch ist die Vorschrift in verschiedener Hinsicht missglückt.[3]

II. Auslegung von Unterlagen (S 1)

2 Gemäß § 327d S 1 sind die in § 327c Abs 3 bezeichneten Unterlagen auch in der Hauptversammlung auszulegen. Die Vorschrift ist §§ 293g Abs 1, 319 Abs 3 S 3 sowie § 64 Abs 1 S 1 UmwG nachgebildet. Sie soll sicherstellen, dass sich die Minderheitsaktionäre auch noch während der Hauptversammlung eingehend unterrichten können.[4] Wie im Rahmen des § 327c Abs 3 Nr 2 gilt auch hier eine Pflicht zur nachträglichen Auslegung, wenn zwischenzeitlich der Jahresabschluss für das letzte Geschäftsjahr festgestellt wurde oder hätte festgestellt sein müssen.[5] Auslegung der Unterlagen bedeutet, dass diese für alle Hauptversammlungsteilnehmer ohne weiteres zugänglich sind. Bei einer größeren Zahl von Aktionären muss eine hinreichende Anzahl von Exemplaren zur Verfügung stehen.[6] Es genügen einfache Abschriften.[7] Die Verlesung der Unterlagen ist entbehrlich.[8] Eine zeitliche Begrenzung für die Auslegungspflicht lässt sich dem Gesetz

---

[1] Vgl Begr RegE WpÜG, BT-Drucks 14/7034, S 72; *Grzimek* in Geibel/Süßmann § 327d Rdn 1; *Hüffer*[7] § 327d Rdn 1; KK-*Koppensteiner*[3] § 327d Rdn 1; FK-WpÜG/*Schüppen*/*Tretter*[2] § 327d Rdn 1.

[2] Vgl KK-WpÜG/*Hasselbach* § 327d Rdn 2; FK-WpÜG/*Schüppen*/*Tretter*[2] § 327d Rdn 1; *Steinmeyer*/*Häger* § 327d Rdn 1.

[3] Rechtspolitische und legistische Kritik schon bei *Kiem* in Henze/Hoffmann-Becking, Gesellschaftsrecht 2001, S 329, 341 ff; *Krieger* BB 2002, 53, 60; *Greulich* S 191.

[4] Vgl Begr RegE WpÜG, BT-Drucks 14/7034, S 73; Emmerich/*Habersack* Aktien- und GmbH-Konzernrecht[4] § 327d Rdn 2; *Steinmeyer*/*Häger* § 327d Rdn 2.

[5] Vgl *Fuchs* § 5 III 1; näher oben § 327c Rdn 52.

[6] Vgl *Hüffer*[7] § 327d Rdn 2.

[7] Vgl *Grzimek* in Geibel/Süßmann § 327d Rdn 2; KK-*Koppensteiner*[3] § 327d Rdn 1; FK-WpÜG/*Schüppen*/*Tretter*[2] § 327d Rdn 2.

[8] Vgl Emmerich/*Habersack* Aktien- und GmbH-Konzernrecht[4] § 327d Rdn 2; *Hüffer*[7] § 327d Rdn 2; *Moritz* S 167; s zu § 293 Abs 3 aF auch den Ausschussbericht bei *Kropff* S 382: „Nach übereinstimmenden Beschlüssen des Rechts- und des Wirtschaftsausschusses zu Absatz 3 soll der Vertrag nicht verlesen, sondern erläutert werden müssen. Die Verlesung des möglicherweise schwer verständlichen Wortlauts ist zur Unterrichtung der Aktionäre weder erforderlich noch ausreichend."

nicht entnehmen. Die Unterlagen müssen daher nicht nur bis zur Beschlussfassung, sondern bis zum Ende der Hauptversammlung bereitgestellt werden,[9] weil bis zu diesem Zeitpunkt noch Widerspruch zu Protokoll erklärt werden kann.[10] § 327c Abs 4 dürfte gleichfalls anwendbar sein,[11] so dass den Minderheitsaktionären auf Verlangen unverzüglich und kostenlos eine Abschrift der betreffenden Unterlagen zu erteilen ist. Die Auslegungspflicht des § 327d S 1 wird nicht erfüllt, wenn die Unterlagen von einem Mitarbeiter verwahrt und nur auf Verlangen des Aktionärs herausgegeben werden.[12] Ein Verstoß gegen die Auslegungspflicht führte bisher zur Anfechtbarkeit des Hauptversammlungsbeschlusses.[13] Ob daran nach Einführung des § 243 Abs 4 S 2 festzuhalten ist, wird unterschiedlich beurteilt (vgl § 327f Rdn 18).

III. Erläuterungen durch Hauptaktionär und Vorstand (S 2)

1. Erläuterungsmöglichkeit des Hauptaktionärs (S 2)

Gemäß § 327d S 2 kann der Vorstand dem Hauptaktionär Gelegenheit geben, den Entwurf des Übertragungsbeschlusses und die Bemessung der Höhe der Barabfindung zu Beginn der Verhandlung mündlich zu erläutern. Diese Regelung beruht auf der Struktur des Ausschlussverfahrens, das sich der Sache nach als Zwangsverkauf zwischen Minderheitsaktionären und Hauptaktionär darstellt (vgl vor § 327a Rdn 23). Sie ermöglicht es dem Hauptaktionär, die Minderheitsaktionäre von der Angemessenheit der von ihm festgelegten Barabfindung zu überzeugen.[14] Allerdings steht seine Erläuterungsmöglichkeit unter dem Vorbehalt einer entsprechenden Vorstandsermächtigung. Der Vorstand entscheidet nach pflichtgemäßem Ermessen,[15] wobei er ein von den Minderheitsaktionären geäußertes Informationsbedürfnis zu berücksichtigen hat.[16] Die Praxis empfiehlt dem Vorstand, die Erläuterung durch den Hauptaktionär stets zuzulassen.[17] 3

Eine Erläuterungspflicht des Hauptaktionärs lässt sich dem Gesetz nicht entnehmen.[18] Das ist sachlich gerechtfertigt, weil er bereits nach § 327c Abs 2 S 1 einen schriftlichen Bericht erstattet hat,[19] und dogmatisch begründbar, weil er kein Organ der Gesellschaft 4

---

[9] Vgl AnwK-AktG/*Heidel*/*Lochner* § 327d Rdn 2; *Hüffer*[7] § 327d Rdn 2; **aA** zu § 293g Abs 1 MK-*Altmeppen*[2] § 293g Rdn 4; KK-*Koppensteiner*[3] § 293g Rdn 5.

[10] Vgl AnwK-AktG/*Heidel*/*Lochner* § 327d Rdn 2.

[11] Vgl FK-WpÜG/*Schüppen*/*Tretter*[2] § 327d Rdn 2; *Steinmeyer*/*Häger* § 327d Rdn 2; *Greulich* S 140.

[12] Vgl OLG Frankfurt AG 1993, 195 (zu § 293 Abs 3 S 4 aF).

[13] Vgl Emmerich/*Habersack* Aktien- und GmbH-Konzernrecht[4] § 327d Rdn 1; ebenso OLG Frankfurt AG 1993, 195 (zu § 293 Abs 3 S 4 aF).

[14] Vgl MK-*Grunewald*[2] § 327d Rdn 3; s auch OLG Stuttgart NZG 2004, 146, 147: „Zweck der Erläuterung ist die Information der Aktionäre."

[15] Vgl Emmerich/*Habersack* Aktien- und GmbH-Konzernrecht[4] § 327d Rdn 4; *Grzimek* in Geibel/Süßmann § 327d Rdn 2; *Hüffer*[7] § 327d Rdn 2; KK-*Koppensteiner*[3] § 327d Rdn 5; *Nirk* in Nirk/Reuter/Bächle Hdb AG Teil I Rdn 2664; *Steinmeyer*/*Häger* Rdn 3.

[16] Vgl *Grzimek* in Geibel/Süßmann § 327d Rdn 2.

[17] Vgl KK-WpÜG/*Hasselbach* § 327d Rdn 5; *Steinmeyer*/*Häger* Rdn 3; *Wasmann* in Thaeter/Brandi Teil 7 Rdn 161.

[18] Vgl OLG Stuttgart NZG 2004, 146, 147; Emmerich/*Habersack* Aktien- und GmbH-Konzernrecht[4] § 327d Rdn 4; *Fuchs* § 5 III 2 a; KK-WpÜG/*Hasselbach* § 327d Rdn 6; KK-*Koppensteiner*[3] § 327d Rdn 5; *Marsch-Barner* in Zschocke/Schuster Bad Homburger Hdb G 28; *Moritz* S 167; *Nirk* in Nirk/Reuter/Bächle Hdb AG Teil I Rdn 2664.

[19] Vgl MK-*Grunewald*[2] § 327d Rdn 3; *Grzimek* in Geibel/Süßmann § 327d Rdn 3.

ist.[20] Auch aus seiner mitgliedschaftlichen Treuepflicht gegenüber den Minderheitsaktionären lässt sich kein allgemeines Erläuterungsgebot herleiten.[21]

5 Entschließt sich der Hauptaktionär, in der Hauptversammlung Stellung zu nehmen, so ist ihm „zu Beginn der Verhandlung" das Wort zu erteilen. Entgegen der Gesetzesbegründung[22] ist damit nicht der Beginn der Hauptversammlung, sondern der Beginn der Verhandlung über den Squeeze out als Tagesordnungspunkt gemeint.[23] Das entspricht der Auslegung der wortlautgleichen Regelungsvorbilder in § 293g Abs 2[24] und § 64 Abs 1 S 2 UmwG.[25] Im Rahmen seiner mündlichen Erläuterungen sollte der Hauptaktionär die in seinem schriftlichen Bericht nach § 327c Abs 2 S 1 enthaltenen Ausführungen aktualisieren.[26] Im Übrigen wird er vor allem auf die Angemessenheit der Barabfindung eingehen[27] und die dafür maßgeblichen Erwägungen möglichst verständlich zusammenfassen.[28]

6 *De lege ferenda* empfehlen manche, eine Erläuterungs- und Aktualisierungspflicht des Hauptaktionärs gesetzlich festzuschreiben, um auf diese Weise seine Verpflichtung zur schriftlichen Vorabberichterstattung abzurunden.[29]

2. Erläuterungspflicht des Vorstands

7 Eine ausdrückliche Erläuterungspflicht des Vorstands sieht § 327d nicht vor. Manche erblicken darin eine bewusste (Negativ-)Entscheidung des Gesetzgebers.[30] Die wohl hM spricht sich dagegen mit variierender Begründung für eine Erläuterungspflicht aus[31]: Eine Einzelstimme leitet sie unmittelbar aus § 327d ab,[32] andere nennen als Ableitungsbasis einen sich aus §§ 176 Abs 1 S 2, 293g Abs 2 S 1, 320 Abs 3 S 3 ergebenden all-

---

20 Vgl KK-*Koppensteiner*³ § 327d Rdn 5.

21 Vgl *Fuchs* § 5 III 2 a; *Marsch-Barner* in Zschocke/Schuster Bad Homburger Hdb G 28; FK-WpÜG/*Schüppen/Tretter*² § 327d Rdn 5; **aA** *Gesmann-Nuissl* WM 2002, 1205, 1209; in seltenen Fällen auch *Greulich* S 194 ff.

22 Vgl Begr RegE WpÜG, BT-Drucks 14/7034, S 73.

23 Vgl *Fuchs* § 5 III 2 a; *Greulich* S 193; *Grzimek* in Geibel/Süßmann § 327d Rdn 5; KK-WpÜG/*Hasselbach* § 327d Rdn 4.

24 Dazu MK-*Altmeppen*² § 293g Rdn 5; Emmerich/*Habersack* Aktien- und GmbH-Konzernrecht⁴ § 293g Rdn 6.

25 Dazu *Diekmann* in Semler/Stengel § 64 UmwG Rdn 9; *Grunewald* in Lutter/Winter³ § 64 UmwG Rdn 3.

26 Vgl Begr RegE WpÜG, BT-Drucks 14/7034, S 73; *Grzimek* in Geibel/Süßmann § 327d Rdn 5; KK-*Koppensteiner*³ § 327d Rdn 6; FK-WpÜG/*Schüppen/Tretter*² § 327d Rdn 4; *Steinmeyer/Häger* § 327d Rdn 4.

27 Vgl *Grzimek* in Geibel/Süßmann § 327d Rdn 5.

28 Vgl KK-*Koppensteiner*³ § 327d Rdn 7.

29 Vgl *Kiem* in Henze/Hoffmann-Becking, Gesellschaftsrecht 2001, S 329, 341 ff; *Fuchs* § 5 III 2 a; kritisch dazu aber *Krieger* BB 2002, 53, 60 („überzogen").

30 Vgl *Grzimek* in Geibel/Süßmann § 327d Rdn 4; KK-WpÜG/*Hasselbach* § 327d Rdn 7; *Krieger* BB 2002, 53, 59; *Marsch-Barner* in Zschocke/Schuster Bad Homburger Hdb G 28; *Wasmann* in Thaeter/Brandi Teil 7 Rdn 161; zurückhaltend auch KK-*Koppensteiner*³ § 327d Rdn 4.

31 Vgl OLG Hamburg ZIP 2003, 1344, 1348; Emmerich/*Habersack* Aktien- und GmbH-Konzernrecht⁴ § 327d Rdn 3; *Fuchs* § 5 III 2 b bb; *Greulich* S 140 f; MK-*Grunewald*² § 327d Rdn 3; AnwK-AktG/*Heidel/Lochner* § 327d Rdn 3; *Hüffer*⁷ § 327d Rdn 4; *Scharpf* S 106 f; *H Schmidt* FS Ulmer, 2003, S 543, 544; FK-WpÜG/*Schüppen/Tretter*² § 327d Rdn 3; *Volhard* in Semler/Volhard ArbHdb Hauptversammlung² § 12 Rdn 86; offen lassend OLG Stuttgart NZG 2004, 146, 147.

32 So wohl OLG Hamburg NZG 2003, 539, 542.

gemeinen Rechtsgedanken,[33] wieder andere bemühen § 27 WpÜG[34] oder eine Analogie zu §§ 293g Abs 2 S 1 AktG, 64 Abs 1 S 2 UmwG.[35]

Mit der hM ist eine Erläuterungspflicht des Vorstands zu bejahen, weil es mangels Erklärungspflicht des Hauptaktionärs (vgl Rdn 4) ansonsten an jeder mündlichen Erläuterung fehlen würde. Ihre methodische Herleitung sollte allerdings entgegen einer verbreiteten Lehrmeinung nicht auf den Rechtsgedanken der §§ 176 Abs 1 S 2, 293g Abs 1 S 1, 320 Abs 3 S 3 gestützt werden, weil § 176 Abs 1 S 2 einen recht speziellen Beschlussgegenstand betrifft[36] und § 320 Abs 3 S 3 gerade keine ausdrückliche Erläuterungspflicht enthält. Überzeugender ist eine Analogie zum Unternehmens- und Verschmelzungsrecht, das dem Squeeze-out-Gesetzgeber vielfach als Regelungsvorbild dient (vgl vor § 327a Rdn 20) und in den §§ 293g Abs 2 S 1 AktG, 64 Abs 1 S 2 UmwG einen allgemeinen Pflichtenstandard für den Vorstand vorgibt. **8**

Inhaltlich erstreckt sich die Erläuterungspflicht des Vorstands nicht nur auf das Vorliegen der Squeeze-out-Voraussetzungen und die Rechtsfolgen eines Ausschlusses, sondern auch auf die Angemessenheit der Barabfindung.[37] Nach allgemeinen Grundsätzen kann der Vorstand die Erläuterungen ganz oder teilweise dem Hauptaktionär oder einem sachverständigen Dritten überlassen, sofern er sich dessen Ausführungen erkennbar zu eigen macht und die Verantwortlichkeit für sie übernimmt.[38] Nach Erklärung des Hauptaktionärs verbliebene Lücken muss er allerdings schließen, soweit er dazu in der Lage ist.[39] Dazu gehört etwa eine Aktualisierung der den Aktionären vorliegenden Informationen, wenn sich die Verhältnisse seit Einberufung der Hauptversammlung verändert haben.[40] Eine doppelte Erläuterung durch Hauptaktionär und Vorstand ist entbehrlich.[41] **9**

IV. Auskunftsrecht der Aktionäre

1. Auskunftsrecht gegenüber der Gesellschaft (§ 131)

a) **Allgemeines.** § 327d enthält im Gegensatz zu §§ 293g Abs 3, 319 Abs 3 S 4, 320 Abs 4 S 3 und zu § 64 Abs 2 UmwG kein besonderes Auskunftsrecht der Minderheitsaktionäre gegenüber dem Vorstand. Es bleibt daher bei dem allgemeinen Auskunftsrecht nach § 131 Abs 1 S 1,[42] das sich gegen die Gesellschaft richtet[43] und vom Vorstand zu **10**

[33] Vgl *Hüffer*[7] § 327d Rdn 4; Emmerich/*Habersack* Aktien- und GmbH-Konzernrecht[4] § 327d Rdn 3; AnwK-AktG/*Heidel/Lochner* § 327d Rdn 3.

[34] Vgl *Ehricke/Roth* DStR 2001, 1120, 1125; s auch *Vetter* AG 2002, 176, 187.

[35] Vgl *Fuchs* § 5 III 2 b bb; ähnlich *Scharpf* S 106: Analogie zu §§ 176 Abs 1 S 2, 293g Abs 2 S 1 AktG, 64 Abs 1 S 2 UmwG.

[36] Kritisch insoweit auch KK-*Koppensteiner*[3] § 327d Rdn 4.

[37] Wie hier *Fuchs* § 5 III 2 b bb; aA *Scharpf* S 107.

[38] Vgl *Fuchs* 5 III 2 b bb, teilweise aA wohl Emmerich/*Habersack* Aktien- und GmbH-Konzernrecht[4] § 327d Rdn 4.

[39] Vgl Emmerich/*Habersack* Aktien- und GmbH-Konzernrecht[4] § 327d Rdn 4; *Hüffer*[7] § 327d Rdn 4.

[40] Vgl *Hüffer*[7] § 327d Rdn 4; FK-WpÜG/*Schüppen/Tretter*[2] § 327d Rdn 4 mit Fn 7.

[41] Vgl OLG Stuttgart NZG 2004, 146, 147 f; *Dißars* BKR 2004, 383, 392; FK-WpÜG/*Schüppen/Tretter*[2] § 327d Rdn 3.

[42] Vgl LG Regensburg Der Konzern 2004, 811, 813; LG Frankfurt EWiR 2004, 525; Emmerich/*Habersack* Aktien- und GmbH-Konzernrecht[4] § 327d Rdn 5; KK-WpÜG/*Hasselbach* § 327d Rdn 7; AnwK-AktG/*Heidel/Lochner* § 327d Rdn 3; KK-*Koppensteiner*[3] § 327d Rdn 7; *Marsch-Barner* in Zschocke/Schuster Bad Homburger Hdb G 28; *Moritz* S 167; FK-WpÜG/*Schüppen/Tretter*[2] § 327d Rdn 5; *Steinmeyer/Häger* § 327d Rdn 5; *Wasmann* in Thaeter/Brandi Teil 7 Rdn 161.

[43] Vgl OLG Hamburg ZIP 2003, 1344, 1348; Emmerich/*Habersack* Aktien- und GmbH-Konzernrecht[4] § 327d Rdn 5; MK-*Grune-*

erfüllen ist.[44] Der Vorstand kann die Auskunftserteilung dem Hauptaktionär überlassen und sich dessen Antworten zu eigen machen.[45]

11 b) **Einzelheiten.** Nach § 131 Abs 1 S 1 ist jedem Aktionär auf Verlangen Auskunft über Angelegenheiten der Gesellschaft zu geben, soweit sie zur sachgemäßen Beurteilung des Gegenstandes der Tagesordnung erforderlich ist. Bezogen auf den Squeeze out bedeutet dies, dass sich die Erforderlichkeit der Auskunft aus der Sicht eines durchschnittlichen Minderheitsaktionärs beurteilt,[46] also aus der Sicht eines vernünftig denkenden, sich ausschließlich von seinen Vermögensinteressen leiten lassenden Kapitalgebers.[47] Beurteilungserheblich sind im Ausgangspunkt alle Auskünfte, die sich auf die Squeeze-out-Voraussetzungen, seine Rechtsfolgen und die Einhaltung der minderheitenschützenden Sach- und Verfahrensvorschriften beziehen.[48] Dazu gehören zB Informationen über die Höhe der Beteiligung des Hauptaktionärs an der betroffenen Gesellschaft oder über die Bemessung der Barabfindung.[49] Sofern sich die betreffenden Informationen allerdings schon in den nach §§ 327c Abs 3, 327d S 1 auszulegenden Unterlagen finden, ist die Auskunft nicht mehr erforderlich.[50] Außerdem brauchen Fragen hinsichtlich der Bonität oder Liquidität des Hauptaktionärs grundsätzlich nicht beantwortet zu werden, weil sie nicht zu den Angelegenheiten der Gesellschaft iSd § 131 Abs 1 S 1 gehören und die Minderheitsaktionäre durch die Gewährleistungserklärung eines Kreditinstituts nach § 327b Abs 3 bereits hinreichend geschützt sind.[51] Schließlich findet das Auskunftsrecht der Aktionäre seine Grenze in den Erkenntnismöglichkeiten des Vorstands.[52] Nach Einführung des neuen § 243 Abs 4 S 2 können unrichtige oder unvollständige Auskünfte zu Bewertungsfragen in der Hauptversammlung nicht mehr mit der Anfechtungsklage, sondern nur noch im Spruchverfahren geltend gemacht werden (vgl § 327f Rdn 18).

2. Auskunftsrecht gegenüber dem Hauptaktionär

12 Ein unmittelbar gegen den Hauptaktionär gerichtetes Auskunftsrecht der Minderheitsaktionäre lässt sich *de lege lata* aus § 131 Abs 1 S 1 nicht herleiten.[53] Dieses Auskunftsrecht richtet sich nach allgM nur gegen die betroffene Gesellschaft. Auch die mit-

wald[2] § 327d Rdn 5; KK-*Koppensteiner*[3] § 327d Rdn 7; *Moritz* S 167; *Steinmeyer/Häger* § 327d Rdn 5.

[44] Vgl MK-*Grunewald*[2] § 327d Rdn 5; KK-WpÜG/*Hasselbach* § 327d Rdn 7; *Marsch-Barner* in Zschocke/Schuster Bad Homburger Hdb G 28; *Moritz* S 167; FK-WpÜG/*Schüppen/Tretter*[2] § 327d Rdn 5; *Steinmeyer/Häger* § 327d Rdn 5.

[45] Vgl OLG Stuttgart NZG 2004, 146, 148; OLG Hamburg NZG 2003, 539, 542; Emmerich/*Habersack* Aktien- und GmbH-Konzernrecht[4] § 327d Rdn 5; KK-WpÜG/*Hasselbach* § 327d Rdn 7; KK-*Koppensteiner*[3] § 327d Rdn 8; FK-WpÜG/*Schüppen/Tretter*[2] § 327d Rdn 5; *Steinmeyer/Häger* § 327d Rdn 6.

[46] Vgl *Greulich* S 151 f; ihm folgend *Fuchs* § 5 III 3 a bb aaa.

[47] Vgl *Greulich* S 151 f.

[48] Vgl *Fuchs* § 5 III 3 a bb bbb; für Fallbeispiele fehlender Erforderlichkeit OLG Düsseldorf ZIP 2004, 359, 365; LG Mannheim AG 2005, 780, 781.

[49] Vgl LG Frankfurt NZG 2003, 1027, 1028; LG Saarbrücken NZG 2004, 1012, 1013; LG Wuppertal AG 2004, 161, 162; KK-*Koppensteiner*[3] § 327d Rdn 7; s auch FK-WpÜG/*Schüppen/Tretter*[2] § 327d Rdn 6.

[50] Vgl *Fuchs* § 5 III 3 a bb bbb.

[51] Vgl OLG Köln Der Konzern 2004, 30, 34; LG Bonn Der Konzern 2004, 491, 492; *Fuchs* § 5 III 3 a bb bbb; KK-*Koppensteiner*[3] § 327d Rdn 7; FK-WpÜG/*Schüppen/Tretter*[2] § 327d Rdn 6; s auch OLG Hamburg NZG 2003, 539, 544, wonach sich das Auskunftsrecht nicht auf einen Jahresabschluss des Hauptaktionärs erstreckt.

[52] Vgl speziell für den Squeeze out OLG Hamm ZIP 2005, 1457, 1463; *Fuchs* § 5 III 3 a dd aaa; allgemein BGHZ 32, 159, 165 f.

[53] Vgl Emmerich/*Habersack* Aktien- und GmbH-Konzernrecht[4] § 327d Rdn 5;

gliedschaftliche Treuepflicht[54] hilft als Ableitungsbasis grundsätzlich nicht weiter.[55] Nur in Ausnahmefällen, in denen der Vorstand trotz ordnungsgemäßer Vorbereitung mangels eigener Erkenntnismöglichkeiten (vgl Rdn 11) zur Auskunftserteilung außer Stande ist, kann man an eine treuepflichtgestützte Auskunftspflicht des Hauptaktionärs denken.[56] Rechtskonstruktiv lässt sie sich einerseits gegenüber der betroffenen Gesellschaft, andererseits unmittelbar zwischen Haupt- und Minderheitsaktionär begründen.[57] Der zweite Begründungsansatz betont den Charakter des Squeeze out als Zwangsverkauf unter Aktionären (vgl vor § 327a Rdn 23) und schlägt eine Brücke zu den (vor)vertraglichen Informationspflichten bei der Veräußerung von Gesellschaftsanteilen an einen Mitgesellschafter.[58]

V. Rechtsstellung des Versammlungsleiters

Der Versammlungsleiter ist nicht berechtigt, die Beteiligungshöhe des Hauptaktionärs zu prüfen.[59] Wohl aber muss er die Stimmberechtigung kontrollieren,[60] was bei einer Verletzung von Mitteilungspflichten durch den Hauptaktionär wegen § 28 WpHG von Bedeutung sein kann (vgl § 327a Rdn 68). Nach dem eindeutigen Gesetzeswortlaut entscheidet nicht der Versammlungsleiter, sondern der Vorstand darüber, ob der Hauptaktionär in der Hauptversammlung Erläuterungen abgeben darf.[61] Dem Versammlungsleiter bleibt nur die (Rest-)Zuständigkeit zur formalen Worterteilung.[62] Dabei steht es in seinem Ermessen, ob er zunächst dem Vorstand oder dem erläuterungswilligen Hauptaktionär das Wort erteilt.[63] 13

KK-WpÜG/*Hasselbach* § 327d Rdn 6; KK-*Koppensteiner*³ § 327d Rdn 8; rechtspolitische Kritik bei *Kiem* in Henze/Hoffmann-Becking, Gesellschaftsrecht 2001, S 329, 342 f.

[54] Allgemein zu ihr BGHZ 103, 184; *Henze/Notz* in Großkomm AktG Anhang § 53a Rdn 13 ff.

[55] Vgl KK-WpÜG/*Hasselbach* § 327d Rdn 6 („regelmäßig keine Erläuterungspflicht"); FK-WpÜG/*Schüppen/Tretter*² § 327d Rdn 5 („keine allgemeine Pflicht des Hauptaktionärs").

[56] Wie hier *Greulich* S 194 ff; MK-*Grunewald*² § 327d Rdn 5; FK-WpÜG/*Schüppen/Tretter*² § 327d Rdn 5; *Fuchs* § 5 III 3 c; noch weitergehend *Gesmann-Nuissl* WM 2002, 1205, 1209; gänzlich ablehnend Emmerich/*Habersack* Aktien- und GmbH-Konzernrecht⁴ § 327d Rdn 4; *Scharpf* S 109.

[57] Offen lassend MK-*Grunewald*² § 327d Rdn 5; für letzteres *Fuchs* § 5 III 3 c.

[58] Eingehend *Fleischer* Informationsasymmetrie im Vertragsrecht, 2001, S 528 ff; *ders* NZG 2000, 561 ff.

[59] Vgl Emmerich/*Habersack* Aktien- und GmbH-Konzernrecht⁴ § 327d Rdn 4 mit Fn 7; MK-*Grunewald*² § 327d Rdn 4; FK-WpÜG/*Schüppen/Tretter*² § 327d Rdn 8; **aA** *Sieger/Hasselbach* ZGR 2002, 120, 139.

[60] Vgl FK-WpÜG/*Schüppen/Tretter*² § 327d Rdn 8.

[61] Vgl AnwK-AktG/*Heidel/Lochner* § 327d Rdn 3; FK-WpÜG/*Schüppen/Tretter*² § 327d Rdn 3 mit Fn 4; **aA** KK-WpÜG/*Hasselbach* § 327d Rdn 3.

[62] Vgl *Fuchs* § 5 III 2 a; *Greulich* S 191; MK-*Grunewald*² § 327d Rdn 3; KK-WpÜG/*Hasselbach* § 327d Rdn 3; *Nirk* in Nirk/Reuter/Bächle Hdb AG Teil I Rdn 2664.

[63] Vgl *Fuchs* § 5 III 2 a; MK-*Grunewald*² § 327d Rdn 3; KK-WpÜG/*Hasselbach* § 327d Rdn 4.

§ 327e
Eintragung des Übertragungsbeschlusses

(1) Der Vorstand hat den Übertragungsbeschluss zur Eintragung in das Handelsregister anzumelden. Der Anmeldung sind die Niederschrift des Übertragungsbeschlusses und seine Anlagen in Ausfertigung oder öffentlich beglaubigter Abschrift beizufügen.

(2) § 319 Abs 5 und 6 gilt sinngemäß.

(3) Mit der Eintragung des Übertragungsbeschlusses in das Handelsregister gehen alle Aktien der Minderheitsaktionäre auf den Hauptaktionär über. Sind über diese Aktien Aktienurkunden ausgegeben, so verbriefen sie bis zu ihrer Aushändigung an den Hauptaktionär nur den Anspruch auf Barabfindung.

Übersicht

Schrifttum

Günther Bredow/Maik Tribulowsky Auswirkungen von Anfechtungsklage und Squeeze-Out auf ein laufendes Spruchverfahren, NZG 2002, 841; *Helmut Büchel* Vom Unbedenklichkeitsverfahren nach §§ 16 Abs 3 UmwG, 319 Abs 6 AktG zum Freigabeverfahren nach dem UMAG, Liber Amicorum Happ, 2006, S 1; *Helmut Büchel* Voreilige Eintragung von Verschmelzung oder Formwechsel und die Folgen, ZIP 2006, 2289; *Jens Buchta/Marc Sasse* Freigabeverfahren bei Anfechtungsklagen gegen Squeeze-out-Beschlüsse, DStR 2004, 958; *Hartwin Bungert* Verlust der Klagebefugnis für anhängige Anfechtungsklagen nach Wirksamwerden eines Squeeze out, BB 2005, 1345; *Hartwin Bungert* Fortbestehen der Anfechtungsbefugnis nach wirksam gewordenem Squeeze out, BB 2007,

57; *Lambertus Fuhrmann* Das Freigabeverfahren bei Squeeze out-Beschlüssen, Der Konzern 2004, 1; *Lambertus Fuhrmann/Markus Linnerz* Das überwiegende Vollzugsinteresse im aktien- und umwandlungsrechtlichen Freigabeverfahren, ZIP 2004, 2306; *Thomas Keul* Anfechtungsklage und Überwindung der Registersperre im Rahmen eines Squeeze-out, ZIP 2003, 566; *Jochen König* Kraftloserklärung nicht eingereichter Aktien von Minderheitsaktionären nach einem Squeeze-out, NZG 2006, 606; *Nikolaos Paschos/Tim Johannsen-Roth* Freigabeverfahren und Bestandsschutz bei aktien- und umwandlungsrechtlichen Strukturmaßnahmen, NZG 2006, 327; *Oliver Rieckers* Einfluß angefochtener Bestätigungsbeschlüsse auf anhängige und abgeschlossene Unbedenklichkeitsverfahren, BB 2005, 1348; *Jack Schiffer/Daniela Rossmeier* Auswirkungen des Squeeze out auf rechtshängige Spruchverfahren, DB 2002, 1359; *Harry Schmidt* Schadensersatz nach § 327e Abs 2 iVm § 319 Abs 6 S 6 im Wege der Naturalrestitution beim fehlerhaften Squeeze-out?, AG 2004, 299; *Karsten Schmidt* Drittbeteiligung und Drittschutz im Freigabeverfahren – Überlegungen zum Verständnis der §§ 16 Abs 3 UmwG, 246a, 319 Abs 6 AktG, Liber Amicorum Happ, 2006, S 259; *Caspar Freiherr v Schnurbein* Anfechtung von Squeeze-out-Beschlüssen und Registersperre, AG 2005, 725; *Erich Waclawik* Die Fortführung des aktienrechtlichen Anfechtungsprozesses durch den ausgeschlossenen Aktionär, ZIP 2007, 1. Vgl im Übrigen die Angaben vor § 327a.

I. Regelungsgegenstand

§ 327e regelt die Anmeldung des Übertragungsbeschlusses zur Eintragung in das Handelsregister, die Bedeutung von Beschlussmängelklagen für das Registerverfahren und die Rechtsfolgen der Eintragung. Er ist den §§ 319 Abs 4–6, 320a nachgebildet.[1] Im Einzelnen gibt Abs 1 die Anmeldemodalitäten vor und hält den Vorstand der betroffenen Gesellschaft zur Anmeldung an. Abs 2 begründet durch Bezugnahme auf das Eingliederungsrecht eine Registersperre bei Beschlussmängelklagen gegen den Übertragungsbeschluss, die durch einen sog Freigabebeschluss überwunden werden kann. Abs 3 ordnet den gesetzlichen Übergang aller Aktien der Minderheitsaktionäre auf den Hauptaktionär mit Eintragung des Übertragungsbeschlusses in das Handelsregister an. Das Eintragungserfordernis hat vereinzelt rechtspolitische Kritik erfahren,[2] doch sprechen Gesichtspunkte der Publizität und Rechtssicherheit für seine Beibehaltung.[3] Außedem löst der Übergang der Mitgliedschaftsrechte eine Vielzahl von Rechtsfolgen aus (vgl Rdn 43ff), die eine vorgängige Kontrolle durch das Registergericht ratsam erscheinen lässt.[4] 1

II. Anmeldung zur Eintragung (Abs 1)

1. Anmeldung (Abs 1 S 1)

Gemäß § 327e Abs 1 S 1 hat der Vorstand den Übertragungsbeschluss zur Eintragung in das Handelsregister anzumelden. Die Anmeldung kann von Mitgliedern des Vorstands in vertretungsberechtigter Zahl vorgenommen werden.[5] Zuständig ist das Registergericht 2

---

[1] Vgl *Grzimek* in Geibel/Süßmann § 327e Rdn 1; *Hüffer*[7] § 327e Rdn 1; *Steinmeyer/Häger* § 327e Rdn 1.

[2] Vgl *Vetter* AG 2002, 176, 189, der die Eintragung für systemwidrig hält, weil die satzungsmäßigen Grundlagen der Gesellschaft nicht betroffen seien.

[3] Vgl Emmerich/*Habersack* Aktien- und GmbH-Konzernrecht[4] § 327e Rdn 1; AnwK-AktG/*Heidel/Lochner* § 327e Rdn 1; *Hüffer*[7] § 327e Rdn 1; KK-*Koppensteiner*[3] § 327e Rdn 2; FK-WpÜG-*Schüppen/Tretter*[2] § 327e Rdn 1 mit Fn 1.

[4] Vgl Emmerich/*Habersack* Aktien- und GmbH-Konzernrecht[4] § 327e Rdn 1; *Fuchs* § 5 IV; *Hüffer*[7] § 327e Rdn 1.

[5] Vgl KK-WpÜG-*Hasselbach* § 327e Rdn 2.

des Gesellschaftssitzes (§ 14).[6] Der Hauptaktionär selbst ist nicht anmeldeberechtigt.[7] Jedoch trifft den Vorstand nach § 83 Abs 2 gegenüber der Gesellschaft eine Anmeldepflicht,[8] wenn der Übertragungsbeschluss gesetzmäßig, also weder anfechtbar noch nichtig ist.[9] Zudem obliegt der Gesellschaft ihrerseits eine treuepflichtgestützte Verpflichtung gegenüber dem Hauptaktionär, die Anmeldung vorzunehmen.[10]

2. Beizufügende Unterlagen (Abs 1 S 2)

3 Der Anmeldung sind nach § 327e Abs 1 S 2 die Niederschrift des Übertragungsbeschlusses und seine Anlagen in Ausfertigung oder öffentlich beglaubigter Abschrift beizufügen. Für die Niederschrift des Übertragungsbeschlusses genügt bei nichtbörsennotierten Gesellschaften gemäß § 130 Abs 1 S 3 eine vom Vorsitzenden des Aufsichtsrats unterzeichnete Niederschrift,[11] weil der Übertragungsbeschluss nur einer einfachen Stimmenmehrheit bedarf (vgl § 327a Rdn 67). Zu den Anlagen gehören jedenfalls die Belege über die Einberufung der Hauptversammlung iSd § 130 Abs 3.[12] Alles weitere ist streitig: Manche lassen es dabei bewenden[13]; andere fordern zusätzlich den Bericht des Hauptaktionärs und den Prüfungsbericht[14]; wieder andere verlangen noch weitergehend die Beifügung der Jahresabschlüsse und Lageberichte.[15] In einem formalen Sinne ist der ersten Auffassung beizutreten; praktisch wird man bedenken, dass der Registerrichter die Squeeze-out-Voraussetzungen prüft (vgl Rdn 5), so dass es sich empfiehlt, schon bei der Anmeldung den Bericht des Hauptaktionärs, den Prüfungsbericht des Ausschließungsprüfers und die Gewährleistungserklärung des Kreditinstituts einzureichen.[16] Alle Anlagen sind ungeachtet des § 130 Abs 1 S 3 in Ausfertigung oder öffentlich beglaubigter Abschrift beizufügen.[17]

---

[6] Vgl Emmerich/*Habersack* Aktien- und GmbH-Konzernrecht[4] § 327e Rdn 2; AnwK-AktG/*Heidel/Lochner* § 327e Rdn 2; *Hüffer*[7] § 327e Rdn 2; FK-WpÜG-*Schüppen/Tretter*[2] § 327e Rdn 2.

[7] Vgl KK-WpÜG-*Hasselbach* § 327e Rdn 2; *Moritz* S 170.

[8] Vgl Emmerich/*Habersack* Aktien- und GmbH-Konzernrecht[4] § 327e Rdn 2; KK-WpÜG-*Hasselbach* § 327e Rdn 2.

[9] Allgemein dazu *Fleischer* BB 2005, 2025 ff.

[10] Ebenso Emmerich/*Habersack* Aktien- und GmbH-Konzernrecht[4] § 327e Rdn 2; *Fuchs* § 5 IV 1.

[11] Vgl Emmerich/*Habersack* Aktien- und GmbH-Konzernrecht[4] § 327e Rdn 3; *Hüffer*[7] § 327e Rdn 2.

[12] AllgM, vgl Emmerich/*Habersack* Aktien- und GmbH-Konzernrecht[4] § 327e Rdn 3; MK-*Grunewald*[2] § 327e Rdn 2; KK-WpÜG-*Hasselbach* § 327e Rdn 3; AnwK-AktG/*Heidel/Lochner* § 327e Rdn 3; *Hüffer*[7] § 327e Rdn 2; KK-*Koppensteiner*[3] § 327e Rdn 3; FK-WpÜG-*Schüppen/Tretter*[2] § 327e Rdn 4.

[13] Vgl KK-WpÜG-*Hasselbach* § 327e Rdn 3; im Grundsatz auch MK-*Grunewald*[2] § 327e Rdn 2; KK-*Koppensteiner*[3] § 327e Rdn 3; FK-WpÜG-*Schüppen/Tretter*[2] § 327e Rdn 4; zu ihnen noch in Fn 16.

[14] Vgl Emmerich/*Habersack* Aktien- und GmbH-Konzernrecht[4] § 327e Rdn 3; s auch *Vossius* ZIP 2002, 511, 514.

[15] Vgl *Grzimek* in Geibel/Süßmann § 327e Rdn 3; AnwK-AktG/*Heidel/Lochner* § 327e Rdn 3.

[16] So im Ergebnis auch FK-WpÜG-*Schüppen/Tretter*[2] § 327e Rdn 4; ferner MK-*Grunewald*[2] § 327e Rdn 2, wonach die Vorlage des Prüfungsberichts und des Berichts des Hauptaktionärs „zweckmäßig" ist; s auch KK-*Koppensteiner*[3] § 327e Rdn 3.

[17] Vgl Emmerich/*Habersack* Aktien- und GmbH-Konzernrecht[4] § 327e Rdn 3; AnwK-AktG/*Heidel/Lochner* § 327e Rdn 6; *Hüffer*[7] § 327e Rdn 2.

3. Zwangsgeld?

Unterschiedlich beurteilt wird, ob die Anmeldung zum Handelsregister durch Festsetzung von Zwangsgeld erzwungen werden kann. Die bejahende Ansicht[18] stützt sich darauf, dass § 327e Abs 1 nicht in den Kreis der Ausnahmetatbestände des § 407 Abs 2 S 1 aufgenommen wurde; die herrschende Gegenansicht[19] nimmt entweder ein Redaktionsversehen an oder befürwortet eine Analogie zu § 407 Abs 2 S 1, weil es nicht Sache des Registergerichts sei, die Rechtsverhältnisse zwischen den Beteiligten zu gestalten. Sie verdient in Übereinstimmung mit der für die Eingliederung geltenden Rechtslage den Vorzug.[20] 4

4. Prüfung des Registergerichts

Das Registergericht prüft den Antrag in formeller und materieller Hinsicht.[21] Zuständig ist nach § 17 Nr 1c RPflG der Richter, nicht der Rechtspfleger.[22] Die materielle Prüfung erstreckt sich vor allem auf das Vorliegen der erforderlichen Beteiligungsquote von 95 Prozent.[23] Hingegen wird die Angemessenheit der Barabfindung nicht im Eintragungsverfahren, sondern erst im Spruchverfahren überprüft.[24] 5

III. Negativerklärung und Registersperre (Abs 2 iVm § 319 Abs 5, 6)

§ 327e Abs 2 erklärt § 319 Abs 5 und 6 für sinngemäß anwendbar. Danach ist bei der Anfechtung des Übertragungsbeschlusses eine sog Negativerklärung abzugeben (Abs 5 S 1). Fehlt sie, greift eine sog Registersperre (Abs 5 S 2), die ggf durch einen sog Freigabebeschluss beseitigt werden kann (Abs 6). Der in Bezug genommene § 319 Abs 5 und 6 gleicht dem § 16 Abs 2 und 3 UmwG, so dass sich das Registerverfahren beim Squeeze out nach dem Vorbild des Eingliederungs- und Verschmelzungsrechts richtet. 6

1. Negativerklärung (Abs 2 iVm § 319 Abs 5 S 1 Hs 1)

Nach § 327e Abs 2 iVm § 319 Abs 5 S 1 Hs 1 hat der Vorstand bei der Anmeldung des Übertragungsbeschlusses zur Eintragung in das Handelsregister zu erklären, dass eine Klage gegen dessen Wirksamkeit nicht oder nicht fristgemäß erhoben oder eine solche Klage rechtskräftig abgewiesen oder zurückgenommen worden ist. Abzugeben ist die Negativerklärung von Vorstandsmitgliedern in vertretungsberechtigter Zahl.[25] Sie bedarf 7

---

[18] Vgl MK-*Grunewald*[2] § 327e Rdn 3; *Moritz* S 171 f; *Scharpf* S 122 f.

[19] Vgl Emmerich/*Habersack* Aktien- und GmbH-Konzernrecht[4] § 327e Rdn 2; AnwK-AktG/*Heidel/Lochner* § 327e Rdn 2; *Hüffer*[7] § 327e Rdn 2; FK-WpÜG-*Schüppen/Tretter*[2] § 327e Rdn 2.

[20] Vgl Emmerich/*Habersack* Aktien- und GmbH-Konzernrecht[4] § 319 Rdn 25; *Hüffer*[7] § 319 Rdn 13; § 407 Abs 2 S 1 nimmt versehentlich auf § 319 Abs 3 aF und nicht auf § 319 Abs 4 Bezug.

[21] Vgl Emmerich/*Habersack* Aktien- und GmbH-Konzernrecht[4] § 327e Rdn 4; MK-*Grunewald*[2] § 327e Rdn 4; AnwK-AktG/*Heidel/Lochner* § 327e Rdn 3; *Hüffer*[7] § 327e Rdn 2; *Krieger* BB 2002, 53, 58; *Moritz* S 171; *Scharpf* S 120; FK-WpÜG-*Schüppen/Tretter*[2] § 327e Rdn 6.

[22] Vgl AnwK-AktG/*Heidel/Lochner* § 327e Rdn 3; *Moritz* S 170; FK-WpÜG-*Schüppen/Tretter*[2] § 327e Rdn 4.

[23] Vgl *Hüffer*[7] § 327e Rdn 2; KK-*Koppensteiner*[3] § 327e Rdn 3; *Fuchs* § 5 IV 2.

[24] Vgl Emmerich/*Habersack* Aktien- und GmbH-Konzernrecht[4] § 327e Rdn 4; MK-*Grunewald*[2] § 327e Rdn 4; KK-*Koppensteiner*[3] § 327e Rdn 4; FK-WpÜG-*Schüppen/Tretter*[2] § 327e Rdn 6.

[25] Vgl *Grzimek* in Geibel/Süßmann § 327e Rdn 6.

wie die Anmeldung gemäß § 12 Abs 1 HGB der öffentlich beglaubigten Form[26] und muss gleichzeitig mit ihr („bei der Anmeldung") abgegeben werden.[27]

8 Unter Klagen gegen den Übertragungsbeschluss sind jedenfalls Anfechtungs- (§ 243) und Nichtigkeitsklagen (§ 249) zu verstehen.[28] Unterschiedlich beurteilt wird, ob sich der Vorstand auch zu Feststellungsklagen (§ 256 ZPO) äußern muss. Manche bejahen dies,[29] doch sprechen bessere Gründe für die wohl herrschende Gegenansicht,[30] weil sich die allgemeine Feststellungsklage nicht gegen die Wirksamkeit des Hauptversammlungsbeschlusses richtet und die Minderheitsaktionäre, die durch die Registersperre allein geschützt werden, wegen § 249 keine derartige Feststellungsklage erheben können.

9 Nicht fristgerecht erhoben ist eine Anfechtungsklage, wenn die Monatsfrist des § 246 Abs 1 versäumt wurde[31]; hinsichtlich der Nichtigkeitsklage gilt keine besondere Frist, insbesondere nicht die Dreijahresfrist des § 242 Abs 2, weil ihr Lauf die Eintragung in das Handelsregister voraussetzt.[32] Der Klagerücknahme iSd § 319 Abs 5 stehen die Beendigung der Rechtshängigkeit durch Prozessvergleich (§ 794 Abs 1 Nr 1 ZPO),[33] der zivilprozessuale Klageverzicht (§ 306 ZPO)[34] und die übereinstimmende Erledigterklärung (§ 91a ZPO)[35] gleich.

10 Die Negativerklärung kann nach einer neuen BGH-Entscheidung wirksam erst nach Ablauf der Anfechtungsfrist abgegeben werden.[36] § 327e Abs 2 iVm § 315 Abs 5 S 1 formuliert also ungenau, wenn es für die Abgabe der Negativerklärung auf den Zeitpunkt der Anmeldung abstellt („bei der Anmeldung"), weil die Anmeldung bereits vor der Monatsfrist erfolgen kann.[37] Wird nach der Anmeldung, aber noch vor der Eintragung des Übertragungsbeschlusses in das Handelsregister fristgemäß Anfechtungs- oder Nichtigkeitsklage erhoben, so hat der Vorstand dem Registergericht hierüber nach § 327e Abs 2 iVm § 319 Abs 5 S 1 Hs 2 Mitteilung zu machen.[38] Ohne diese spätere Mittei-

---

[26] Vgl *Grzimek* in Geibel/Süßmann § 327e Rdn 6.

[27] Vgl MK-*Grunewald*[2] § 319 Rdn 30; KK-*Koppensteiner*[3] § 319 Rdn 21; **aA** *Steinmeyer/Häger* § 319 Rdn 5.

[28] AllgM, vgl Emmerich/*Habersack* Aktien- und GmbH-Konzernrecht[4] § 319 Rdn 27; *Grzimek* in Geibel/Süßmann § 327e Rdn 6; *Hüffer*[7] § 319 Rdn 14; AnwK-AktG/*Knöfler* § 319 Rdn 17; KK-*Koppensteiner*[3] § 319 Rdn 23; *Steinmeyer/Häger* § 327e Rdn 6.

[29] Vgl MK-*Grunewald*[2] § 319 Rdn 30; *Grzimek* in Geibel/Süßmann § 327e Rdn 6; *Hüffer*[7] § 319 Rdn 14; AnwK-AktG/*Knöfler* § 319 Rdn 17; *Krieger* in MünchHdb AG[2] § 73 Rdn 16.

[30] Vgl Emmerich/*Habersack* Aktien- und GmbH-Konzernrecht[4] § 319 Rdn 27; *Fuchs* § 5 IV 3; KK-*Koppensteiner*[3] § 319 Rdn 23; *K Schmidt* in Großkomm AktG § 249 Rdn 34; *Steinmeyer/Häger* § 327e Rdn 5.

[31] Vgl Emmerich/*Habersack* Aktien- und GmbH-Konzernrecht[4] § 319 Rdn 27; *Grzimek* in Geibel/Süßmann § 327e Rdn 6; *Hüffer*[7] § 319 Rdn 24.

[32] Vgl Emmerich/*Habersack* Aktien- und GmbH-Konzernrecht[4] § 319 Rdn 27; **aA** *Grzimek* in Geibel/Süßmann § 327e Rdn 6; *Hüffer*[7] § 319 Rdn 14.

[33] Vgl *Grzimek* in Geibel/Süßmann § 327e Rdn 6.

[34] Vgl AnwK-AktG/*Knöfler* § 319 Rdn 17; *Steinmeyer/Häger* § 327e Rdn 6. Der zivilprozessuale Klageverzicht ist von dem Klageverzicht iSd § 319 Abs 5 S 2 sorgfältig zu unterscheiden; vgl zu letzterem den Text zu Rdn 12 f.

[35] Vgl *Grzimek* in Geibel/Süßmann § 327e Rdn 6; KK-WpÜG-*Hasselbach* § 327e Rdn 4; *Hüffer*[7] § 319 Rdn 14; AnwK-AktG/*Knöfler* § 319 Rdn 17; *Steinmeyer/Häger* § 327e Rdn 6.

[36] Vgl BGH ZIP 2006, 2312; dazu *Büchel* ZIP 2006, 2289, 2290.

[37] Vgl *Büchel* ZIP 2006, 2289, 2290.

[38] Vgl KK-*Koppensteiner*[3] § 319 Rdn 24; *Steinmeyer/Häger* § 327e Rdn 6.

lung wird die innerhalb der Anfechtungsfrist abgegebene Negativerklärung wirkungslos[39] und ist nach Beendigung des Prozesses durch eine neue zu ersetzen.[40]

2. Registersperre (Abs 2 iVm § 319 Abs 5 S 2)

a) **Grundsatz.** Liegt die Negativerklärung nicht vor, so darf der Übertragungsbeschluss gemäß § 327e Abs 2 iVm § 319 Abs 5 S 2 Hs 1 nicht eingetragen werden.[41] Ein Beurteilungsspielraum steht dem Registergericht nicht zu.[42] Nach hM besteht das Eintragungshindernis auch während des Laufs der Anfechtungsfrist gemäß § 246 Abs 1.[43] Manche halten das Registergericht sogar für verpflichtet, nach Ablauf der Klagefrist noch eine angemessene Frist abzuwarten, weil eine später zugestellte Klage die Klagefrist nach § 167 ZPO noch wahren könne, wenn sie innerhalb der Frist eingereicht worden sei.[44] **11**

b) **Verzichtserklärung.** Ausnahmsweise kann eine Eintragung nach § 327e Abs 2 iVm § 319 Abs 5 S 2 Hs 2 auch ohne Negativerklärung erfolgen, wenn die klageberechtigten Aktionäre durch notariell beurkundete Erklärungen auf die Klage gegen die Wirksamkeit des Übertragungsbeschlusses verzichten. Damit ist kein zivilprozessualer Klageverzicht nach § 306 ZPO gemeint, sondern die materiellrechtliche Erklärung, nicht gegen Beschlussmängel vorgehen zu wollen.[45] Durch einen solchen Verzicht kann die Eintragung des Übertragungsbeschlusses jedenfalls bei Gesellschaften mit einem kleinen Aktionärskreis beschleunigt werden.[46] **12**

Umstritten ist, ob es einer Verzichtserklärung sämtlicher Aktionäre der betroffenen Gesellschaft (einschließlich des Hauptaktionärs und der Inhaber von Aktien, die ihm nach § 16 Abs 4 zugerechnet werden) bedarf[47] oder ob ein Verzicht aller Minderheitsaktionäre ausreicht.[48] Den Vorzug verdient die erstgenannte Auffassung, für die nicht nur der Gesetzeswortlaut, sondern auch die Rechtslage bei der Eingliederung und Verschmelzung spricht.[49] Hingegen ist nach ganz hM keine Verzichtserklärung der anderen **13**

---

[39] Vgl *Büchel* ZIP 2006, 2289, 2290; Emmerich/*Habersack* § 319 Rdn 28; KK-*Koppensteiner*[3] § 319 Rdn 24; *Steinmeyer/Häger* § 327e Rdn 6.

[40] Vgl *Steinmeyer/Häger* § 327e Rdn 6.

[41] Vgl OLG Saarbrücken NZG 2005, 366; s auch BGH ZIP 2006, 2312 (zu § 16 UmwG).

[42] Vgl *Grzimek* in Geibel/Süßmann § 327e Rdn 7; AnwK-AktG/*Knöfler* § 319 Rdn 18; *Moritz* S 173.

[43] Vgl Emmerich/*Habersack* Aktien- und GmbH-Konzernrecht[4] § 319 Rdn 28; *Hüffer*[7] § 319 Rdn 14; *Steinmeyer/Häger* § 327e Rdn 8; **aA** MK-*Grunewald*[2] § 319 Rdn 40; KK-WpÜG-*Hasselbach* § 327e Rdn 13.

[44] Vgl OLG Hamburg NZG 2003, 981 (zu § 16 UmwG); LG Dortmund DB 2004, 805 (zu § 16 UmwG); *Steinmeyer/Häger* § 327c Rdn 8; *Büchel* ZIP 2006, 2289, 2290 f; offen lassend BGH ZIP 2006, 2312, 2314.

[45] Vgl *Grzimek* in Geibel/Süßmann § 327e Rdn 10; *Hüffer*[7] § 319 Rdn 16; AnwK-AktG/*Knöfler* § 319 Rdn 18.

[46] Vgl *Grzimek* in Geibel/Süßmann § 327e Rdn 8, AnwK-AktG/*Knöfler* § 319 Rdn 18; KK-*Koppensteiner*[3] § 319 Rdn 25.

[47] So *Fuchs* § 5 IV 4; MK-*Grunewald*[2] § 319 Rdn 5; wohl auch Emmerich/*Habersack* Aktien- und GmbH-Konzernrecht[4] § 319 Rdn 30 f; KK-*Koppensteiner*[3] § 327e Rdn 4.

[48] So *Grzimek* in Geibel/Süßmann § 327e Rdn 8; AnwK-AktG/*Heidel/Lochner* § 327e Rdn 4; FK-WpÜG-*Schüppen/Tretter*[2] § 327e Rdn 6; wohl auch KK-WpÜG-*Hasselbach* § 327e Rdn 5; s auch *Steinmeyer/Häger* § 327e Rdn 10, der zusätzlich Verzichtserklärungen jener Aktionäre verlangt, deren Anteile dem Hauptaktionär zugerechnet werden.

[49] Vgl zur Eingliederung Emmerich/*Habersack* Aktien- und GmbH-Konzernrecht[4] § 319 Rdn 31; MK-*Grunewald*[2] § 319 Rdn 31; KK-*Koppensteiner*[3] § 320 Rdn 20; *Krieger* in MünchHdb AG[2] § 73 Rdn 17; zur Verschmelzung *Bork* in Lutter/Winter[3] § 16 UmwG Rdn 13.

Anfechtungsberechtigten (§ 245 Nr 4 und 5 AktG) erforderlich.[50] Das Registergericht hat deren Klagen allerdings im Rahmen seiner Prüfung zu berücksichtigen,[51] weil der Klageverzicht nur die Negativerklärung des Vorstands ersetzt, die gerichtliche Prüfungspflicht aber unberührt lässt.[52]

3. Unbedenklichkeitsverfahren (Abs 2 iVm § 319 Abs 6)

14 **a) Allgemeines.** Fehlen Negativerklärung (Rdn 7ff) und Verzichtserklärung (Rdn 12f), kann die Registersperre nur durch einen sog Freigabebeschluss überwunden werden. § 327e Abs 2 erklärt zu diesem Zweck § 319 Abs 6 für entsprechend anwendbar.[53] Danach steht es der Negativerklärung gleich, wenn nach Erhebung einer Klage gegen die Wirksamkeit des Übertragungsbeschlusses das für diese Klage zuständige Landgericht auf Antrag der betroffenen Gesellschaft durch rechtskräftigen Beschluss festgestellt hat, dass die Erhebung der Klage der Eintragung nicht entgegensteht. In der Rechtspraxis spielt dieses Unbedenklichkeits- oder Freigabeverfahren eine enorme Rolle. Eine Vielzahl veröffentlichter Entscheidungen zum Squeeze out fußt auf der Grundlage der §§ 327e Abs 2, 319 Abs 6 S 1.[54]

15 **b) Formelle Voraussetzungen.** In formeller Hinsicht setzt das Unbedenklichkeitsverfahren die Rechtshängigkeit einer Anfechtungs- oder Nichtigkeitsklage gegen den Übertragungsbeschluss sowie einen Antrag der betroffenen Gesellschaft bei dem zuständigen Gericht voraus.[55] Zuständig ist das Prozessgericht, bei dem die Anfechtungsklage rechtshängig ist.[56] Dies wird in aller Regel das am Sitz der Gesellschaft zuständige Landgericht sein (§§ 246 Abs 3 S 1, 249 Abs 1 S 1).[57] Seine Zuständigkeit bleibt auch dann bestehen, wenn die Hauptsache bereits in der Berufungs- oder Revisionsinstanz anhängig ist.[58]

16 Antragsbefugt ist die betroffene Gesellschaft,[59] vertreten durch ihren Vorstand (§ 51 Abs 1 ZPO iVm § 78 Abs 1).[60] § 246 Abs 2 S 2, der bei Anfechtungsklagen gegen die Gesellschaft eine Doppelvertretung durch Vorstand und Aufsichtsrat anordnet, findet entgegen einer vereinzelten Gerichtsentscheidung[61] keine entsprechende Anwendung[62]: Zum einen steht das Unbedenklichkeitsverfahren in sachlicher Nähe zur Handelsregisteranmeldung des Übertragungsbeschlusses, die allein dem Vorstand obliegt (vgl Rdn 2);

---

[50] Vgl *Fuchs* § 5 IV 4; *Grzimek* in Geibel/Süßmann § 327e Rdn 8; *Steinmeyer/Häger* § 327e Rdn 9.

[51] Vgl MK-*Grunewald*[2] § 319 Rdn 31; *Grzimek* in Geibel/Süßmann § 327e Rdn 8; KK-*Koppensteiner*[3] § 319 Rdn 25 mit Fn 82.

[52] Vgl Emmerich/*Habersack* Aktien- und GmbH-Konzernrecht[4] § 319 Rdn 31; *Fuchs* § 5 IV 4; MK-*Grunewald*[2] § 319 Rdn 31.

[53] Zur Regelungstechnik OLG Stuttgart AG 2005, 662, 664.

[54] Rechtsprechungsanalysen bei *Buchta/Sasse* DStR 2004, 958, 960 ff; *Keul* ZIP 2003, 566 ff; *v Schnurbein* AG 2005, 725 ff.

[55] Vgl *Buchta/Sasse* DStR 2004, 958; *Moritz* S 175; *Steinmeyer/Häger* § 327e Rdn 12.

[56] Vgl *Buchta/Sasse* DStR 2004, 958; *Steinmeyer/Häger* § 327e Rdn 12.

[57] Vgl *Buchta/Sasse* DStR 2004, 958; *Steinmeyer/Häger* § 327e Rdn 12.

[58] Vgl für § 16 Abs 3 UmwG LG Freiburg AG 1998, 536, 537; *Fuchs* § 5 IV 5 a.

[59] Vgl Emmerich/*Habersack* Aktien- und GmbH-Konzernrecht[4] § 327e Rdn 6; KK-WpÜG-*Hasselbach* § 327e Rdn 7; AnwK-AktG/*Heidel/Lochner* § 327e Rdn 6; MK-*Grunewald*[2] § 327e Rdn 6; *Steinmeyer/Häger* § 327e Rdn 12.

[60] Vgl OLG Hamm ZIP 2005, 1457, 1458; LG Frankfurt AG 2005, 740, 741; *Fuchs* § 5 IV 5 a; MK-*Grunewald*[2] § 327e Rdn 6; *Moritz* S 175.

[61] Vgl OLG Düsseldorf NZG 2004, 328.

[62] Wie hier OLG Hamm ZIP 2005, 1457, 1458; LG Frankfurt AG 2005, 740, 741; *Fuchs* § 5 IV 5 a; *Hüffer*[7] § 319 Rdn 18.

zum anderen ist die Gefahr einer Voreingenommenheit des Vorstands gegen die beschlussfassende Mehrheit, der § 246 Abs 2 S 2 vorbeugen will, hier nicht zu besorgen.[63]

17 Der Hauptaktionär hat nach ganz hM kein eigenes Antragsrecht.[64] Die Gegenansicht hält unter Hinweis auf die nur „sinngemäße" Anwendbarkeit des § 319 Abs 6 auch den Hauptaktionär für antragsbefugt.[65] Sie verkennt jedoch, dass das gesamte Eintragungsverfahren in der Hand des für die Gesellschaft handelnden Vorstands liegt: Er allein ist zur Anmeldung des Übertragungsbeschlusses berufen (Rdn 2) und hat die Negativerklärung beim Registergericht persönlich vorzulegen (Rdn 7).[66] Hinzu kommt, dass auch bei der Mehrheitseingliederung nur die im Hauptsacheverfahren beklagte Gesellschaft antragsbefugt ist.[67]

18 Allerdings kann die betroffene Gesellschaft gegenüber dem Hauptaktionär und den nicht klagenden Minderheitsaktionären verpflichtet sein, das Unbedenklichkeitsverfahren einzuleiten.[68] Diese aus der Treuepflicht abzuleitende Verpflichtung besteht idR, wenn der Übertragungsbeschluss gesetzmäßig ist und die gegen ihn erhobenen Klagen unzulässig oder offensichtlich unbegründet sind.[69] Sie ist weiter gegeben, wenn der Hauptaktionär dies verlangt, sich zur Übernahme der Verfahrenskosten verpflichtet und die Gesellschaft von allfälligen Schadensersatzverpflichtungen gegenüber den Minderheitsaktionären nach § 327e Abs 2 iVm § 319 Abs 6 S 6 freistellt.[70] Der Hauptaktionär kann seinen treuepflichtgestützten Anspruch auf Einleitung des Unbedenklichkeitsverfahrens mit der Leistungsklage verfolgen; besteht zwischen ihm und der betroffenen Gesellschaft ein Beherrschungsvertrag, steht ihm auch das Weisungsrecht nach § 308 Abs 1 S 1 zur Verfügung.[71]

19 Antragsgegner ist der im Hauptsacheverfahren klagende Aktionär.[72] Sind mehrere Aktionärsklagen anhängig, muss der Antrag grundsätzlich in allen Verfahren gestellt werden, solange diese noch nicht gemäß §§ 246 Abs 3 S 5, 249 Abs 2 S 1 verbunden sind.[73] Ausweislich des Gesetzeswortlauts („nach Erhebung einer Klage") kann die betroffene Gesellschaft ein Unbedenklichkeitsverfahren erst beantragen, wenn ihr die

---

63 Vgl OLG Hamm ZIP 2005, 1457, 1458.

64 Vgl *Buchta/Sasse* DStR 2004, 958; Emmerich/*Habersack* Aktien- und GmbH-Konzernrecht[4] § 327e Rdn 6; MK-*Grunewald*[2] § 327e Rdn 6; AnwK-AktG/*Heidel/Lochner* § 327e Rdn 6; *Moritz* S 175; *Steinmeyer/Häger* § 327e Rdn 13.

65 Vgl *Grzimek* in Geibel/Süßmann § 327e Rdn 12; KK-*Koppensteiner*[3] § 327e Rdn 5.

66 Vgl *Buchta/Sasse* DStR 2004, 958; *Moritz* S 175.

67 Vgl *Fuchs* § 5 IV 5 a unter Hinweis auf Begr RegE UmwBerG, BT-Drucks 12/6699, S 175, 89.

68 Vgl Emmerich/*Habersack* Aktien- und GmbH-Konzernrecht[4] § 327e Rdn 2 und 6; *Fuchs* § 5 IV 5 a; MK-*Grunewald*[2] § 327e Rdn 6; FK-WpÜG-*Schüppen/Tretter*[2] § 327e Rdn 8; s auch OLG Stuttgart ZIP 2006, 27, 30.

69 Vgl *Fuchs* § 5 IV 5 a; s auch OLG Stuttgart ZIP 2006, 27, 30: „Dass die Voraussetzungen für ein Freigabeverfahren nach §§ 327e Abs 2, 319 Abs 6 vorlagen, hat der Kläger selbst nicht behauptet, insbesondere nicht, dass die Anfechtungsklagen gegen den Squeeze-out-Beschluss offensichtlich unbegründet oder gar rechtsmissbräuchlich seien. Die Leitungsorgane waren deshalb nicht im Interesse der übrigen (nicht anfechtenden) Minderheitsaktionäre gehalten, Maßnahmen zu einer Verkürzung des Zeitraums bis zur Eintragung des Squeeze-out-Beschlusses zu ergreifen und ein Freigabeverfahren einzuleiten."

70 Vgl Emmerich/*Habersack* Aktien- und GmbH-Konzernrecht[4] § 327e Rdn 6; *Fuchs* § 5 IV 5 a; MK-*Grunewald*[2] § 327e Rdn 9; FK-WpÜG-*Schüppen/Tretter*[2] § 327e Rdn 8.

71 Vgl *Fuchs* § 5 IV 5 a.

72 Vgl *Buchta/Sasse* DStR 2004, 958; *Steinmeyer/Häger* § 327e Rdn 12.

73 Vgl *Buchta/Sasse* DStR 2004, 958; *Steinmeyer/Häger* § 327e Rdn 12.

Klagen gegen den Übertragungsbeschluss zugestellt wurden.[74] Nicht erforderlich ist dagegen, dass der Vorstand den angefochtenen Beschluss bereits zur Eintragung angemeldet hat.[75] Eine Frist für die Antragstellung sieht das Gesetz nicht vor. Daher kann das Unbedenklichkeitsverfahren beim Prozessgericht selbst dann noch beantragt werden, wenn das Anfechtungsverfahren bereits in der Berufungsinstanz anhängig ist.[76]

20 c) **Materielle Voraussetzungen.** Gemäß § 327e Abs 2 iVm § 319 Abs 6 S 2 darf der Unbedenklichkeitsbeschluss nur ergehen, wenn die Klage gegen die Wirksamkeit des Übertragungsbeschlusses unzulässig oder offensichtlich unbegründet ist oder wenn das alsbaldige Wirksamwerden des Ausschlusses der Minderheitsaktionäre unter Berücksichtigung der Schwere der mit der Klage geltend gemachten Rechtsverletzungen zur Abwendung der vom Antragsgegner dargelegten wesentlichen Nachteile für die Gesellschaft und ihre Aktionäre vorrangig erscheint.

21 aa) **Unzulässigkeit.** Ob die Klage unzulässig ist, richtet sich nach allgemeinen prozessualen Grundsätzen.[77] Die Zulässigkeit ist dabei nicht nur summarisch, sondern vollumfänglich und abschließend zu prüfen.[78] Soweit Tatsachen entscheidungserheblich sind, genügt ihre Glaubhaftmachung (vgl Rdn 33).[79] Eine Beweisaufnahme ist nur in den Grenzen des § 294 Abs 2 ZPO gestattet.[80] Leidet die Klage an einem behebbaren Mangel, so ist das Gericht nach hM verpflichtet, den Antragsgegner gemäß § 139 ZPO auf eine mögliche Mangelbehebung aufmerksam zu machen.[81]

22 Hauptanwendungsfall der Unzulässigkeit im Rahmen des Squeeze out ist eine Klage, die sich gegen die Angemessenheit der Barabfindung richtet[82]; für diese steht nach § 327f S 2 ausschließlich das Spruchverfahren zur Verfügung (vgl § 327f Rdn 4). Unzulässig ist die Klage auch, wenn ein unzuständiges Gericht angerufen wird, ohne dass ein Verweisungsantrag vorliegt[83]; desgleichen, wenn die Klageschrift nicht den Anforderungen des § 253 Abs 2 ZPO genügt[84] oder wenn eine ordnungsgemäße Zustellung der Klage nach § 246 Abs 2 S 2 fehlt.[85] Dagegen zählen Anfechtungsbefugnis und Anfechtungsfrist nicht zu den Zulässigkeitsvoraussetzungen. Auch der Missbrauch des Anfech-

---

[74] Vgl LG Freiburg AG 1998, 536, 537 zu § 16 Abs 3 UmwG; *Keul* ZIP 2003, 566; **aA** *Kiem* in Henze/Hoffmann-Becking, Gesellschaftsrecht 2001, S 105, 121.

[75] Vgl OLG Stuttgart ZIP 1997, 75, 76 zu § 16 Abs 3 UmwG; *Buchta/Sasse* DStR 2004, 958, 959; *Keul* ZIP 2003, 566; *Steinmeyer/Häger* § 327e Rdn 12.

[76] Vgl *Buchta/Sasse* DStR 2004, 958 f.

[77] Vgl *Buchta/Sasse* DStR 2004, 958, 959; *Grzimek* in Geibel/Süßmann § 327e Rdn 14; FK-WpÜG-*Schüppen/Tretter*[2] § 327e Rdn 10; *Steinmeyer/Häger* § 327e Rdn 14.

[78] Vgl *Buchta/Sasse* DStR 2004, 958, 959; *Grzimek* in Geibel/Süßmann § 327e Rdn 14; FK-WpÜG-*Schüppen/Tretter*[2] § 327e Rdn 10; *Steinmeyer/Häger* § 327e Rdn 14.

[79] Vgl *Steinmeyer/Häger* § 327e Rdn 13; *Fuchs* § 5 IV 5 b aa.

[80] Vgl *Fuchs* § 5 IV 5 b aa; **aA** *Steinmeyer/Häger* § 327e Rdn 13, wonach gar keine Beweisaufnahme stattfindet.

[81] Vgl *Büchel* Liber Amicorum Happ, 2006, S 1, 9; für die Eingliederung MK-*Grunewald*[2] § 319 Rdn 34; AnwK-AktG/*Knöfler* § 319 Rdn 21; ähnlich Emmerich/*Habersack* Aktien- und GmbH-Konzernrecht[4] § 319 Rdn 34; KK-*Koppensteiner*[3] § 319 Rdn 29; s auch *Keul* ZIP 2003, 566 f; *Brandner/Bergmann* FS Bezzenberger, 2000, S 59, 63.

[82] Vgl *Buchta/Sasse* DStR 2004, 958, 959; *Keul* ZIP 2003, 566, 567; *Steinmeyer/Häger* § 327e Rdn 14; **aA** *Büchel* Liber Amicorum Happ, 2006, S 1, 9, der eine solche Klage für unbegründet hält.

[83] Vgl *Büchel* Liber Amicorum Happ, 2006, S 1, 9; *Fuhrmann/Linnerz* ZIP 2004, 2306; AnwK-AktG/*Knöfler* § 319 Rdn 21.

[84] Vgl *Fuhrmann/Linnerz* ZIP 2004, 2306; AnwK-AktG/*Knöfler* § 319 Rdn 21.

[85] Vgl *Hüffer*[7] § 319 Rdn 18; *Keul* ZIP 2003, 566, 567; *Steinmeyer/Häger* § 327e Rdn 15.

tungsrechts macht die Klage nicht unzulässig, sondern führt nur zum Verlust der materiellrechtlichen Anfechtungsbefugnis.[86]

Leidet die Klage an einem nicht behebbaren Zulässigkeitsmangel, so ist regelmäßig auch die Hauptsache spruchreif. Dennoch kann die Erwirkung eines Unbedenklichkeitsbeschlusses im Hinblick auf ein etwaiges Rechtsmittel gegen das Urteil im Hauptsacheverfahren sinnvoll sein.[87] Bei einer sofortigen Beschwerde gegen den Unbedenklichkeitsbeschluss (vgl Rdn 35) dürfte die Rechtskraft nämlich schneller eintreten.[88] 23

bb) Offensichtliche Unbegründetheit. aaa) Allgemeine Beurteilungsmaßstäbe. Wann eine Klage offensichtlich unbegründet ist, hat der Gesetzgeber bei der Einführung des umwandlungs- und eingliederungsrechtlichen Freigabeverfahrens im Jahre 1994 der Rechtsprechung überlassen.[89] Über die Konkretisierung dieses unbestimmten Rechtsbegriffs gehen die Meinungen bis heute auseinander. Verschiedenen Stimmen zufolge ist die Unbegründetheit der Klage nur dann offensichtlich, wenn das Prozessgericht ohne schwierige rechtliche Überlegungen zu der Überzeugung gelangt, dass die Klage zweifelsfrei unbegründet sei.[90] Andere stellen iSe Evidenzkriteriums sogar darauf ab, ob die Unbegründetheit der Klage ohne weiteres erkennbar sei,[91] und legen beim Squeeze out einen strengeren Beurteilungsmaßstab an als bei der Eingliederung und Verschmelzung.[92] Die hM spricht sich dagegen auch im summarischen Verfahren nach § 319 Abs 6 S 1 für eine *umfassende* rechtliche Würdigung des Sachverhalts aus, da sich die Offensichtlichkeit nicht auf den Prüfungsaufwand, sondern auf das Prüfungsergebnis beziehe.[93] Danach ist eine gegen den Hauptversammlungsbeschluss gerichtete Klage offensichtlich 24

---

86 Vgl BGH AG 1992, 448; *Hüffer*[7] § 245 Rdn 26.

87 Vgl Emmerich/*Habersack* Aktien- und GmbH-Konzernrecht[4] § 319 Rdn 34; *Steinmeyer/Häger* § 327e Rdn 15.

88 Vgl *Steinmeyer/Häger* § 327c Rdn 15.

89 Vgl Begr RegE UmwBerG, BT-Drucks 12/6699, S 89, 179; zum vorherigen Rechtsstand grundlegend BGHZ 112, 9, 23 f zu § 345 Abs 2 S 1 aF: „Es steht mithin nichts entgegen, das Gesetz einschränkend dahin auszulegen, dass Klagen, die zweifelsfrei ohne Erfolgsaussicht sind, die Eintragung nicht hindern, so dass das Registergericht in solchen Fällen eintragen kann, wenn es dies insbesondere auch unter Berücksichtigung der mit einem weiteren Aufschub verbundenen Folgen für geboten erachtet. Dazu gehören zum einen Klagen, die von vornherein unschlüssig oder unbegründet sind. Des weiteren hat der Senat in seiner Grundsatzentscheidung vom 22. Mai 1989 (BGHZ 107, 296) auch an sich begründeten Anfechtungsklagen den Erfolg versagt, wenn sie mit dem Ziel erhoben werden, die Gesellschaft in grob eigennütziger Weise zu einer Leistung zu veranlassen, auf die der klagende Aktionär keinen Anspruch hat und auch billigerweise nicht erheben kann."

90 Vgl LG Hamburg ZIP 2003, 951 f; OLG Stuttgart ZIP 1997, 189, 139; LG Freiburg AG 1998, 536, 537.

91 Vgl LG Regensburg Der Konzern 2004, 811, 813; LG Wuppertal AG 2004, 161, 162; LG Frankfurt NZG 2004, 167, 168; LG Hanau ZIP 1995, 1820, 1821; LG Freiburg AG 1998, 536, 537; *Bork* in Lutter/Winter[3] § 16 Rdn 19a.

92 Vgl LG Wuppertal AG 2004, 161, 162; dagegen in der Berufungsinstanz OLG Düsseldorf ZIP 2004, 359.

93 Vgl OLG Hamburg AG 2003, 696; ZIP 2004, 2288; OLG Stuttgart ZIP 2003, 2363; OLG Düsseldorf ZIP 2004, 359; OLG Köln ZIP 2004, 760; OLG Hamm ZIP 2005, 1457, 1458; OLG München AG 2006, 619, 620; LG Köln Der Konzern 2004, 619, 620; LG Düsseldorf ZIP 2004, 1755, 1756; LG München ZIP 2004, 167, 168; *Büchel* Liber Amicorum Happ, 2006, S 1, 10; *Fuchs* § 5 IV 5 b bb bbb (2); *Fuhrmann* Der Konzern 2004, 1, 2; *Grzimek* in Geibel/Süßmann § 327e Rdn 15; KK-WpÜG-*Hasselbach* § 327e Rdn 8; *Keul* ZIP 2003, 566, 567; *Moritz* S 177; *v Schnurbein* AG 2005, 725, 728; FK-WpÜG-*Schüppen/Tretter*[2] § 327e Rdn 11; *Steinmeyer/Häger* § 327e Rdn 18; *Veil* AG 2005, 567, 573 f.

unbegründet, wenn das Gericht nach sorgfältiger Prüfung aller tatsächlichen Fragen zu dem eindeutigen Ergebnis kommt, dass die Klage abzuweisen ist und auch in der Berufungs- und Revisionsinstanz keine Erfolgsaussicht bietet.[94]

25 Die hM überzeugt. Zusätzlichen Rückhalt erhält sie neuerdings von zwei Seiten: Zum einen hat der Reformgesetzgeber anlässlich der Einführung des § 246a Abs 2 durch das UMAG erklärt, dass eine Anfechtungsklage offensichtlich unbegründet sei, wenn sich deren Unbegründetheit mit hoher Sicherheit vorhersagen lasse; auf den für die Prognose erforderlichen Prüfungsaufwand kommt es danach nicht an.[95] Zum anderen hat der BGH in seinem T-Online-Beschluss zu erkennen gegeben, dass die Auslegungsrichtschnur des Reformgesetzgebers mit seiner eigenen Rechtsprechung vor Einführung des Freigabeverfahrens vereinbar sei.[96]

26 **bbb) Einzelfälle.** Wie nicht anders zu erwarten, hat die Fallgruppe der offensichtlichen Unbegründetheit im Rahmen des Squeeze out die größte Bedeutung erlangt,[97] weil es sich bei § 327a um einen voraussetzungsarmen Tatbestand handelt. Im Einzelnen haben die Gerichte vor allem das routinemäßige Vorbringen, der Ausschluss von Minderheitsaktionären sei verfassungswidrig, als offensichtlich unbegründet angesehen.[98] Weiterhin haben sie häufig rechtliche Einwände gegen Einzelelemente des Ausschließungsverfahrens im Freigabeverfahren verworfen, zB gegen den Bericht des Hauptaktionärs nach § 327c Abs 2 S 1,[99] gegen die Gewährleistungserklärung des Kreditinstituts nach § 327b Abs 3,[100] gegen die (Parallel-)Prüfung des Ausschließungsprüfers nach § 327c Abs 2 S 2[101] sowie gegen Auslegungspflichten nach §§ 327c Abs 3, 327d und Auskunftsrechte der Aktionäre nach § 131.[102] Gleiches gilt für das angebliche Nichterreichen der nach

---

[94] Vgl OLG Hamburg AG 2003, 696; ZIP 2004, 2288; OLG Stuttgart ZIP 2003, 2363; OLG Düsseldorf ZIP 2004, 359; OLG Köln ZIP 2004, 760; OLG München AG 2006, 296; LG Düsseldorf ZIP 2004, 1755, 1756; LG München ZIP 2004, 359; *Grzimek* in Geibel/Süßmann § 327e Rdn 15; KK-WpÜG-*Hasselbach* § 327e Rdn 8; *Keul* ZIP 2003, 566, 567; *Moritz* S 177; *v Schnurbein* AG 2005, 725, 728; FK-WpÜG-*Schüppen/Tretter*[2] § 327e Rdn 11; *Steinmeyer/Häger* § 327e Rdn 18.

[95] Vgl Begr RegE UMAG, BT-Drucks 15/5092, S 29; dazu *Fleischer* NJW 2005, 2525, 2529; *Büchel* Liber Amicorum Happ, 2006, S 1, 10.

[96] Vgl BGH ZIP 2006, 1151, 1153: „[E]ine offensichtliche Unbegründetheit kann nur dann angenommen werden, wenn es dazu keiner Klärung durch den Bundesgerichtshof im Rahmen des revisionsähnlich ausgestalteten Rechtsbeschwerdeverfahrens bedarf. Das entspricht der Rechtsprechung des Senats aus der Zeit vor Geltung des § 16 Abs 3 UmwG (BGHZ 112, 9, 23 f). Die Annahme des Gesetzgebers bei Schaffung des weitgehend inhaltsgleichen § 246a AktG, bei der „offensichtlichen Unbegründetheit" komme es nicht darauf an, welcher Prüfungsaufwand erforderlich sei, um die Unbegründetheit der Anfechtungsklage festzustellen (Reg.-Begr., BT-Drucks. 15/5092, S. 29) steht dem nicht entgegen."; s auch *Goette* DStR 2006, 2132, 2134 f.

[97] So bereits die Prognose bei *Fleischer* ZGR 2002, 757, 787; *Grunewald* ZIP 2002, 18, 20; *Krieger* BB 2002, 53, 60; bestätigt bei *v Schnurbein* AG 2005, 725, 727.

[98] Vgl OLG Oldenburg ZIP 2003, 1351; OLG Hamburg AG 2003, 696; OLG Köln ZIP 2004, 760, 762 f; OLG Düsseldorf ZIP 2004, 360 f; OLG Hamm ZIP 2005, 1457, 1458; LG Berlin Der Konzern 2003, 635; aA LG Hamburg ZIP 2003, 951.

[99] Vgl OLG Hamm ZIP 2005, 1457, 1459.

[100] Vgl OLG Hamburg AG 2003, 696, 697; OLG Hamm ZIP 2005, 1457, 1461 f; LG München ZIP 2004, 167, 169.

[101] Vgl OLG Düsseldorf ZIP 2004, 359, 363 f; OLG Hamburg ZIP 2004, 2288, 2289; aA OLG Hamm ZIP 2005, 1457, 1460, das aber einen gravierenden inhaltlichen Mangel und damit die Anfechtbarkeit abgelehnt hat.

[102] Vgl OLG Köln ZIP 2004, 760, 761; OLG Düsseldorf ZIP 2004, 359, 363; OLG Hamburg AG 2003, 696, 697; ZIP 2004, 2288, 2289; LG Regensburg Der Konzern 2004,

§ 327a Abs 1 S 1 erforderlichen Beteiligungsquote unter Verkennung der Zurechnungsvorschrift des § 327a Abs 2 iVm § 16 Abs 4[103] sowie für die vermeintlich fehlende Beschlussmehrheit wegen ruhender Stimmrechte des Hauptaktionärs nach § 28 WpHG.[104] Auch das häufige Vorbringen, der Hauptaktionär habe sein Ausschließungsrecht missbräuchlich ausgeübt, ist von den Gerichten mangels konkreter Anhaltspunkte idR als offensichtlich unbegründet eingestuft worden.[105] Dagegen begegnet die Rechtsprechung dem umgekehrten Vorwurf des Antragstellers, die Anfechtungsklage gegen den Übertragungsbeschluss sei rechtsmissbräuchlich und damit offensichtlich unbegründet,[106] mit deutlicher Reserve.[107]

cc) **Vorrangiges Vollzugsinteresse. aaa) Allgemeine Beurteilungsmaßstäbe.** Ein vorrangiges Vollzugsinteresse liegt – vereinfacht gesprochen – vor, wenn das Interesse der Gesellschaft und ihrer Aktionäre am alsbaldigen Wirksamwerden des Squeeze out höher zu veranschlagen ist als das Aufschubinteresse des Klägers.[108] Wann dies der Fall ist, sagt das Gesetz nicht. Es räumt dem Gericht vielmehr einen weiten Beurteilungsspielraum („nach freier Überzeugung") ein.[109] Die Regierungsbegründung zum UMAG steuert den allgemeinen Hinweis bei, dass eine Eintragung nach der Interessenabwägungsklausel auch dann möglich sei, wenn bei wahrscheinlich begründeter Anfechtungsklage die der Gesellschaft durch eine Verweigerung drohenden Nachteile den Schaden überwiegen, der dem Anfechtungskläger durch Eintragung und Durchführung des rechtswidrigen Hauptversammlungsbeschlusses entstehe.[110] **27**

(1) **Abwägungserhebliche Interessen.** Für den Squeeze out ist zunächst festzuhalten, dass in die Interessenabwägung nicht nur die Vollzugsinteressen des Hauptaktionärs, sondern auch diejenigen der betroffenen Gesellschaft eingehen.[111] Die Gegenansicht, welche die Belange der betroffenen Gesellschaft ausblendet,[112] verkennt, dass die angestrebten Kostenvorteile durch den Squeeze out (vgl vor § 327a Rdn 8) zuallererst der **28**

811, 813 f; **aA** LG Köln Der Konzern 2004, 619, 620; offen lassend OLG München AG 2006, 296, 297.

103 Vgl OLG Hamburg AG 2003, 696, 697; OLG Köln ZIP 2004, 760, 763; LG Regensburg Der Konzern 2004, 811, 814.

104 Vgl OLG Düsseldorf ZIP 2004, 359, 364; LG München ZIP 2004, 167, 168 f; LG Regensburg Der Konzern 2004, 811, 817.

105 Vgl OLG Köln ZIP 2004, 760, 762; OLG Düsseldorf ZIP 2004, 359, 362; LG Düsseldorf ZIP 2004, 1755, 1757 f; LG Regensburg Der Konzern 2004, 811, 813; **aA** OLG München AG 2006, 296, 297 bei „Verdachtsmomenten für ein missbräuchliches Umgehungsgeschäft".

106 Zur grundsätzlichen Prüfbarkeit des Rechtsmissbrauchsvorbringens im Rahmen der offensichtlichen Unbegründetheit KK-WpÜG-*Hasselbach* § 327e Rdn 9; *Keul* ZIP 2003, 566, 567; FK-WpÜG-*Schüppen/Tretter*[2] § 327e Rdn 11.

107 Vgl etwa OLG Köln ZIP 2004, 760, 761; von einem derartigen Vorbringen seitens der Gesellschaft abratend daher *Fuhrmann* Der Konzern 2004, 1, 5.

108 Vgl *Fuhrmann/Linnerz* ZIP 2004, 2306, 2308; *v Schnurbein* AG 2005, 725, 733.

109 Vgl Begr RegE UmwBerG, BT-Drucks 12/6699, S 90; Emmerich/*Habersack* Aktien- und GmbH-Konzernrecht[4] § 319 Rdn 36; *Grzimek* in Geibel/Süßmann § 327e Rdn 16; FK-WpÜG-*Schüppen/Tretter*[2] § 327e Rdn 12.

110 Vgl Begr RegE UMAG, BT-Drucks 15/5092, S 29; dazu *Fleischer* NJW 2005, 3525, 3529.

111 Vgl *Fuchs* § 5 IV 5 b cc; *Fuhrmann* Der Konzern 2004, 1, 5; *Grzimek* in Geibel/Süßmann § 327e Rdn 16; KK-WpÜG-*Hasselbach* § 327e Rdn 10; FK-WpÜG-*Schüppen/Tretter*[2] § 327e Rdn 12; *Steinmeyer/Häger* § 327e Rdn 19.

112 Vgl LG Saarbrücken NZG 2004, 1012, 1014; KK-*Koppensteiner*[3] § 327e Rdn 7; wohl auch AnwK-AktG/*Heidel/Lochner* § 327e Rdn 6; *Hüffer*[7] § 327e Rdn 3b.

Gesellschaft zugute kommen.[113] Abwägungserheblich ist auf Seiten der betroffenen Gesellschaft der für die Dauer des Hauptsacheverfahrens weiter entstehende Minderheitsaufwand,[114] ferner ein unwiederbringlicher Verlust von Steuervorteilen.[115] Auf Seiten des Hauptaktionärs sind entgangene Steuervorteile ebenfalls berücksichtigungsfähig.[116] Ausweislich der Gesetzesmaterialien soll außerdem ins Gewicht fallen, dass der Hauptaktionär den Ausschluss der Minderheit „als Teil einer Umwandlung oder einer sonstigen umfassenden Umstrukturierung" betreibt.[117] Dies war von jeher nicht ganz zweifelsfrei[118] und ist nach Ausweitung des Freigabeverfahrens durch § 246a idF des UMAG auf Kapitalmaßnahmen und Unternehmensverträge[119] als allgemeine Auslegungsmaxime noch fraglicher geworden. Im Einzelfall sind aber Sachverhaltsgestaltungen denkbar, in denen Marktchancen nur von 100 %igen Tochtergesellschaften wahrgenommen werden können[120] oder extern erzeugter Zeitdruck ein rasches Handeln erzwingt.[121]

29 Auf Seiten des Antragsgegners spielt vor allem die Schwere der mit der Klage geltend gemachten Rechtsverletzungen eine Rolle.[122] Dabei sind offensichtlich nicht vorliegende Beschlussmängel von vornherein auszuscheiden.[123] Im Übrigen sind die vom Antragsgegner gerügten Beschlussmängel als gegeben zu unterstellen.[124] Die Gegenansicht, die auch die Erfolgsaussichten der Klage in der Hauptsache berücksichtigen will,[125] läuft dem ausdrücklich erklärten Willen des Reformgesetzgebers von 1994 zuwider,[126] der neuerdings im Rahmen des UMAG nochmals bekräftigt worden ist.[127] Abwägungserheblich ist ferner der dem Antragsgegner durch eine vorzeitige Eintragung des Übertragungsbeschlusses drohende Schaden.[128] Schließlich soll nach der verallgemeinerungsfähigen[129]

---

113 Vgl FK-WpÜG-*Schüppen/Tretter*[2] § 327e Rdn 12 mit Fn 21.

114 Vgl LG Frankfurt NZG 2003, 731, 732; LG Saarbrücken NZG 2004, 1012, 1015; *Fuchs* § 5 IV 5 b cc; *Steinmeyer/Häger* § 327e Rdn 21.

115 Vgl LG Frankfurt NZG 2003, 731, 732; *v Schnurbein* AG 2005, 725, 733.

116 Vgl OLG Düsseldorf ZIP 2001, 1717, 1720 (Formwechsel); *Fuhrmann* Der Konzern 2004, 1, 5; *Keul* ZIP 2003, 566, 568.

117 Vgl Begr RegE WpÜG, BT-Drucks 14/7034, S 73; dazu auch LG Saarbrücken NZG 2004, 1012, 1014; KK-*Koppensteiner*[3] § 327e Rdn 8.

118 Bedenken vor allem bei *Steinmeyer/Häger* § 327e Rdn 21.

119 Dazu *Fleischer* NJW 2005, 3525, 3529; *Veil* AG 2005, 567, 574.

120 Vgl MK-*Grunewald*[2] § 327e Rdn 8; s auch *Keul* ZIP 2003, 566, 568.

121 Vgl LG Regensburg Der Konzern 2004, 811, 817; dazu *Fuhrmann/Linnerz* ZIP 2004, 2306, 2310.

122 Vgl *Fuhrmann/Linnerz* ZIP 2004, 2306, 2308; *Grzimek* in Geibel/Süßmann § 327e Rdn 16; *Keul* ZIP 2003, 566, 568; *Moritz* S 178; *v Schnurbein* AG 2005, 725, 733; FK-WpÜG-*Schüppen/Tretter*[2] § 327e Rdn 12; für das Eingliederungsrecht auch Emmerich/*Habersack* Aktien- und GmbH-Konzernrecht[4] § 319 Rdn 36; KK-*Koppensteiner*[3] § 319 Rdn 31.

123 Vgl OLG Stuttgart ZIP 1997, 75; OLG Düsseldorf ZIP 2001, 1717, 1720; *Decher* AG 1997, 388, 393; *Fuhrmann/Linnerz* ZIP 2004, 2306, 2308; KK-WpÜG-*Hasselbach* § 327e Rdn 10; *v Schnurbein* AG 2005, 725, 733.

124 Vgl OLG Düsseldorf ZIP 1999, 793, 797; *Decher* AG 1997, 388, 391; *Fuchs* § 5 IV 5 b cc; *Fuhrmann/Linnerz* ZIP 2004, 2306, 2308; wohl auch *Keul* ZIP 2003, 566, 568.

125 Vgl für das Eingliederungsrecht Emmerich/*Habersack* Aktien- und GmbH-Konzernrecht[4] § 319 Rdn 36; MK-*Grunewald*[2] § 319 Rdn 38; KK-*Koppensteiner*[3] § 319 Rdn 31; ferner OLG Frankfurt AG 2003, 573, 574 (zu § 16 UmwG).

126 Vgl Begr RegE UmwBerG, BT-Drucks 12/6699, S 89 f.

127 Vgl Begr RegE UMAG, BT-Drucks 15/5092, S 65; *Veil* AG 2005, 567, 574; *Heinrich/Theusinger* BB 2006, 449, 452.

128 Vgl Begr RegE UMAG, BT-Drucks 15/5092, S 65; *Fuchs* § 5 IV 5 b cc.

129 Vgl zur wünschenswerten „einheitlichen" Handhabung auch der Freigabevoraussetzungen der §§ 319 Abs 6 AktG, 16 Abs 3

Regierungsbegründung des UMAG auch die Höhe der Beteiligung des Antragsgegners an der betroffenen Gesellschaft in die Interessenabwägung einfließen.[130]

30 (2) **Abwägungsvorgang.** Im Rahmen der Gesamtabwägung gibt die Schwere der geltend gemachten Rechtsverletzungen häufig den Ausschlag: Führt der Kläger einen Nichtigkeitsgrund iSd § 241 oder die Verletzung einer dem öffentlichen Interesse dienenden Vorschrift ins Feld, so ist ein Freigabebeschluss regelmäßig ausgeschlossen.[131] Rügt er dagegen nur formale Beschlussmängel, die durch einen Bestätigungsbeschluss (§ 244) heilbar sind, so kann das Interesse der Gesellschaft bei einem drohenden wesentlichen Nachteil überwiegen.[132] Gegenüber einem unwesentlichen Nachteil kann sich allerdings auch ein bloßer Formfehler durchsetzen.[133]

31 Von ebenso großer Bedeutung ist, dass der Antragsteller zur Begründung eines vorrangigen Vollzugsinteresses *besondere* Umstände darlegen muss, die über das typische Interesse am Ausschluss der Minderheitsaktionäre hinausgehen.[134] Bloße Kostenersparnisse und das Interesse an einer Vereinfachung der Entscheidungsabläufe reichen in aller Regel nicht aus.[135] Ob monetär nicht messbare Vorteile ein überwiegendes Vollzugsinteresse zu begründen vermögen, ist wenig gesichert und wohl eher zurückhaltend zu beurteilen.[136] Insgesamt wird sich daher ein überwiegendes Vollzugsinteresse des Antragstellers nur selten ausmachen lassen.[137]

UmwG in diesem Sinne Begr RegE UMAG, BT-Drucks 15/5092, S 29; dazu auch *Fleischer* NJW 2005, 3525, 3529; *Veil* AG 2005, 567, 573; *Heinrich/Theusinger* BB 2006, 449, 452. Eine methodische Bewältigung dieser nachträglich-authentischen Interpretation durch den Gesetzgeber bei späterer Gelegenheit steht freilich noch aus.

130 Vgl Begr RegE UMAG, BT-Drucks 15/5092, S 65; *Büchel* Liber Amicorum Happ, 2006, S 1, 13; *Veil* AG 2005, 567, 574; schon vorher *Fuhrmann/Linnerz* ZIP 2004, 2306, 2308; **aA** bislang Emmerich/*Habersack* Aktien- und GmbH-Konzernrecht[4] § 327e Rdn 36.

131 Vgl Emmerich/*Habersack* Aktien- und GmbH-Konzernrecht[4] § 319 Rdn 36; *Fuchs* 5 IV 5 b cc; *Fuhrmann/Linnerz* ZIP 2004, 2306, 2308; KK-*Koppensteiner*[3] § 319 Rdn 31; *Moritz* S 178; *v Schnurbein* AG 2005, 725, 733.

132 Vgl OLG Stuttgart ZIP 1997, 75, 77; LG Berlin Der Konzern 2003, 483, 495; LG Regensburg Der Konzern 2004, 811, 817; Emmerich/*Habersack* Aktien- und GmbH-Konzernrecht[4] § 319 Rdn 36; *Fuhrmann/Linnerz* ZIP 2004, 2306, 2308; *Grzimek* in Geibel/Süßmann § 327e Rdn 16; KK-WpÜG-*Hasselbach* § 327e Rdn 12; *Keul* ZIP 2003, 566, 568, *v Schnurbein* AG 2005, 725, 733.

133 Vgl Emmerich/*Habersack* Aktien- und GmbH-Konzernrecht[4] § 319 Rdn 36; *Fuchs* § 5 IV 5 b cc.

134 Vgl OLG Saarbrücken AG 2005, 366; OLG München AG 2006, 296, 297; *Hüffer*[7] § 327e Rdn 3b; KK-WpÜG-*Hasselbach* § 327e Rdn 11; *Keul* ZIP 2003, 566, 568; *Krieger* BB 2002, 53, 60; *Moritz* S 178 f; *v Schnurbein* AG 2005, 725, 733.

135 Vgl OLG München AG 2006, 296, 297; *Buchta/Sasse* DStR 2004, 558, 559; Emmerich/*Habersack* Aktien- und GmbH-Konzernrecht[4] § 327e Rdn 7; *Fleischer* ZGR 2002, 757, 787; MK-*Grunewald*[2] § 327e Rdn 7; AnwK-AktG/*Heidel/Lochner* § 327e Rdn 6; *Hüffer*[7] § 327e Rdn 3b; *Moritz* S 178 f.

136 **AA** *Fuhrmann* Der Konzern 2004, 1, 5; s auch *Fuhrmann/Linnerz* ZIP 2004, 2306, 2310.

137 Vgl *Buchta/Sasse* DStR 2004, 958, 959; *Fleischer* ZGR 2002, 757, 787; AnwK-AktG/*Heidel/Lochner* § 327e Rdn 6; *Kiem* in Henze/Hoffmann-Becking, Gesellschaftsrecht 2001, S 329, 346; KK-*Koppensteiner*[3] § 327e Rdn 8; *Krieger* BB 2002, 53, 60; *Steinmeyer/Häger* § 327e Rdn 21; optimistischer *Fuhrmann/Linnerz* ZIP 2004, 2306, 2311.

32 **bbb) Einzelfälle.** Die Gerichte zeigen sich in Bezug auf ein vorrangiges Vollzugsinteresse zurückhaltend und stützen ihre Entscheidungen überwiegend auf den Gesichtspunkt offensichtlicher Unbegründetheit.[138] Immerhin hat das LG Frankfurt ausgesprochen, dass Steuerersparnisse iHv 1 Mio Euro bei einer Gesamthöhe der Barabfindung von 21,9 Mio Euro kein vorrangiges Vollzugsinteresse begründeten.[139] Eine andere Kammer desselben Gerichts hat ein überwiegendes Vollzugsinteresse abgelehnt, welches die Antragstellerin allein mit finanziellen Einsparungen iHv 1 Mio Euro durch das Nichtabhalten einer Jahreshauptversammlung und das Entfallen eines Konzernabschlusses begründet hatte.[140] Verschiedene Obergerichte haben hervorgehoben, dass für ein vorrangiges Eintragungsinteresse atypische Umstände darzulegen seien, die über das typische Interesse der Gesellschaft und ihres Hauptaktionärs am Ausschluss der Minderheitsaktionäre hinausgingen.[141] Das LG Regensburg hat in einem Fall, in dem der Kläger lediglich Verfahrensfehler rügte, ein überwiegendes Vollzugsinteresse der Gesellschaft an „weitgehenden und zeitnahen Umstrukturierungsmaßnahmen" bejaht, die infolge rechtlicher Vorgaben „in verhältnismäßig kurzer Zeit" umgesetzt werden mussten.[142]

33 **d) Verfahrensgrundsätze.** Das Unbedenklichkeitsverfahren ist ein eigenes Eilverfahren, welches in Teilen den §§ 916 ff ZPO nachgebildet ist.[143] Es hat einen gegenüber dem Hauptsacheverfahren selbständigen Streitgegenstand,[144] nämlich die Frage nach dem Bestehen oder Nichtbestehen einer registerrechtlichen Eintragungsvoraussetzung.[145] Nebenintervenienten, die einer Anfechtungs- oder Nichtigkeitsklage beigetreten sind, müssen daher nicht von Amts wegen an dem Unbedenklichkeitsverfahren beteiligt werden.[146] Das Verfahren unterliegt der ZPO, nicht dem FGG.[147] Die maßgeblichen Tatsachen für den Beschluss sind nach § 319 Abs 6 S 4 glaubhaft zu machen.[148] Dabei kann sich der Antragsteller nach § 294 ZPO aller Beweismittel einschließlich der Versicherung an Eides Statt bedienen.[149] Eine Beweisaufnahme, die nicht sofort erfolgen kann, ist allerdings unstatthaft.[150]

---

138 Ähnlich die Beobachtungen bei *Büchel* Liber Amicorum Happ, 2006, S 1, 12; *Buchta/Sasse* DStR 2004, 958, 959; Beispiele: OLG Köln ZIP 2004, 760; OLG Düsseldorf ZIP 2004, 359; OLG Hamm ZIP 2005, 1457, 1463.

139 Vgl LG Frankfurt NZG 2003, 731, 732; dazu FK-WpÜG-*Schüppen/Tretter*[2] § 327e Rdn 13; kritisch zur Gegenüberstellung der beiden Größen *Fuhrmann/Linnerz* ZIP 2004, 2306, 2309 f.

140 Vgl LG Frankfurt AG 2005, 740, 741.

141 Vgl OLG Saarbrücken AG 2005, 366; OLG München AG 2006, 296, 297.

142 Vgl LG Regensburg Der Konzern 2004, 811, 817.

143 Vgl OLG Düsseldorf WM 2005, 1948; *Buchta/Sasse* DStR 2004, 958; *Grzimek* in Geibel/Süßmann § 327e Rdn 11; *Keul* ZIP 2003, 566; *Steinmeyer/Häger* § 327e Rdn 11; *Karsten Schmidt* Liber Amicorum Happ, 2006, S 259, 264.

144 Vgl OLG Stuttgart AG 2005, 662, 663; OLG Düsseldorf WM 2005, 1948 f; *Buchta/Sasse* DStR 2004, 958; *Keul* ZIP 2003, 566.

145 Vgl OLG Düsseldorf WM 2005, 1948 f.

146 Vgl OLG Düsseldorf WM 2005, 1948 f; OLG Stuttgart AG 2005, 662, 663; *Karsten Schmidt* Liber Amicoum Happ, 2006, S 259, 268 f.

147 Vgl *Buchta/Sasse* DStR 2004, 958; für die Eingliederung auch Begr RegE UmwBerG, BT-Drucks 12/6699, S 90; Emmerich/*Habersack* Aktien- und GmbH-Konzernrecht[4] § 327e Rdn 37.

148 Vgl *Buchta/Sasse* DStR 2004, 958; *Steinmeyer/Häger* § 327e Rdn 22.

149 Vgl *Steinmeyer/Häger* § 327e Rdn 22.

150 Vgl Emmerich/*Habersack* Aktien- und GmbH-Konzernrecht[4] § 319 Rdn 37.

e) Entscheidung und Rechtsmittel. Das Gericht entscheidet nach § 319 Abs 6 S 1 durch Beschluss.[151] In dringenden Fällen kann der Beschluss gemäß § 319 Abs 6 S 3 ohne mündliche Verhandlung ergehen.[152] Ein dringender Fall liegt vor, wenn die Verzögerung, die durch die Verhandlung eintreten würde, ganz erhebliche Nachteile für die betroffene Gesellschaft bringen würde.[153] Dem Antragsgegner ist aber in jedem Fall rechtliches Gehör zu gewähren.[154] 34

Gegen den Beschluss findet nach § 319 Abs 6 S 5 die sofortige Beschwerde statt. Sie ist binnen einer Notfrist von zwei Wochen nach Zustellung des Beschlusses beim Prozessgericht oder beim Beschwerdegericht einzulegen[155] und hat Suspensiveffekt.[156] Beschwerdebefugt sind – je nach Beschwer – Antragsteller oder Antragsgegner.[157] Nicht beschwerdeberechtigt ist dagegen der Hauptaktionär.[158] 35

Eine Rechtsbeschwerde gegen die Entscheidung des Berufungsgerichts ist entgegen anderslautender Stimmen[159] ausgeschlossen.[160] Dies hat der BGH in seinem T-Online-Beschluss für das Freigabeverfahren nach § 16 Abs 3 UmwG nunmehr rechtsgrundsätzlich entschieden[161] und dabei hervorgehoben, dass Gleiches für die Freigabeverfahren nach § 319 Abs 6 und § 327e Abs 2 iVm § 319 Abs 6 gilt.[162] Auch verfassungsrechtliche Gründe zwingen nicht dazu, einen Rechtsweg zum BGH zu eröffnen, da ein Instanzenzug von Verfassungs wegen nicht garantiert ist.[163] 36

f) Rechtsfolgen. aa) Ersetzung der Negativerklärung. Der rechtskräftige Unbedenklichkeitsbeschluss ersetzt nach § 319 Abs 6 S 1 die Negativerklärung des Vorstands. Nach hM ist das Registergericht darüber hinaus an die Entscheidung des Prozessgerichts gebunden, soweit geltend gemachte Beschlussmängel geprüft und verneint worden sind.[164] Entsprechendes gilt, wenn zwar ein Beschlussmangel bejaht, den Vollzugsinteressen der Gesellschaft aber der Vorrang zugesprochen wurde.[165] Die Bindungswirkung reicht jedoch nur so weit, wie das Prozessgericht die betreffende Frage tatsächlich geprüft und beantwortet hat.[166] Im Übrigen bleibt die Prüfungspflicht des Registergerichts (vgl Rdn 5) unberührt. Das gilt erst recht hinsichtlich der allgemeinen Eintragungsvoraussetzungen (zB der formell ordnungsgemäßen Anmeldung), die nicht Gegenstand des Unbedenklichkeitsverfahrens sind.[167] 37

---

151 Vgl *Steinmeyer/Häger* § 327e Rdn 23; Emmerich/*Habersack* Aktien- und GmbH-Konzernrecht[4] § 319 Rdn 38.
152 Dazu OLG München ZIP 2004, 237, 238; OLG Stuttgart AG 2005, 662, 663; s aber auch LG Regensburg Der Konzern 2004, 811, 817.
153 Vgl OLG Düsseldorf WM 2005, 662, 663.
154 Vgl OLG Düsseldorf WM 2005, 1948, 1949; *Buchta/Sasse* DStR 2004, 958, 959.
155 Vgl *Buchta/Sasse* DStR 2004, 958, 959; *Steinmeyer/Häger* § 327e Rdn 23.
156 Vgl *Buchta/Sasse* DStR 2004, 958, 959; *Steinmeyer/Häger* § 327e Rdn 23.
157 Vgl *Steinmeyer/Häger* § 327e Rdn 23.
158 Vgl *Steinmeyer/Häger* § 327e Rdn 23.
159 Vgl *Buchta/Sasse* DStR 2004, 958, 959; KK-WpÜG-*Hasselbach* § 327e Rdn 15.
160 Vgl *Steinmeyer/Häger* § 327e Rdn 23; Emmerich/*Habersack* Aktien- und GmbH-Konzernrecht[4] § 319 Rdn 38.
161 Vgl BGH ZIP 2006, 1151.
162 Vgl BGH ZIP 2006, 1151, 1153.
163 Vgl BGH ZIP 2006, 1151, 1153.
164 Vgl zur Eingliederung *Brandner/Bergmann* FS Bezzenberger, 2000, S 59, 61; Emmerich/*Habersack* Aktien- und GmbH-Konzernrecht[4] § 319 Rdn 39; MK-*Grunewald*[2] § 319 Rdn 41; AnwK-AktG/*Knöfler* § 319 Rdn 33; KK-*Koppensteiner*[3], § 319 Rdn 35; *Sosnitza* NZG 1999, 965, 972 f.
165 Vgl Emmerich/*Habersack* Aktien- und GmbH-Konzernrecht[4] § 319 Rdn 39; AnwK-AktG/*Knöfler* § 319 Rdn 33.
166 Vgl AnwK-AktG/*Knöfler* § 319 Rdn 33; KK-*Koppensteiner*[3] § 319 Rdn 35.
167 Vgl KK-*Koppensteiner*[3] § 319 Rdn 35.

38 **bb) Schadensersatz.** Erweist sich die Klage als begründet, so ist dem Antragsgegner gemäß § 327e Abs 2 iVm § 319 Abs 6 S 6 der Schaden zu ersetzen, der ihm aus einer auf dem Unbedenklichkeitsbeschluss beruhenden Eintragung des Übertragungsbeschlusses entstanden ist. Der Schadensersatzanspruch richtet sich nach ganz überwiegender Ansicht gegen die Gesellschaft.[168] Einer Gegenansicht zufolge ist der Hauptaktionär als Initiator des Unbedenklichkeitsverfahrens schadensersatzpflichtig.[169] Dies widerspricht indes nicht nur dem Gesetzeswortlaut, sondern läuft auch der Gesamtkonzeption des Unbedenklichkeitsverfahrens zuwider, das von der Gesellschaft beantragt (Rdn 16) und betrieben wird.[170] Den schutzwürdigen Belangen der Gesellschaft tragen allfällige Freistellungsansprüche gegen den Hauptaktionär Rechnung,[171] von deren Gewährung der Vorstand der betroffenen Gesellschaft die Einleitung des Unbedenklichkeitsverfahrens abhängig machen kann (vgl Rdn 18).

39 Strukturell ist der Schadensersatzanspruch § 945 ZPO nachgebildet.[172] Er setzt kein Verschulden voraus.[173] Haftungsgrund ist vielmehr die mit der Einleitung des Unbedenklichkeitsverfahrens zulasten des Klägers verbundene Risikoerhöhung.[174]

40 Art und Umfang des Schadensersatzanspruchs bestimmen sich nach den §§ 249ff BGB.[175] Der obsiegende Anfechtungskläger kann daher grundsätzlich auch die Rückgängigmachung seiner Ausschließung im Wege der Naturalrestitution verlangen.[176] Anders als die einmal eingetragene Verschmelzung, der die §§ 16 Abs 3 S 6 Hs 2, 20 Abs 2 UmwG *dauerhafte* Bestandskraft verleihen, führt die Handelsregistereintragung des Übertragungsbeschlusses auf Grund der Freigabeentscheidung nämlich nur zu einer

---

168 Vgl *Angerer* BKR 2002, 260, 266; *Buchta/Sasse* DStR 2004, 958, 960; Emmerich/*Habersack* Aktien- und GmbH-Konzernrecht[4] § 327e Rdn 6; *Gesmann-Nuissl* WM 2002, 1205, 1211; MK-*Grunewald*[2] § 327e Rdn 8; KK-WpÜG-*Hasselbach* § 327e Rdn 16; *Hüffer*[7] § 327e Rdn 3a; *Moritz* S 180; *Paschos/Johannsen-Roth* NZG 2006, 327, 331; FK-WpÜG-*Schüppen/Tretter*[2] 327e Rdn 21.

169 Vgl *Greulich* S 284 ff; *Grzimek* in Geibel/Süßmann § 327e Rdn 20; AnwK-AktG/*Heidel/Lochner* § 327e Rdn 7; KK-*Koppensteiner*[3] § 327e Rdn 9 mit Fn 25; *Krieger* BB 2002, 53, 60.

170 Einzelne Vertreter der Gegenansicht halten – in sich stimmig – den Hauptaktionär im Unbedenklichkeitsverfahren ebenfalls für antragsberechtigt; vgl *Grzimek* in Geibel/Süßmann § 327e Rdn 12; KK-*Koppensteiner*[3] § 327e Rdn 5; näher dazu bei Rdn 17.

171 Vgl Emmerich/*Habersack* Aktien- und GmbH-Konzernrecht[4] § 327e Rdn 6; MK-*Grunewald*[2] § 327e Rdn 8.

172 Vgl MK-*Grunewald*[2] § 319 Rdn 43; *Hüffer*[7] § 319 Rdn 21; AnwK-AktG/*Knöfler* § 319 Rdn 32; *Moritz* S 180.

173 Vgl Emmerich/*Habersack* Aktien- und GmbH-Konzernrecht[4] § 319 Rdn 40; MK-*Grunewald*[2] § 319 Rdn 43; *Hüffer*[7] § 319 Rdn 21; AnwK-AktG/*Knöfler* § 319 Rdn 32; *Moritz* S 181.

174 Vgl KK-*Koppensteiner*[3] § 319 Rdn 36.

175 Vgl Emmerich/*Habersack* Aktien- und GmbH-Konzernrecht[4] § 319 Rdn 40; *Greulich* S 286; *Moritz* S 181.

176 Vgl OLG Düsseldorf ZIP 2004, 359; *Fleischer* ZGR 2002, 757, 788; *Krieger* BB 2002, 53, 60; *Paschos/Johannsen-Roth* NZG 2006, 327, 330; s auch OLG Stuttgart AG 2005, 662, 664: „Ist die Maßnahme aufgrund des Freigabebeschlusses eingetragen und führt anschließend die Anfechtungs- oder Nichtigkeitsklage zum Erfolg, so fehlt der Übertragung der Aktien der Minderheitsaktionäre auf den Mehrheitsaktionär die Grundlage mit der Folge, dass den Minderheitsaktionären die Aktien wieder zustehen, wobei hier offen bleiben kann, ob sie ipso jure übergehen oder ob ein Anspruch auf Rückübereignung oder Naturalrestitution nach § 327e Abs 2 iVm § 319 Abs. 6 Satz 6 AktG besteht."

vorläufigen Bestandssicherung.[177] Die während des Gesetzgebungsverfahrens daran geübte Kritik[178] hat der Gesetzgeber mit Stillschweigen abgewiesen.[179]

Zu berücksichtigen ist allerdings, dass die Rückabwicklung des Gesellschafterausschlusses beträchtliche Schwierigkeiten bereiten kann.[180] Die hM nimmt daher an, dass Schadensersatz iFd Naturalrestitution nicht durch *rückwirkende* Wiedereinsetzung der Minderheitsaktionäre in ihre ursprüngliche Aktionärsstellung geschuldet wird.[181] Vielmehr haben die Minderheitsaktionäre entsprechend der Lehre von der fehlerhaften Gesellschaft nur einen schuldrechtlichen Wiederaufnahmeanspruch mit *ex-nunc*-Wirkung (näher § 327f Rdn 22).[182] Dessen Erfüllung stößt freilich auf tatsächliche Hindernisse, weil sich die Aktien der Minderheitsaktionäre nach Eintragung des Übertragungsbeschlusses in der Hand des Hauptaktionärs befinden (Rdn 43f) und die ersatzpflichtige Gesellschaft daher zur Verschaffung von Aktien womöglich nicht in der Lage ist.[183] Zwar könnte sie sich die geschuldeten Aktien über eine Kapitalerhöhung oder einen Aktienrückkauf beschaffen, doch erfordert dies die Mitwirkung des – nicht mitwirkungspflichtigen – Hauptaktionärs.[184] Auch die Ausnutzung eines genehmigten Kapitals unter gleichzeitigem Bezugsrechtsausschluss des Hauptaktionärs führt idR nicht weiter,[185] so dass die Gesellschaft allenfalls auf etwa vorhandene eigene Aktien zurückgreifen könnte, die nicht nach § 327e Abs 3 S 1 auf den Hauptaktionär übergehen (vgl Rdn 44). Abhilfe ist auf zweierlei Art und Weise vorstellbar: Einmal könnte man an den Freistellungsanspruch der Gesellschaft gegen den Hauptaktionär (vgl Rdn 18) anknüpfen, der durchaus auf Naturalersatz gerichtet sein kann; zum anderen kann sich ein Rückübertragungsanspruch gegen den Hauptaktionär aus den für fehlerhafte Gesellschaften geltenden Grundsätzen ergeben (näher § 327f Rdn 24).[186] **41**

Unabhängig davon kann der obsiegende Minderheitsaktionär nach § 319 Abs 6 S 6 Ersatz der ihm im Rahmen des Freigabeverfahrens entstandenen Verfahrens- und Anwaltskosten verlangen.[187] Zudem sind ihm sonstige durch die Eintragung des Übertragungsbeschlusses entstandene Vermögensschäden zu ersetzen.[188] **42**

---

177 Vgl OLG Düsseldorf ZIP 2004, 359; OLG Stuttgart AG 2005, 662, 664; *Büchel* Liber Amicorum Happ, 2006, S 1, 4 f; *Greulich* S 287; *Paschos/Johannsen-Roth* NZG 2006, 327, 330; aA *Schüppen* WPg 2001, 958, 975; rechtspolitische Kritik bei *M Winter* Liber Amicorum Happ, 2006, S 363, 371 f.

178 Vgl DAV-Handelsrechtsausschuß NZG 2001, 420, 432; NZG 2001, 1003, 1008.

179 Ebenso *Büchel* Liber Amicorum Happ, 2006, S 1, 5.

180 Vgl auch *Büchel* Liber Amicorum Happ, 2006, S 1, 5.

181 Vgl *Fuchs* § 5 IV 5 d bb; *Paschos/Johannsen-Roth* NZG 2006, 327, 330.

182 Vgl *Fuchs* § 5 IV 5 d bb; *Paschos/Johannsen-Roth* NZG 2006, 327, 330; iE auch *Keul* ZIP 2003, 566, 569; *Krieger* BB 2002, 53, 60.

183 Dazu *Hüffer*[7] § 327e Rdn 3a; *H Schmidt* AG 2004, 299, 303; FK-WpÜG-*Schüppen/Tretter*[2] § 327e Rdn 21.

184 Vgl *Paschos/Johannsen-Roth* NZG 2006, 327, 331; FK-WpÜG-*Schüppen/Tretter*[2] § 327e Rdn 21.

185 Vgl *Paschos/Johannsen-Roth* NZG 2006, 327, 331.

186 Vgl Emmerich/*Habersack* Aktien- und GmbH-Konzernrecht[4] § 327f Rdn 8; *Hüffer*[7] § 327e Rdn 3a.

187 Vgl *Buchta/Sasse* DStR 2004, 958, 960; *Greulich* S 289; FK-WpÜG-*Schüppen/Tretter*[2] § 327e Rdn 21.

188 Vgl *Greulich* S 289.

IV. Rechtsfolgen der Eintragung (Abs 3)

1. Übergang der Aktien (Abs 3 S 1)

43 Mit Eintragung des Übertragungsbeschlusses in das Handelsregister gehen gemäß § 327e Abs 3 S 1 alle Aktien der Minderheitsaktionäre auf den Hauptaktionär über. Wie bei der Mehrheitseingliederung nach § 320a S 1 handelt es sich um einen Erwerb kraft Gesetzes.[189] Ein Verfügungsgeschäft ist weder notwendig[190] noch möglich.[191] Die Eintragung hat konstitutive Wirkung.[192]

44 Der Rechtsübergang erstreckt sich auf alle Aktien der Minderheitsaktionäre.[193] Auf die Art der Aktien kommt es nicht an, so dass neben Stamm- auch Vorzugsaktien übergehen.[194] Kein Übergang findet allerdings hinsichtlich jener Aktien statt, die dem Hauptaktionär nach § 327a Abs 2 iVm § 16 Abs 4 zugerechnet werden.[195] Ihre Inhaber sind keine Minderheitsaktionäre (näher § 327a Rdn 53). Unterschiedlich beurteilt wird, ob auch die von der Gesellschaft selbst gehaltenen Aktien übergehen. Eine verbreitete Schrifttumsansicht nimmt dies an[196]; die wohl hM entscheidet gegenteilig.[197] Sie hat die besseren Argumente auf ihrer Seite (näher § 327b Rdn 25).

45 Sind einzelne Aktien mit beschränkt dinglichen Rechten (Nießbrauch, Pfandrecht) belastet, erwirbt der Hauptaktionär sie frei von Rechten Dritter.[198] Die Belastung setzt sich analog § 1287 S 1 BGB an dem Abfindungsanspruch fort.[199]

46 Streitig ist, ob der unmittelbare Rechtsübergang auch dann erfolgt, wenn die Tatbestandsvoraussetzungen des § 327a Abs 1 S 1 nicht erfüllt sind. Verschiedene Stimmen nehmen dies unter Berufung auf den Gesetzeswortlaut und Gesichtspunkte der Rechts-

---

189 Vgl Begr RegE WpÜG, BT-Drucks 14/7034, S 73; Emmerich/*Habersack* Aktien- und GmbH-Konzernrecht[4] § 327e Rdn 8; MK-*Grunewald*[2] § 327e Rdn 9; *Grzimek* in Geibel/Süßmann § 327e Rdn 23; KK-WpÜG-*Hasselbach* § 327e Rdn 17; *Hüffer*[7] § 327e Rdn 4; KK-*Koppensteiner*[3] § 327e Rdn 11; FK-WpÜG-*Schüppen/Tretter*[2] § 327e Rdn 14.

190 Vgl Begr RegE WpüG, BT-Drucks 14/7034, S 73; *Angerer* BKR 2002, 260, 266; Emmerich/*Habersack* Aktien- und GmbH-Konzernrecht[4] § 327e Rdn 8; MK-*Grunewald*[2] § 327e Rdn 9; AnwK-AktG/*Heidel/Lochner* § 327e Rdn 8.

191 Vgl Begr RegE WpÜG, BT-Drucks 14/7034, S 73; AnwK-AktG/*Heidel/Lochner* § 327e Rdn 8.

192 Vgl Begr RegE WpÜG, BT-Drucks 14/7034, S 73; Emmerich/*Habersack* Aktien- und GmbH-Konzernrecht[4] § 327e Rdn 8; *Grzimek* in Geibel/Süßmann § 327e Rdn 23; *Hüffer*[7] § 327e Rdn 4; **aA** *Ehricke/Roth* DStR 2001, 1120, 1124: Übertragung auf Grund Hauptversammlungsbeschlusses, Eintragung nur deklaratorisch.

193 Vgl Emmerich/*Habersack* Aktien- und GmbH-Konzernrecht[4] § 327e Rdn 9; AnwK-AktG/*Heidel/Lochner* § 327e Rdn 8.

194 Vgl KK-*Koppensteiner*[3] § 327e Rdn 13.

195 Vgl *Grzimek* in Geibel/Süßmann § 327e Rdn 26; *Hüffer*[7] § 327e Rdn 4; KK-*Koppensteiner*[3] § 327e Rdn 11; FK-WpÜG-*Schüppen/Tretter*[2] § 327e Rdn 17.

196 Vgl Emmerich/*Habersack* Aktien- und GmbH-Konzernrecht[4] § 327e Rdn 9; *Grzimek* in Geibel/Süßmann § 327e Rdn 24; AnwK-AktG/*Heidel/Lochner* § 327e Rdn 8; *Hüffer*[7] § 327e Rdn 8.

197 Vgl MK-*Grunewald*[2] § 327e Rdn 10; KK-*Koppensteiner*[3] § 327e Rdn 12; *Rieger* DB 2003, 541, 543 f; FK-WpÜG-*Schüppen/Tretter*[2] § 327e Rdn 17; *Steinmeyer/Häger* § 327e Rdn 27.

198 Vgl KK-WpÜG-*Hasselbach* § 327e Rdn 17; KK-*Koppensteiner*[3] § 327e Rdn 14; FK-WpÜG-*Schüppen/Tretter*[2] § 327e Rdn 15.

199 Vgl *Grzimek* in Geibel/Süßmann § 327e Rdn 27; *Habersack* ZIP 2001, 1230, 1236 f; KK-WpÜG-*Hasselbach* § 327e Rdn 17; *Hüffer*[7] § 327e Rdn 4; FK-WpÜG-*Schüppen/Tretter*[2] § 327e Rdn 15; *Steinmeyer/Häger* § 327e Rdn 30.

sicherheit an.[200] Eine differenzierende Gegenansicht lehnt dies ab, sofern der Hauptaktionär nicht über die erforderliche Kapitalmehrheit von 95 Prozent verfügt.[201] Der zweiten Ansicht ist beizupflichten.[202]

2. Auswirkungen auf Bezugsrechte

Wie sich der Übertragungsbeschluss auf Bezugsrechte auswirkt, ist im Gesetz nicht ausdrücklich geregelt (vgl § 327b Rdn 27). Einer Minderauffassung zufolge bleiben diese durch den Squeeze out unberührt und richten sich nach Beendigung des Ausschlussverfahrens auf Gewährung von Aktien der betroffenen Gesellschaft.[203] Nach zutreffender hM sind die §§ 327a Abs 1 S 1, 327e Abs 3 dagegen analog auf Bezugsrechte anzuwenden.[204] Danach gehen sie mit Eintragung des Übertragungsbeschlusses in das Handelsregister auf den Hauptaktionär über,[205] und die Bezugsrechtsinhaber erwerben gegen den Hauptaktionär kraft Gesetzes einen Abfindungsanspruch (näher § 327b Rdn 27ff).[206] **47**

3. Entstehen des Abfindungsanspruchs

Mit Eintragung des Übertragungsbeschlusses in das Handelsregister entsteht der Barabfindungsanspruch der Minderheitsaktionäre.[207] Er wird mit seiner Entstehung sofort fällig (vgl § 327b Rdn 21) und ist vom Hauptaktionär Zug um Zug gegen Aushändigung etwa ausgegebener Aktienurkunden zu erfüllen (vgl § 327b Rdn 22). Die Verjährung des Barabfindungsanspruchs richtet sich nach § 195 BGB (näher § 327b Rdn 23). **48**

4. Verbriefung des Abfindungsanspruchs (Abs 3 S 2)

Sind über die Aktien der Minderheitsaktionäre Aktienurkunden ausgegeben, so verbriefen sie nach § 327e Abs 3 S 2 bis zu ihrer Aushändigung an den Hauptaktionär nur den Anspruch auf Barabfindung.[208] Gleiches gilt für Zwischenscheine iSd § 8 Abs 6.[209] **49**

---

200 Vgl MK-*Grunewald*² § 327e Rdn 9; FK-WpÜG-*Schüppen/Tretter*² § 327e Rdn 16.

201 Vgl Emmerich/*Habersack* Aktien- und GmbH-Konzernrecht⁴ § 327e Rdn 8; *Mertens* AG 2002, 377, 383.

202 Vgl bereits *Fleischer* ZGR 2002, 757, 788.

203 Vgl *P Baums* S 156 ff; *ders* WM 2001, 1843, 1847 ff; *Friedl* Der Konzern 2004, 309, 315; *Schüppen* WPg 2001, 958, 975 f; FK-WpÜG-*Schüppen/Tretter*² § 327e Rdn 19; *Steinmeyer/Häger* § 327e Rdn 33.

204 Vgl LG Düsseldorf ZIP 2004, 1755, 1757; *Angerer* BKR 2002, 260, 267; *Casper* Der Optionsvertrag 2005, S 357 f; DAV-Handelsrechtsausschuß NZG 2001, 420, 431; Emmerich/*Habersack* Aktien- und GmbH-Konzernrecht⁴ § 327a Rdn 7; *Fleischer* ZGR 2002, 757, 776 f; *Fuchs* § 8 I 2 b; *Gesmann-Nuissl* WM 2002, 1205, 1207; MK-*Grunewald*² § 327b Rdn 10; *Grzimek* in Geibel/Süßmann § 327e Rdn 32; AnwK-AktG/*Heidel/Lochner* § 327e Rdn 9; KK-WpÜG-*Hasselbach* § 327e Rdn 22; *Hüffer*⁷ § 327b Rdn 3; KK-*Koppensteiner*³ § 327e Rdn 17; *Krieger* BB 2002, 53, 61 ff; *Kruse* S 152 ff; *Rühland* S 243 f.

205 Vgl Emmerich/*Habersack* Aktien- und GmbH-Konzernrecht⁴ § 327b Rdn 8; MK-*Grunewald*² § 327b Rdn 9; KK-*Koppensteiner*³ § 327e Rdn 18; *Scharpf* S 152.

206 Vgl *Fuchs* § 8 I 3 b; *Schlitt/Seiler/Singhof* AG 2003, 254, 268; *Wilsing/Kruse* ZIP 2002, 1465, 1470.

207 Vgl Begr RegE WpÜG, BT-Drucks 14/7034, S 73; Emmerich/*Habersack* Aktien- und GmbH-Konzernrecht⁴ § 327e Rdn 10; MK-*Grunewald*² § 327e Rdn 12; KK-*Koppensteiner*³ § 327e Rdn 16; *Moritz* S 172.

208 Vgl LG Mainz NZG 2004, 1118.

209 Vgl *Grzimek* in Geibel/Süßmann § 327e Rdn 28; KK-WpÜG-*Hasselbach* § 327e Rdn 24.

Wie bei der Mehrheitseingliederung nach § 320a S 2 kommt es also zu einer vorübergehenden Auswechslung des verbrieften Rechts[210]; die Minderheitsaktionäre bleiben zunächst Eigentümer der Aktienurkunden.[211] Sie sind nur Zug um Zug gegen Gewährung der Barabfindung zur Aushändigung der Urkunden an den Hauptaktionär verpflichtet.[212] Mit der Aushändigung erwirbt der Hauptaktionär analog § 797 S 2 BGB das Eigentum an den Aktienurkunden.[213] Nach Leistung der Barabfindung ist er berechtigt, noch nicht in seinem Besitz befindliche Aktienurkunden nach § 73 für kraftlos erklären zu lassen.[214] Vor Leistung der Barabfindung kann er den Hauptaktionär dagegen nur auf Aushändigung und Übereignung der Urkunden gegen Sicherung der Barabfindung verklagen.[215] Hat die Gesellschaft keine (Einzel-)Urkunden ausgegeben, sondern lediglich Globalurkunden geschaffen, so findet keine körperliche Übereignung der Urkunden statt.[216]

V. Weitere Auswirkungen des Ausschlusses

1. Auswirkungen auf die Minderheitsaktionäre

50 a) **Dividendenansprüche.** Nicht ausdrücklich geregelt hat der Gesetzgeber die Auswirkungen des Squeeze out auf Dividendenansprüche der Minderheitsaktionäre. Aus allgemeinen Erwägungen ergibt sich, dass jedem Minderheitsaktionär bis zur Eintragung des Übertragungsbeschlusses seine Mitgliedschaftsrechte zustehen, zu denen auch der Dividendenanspruch gehört.[217] Weil man dogmatisch zwischen dem mitgliedschaftlichen Gewinnstammrecht und dem konkreten, erst durch den Gewinnverwendungsbeschluss der Hauptversammlung entstehenden Zahlungsanspruch zu unterscheiden pflegt,[218] ist in der Begründung allerdings zu differenzieren: Dividendenansprüche für Geschäftsjahre, für die vor Eintragung des Übertragungsbeschlusses ein Gewinnverwendungsbeschluss gefasst wurde, entstehen in der Person des Minderheitsaktionärs und gehen als selbständiges Gläubigerrecht nicht gemäß § 327e Abs 3 S 1 auf den Hauptaktionär über.[219] Gewinnverwendungsbeschlüsse, die erst danach gefasst werden, lassen den konkreten Zahlungsanspruch in der Person des Hauptaktionärs entstehen; gemäß § 101 Nr 2 Hs 2 BGB haben die Minderheitsaktionäre aber einen schuldrechtlichen Anspruch auf anteilige Dividende für den Zeitraum bis zum Übergang der Mitgliedschaft auf den Hauptaktionär.[220]

---

[210] Vgl Emmerich/*Habersack* Aktien- und GmbH-Konzernrecht[4] § 327e Rdn 11; *Grzimek* in Geibel/Süßmann § 327e Rdn 28.

[211] Vgl *Grzimek* in Geibel/Süßmann § 327e Rdn 28; AnwK-AktG/*Heidel/Lochner* 327e Rdn 11; KK-*Koppensteiner*[3] § 327e Rdn 11.

[212] Vgl KK-WpÜG-*Hasselbach* § 327e Rdn 24; AnwK-AktG/*Heidel/Lochner* § 327e Rdn 11; *Vossius* ZIP 2002, 511, 512.

[213] Vgl *Grzimek* in Geibel/Süßmann § 327e Rdn 28; KK-WpÜG-*Hasselbach* § 327e Rdn 24.

[214] Vgl *Grzimek* in Geibel/Süßmann § 327e Rdn 29; KK-WpÜG-*Hasselbach* § 327e Rdn 25; **aA** *Steinmeyer/Häger* § 327e Rdn 32; *Moritz* S 188.

[215] Vgl KK-WpÜG-*Hasselbach* § 327e Rdn 25.

[216] Vgl KK-WpÜG-*Hasselbach* § 327e Rdn 26.

[217] Vgl OLG Hamburg ZIP 2003, 2076, 2078; OLG Düsseldorf NZG 2005, 347, 349; OLG Stuttgart ZIP 2006, 27, 30.

[218] Vgl *Hüffer*[7] § 58 Rdn 26 mwN.

[219] Vgl *Fuchs* § 9 I 1.

[220] Vgl LG Hamburg ZIP 2003, 947, 950; *Fuchs* § 9 I 1.

51 Dividenden für den Zeitraum bis zur Fassung des Übertragungsbeschlusses dürfen nicht auf die Barabfindung angerechnet werden.[221] Gleiches gilt für Dividenden zwischen Hauptversammlungsbeschluss und Handelsregistereintragung.[222] Die Minderheitsaktionäre erhalten auf diese Weise keine doppelte Begünstigung, weil ihr schon entstandener Barabfindungsanspruch (vgl Rdn 48) für diesen Zeitraum nach § 327b Abs 2 S 1 nicht verzinst wird (vgl § 327b Rdn 41). Der ihnen zustehende Dividendenanspruch bietet einen Ausgleich für die fehlende Verzinsung.[223]

52 b) **Ausgleichs- und Abfindungsansprüche.** Keine ausdrückliche Regelung enthalten die Squeeze-out-Vorschriften ferner für die Ausgleichs- und Abfindungsansprüche (§§ 304, 305) der Minderheitsaktionäre, die zugleich außenstehende Aktionäre einer vertragsabhängigen Aktiengesellschaft sind.

53 aa) **Ausgleich nach § 304.** Für den Ausgleich nach § 304 Abs 1 ergeben sich ganz ähnliche Ergebnisse wie für den Gewinnanspruch (vgl Rdn 50f), weil der Ausgleich einen Ersatz für die Dividende darstellt.[224] Konkrete Ausgleichsansprüche, welche die außenstehenden (Minderheits-)Aktionäre vor Eintragung des Übertragungsbeschlusses erworben haben, werden durch den Squeeze out nicht berührt.[225] Darüber hinaus steht den Minderheitsaktionären ein Anspruch auf anteiligen Ausgleich für das im Eintragungszeitpunkt laufende Geschäftsjahr zu,[226] dessen dogmatische Begründung allerdings Schwierigkeiten bereitet.[227] Eine Anrechnung des Ausgleichs auf die Barabfindung findet nicht statt (näher § 327b Rdn 20).[228]

54 bb) **Abfindung nach § 305.** Was den Abfindungsanspruch aus § 305 Abs 1 anbelangt, wird verschiedentlich angenommen, dass die außenstehenden (Minderheits-) Aktionäre ihr Optionsrecht auf eine solche Abfindung verlieren, sobald der Übertragungsbeschluss eingetragen ist.[229] Nach der Gegenansicht bleibt das Optionsrecht der Minderheitsaktionäre unberührt.[230] Ihr ist beizutreten, weil die Abfindungsoption nach der neuesten BGH-Rechtsprechung kein akzessorisches Nebenrecht der Aktie darstellt, das mit deren Übertragung automatisch auf den Erwerber übergeht, sondern ein rein schuldrechtlicher Anspruch gegen das herrschende Unternehmen.[231]

55 c) **Laufende Spruchverfahren und Anfechtungsklagen. aa) Spruchverfahren.** Die Antragsbefugnis in einem laufenden Spruchverfahren, zB im Zusammenhang mit Unternehmensverträgen oder Umstrukturierungsmaßnahmen, bleibt nach zutreffender hL auch dann bestehen, wenn der Antragsteller seine Aktionärsstellung nach Rechtshängigkeit durch einen Squeeze out verliert.[232] Das liegt auf der Linie der DAT/Altana-Entscheidung

---

221 Vgl LG Hamburg ZIP 2003, 947, 950; *Fuchs* § 9 I 2 a aa.
222 Vgl *Fuchs* § 9 I 2 a bb.
223 Vgl OLG Hamburg ZIP 2003, 2076, 2078; OLG Stuttgart ZIP 2006, 27, 30.
224 Dazu *Hüffer*[7] § 304 Rdn 5.
225 Vgl OLG Düsseldorf WM 2005, 1948, 1953; *Scharpf* S 146; FK-WpÜG-*Schüppen/Tretter*[2] § 327a Rdn 39.
226 Vgl LG Hamburg ZIP 2003, 947, 953.
227 Vgl *Fuchs* § 9 II 2 a aa bbb, der auf die ergänzende Vertragsauslegung zurückgreift.
228 Vgl *Scharpf* S 144; FK-WpÜG-*Schüppen/Tretter*[2] § 327a Rdn 39; **aA** *Fuhrmann* Der Konzern 2004, 1, 5.
229 Vgl OLG Hamburg ZIP 2003, 2076, 2079; FK-WpÜG/*Schüppen/Tretter*[2] § 327a Rdn 38.
230 Vgl OLG Düsseldorf WM 2006, 2219, 2224; *Bredow/Tribulowsky* NZG 2002, 841, 844 f; *Fuchs* § 9 II 2 a aa aaa (2); *Schiffer/Rossmeier* DB 2002, 1349 f.
231 Vgl BGH ZIP 2006, 1392 – Jenoptik.
232 Vgl LG München NZG 2004, 393, 394; *Bredow/Tribulowsky* NZG 2002, 841, 844 f; *Buchta/Ott* DB 2005, 990, 993; AnwK-AktG/*Heidel/Lochner* vor § 327a

des BGH, wonach das Recht der außenstehenden Aktionäre auf Festsetzung eines angemessenen Ausgleichs bzw einer angemessenen Abfindung gemäß §§ 304, 305 auch dann erhalten bleibt, wenn die abhängige Aktiengesellschaft während des Spruchverfahrens in die herrschende Aktiengesellschaft eingegliedert wird.[233]

56 **bb) Anfechtungsklagen.** Unterschiedlich beurteilt wird, ob die Anfechtungsbefugnis von Minderheitsaktionären bei anhängigen Anfechtungsklagen entfällt, wenn später ein von der Hauptversammlung beschlossener Squeeze out in das Handelsregister eingetragen wird. Eine verbreitete Ansicht[234] nimmt dies an, weil der ausgeschiedene Aktionär idR kein berechtigtes Interesse mehr an einem Gestaltungsurteil gemäß § 248 mit Wirkung für und gegen alle habe.[235] Sein Interesse konzentriere sich vielmehr auf die nach § 327b zu gewährende Barabfindung, über deren Angemessenheit nicht in dem anhängigen Anfechtungsverfahren, sondern gemäß § 327f S 2 im Spruchverfahren zu befinden sei.[236] Die besseren Gründe sprechen indes für die Gegenansicht,[237] der sich jüngst auch der BGH angeschlossen hat.[238] Danach ist ein Aktionär nach erfolgtem Squeeze out analog § 265 Abs 2 ZPO zur Fortführung einer Anfechtungsklage befugt, soweit er im konkreten Einzelfall ein rechtliches Interesse an einer solchen Verfahrensfortsetzung hat.[239] Ein derartiges berechtigtes Interesse besteht, wenn der Ausgang des Anfechtungsverfahrens rechtlich erhebliche Auswirkungen auf die als Vermögensausgleich für den Verlust der Mitgliedsrechte zu gewährende angemessene Barabfindung haben kann.[240] So liegt es etwa bei einer Anfechtungsklage gegen einen Zustimmungsbeschluss der Hauptversammlung zur Übertragung des wesentlichen Gesellschaftsvermögens auf die Hauptaktionärin[241]; ebenso bei einem Hauptversammlungsbeschluss, aus dem einem Minderheitsaktionär ein Dividendenanspruch für den Zeitraum zwischen Hauptversammlungsbeschluss und Handelsregistereintragung erwachsen ist (vgl Rdn 51).[242]

57 Von alledem unberührt bleibt die Anfechtungsbefugnis der ausgeschiedenen Minderheitsaktionäre für eine Anfechtungsklage gegen den Übertragungsbeschluss selbst.[243] Ihr Fortbestehen setzt die Regelung des § 327f als selbstverständlich voraus.

58 **d) Einkommensteuerliche Behandlung.** Haben Minderheitsaktionäre ihre Aktien binnen eines Jahres vor dem Ausschluss erworben, stellt sich die Frage, ob die Übertragung der Aktien auf den Hauptaktionär ein privates Veräußerungsgeschäft iSd § 23 Abs 1 S 1

Rdn 13; *Scharpf* S 143 f; *Schiffer/Roßmeier* DB 2002, 1359 ff; FK-WpÜG-*Schüppen/Tretter*² § 327 f Rdn 18; s auch BGH ZIP 2006, 2167, 2169.

[233] Vgl BGHZ 147, 108, 113: verfassungskonforme Auslegung im Hinblick auf Art 14 Abs 1 GG; iE ebenso OLG Düsseldorf AG 1995, 85, 86; OLG Celle AG 1973, 405, 406.

[234] Vgl OLG Koblenz ZIP 2005, 714; LG Mainz NZG 2004, 1118; *Buchta/Ott* DB 2005, 990, 993; *Bungert* BB 2005, 1345, 1346 ff; *Fuhrmann/Simon* WM 2002, 1211, 1217; FK-WpÜG-*Schüppen/Tretter*² § 327 f Rdn 18.

[235] Vgl OLG Koblenz ZIP 2005, 714, 715; *Bungert* BB 2005, 1345, 1346.

[236] Vgl OLG Koblenz ZIP 2005, 714, 715.

[237] Vgl *Dreier* DB 2004, 808; *Heise/Dreier* BB 2004, 1126, 1127; *Scharpf* S 145 f; iE auch AnwK-AktG/*Heidel/Lochner* vor § 327a Rdn 14; im Grundsatz ferner OLG Stuttgart ZIP 2006, 27, 28 f.

[238] Vgl BGH ZIP 2006, 2167 f; *Waclawik* ZIP 2007, 1; *Bungert* BB 2007, 57.

[239] Vgl BGH ZIP 2006, 2167 f.

[240] Vgl BGH ZIP 2006, 2167, 2168.

[241] Vgl BGH ZIP 2006, 2167, 2170.

[242] Vgl OLG Stuttgart ZIP 2006, 27, 28 f.

[243] Vgl OLG Stuttgart ZIP 2006, 27, 28; *Bungert* BB 2005, 990, 994.

Nr 1 EStG darstellt. Eine Literaturansicht verneint dies, weil eine Veräußerung nur vorliege, wenn der Steuerpflichtige willentlich gehandelt habe.[244] Daran fehle es vorliegend, da der Eigentumsverlust der Minderheitsaktionäre einer Enteignung gleichkomme.[245] Die Gegenansicht, der auch die Finanzverwaltung zuneigt,[246] betont, dass Veräußerungen unter Zwang – wie beim Squeeze out – ebenfalls unter § 23 EStG zu subsumieren seien.[247] Auf den Willen des Steuerpflichtigen komme es nicht an; entscheidend sei allein der Übergang des Eigentums.

2. Auswirkungen auf die Gesellschaft

a) **Mitteilungspflicht bei Einpersonen-Gesellschaft.** Gehören alle Aktien allein oder neben der Gesellschaft einem Aktionär, so ist nach § 42 unverzüglich eine entsprechende Mitteilung unter Angabe von Name, Vorname, Geburtsdatum und Wohnort des alleinigen Aktionärs zum Handelsregister einzureichen. Ob sich diese Mitteilungspflicht auch auf den vollzogenen Minderheitenausschluss erstreckt, wird unterschiedlich beurteilt. Manche halten eine Mitteilung für entbehrlich, weil mit der Eintragung des Übertragungsbeschlusses in das Handelsregister nach § 327e Abs 3 S 1 die Anteilsvereinigung in einer Hand registeröffentlich werde.[248] Die Gegenansicht[249] hält an der Mitteilungspflicht fest, da die Pflichtangaben nach § 42 zusätzliche Informationen enthielten und der Hauptaktionär zwischen Hauptversammlungsbeschluss und Handelsregistereintragung wieder Anteile veräußert haben könne.[250] **59**

b) **Beendigung der Börsenzulassung.** Spätestens mit dem Übergang der Aktien auf den Hauptaktionär nach § 327e Abs 3 S 1 ist der Börsenhandel mit ihnen auf Dauer nicht mehr gewährleistet.[251] Die wohl hM folgt daraus, dass die Zulassungsstelle dann gemäß § 38 Abs 3 BörsG die Zulassung von Amts wegen widerrufen kann.[252] Eine vordringende Gegenauffassung geht von einer Erledigung der Börsenzulassung *ipso iure* aus[253] und stützt sich dabei auf § 43 Abs 2 Var 5 VwVfG.[254] **60**

---

244 Vgl *Jakob* Einkommensteuer, 3. Aufl 2003, Rdn 488; *Schumacher* DB 2002, 1626, 1628; *Waclawik* DStR 2003, 447, 450.

245 Vgl *Jansen* in Hermann/Heuer/Raupach, Einkomensteuer 2005, § 23 Rdn 146; *Schumacher* DB 2002, 1626, 1628.

246 Vgl BMF BStBl I 2004, 1034 Rdn 41 iVm 40.

247 Vgl *Glenk* in Blümich, EStG 2006, § 23 Rdn 147; *Hensel* in Lademann/*Söffing* EStG 2006, § 23 Rdn 240; L Schmidt/*Weber-Grellet* EStG, 26. Aufl 2006, § 23 Rdn 55; *Strunk/Jehn* NWB Fach 3 S 12157, 12158.

248 Vgl KK-WpÜG-*Hasselbach* § 327e Rdn 17; *Moritz* S 195: teleologische Reduktion.

249 Vgl *Scharpf* S 155; *Fuchs* § 6 I 4.

250 Vgl *Fuchs* § 6 I 4.

251 Vgl *Schäfer/Eckhold* in Marsch-Barner/Schäfer Hdb börsennotierte AG § 63 Rdn 15 mit dem zutreffenden Hinweis, dass die Zulassung eines Wertpapiers zum Börsenhandel auch von der Börsenfähigkeit des verbrieften Rechts abhängt.

252 Vgl *Habersack* in Habersack/Mülbert/Schlitt Unternehmensfinanzierung am Kapitalmarkt § 28 Rdn 27; AnwK-AktG/*Heidel/Lochner* § 327e Rdn 12; *Heidelbach* in Schwark KMRK[3] § 38 Rdn 51; *Pluskat* FB 2002, 592, 594.

253 Vgl *Adolff/Tieves* BB 2003, 797, 805; *Gebhard* in Schäfer/Hamann Kapitalmarktgesetze § 38 BörsG Rdn 29; *Groß* ZHR 165 (2001) 141, 150; *Schäfer/Eckhold* in Marsch-Barner/Schäfer Hdb börsennotierte AG § 63 Rdn 15; *de Vries* S 135.

254 Vgl *Schäfer/Eckhold* in Marsch-Barner/Schäfer Hdb börsennotierte AG § 63 Rdn 15.

§ 327f
Gerichtliche Nachprüfung der Abfindung

Die Anfechtung des Übertragungsbeschlusses kann nicht auf § 243 Abs 2 oder darauf gestützt werden, dass die durch den Hauptaktionär festgelegte Barabfindung nicht angemessen ist. Ist die Barabfindung nicht angemessen, so hat das in § 2 des Spruchverfahrensgesetzes bestimmte Gericht auf Antrag die angemessene Barabfindung zu bestimmen. Das Gleiche gilt, wenn der Hauptaktionär eine Barabfindung nicht oder nicht ordnungsgemäß angeboten hat und eine hierauf gestützte Anfechtungsklage innerhalb der Anfechtungsfrist nicht erhoben, zurückgenommen oder rechtskräftig abgewiesen worden ist.

Übersicht

Schrifttum

Björn-Axel Dißars Anfechtungsrisiken beim Squeeze out – zugleich Analyse der bisherigen Rechtsprechung, BKR 2004, 389; *Björn-Axel Dißars* Antragsbefugnis von Namensaktionären im Spruchverfahren über einen Squeeze-out, BB 2004, 1293; *Jan Lieder* Der Namensaktionär im gesellschaftsrechtlichen Spruchverfahren, NZG 2005, 159; *Michael Hoffmann-Becking* Rechtsschutz bei Informationsmängeln im Unternehmensvertrags- und Umwandlungsrecht – Überlegungen im Anschluß an die Entscheidungen „MEZ" und „Aqua Butzke" des Bundesgerichtshofs, in Hartwig Henze/Michael Hoffmann-Becking (Hrsg), Gesellschaftsrecht 2001, 2001, S 55; *Ulrich Noack/Dirk Zetzsche* Die Informationsanfechtung nach der Neufassung des § 243 Abs 4 AktG, ZHR 170 (2006) 218; *Nikolaos Paschos/Tim Johannsen-Roth* Freigabeverfahren nach Bestandsschutz bei aktien- und umwandlungsrechtlichen Strukturmaßnahmen, NZG 2006, 327; *Kai-Peter Ott* Reichweite der Angemessenheitsprüfung beim Squeeze-out, DB 2003, 1615; *Harry Schmidt* Ausschluß der Anfechtung des Squeeze-out-Beschlusses bei abfindungswertbezogenen Informationsmängeln, FS Ulmer, 2003, S 543; *Caspar Freiherr v Schnurbein* Anfechtung von Squeeze-out-Beschlüssen und Registersperre, AG 2005, 725; *Eberhard Vetter* Abfindungswertbezogene Informationsmängel und Rechtsschutz, FS Wiedemann, 2002, S 1323; *Hans-Ulrich Wilsing/Tobias Kruse* Anfechtbarkeit von Squeeze-out- und Eingliederungsbeschlüssen wegen abfindungswertbezogener Informationsmängel?, DB 2002, 1539.

I. Regelungsgegenstand

§ 327f regelt den Rechtsschutz der Minderheitsaktionäre gegen einen rechtswidrigen Übertragungsbeschluss[1] und dient damit der Wahrung ihrer berechtigten Interessen.[2] Er sieht für bestimmte Fälle ausschließlich den „spezielleren Rechtsbehelf des Spruchverfahrens“[3] vor und bringt damit implizit zum Ausdruck, dass der Übertragungsbeschluss grundsätzlich nach § 243 Abs 1 angefochten werden kann.[4] Im Einzelnen schließt S 1 die Anfechtung wegen der Verfolgung von Sondervorteilen und der Unangemessenheit der Barabfindung aus. S 2 verweist die Bewertungsrüge in das Spruchverfahren. Nach S 3 steht das Spruchverfahren nur als subsidiärer Rechtsbehelf zur Verfügung, wenn der Hauptaktionär eine Barabfindung nicht oder nicht ordnungsgemäß angeboten hat. Insgesamt ist die Vorschrift dem § 320b Abs 2 nachgebildet,[5] der seinerseits auf § 305 Abs 5 zurückgeht. 1

II. Normentwicklung

Wiewohl jüngeren Datums, ist der Wortlaut des § 327f schon wiederholt geändert worden. Der noch im RefE enthaltene § 327f Abs 3, der für den Fall des § 327b Abs 1 S 3 AktG-RefE auch das Spruchverfahren gänzlich ausgeschlossen hatte,[6] ist – wie diese Vermutungsregelung selbst (vgl § 327b Rdn 12) – im Laufe des Gesetzgebungsverfahrens gestrichen worden. Im Rahmen des Spruchverfahrensneuordnungsgesetzes (SpruchG)[7] hat der Gesetzgeber § 327f Abs 2 aF, der die Grundzüge des Spruchverfahrens enthielt, aufgehoben und die einschlägigen Vorschriften in §§ 3, 4 SpruchG eingestellt. Das Gesetz zur Unternehmensintegrität und Modernisierung des Anfechtungsrechts (UMAG)[8] hat – entgegen ursprünglichen Vorschlägen[9] – den Normtext des § 327f unberührt gelassen; es wirkt aber durch die Neufassung der Informationsanfechtung nach § 243 Abs 4 S 1 und 2[10] nachhaltig auf den Rechtsschutz beim Squeeze out ein (näher Rdn 18). 2

---

[1] Vgl Emmerich/*Habersack* Aktien- und GmbH-Konzernrecht[4] § 327 f Rdn 1; AnwK-AktG/*Heidel/Lochner* § 327 f Rdn 1; *Hüffer*[7] § 327 f Rdn 1; FK-WpÜG-*Schüppen/Tretter*[2] § 327 f Rdn 1.

[2] So wörtlich Begr RegE WpÜG, BT-Drucks 14/7034, S 73.

[3] Begr RegE WpÜG, BT-Drucks 14/7034, S 73.

[4] Vgl Begr RegE WpÜG, BT-Drucks 14/7034, S 73; Emmerich/*Habersack* Aktien- und GmbH-Konzernrecht[4] § 327 f Rdn 1; *Grzimek* in Geibel/Süßmann § 327 f Rdn 16; KK-WpÜG-*Hasselbach* § 327 f Rdn 2; AnwK-AktG/*Heidel/Lochner* § 327 f Rdn 2; *Hüffer*[7] § 327 f Rdn 1; KK-*Koppensteiner*[3] § 327 f Rdn 3; *Marsch-Barner* in Zschocke/Schuster Bad Homburger Hdb G 44; *Rühland* S 244; *Steinmeyer/Häger* § 327 f Rdn 27.

[5] Vgl Begr RegE WpÜG, BT-Drucks 14/7034, S 73: „Parallelfall des § 320b Abs. 2“; *Grzimek* in Geibel/Süßmann § 327 f Rdn 1; *Hüffer*[7] § 327 f Rdn 1.

[6] Abgedruckt bei *Fleischer/Kalss* S 402 f.

[7] BGBl 2003, I, S 838.

[8] BGBl 2005, I, S 2802; dazu *Fleischer* NJW 2005, 3525.

[9] Vgl die noch im RefE des UMAG, NZG 2004, Beilage 4, vorgesehene Streichung des § 327 f S 3 unter gleichzeitiger Erstreckung der S 1 und 2 auf die Fälle des fehlenden oder nicht ordnungsgemäßen Angebots; dazu *Seibert/Schütz* ZIP 2004, 252, 256; *Diekmann/Leuering* NZG 2004, 249, 254; *Weißhaupt* WM 2004, 705, 710 f.

[10] Ausführlich *Noack/Zetzsche* ZHR 170 (2006) 218, 231 ff; knapper *Fleischer* NJW 2005, 3525, 3528 f.

III. Anfechtungsausschluss

1. Verfolgung von Sondervorteilen (S 1)

3 Gemäß § 327f S 1 Alt 1 kann die Anfechtung des Übertragungsbeschlusses nicht auf § 243 Abs 2 gestützt werden.[11] Eine auf die Verfolgung von Sondervorteilen gestützte Beschlussmängelklage wäre daher unschlüssig.[12] Obwohl § 327f S 2 die Minderheitsaktionäre für diesen Fall nicht ausdrücklich auf das Spruchverfahren verweist, ist kein Rechtsschutzdefizit zu besorgen: Der Sondervorteil des Hauptaktionärs und die damit einhergehende Schädigung der Minderheitsaktionäre liegen durchweg in einer zu niedrigen Barabfindung, die ihrerseits das Spruchverfahren eröffnet (vgl sogleich Rdn 4).[13]

2. Nicht angemessene Barabfindung (S 2)

4 Nach § 327f S 1 Alt 2 berechtigt auch ein Streit über die Angemessenheit der vom Hauptaktionär festgelegten Barabfindung nicht zur Anfechtung des Übertragungsbeschlusses. § 327f S 2 verweist die Minderheitsaktionäre insoweit auf das Spruchverfahren, in dem das zuständige Gericht auf Antrag die angemessene Barabfindung bestimmt (vgl Rdn 26ff). Der gesetzliche Anfechtungsausschluss vermeidet das Eingreifen der Registersperre nach § 327e Abs 2 iVm § 319 Abs 5 S 2 (dazu § 327e Rdn 11) und stellt damit sicher, dass die Durchführung des Squeeze out nicht an etwaigen Bewertungsrügen scheitert.[14]

IV. Nichtigkeit und Anfechtbarkeit des Übertragungsbeschlusses

5 Soweit kein Anfechtungsausschluss eingreift (vgl Rdn 3f), gelten für Beschlussmängelklagen gegen den Übertragungsbeschluss die allgemeinen Grundsätze der §§ 241ff.[15] Danach können die Aktionäre mit der Anfechtungs- (§ 246) oder Nichtigkeitsklage gegen den Übertragungsbeschluss vorgehen.[16]

1. Nichtigkeit

6 Zur Nichtigkeit des Übertragungsbeschlusses führen die in § 241 genannten Nichtigkeitsgründe.[17] Im Rahmen des Squeeze out ist in erster Linie an § 241 Nr 3 zu denken.[18]

---

[11] Vgl BGH ZIP 2006, 2080, 2084; OLG Düsseldorf ZIP 2004, 359, 361; WM 2005, 1948, 1951; LG Berlin ZIP 2003, 1352, 1353.

[12] Vgl *Hüffer*[7] § 327 f Rdn 3.

[13] Ebenso Emmerich/*Habersack* Aktien- und GmbH-Konzernrecht[4] § 327 f Rdn 6; AnwK-AktG/*Heidel/Lochner* § 327 f Rdn 2; s aber auch *Steinmeyer/Häger* § 327 f Rdn 4, nach denen die Beschlussanfechtung wegen unzulässiger Sondervorteile möglich bleibt, wenn diese nicht nur in dem Erwerb der Aktien der ausscheidenden Aktionäre liegen oder eng damit zusammenhängen.

[14] Vgl Emmerich/*Habersack* Aktien- und GmbH-Konzernrecht[4] § 327 f Rdn 1; *Hüffer*[7] § 327 f Rdn 1; FK-WpÜG-*Schüppen/Tretter*[2] § 327 f Rdn 1.

[15] Vgl Emmerich/*Habersack* Aktien- und GmbH-Konzernrecht[4] § 327 f Rdn 1; *Fleischer* ZGR 2002, 757, 784; *Marsch-Barner* in Zschocke/Schuster Bad Homburger Hdb G 44; *Moritz* S 197.

[16] Vgl *Fuchs* § 11 II 1; AnwK-AktG/*Heidel/Lochner* § 327 f Rdn 2; *Marsch-Barner* in Zschocke/Schuster Had Homburger Hdb G 44.

[17] Vgl Emmerich/*Habersack* Aktien- und GmbH-Konzernrecht[4] § 327 f Rdn 3; KK-*Koppensteiner*[3] § 327 f Rdn 5.

[18] Ebenso LG Dortmund Der Konzern 2005, 603, 604 („der aus dem Katalog des § 241 AktG allein ernsthaft in Betracht kommende [Nichtigkeitsgrund]"); s auch OLG Frankfurt DB 2005, 2807, wonach der Inhalt des Über-

Unvereinbar mit dem Wesen der Aktiengesellschaft ist nach zutreffender hM, wenn der Hauptaktionär im Zeitpunkt der Beschlussfassung nicht über die erforderliche Kapitalbeteiligung von mindestens 95 Prozent verfügt.[19] Dagegen begründet eine Verletzung der mitgliedschaftlichen Treuepflicht des Hauptaktionärs gegenüber den Minderheitsaktionären keinen Nichtigkeits-, sondern lediglich einen Anfechtungsgrund.[20] Von Belang ist das insbesondere für die missbräuchliche Ausübung des Squeeze-out-Rechts (vgl § 327a Rdn 76). Ebensowenig führt eine nicht ordnungsgemäße Gewährleistungserklärung eines Kreditinstituts zur Beschlussnichtigkeit.[21] Schließlich haben die Gerichte mit Recht den wiederholt vorgetragenen Einwand verworfen, dass der Übertragungsbeschluss gegen das Wesen der Aktiengesellschaft verstoße, weil er nur das Verhältnis zwischen den Aktionären betreffe.[22]

2. Anfechtbarkeit

Die Anfechtbarkeit des Übertragungsbeschlusses beurteilt sich nach § 243 Abs 1.[23] **7**
Dabei kommen grundsätzlich sämtliche Anfechtungsgründe in Betracht;[24] die Gesetzesmaterialien sprechen von „umfassenden Anfechtungsmöglichkeiten".[25] Im ordnenden Zugriff lassen sich Inhalts- und Verfahrensmängel unterscheiden;[26] unter letzteren nehmen die abfindungswertbezogenen Informationsmängel eine Sonderrolle ein. Nach einem Beschluss des BVerfG muss auch die vermeintliche Verfassungswidrigkeit der §§ 327a ff zunächst mit der Anfechtungsklage angegriffen werden.[27]

---

tragungsbeschlusses nicht gegen die guten Sitten (§ 241 Nr 4) verstößt.

[19] Vgl OLG München AG 2004, 455; OLG München ZIP 2006, 2370, 2371; *P Baums* WM 2001, 1843, 1845 ff; Emmerich/*Habersack* Aktien- und GmbH-Konzernrecht[4] § 327 f Rdn 3; *Fleischer* ZGR 2002, 757, 788; *Fuchs* § 11 II 1; *Fuhrmann/Simon* WM 2002, 1211, 1212; *Greulich* S 283; *Hüffer*[7] § 327a Rdn 12; *Maslo* NZG 2004, 163, 164; *Moritz* S 199; FK-WpÜG-*Schüppen/Tretter*[2] § 327a Rdn 22; *Vetter* ZIP 2002, 1817, 1824; offen lassend OLG Düsseldorf NZG 2004, 359, 362; für die Annahme eines Unwirksamkeitsgrundes KK-*Koppensteiner*[3] § 327 f Rdn 4 f; **aA** DAV-Handelsrechtsausschuß NZG 2001, 420, 431; MK-*Grunewald*[2] § 327a Rdn 17; *Mertens* AG 2002, 377, 382 f; *Steinmeyer/Häger* § 327 f Rdn 31.

[20] Wie hier *Bolte* DB 2001, 2587, 2589; Emmerich/*Habersack* Aktien- und GmbH-Konzernrecht[4] § 327 f Rdn 16; *Fuchs* § 11 II 1; *Gesmann-Nuissl* WM 2002, 1205, 1206; MK-*Grunewald*[2] § 327a Rdn 19; *Maslo* NZG 2004, 163, 165; *Mertens* AG 2002, 377, 380 f; FK-WpÜG-*Schüppen/Tretter*[2] § 327a Rdn 41; *Steinmeyer/Häger* § 327a Rdn 16 mit Fn 27; *Witthuhn/Giermann* MDR 2003, 372, 373; **aA** *P Baums* S 142; *ders* WM 2001, 1843, 1846 f; *Grzimek* in Geibel/Süßmann § 327 f Rdn 12; AnwK-AktG/*Heidel/Lochner* § 327a Rdn 13; *Hüffer*[7] § 327a Rdn 12.

[21] Vgl OLG Frankfurt DB 2005, 2807, 2808; LG Frankfurt AG 2005, 490, 491; Emmerich/*Habersack* Aktien- und GmbH-Konzernrecht[4] § 327 f Rdn 5; *H Schmidt* FS Ulmer, 2003, S 543, 554 f; **aA** AnwK-AktG/*Heidel/Lochner* § 327b Rdn 12.

[22] Vgl OLG Düsseldorf WM 2005, 1948, 1953; OLG Frankfurt DB 2005, 2807; OLG Stuttgart AG 2005, 662, 664.

[23] Vgl Begr RegE WpÜG, BT-Drucks 14/7034, S 73; *Dißars* BKR 2004, 379, 380; *Grzimek* in Geibel/Süßmann § 327 f Rdn 6; AnwK-AktG/*Heidel/Lochner* § 327 f Rdn 2; *Hüffer*[7] § 327 f Rdn 2; KK-*Koppensteiner*[3] § 327 f Rdn 2.

[24] Vgl KK-*Koppensteiner*[3] § 327 f Rdn 6; ferner *Dißars* BKR 2004, 379, 380, der von „vielfältigen" Anfechtungsgründen spricht.

[25] Begr RegE WpÜG, BT-Drucks 14/7034, S 73.

[26] Allgemein dazu *Hüffer*[7] § 243 Rdn 11 ff und 20 ff; *K Schmidt* in Großkomm AktG[4] § 243 Rdn 21 ff und 40 ff.

[27] Vgl BVerfG NZG 2003, 31: „[Der Beschwerdeführer] kann diese Bedenken in der Weise den zuständigen Gerichten unterbreiten, daß er schon den Hauptversammlungsbeschluß, nach dem die Aktien der Minderheits-

8 a) **Inhaltsmängel.** Soweit nicht nach § 241 Nichtigkeit anzunehmen ist (vgl Rdn 6), begründen Inhaltsverstöße gegen konkrete Einzelvorschriften, Generalklauseln, Satzungsbestimmungen oder satzungsergänzende Vereinbarungen aller Gesellschafter die Anfechtbarkeit des Übertragungsbeschlusses. Ihre praktische Bedeutung bleibt allerdings beim Squeeze out hinter den Verfahrensmängeln zurück.[28] Im Einzelnen gilt:

9 aa) **Inhaltsverstöße gegen die §§ 327a ff.** Ein Inhaltsmangel ist gegeben, wenn kein wirksames Einberufungsverlangen des Hauptaktionärs vorliegt (vgl § 327a Rdn 56).[29] In Ausnahmefällen soll es an der Relevanz des Beschlussmangels fehlen, sofern das Verlangen bis zum Tag der Hauptversammlung wiederholt wurde und schutzwürdige Interessen der Minderheitsaktionäre gewahrt sind.[30] Als materieller Mangel ist weiter anzusehen, wenn der Hauptaktionär den Minderheitsaktionären die gesetzlich geforderte Barabfindung überhaupt nicht[31] oder nicht ordnungsgemäß, zB in anderer Form als Geld,[32] angeboten hat.[33] Dazu gehört auch der Fall eines mit unberechtigten Abzügen behafteten Barabfindungsangebots.[34] Wie sich die Fehlerhaftigkeit dieses Beschlussteils auf den gesamten Übertragungsbeschluss auswirkt, beurteilt sich nach § 139 BGB.[35] Außerdem ist ein ordnungsgemäßes Abfindungsangebot verneint worden, wenn das Angebot unter der Bedingung der Beschlussfassung über die Gewinnverwendung steht und diese Bedingung wegen der Nichtigkeit des Gewinnverwendungsbeschlusses ausfällt.[36] Subsidiär steht bei einem fehlenden oder nicht ordnungsgemäßen Barabfindungsangebot nach § 327f S 3 das Spruchverfahren zur Verfügung (vgl Rdn 26). Dagegen können die Minderheitsaktionäre eine unangemessene Barabfindung nach § 327f S 1 und 2 nur im Spruchverfahren überprüfen lassen (vgl Rdn 4). In die Reihe der Inhaltsfehler gehören ferner das Fehlen[37] und

---

aktionäre der AG (...) auf den Hauptaktionär übertragen werden sollen, mit der Anfechtungsklage nach den §§ 243 ff. AktG angreift und diese darauf stützt, daß der Beschluß deshalb das Gesetz verletze (vgl. § 243 I AktG), weil er infolge Verfassungswidrigkeit der §§ 243 ff. AktG ohne gesetzliche Grundlage sei."

[28] Ebenso Emmerich/*Habersack* Aktien- und GmbH-Konzernrecht[4] § 327 f Rdn 4.

[29] Vgl Emmerich/*Habersack* Aktien- und GmbH-Konzernrecht[4] § 327a Rdn 19; MK-*Grunewald*[2] § 327a Rdn 12; FK-WpÜG-*Schüppen/Tretter*[2] § 327a Rdn 28; **aA** KK-*Koppensteiner*[3] § 327a Rdn 14: Übertragungsbeschluss entfaltet keine Wirkung.

[30] Vgl OLG Köln Der Konzern 2004, 30, 32; FK-WpÜG-*Schüppen/Tretter*[2] § 327a Rdn 21.

[31] Vgl KK-WpÜG-*Hasselbach* § 327 f Rdn 2; AnwK-AktG/*Heidel/Lochner* § 327 f Rdn 3; *Hüffer*[7] § 327 f Rdn 3; KK-*Koppensteiner*[3] § 327 f Rdn 8; FK-WpÜG-*Schüppen/Tretter*[2] § 327 f Rdn 3; nach *Grzimek* in Geibel/Süßmann § 327 f Rdn 7 fehlt es dann bereits an einer ordnungsgemäßen Bekanntmachung nach § 327c Abs 1.

[32] Vgl Emmerich/*Habersack* Aktien- und GmbH-Konzernrecht[4] § 327 f Rdn 5; KK-*Koppensteiner*[3] § 327 f Rdn 8.

[33] Vgl Emmerich/*Habersack* Aktien- und GmbH-Konzernrecht[4] § 327 f Rdn 5; *Grzimek* in Geibel/Süßmann § 327 f Rdn 7; KK-WpÜG-*Hasselbach* § 327 f Rdn 2; AnwK-AktG/*Heidel/Lochner* § 327 f Rdn 3.

[34] Vgl OLG Hamburg ZIP 2003, 1344, 1345; LG Hamburg ZIP 2003, 168, 170; *Dißars* BKR 2004, 389, 392; Emmerich/*Habersack* Aktien- und GmbH-Konzernrecht[4] § 327 f Rdn 21; *Hüffer*[7] § 327 f Rdn 3; KK-*Koppensteiner*[3] § 327b Rdn 7; FK-WpÜG-*Schüppen/Tretter*[2] § 327 f Rdn 3; **aA** *Beier/Bungert* BB 2002, 2627, 2629; *Tebben* AG 2003, 600, 607 f.

[35] Vgl OLG Hamburg ZIP 2003, 1344, 1346; *Dißars* BKR 2004, 389, 392; KK-*Koppensteiner* § 327 f Rdn 9.

[36] Vgl LG Frankfurt AG 2005, 490, 491.

[37] Vgl Emmerich/*Habersack* Aktien- und GmbH-Konzernrecht[4] § 327b Rdn 14; *Gesmann-Nuissl* WM 2002, 1205, 1208; KK-WpÜG-*Hasselbach* § 327b Rdn 34; *Hüffer*[7] § 327b Rdn 9; *Marsch-Barner* in Zschocke/Schuster Bad Homburger Hdb G 46; *Rühland* S 224; FK-WpÜG-*Schüppen/Tretter*[2] § 327b Rdn 26.

die Mangelhaftigkeit[38] der Gewährleistungserklärung eines Kreditinstituts (vgl § 327b Rdn 43). Unterschiedlich beurteilt wird, ob die Gewährleistungserklärung nachgereicht werden kann[39] oder ob ein Nachreichen ausscheidet.[40] Richtigerweise fehlt es an der Relevanz einer verspäteten Vorlage, wenn sie bis zur Beschlussfassung nachgereicht wird.[41] Was schließlich das Nichterreichen der erforderlichen Beteiligungsquote durch den Hauptaktionär anbelangt, so liegt hierin ebenfalls ein materieller Verstoß, der nach hM sogar die Nichtigkeit des Übertragungsbeschlusses begründet (vgl Rdn 6).

bb) Treuepflichtverstöße. Eine breitflächige Inhaltskontrolle des Übertragungsbeschlusses unter Treuepflichtgesichtspunkten scheidet nach allgM aus.[42] Weil der Übertragungsbeschluss keiner sachlichen Rechtfertigung bedarf, sondern seine Legitimation in sich trägt (vgl § 327a Rdn 75), unterliegt er auch keiner materiellen Kontrolle der Zivilgerichte am Maßstab der Erforderlichkeit und Verhältnismäßigkeit.[43] Die gerichtliche Inhaltskontrolle schrumpft damit auf Restbereiche einer Treuepflichtkontrolle im Einzelfall zusammen.[44] Der Übertragungsbeschluss ist demnach nur anfechtbar, wenn der Hauptaktionär sein Squeeze-out-Recht treuwidrig ausgeübt hat.[45] In der Sache geht es hier um jene Fallgruppen, die an anderer Stelle näher vorgestellt und gewürdigt werden (vgl § 327a Rdn 76ff). **10**

cc) Satzungsverstöße. Weil die §§ 327a ff zwingendes Recht darstellen (vgl § 327a Rdn 1),[46] bleibt für eigenständige Satzungsverletzungen kein nennenswerter Raum.[47] Vorstellbar ist allenfalls die Missachtung einer Satzungsbestimmung, die das Erfordernis einfacher Stimmenmehrheit für den Übertragungsbeschluss zulässigerweise verschärft hat (vgl § 327a Rdn 67).[48] **11**

---

[38] Vgl LG Frankfurt AG 2005, 490, 491: „erkennbar zu niedrige Gewährübernahme".

[39] Für eine solche Möglichkeit bis zur Beschlussfassung FK-WpÜG-*Schüppen/Tretter*[2] § 327b Rdn 26; bis zur Eintragung des Beschlusses MK-*Grunewald*[2] § 327b Rdn 19.

[40] So grundsätzlich Emmerich/*Habersack* Aktien- und GmbH-Konzernrecht[4] § 327b Rdn 14 mit engen Ausnahmen.

[41] Wie hier *Gesmann-Nuissl* WM 2002, 1205, 1207; KK-WpÜG-*Hasselbach* § 327b Rdn 34; *Krieger* BB 2002, 53, 58; *Rühland* S 224; *Singhof/Weber* WM 2002, 1158, 1167; s auch OLG Hamm ZIP 2005, 1457, 1461.

[42] Vgl *Fleischer* ZGR 2002, 757, 784; *Grunewald* ZIP 2002, 18, 21; *Kort* ZIP 2006, 1519, 1520; *Krieger* BB 2002, 53, 55; *Sieger/Hasselbach* ZGR 2002, 120, 143; *Vetter* AG 2002, 176, 186.

[43] Vgl OLG Düsseldorf ZIP 2004, 359, 361; Emmerich/*Habersack* Aktien- und GmbH-Konzernrecht[4] § 327a Rdn 26; MK-*Grunewald*[2] § 327a Rdn 18; KK-WpÜG-*Hasselbach* § 327a Rdn 49 und § 327 f Rdn 2; *Hüffer*[7] § 327a Rdn 11; *Kort* ZIP 2006, 1519, 1520; *Nirk* in Nirk/Reuter/Bächle Hdb AG Teil I Rdn 2637; FK-WpÜG-*Schüppen/Tretter*[2] § 327a Rdn 40; *Steinmeyer/Häger* § 327a Rdn 20.

[44] Vgl LG Düsseldorf ZIP 2004, 1755, 1758; *Fleischer* ZGR 2002, 757, 785; *Grzimek* in Geibel/Süßmann § 327a Rdn 11; Emmerich/*Habersack* Aktien- und GmbH-Konzernrecht[4] § 327 f Rdn 4; *Halasz/Kloster* DB 2002, 1253, 1256; AnwK-AktG/*Heidel/Lochner* § 327 f Rdn 4; *Kort* ZIP 2006, 1519, 1520; *v Schnurbein* AG 2005, 725, 726 f; FK-WpÜG-*Schüppen/Tretter*[2] § 327a Rdn 40.

[45] Vgl LG Stuttgart DB 2005, 337 f; *Fleischer* ZGR 2002, 757, 784 f; *Fuchs* § 11 II 2 b cc; *Grzimek* in Geibel/Süßmann § 327a Rdn 11; Emmerich/*Habersack* Aktien- und GmbH-Konzernrecht[4] § 327a Rdn 26; noch stärker einschränkend *Kort* ZIP 2006, 1519, 1521 („nur in extrem gelagerten Ausnahmefällen"); **aA** KK-*Koppensteiner*[3] § 327 f Rdn 11; offenlassend OLG Düsseldorf ZIP 2004, 359, 361 f.

[46] Vgl FK-WpÜG-*Schüppen/Tretter*[2] § 327a Rdn 3.

[47] Vgl *Fuchs* § 11 II 2 b dd.

[48] Vgl FK-WpÜG-*Schüppen/Tretter*[2] § 327a Rdn 34; *Fuchs* § 11 II 2 b dd.

12 **dd) Verstoß gegen satzungsbegleitende Vereinbarungen.** Nach umstrittener Rechtsprechung des BGH begründet die Verletzung schuldrechtlicher Nebenabreden ausnahmsweise die Anfechtbarkeit, wenn sich sämtliche Gesellschafter derart gebunden haben.[49] Auf dieser Grundlage bejaht eine verbreitete Auffassung im Rahmen des Squeeze out ein Anfechtungsrecht, wenn der Hauptaktionär mit seinem Übertragungsverlangen und der nachfolgenden Beschlussfassung gegen vertragliche Absprachen mit den Minderheitsaktionären verstößt,[50] doch hält sich hiergegen hartnäckiger Widerstand.[51]

13 **b) Verfahrensmängel.** Von einem Verfahrensmangel spricht man, wenn der Beschluss unabhängig von seinem Inhalt unter Verletzung des Gesetzes oder der Satzung zustande gekommen ist.[52] Squeeze-out-spezifische Verfahrensmängel können sich auf die Vorbereitung der Hauptversammlung (§ 327c) oder deren Durchführung (§ 327d) beziehen.[53]

14 **aa) Vorbereitung der Hauptversammlung.** Ein Anfechtungsgrund ist zunächst gegeben, wenn die Bekanntmachung der Tagesordnung nicht die nach § 327c Abs 1 Nr 1 und 2 vorgeschriebenen Angaben zum Hauptaktionär und zur Barabfindung enthält.[54] In besonders gelagerten Einzelfällen kann es an der Relevanz der Gesetzesverletzung fehlen, zB bei marginalen Ungenauigkeiten in der Bezeichnung des Hauptaktionärs, die seine Identifizierung nicht beeinträchtigen.[55] Als Anfechtungsgrund hat man weiter angesehen, dass die Tagesordnung keinen Beschlussantrag des Aufsichtsrats enthielt.[56] Fernerhin ist der Übertragungsbeschluss anfechtbar, wenn der Bericht des Hauptaktionärs nach § 327c Abs 2 S 1 gänzlich fehlt oder nicht den gesetzlichen Vorgaben entspricht.[57] Gleiches gilt für den Fall, dass der Prüfungsbericht des Ausschließungsprüfers nach § 327c Abs 2 S 4 nicht vorliegt oder hinter den gesetzlichen Anforderungen zurückbleibt.[58] Hält der Ausschließungsprüfer die angebotene Abfindung dagegen nicht für angemessen, so kann dies nicht im Anfechtungsprozess, sondern nur im Spruchverfahren geltend gemacht werden.[59] In die Reihe der Anfechtungsgründe gehört schließlich die

---

[49] Vgl BGH NJW 1983, 1310, 1311 (GmbH); NJW 1987, 1890, 1892 (GmbH); zustimmend etwa *K Schmidt* in Großkomm AktG[4] § 243 Rdn 19 f; ablehnend *Hüffer*[7] § 243 Rdn 10; beide mwN.

[50] Vgl OLG Celle AG 2004, 206 f; *Buchta/Ott* DB 2005, 990, 993; MK-*Grunewald*[2] § 327a Rdn 26; FK-WpÜG-*Schüppen/Tretter*[2] § 327a Rdn 47; noch weitergehend Emmerich/*Habersack* Aktien- und GmbH-Konzernrecht[4] § 327a Rdn 31, nach denen die Anfechtungsmöglichkeit nicht davon abhängt, dass sich der Hauptaktionär gegenüber sämtlichen Minderheitsaktionären gebunden hat.

[51] Ablehnend KK-*Koppensteiner*[3] § 327 f Rdn 6; *v Schnurbein* AG 2005, 725, 726 f; offenlassend OLG Düsseldorf ZIP 2004, 359, 361 f.

[52] Vgl *K Schmidt* in Großkomm AktG[4] § 243 Rdn 21.

[53] S auch *Dißars* BKR 2004, 389, 391.

[54] Vgl MK-*Grunewald*[2] § 327c Rdn 5; *Grzimek* in Geibel/Süßmann § 327 f Rdn 9; AnwK-AktG/*Heidel/Lochner* § 327c Rdn 2; *Hüffer*[7] § 327c Rdn 2; FK-WpÜG-*Schüppen/Tretter*[2] § 327c Rdn 5; *Steinmeyer/Häger* § 327 f Rdn 27; *Wehmann* S 170.

[55] Vgl Emmerich/*Habersack* Aktien- und GmbH-Konzernrecht[4] § 327c Rdn 4 mit Fn 7; *Hüffer*[7] § 327c Rdn 2; kritisch AnwK-AktG/*Heidel/Lochner* § 327c Rdn 2.

[56] Vgl LG Frankfurt NZG 2004, 672, 673; *Dißars* BKR 2004, 389, 391.

[57] Vgl OLG Hamburg ZIP 2004, 2288, 2289; Emmerich/*Habersack* Aktien- und GmbH-Konzernrecht[4] § 327c Rdn 7, MK-*Grunewald*[2] § 327c Rdn 10; *Grzimek* in Geibel/Süßmann § 327 f Rdn 9; AnwK-AktG/*Heidel/Lochner* § 327 f Rdn 4; FK-WpÜG-*Schüppen/Tretter*[2] § 327c Rdn 12.

[58] Vgl OLG Hamburg ZIP 2004, 2288, 2289; Emmerich/*Habersack* Aktien- und GmbH-Konzernrecht[4] § 327c Rdn 13; MK-*Grunewald*[2] § 327c Rdn 15; *Grzimek* in Geibel/Süßmann § 327 f Rdn 9; AnwK-AktG/*Heidel/Lochner* § 327 f Rdn 4; FK-WpÜG-*Schüppen/Tretter*[2] § 327c Rdn 24.

[59] Vgl MK-*Grunewald*[2] § 327c Rdn 15; *Hüffer*[7] § 327 f Rdn 3; *Marten/Müller* FS

fehlende, unvollständige oder verspätete Auslegung der in § 327c Abs 3 genannten Unterlagen.[60]

15 **bb) Durchführung der Hauptversammlung.** Verfahrensmängel bei der Organisation und Durchführung der Hauptversammlung sowie bei der Beschlussfeststellung begründen nach allgemeinen Regeln einen Anfechtungsgrund.[61] Für die Verletzung versammlungsgebundener Informationsrechte, die bislang nach Zahl und Bedeutung im Vordergrund standen, gelten nunmehr die Sonderregeln des § 243 Abs 4 S 2, die sogleich zu erläutern sind.

16 **c) Abfindungswertbezogene Informationsmängel.** Abfindungswertbezogene Informationsmängel nehmen im Rahmen des Squeeze out breiten Raum ein.

17 **aa) Frühere Rechtslage.** Vor Inkrafttreten des UMAG kreiste die Diskussion um die Frage, ob die Rechtsprechung des BGH in den Fällen MEZ und Aqua Butzke[62] auf den Ausschluss von Minderheitsaktionären übertragbar ist. In den genannten Entscheidungen hat der BGH für den Formwechsel nach §§ 190ff UmwG ausgesprochen, dass abfindungswertbezogene Informationsmängel ausschließlich im Spruchverfahren geltend gemacht werden können. Zur Begründung stützt er sich auf ein *argumentum a maiore ad minus*: Wenn nach § 210 UmwG nicht einmal das gänzliche Fehlen eines Abfindungsangebots die Anfechtbarkeit des Umwandlungsbeschlusses zur Folge habe, könne eine Auskunftspflichtverletzung in Form eines unvollständig oder mangelhaft begründeten und erläuterten Abfindungsberichts erst recht keine Anfechtungsklage eröffnen.[63] Eine verbreitete Ansicht in Rechtsprechung und Rechtslehre hat diese Überlegungen auf den Squeeze out übertragen und die Anfechtung wegen abfindungswertbezogener Informationsmängel im Rahmen der §§ 327a ff durchweg verneint.[64] Die besseren Gründe sprachen freilich für die nicht minder verbreitete Gegenansicht, die eine Anfechtung auch in diesen Fällen für möglich hielt.[65] Sie konnte sich zentral darauf

---

Röhricht, 2005, S 963, 983; *Ott* DB 2003, 1615, 1616 f.

60 Vgl LG Hamburg DB 2002, 2478; LG Frankfurt NZG 2003, 731, 732; Emmerich/*Habersack* Aktien- und GmbH-Konzernrecht[4] § 327c Rdn 14; MK-*Grunewald*[2] § 327c Rdn 18; AnwK-AktG/*Heidel/Lochner* § 327 f Rdn 4; FK-WpÜG-*Schüppen/Tretter*[2] § 327 f Rdn 3.

61 Vgl Emmerich/*Habersack* Aktien- und GmbH-Konzernrecht[4] § 327 f Rdn 4; KK-*Koppensteiner*[3] § 327 f Rdn 8; für Verfahrensmängel bei der Abstimmung auch *Marsch-Barner* in Zschocke/Schuster Bad Homburger Hdb G 46.

62 Vgl BGHZ 146, 179 – MEZ; BGH ZIP 2001, 412 – Aqua Butzke.

63 Vgl BGHZ 146, 179, 186; BGH ZIP 2001, 412, 415.

64 Vgl OLG Köln ZIP 2004, 760, 761; LG Hamburg ZIP 2003, 947, 950; LG Bochum AG 2005, 738, 739; LG Dortmund Der Konzern 2005, 603, 606; LG Düsseldorf ZIP 2004, 1755, 1757; *P Baums* S 128; *Buchta/Sasse* DStR 2004, 958, 961; *Fuhrmann* Der Konzern 2004, 1, 4; *Hamann* S 206 ff; KK-WpÜG-*Hasselbach* § 327 f Rdn 4; *Krause* NJW 2002, 707, 715; *v Schnurbein* AG 2005, 725, 726 f; FK-WpÜG-*Schüppen/Tretter*[2] § 327 f Rdn 4; *Steinmeyer/Häger* § 327 f Rdn 5; *Wasmann* in Thaeter/Brandi Teil 7 Rdn 174; *Vetter* FS Wiedemann, 2002, S 1323; iE auch *H Schmidt* FS Ulmer, 2003, S 543, 548 ff.

65 Vgl OLG Hamm ZIP 2005, 1457, 1459; LG Frankfurt NZG 2003, 1027, 1029; LG Saarbrücken AG 2006, 89, 91; LG Wuppertal AG 2004, 161, 162; Emmerich/*Habersack* Aktien- und GmbH-Konzernrecht[4] § 327 f Rdn 4; *Fleischer* ZGR 2002, 757, 783; *Gesmann-Nuissl* WM 2002, 1205, 1209 f; MK-*Grunewald*[2] § 327 f Rdn 6; AnwK-AktG/*Heidel/Lochner* § 327 f Rdn 3; *Hüffer*[7] § 327 f Rdn 2; KK-*Koppensteiner* § 327 f Rdn 8; *Krieger* BB 2002, 53, 60; *Rühland* S 247; iE auch *Hoffmann-Becking* in Henze/Hoffmann-Becking, Gesellschaftsrecht 2001, S 55, 67.

stützen, dass § 327 Abs 1 S 3 – anders als § 210 UmwG – gerade keinen Anfechtungsausschluss vorsieht.[66]

18 **bb) Rechtsstand nach dem UMAG.** Durch das am 1.11.2005 in Kraft getretene UMAG hat der Gesetzgeber die Informationsanfechtung teilweise neu geregelt.[67] Nach § 243 Abs 4 S 2 kann auf unrichtige, unvollständige oder unzureichende Informationen in der Hauptversammlung über die Ermittlung, Höhe oder Angemessenheit von Ausgleich, Abfindung, Zuzahlung oder über sonstige Kompensationen eine Anfechtungsklage nicht gestützt werden, wenn das Gesetz für Bewertungsrügen ein Spruchverfahren vorsieht. Diese Neuregelung hat unmittelbare Auswirkungen auf den Squeeze out,[68] der nach § 1 Nr 3 SpruchG in den Anwendungsbereich des Spruchverfahrensgesetzes fällt (vgl Rdn 27). Für abfindungswertbezogene Informationsmängel „in der Hauptversammlung" gilt nunmehr[69] ein gesetzlicher Anfechtungsausschluss.[70] Er bezieht sich vor allem auf Verletzungen des Auskunftsrechts nach § 131 (vgl § 327d Rdn 10 ff) und auf unzureichende Erläuterungen des Vorstands (vgl § 327 d Rdn 7 ff) in der Squeeze-out-Hauptversammlung. Noch wenig geklärt ist, ob gleiches für die in der Hauptversammlung nach § 327 d S 1 auszulegenden Unterlagen gilt: Nach einer Ansicht gehören sie zu den „Informationen in der Hauptversammlung", deren Mangelhaftigkeit nur im Spruchverfahren gerügt werden kann;[71] die Gegenansicht betont die Nähe der Auslegungspflicht zur vorgezogenen Berichtspflicht nach § 327 c Abs 2 und lehnt einen Anfechtungsausschluss ab.[72] Nicht zum Tragen kommt der Anfechtungsausschluss nach einhelliger Ansicht bei „Totalverweigerungen von Informationen".[73] Ebenso wenig erfasst er nach hM Informationen im Vorfeld der Hauptversammlung,[74] vorliegend namentlich die umfassenden Bekanntmachungs- und Berichtspflichten des § 327 c (vgl Rdn 2 ff, 6 ff und 32 ff).[75] Die dagegen neuerdings vorgetragenen Bedenken[76] mögen *de lege ferenda* beachtlich sein;[77] *de lege lata* bieten Wortlaut und Gesetzesbegründung des § 243 Abs 4 S 2 allerdings wenig Auslegungsspielraum.[78]

19 **e) Missbrauch des Anfechtungsrechts.** Nicht anders als bei sonstigen Anfechtungsklagen ist auch bei Beschlussmängelklagen gegen den Übertragungsbeschluss der Squeeze-out-Hauptversammlung ein Missbrauch des Anfechtungsrechts zu beobachten.[79] Er ist in

---

66 Vgl *Fleischer* ZGR 2002, 757, 783; *Hüffer*[7] § 327 f Rdn 2.

67 Ausführlich *Noack/Zetzsche* ZHR 170 (2006) 218 ff; knapper *Fleischer* NJW 2005, 3525, 3528 f.

68 Vgl Begr RegE UMAG, BT-Drucks 15/5092, S 26, die ausdrücklich auf § 327 f verweist; dazu auch *Fleischer* NJW 2005, 3525, 3529; *Hüffer*[7] § 243 Rdn 47 b.

69 Zur Anwendbarkeit des § 243 Abs 4 S 2 auch auf Anfechtungsklagen, die bereits vor dem 1.1.2005 erhoben worden waren, OLG Frankfurt ZIP 2006, 370; OLG Hamm ZIP 2006, 133, 134; offen lassend BGH ZIP 2006, 2080, 2083.

70 Vgl Emmerich/*Habersack* Aktien- und GmbH-Konzernrecht[4] § 327 f Rdn 4; *Hüffer*[7] § 327 f Rdn 2; FK-WpÜG-*Schüppen/Tretter*[2] § 327 f Rdn 5.

71 Vgl *Noack/Zetzsche* ZHR 170 (2006) 218, 228.

72 Vgl *Fuchs* § 11 II 2 c bb bbb.

73 Begr RegE UMAG, BT-Drucks 15/5092, S 26; dazu *Fleischer* NJW 2005, 3525, 3529; *Hüffer*[7] § 243 Rdn 47 c; *Veil* AG 2005, 567, 570.

74 Vgl Emmerich/*Habersack* Aktien- und GmbH-Konzernrecht[4] § 327 f Rdn 4; *Fuchs* § 11 II 2 c bb bbb.

75 Dies wird verkannt von *Kort* NZG 2006, 604, 606.

76 Vgl *Noack/Zetzsche* ZHR 170 (2006) 218, 238 ff.

77 In diese Richtung *Veil* AG 2005, 567, 569 f; kritisch auch *Hüffer*[7] § 243 Rdn 47 c.

78 Ebenso *Hüffer*[7] § 243 Rdn 47 c; *Veil* AG 2005, 567, 570; *Wilsing* DB 2005, 35, 36.

79 Vgl Emmerich/*Habersack* Aktien- und GmbH-Konzernrecht[4] § 327 f Rdn 4; *Greulich* S 236 ff.

der obergerichtlichen Spruchpraxis zu Unrecht in einem Fall verneint worden, in dem der Kläger seine einzige Aktie erst nach Bekanntmachung der Tagesordnung der Hauptversammlung erworben hat.[80] Heute hilft in derartigen Fällen das Vorbesitzerfordernis des § 245 Nr 1.[81]

3. Heilung

Ebenso wie bei der Eingliederung[82] führt die Eintragung des Übertragungsbeschlusses in das Handelsregister nicht zur Beseitigung etwaiger Beschlussmängel.[83] Das ergibt sich aus dem Fehlen einer den §§ 20 Abs 2 UmwG, 246a Abs 4 S 2 AktG entsprechenden Regelung.[84] Eine Heilung kommt daher nur nach Maßgabe der allgemeinen Vorschriften in Betracht.[85] Im Falle der Nichtigkeit kann § 242 eingreifen;[86] im Falle der Anfechtbarkeit kommt ein Bestätigungsbeschluss nach § 244 in Betracht.[87] **20**

4. Rechtsfolgen erfolgreicher Beschlussmängelklagen

Erfolgreiche Beschlussmängelklagen werfen rechtsdogmatisch schwierige Rückabwicklungsfragen auf, wenn der Übertragungsbeschluss bereits im Handelsregister eingetragen war.[88] **21**

a) **Anwendung der Grundsätze über die fehlerhafte Gesellschaft.** Nach ganz hM sind auf einen sog fehlerhaften Squeeze out die Grundsätze über die fehlerhafte Gesellschaft anwendbar.[89] Zur Begründung verweist man, wenn überhaupt, auf die Rechtslage bei der Mehrheitseingliederung.[90] Dies ist zwar nicht ganz zweifelsfrei, weil der Squeeze out im Gegensatz zur Mehrheitseingliederung keine Strukturmaßnahme darstellt (vgl vor § 327a Rdn 22)[91] und die Rückabwicklung einer Mehrheitseingliederung wegen ihrer **22**

---

80 Vgl OLG Köln ZIP 2004, 760, 761; ähnlich OLG Stuttgart AG 2003, 456, 457; zu Recht kritisch *Aha* BB 2003, 2310 f; Emmerich/*Habersack* Aktien- und GmbH-Konzernrecht[4] § 327 f Rdn 4.

81 Dazu *Fleischer* NJW 2005, 3525, 3529.

82 Vgl *Casper* Die Heilung nichtiger Beschlüsse im Kapitalgesellschaftsrecht, 1998, S 290 f; *Kort* Bestandsschutz fehlerhafter Strukturänderungen im Kapitalgesellschaftsrecht, 1998, S 187.

83 Vgl OLG Düsseldorf ZIP 2004, 359; Emmerich/*Habersack* Aktien- und GmbH-Konzernrecht[4] § 327e Rdn 8; *Fuchs* § 11 III; *Moritz* S 200; *Wasmann* in Thaeter/Brandi Teil 7 Rdn 170; *Vetter* AG 2002, 176, 189; rechtspolitische Kritik daran bei *Krieger* BB 2002, 53, 60.

84 Eingehend *Paschos/Johannsen-Roth* NZG 2006, 327, 330; ferner OLG Düsseldorf ZIP 2004, 359.

85 Vgl *Fuchs* § 11 III.

86 Vgl Emmerich/*Habersack* Aktien- und GmbH-Konzernrecht[4] § 327 Rdn 3; KK-*Koppensteiner*[3] § 327 f Rdn 5; *Moritz* S 200.

87 Vgl LG Mannheim AG 2005, 780, 781 f; *Fuchs* § 11 III.

88 Eingehend *Fuchs* § 11 IV, *Paschos/Johannsen-Roth* NZG 2006, 327, 331 ff; ferner KK-*Koppensteiner*[3] § 327 f Rdn 13 mit dem Hinweis, dass solche Fälle wegen § 327e Abs 2 kaum vorkämen.

89 Vgl *Fleischer* ZGR 2002, 757, 788; Emmerich/*Habersack* Aktien- und GmbH-Konzernrecht[4] § 327e Rdn 8; MK-*Grunewald*[2] § 327f Rdn 7; *Keul* ZIP 2003, 566, 569; *Paschos/Johannsen-Roth* NZG 2006, 327, 331; aA *Moritz* S 232 ff.

90 Vgl *Fleischer* ZGR 2002, 757, 788; zur Anwendbarkeit der Lehre von der fehlerhaften Gesellschaft im Eingliederungsrecht *Kort* Bestandsschutz fehlerhafter Strukturänderungen im Kapitalgesellschaftsrecht, 1998, S 187 ff; *Schäfer* Die Lehre vom fehlerhaften Verband, 2002, S 466 ff.

91 Dazu *Fuchs* § 11 IV 1; *Moritz* S 242 ff; terminologisch ungenau OLG Frankfurt NZG 2006, 151, 152: „unternehmerische Strukturmaßnahme des Squeeze-out".

konzernrechtlichen Wirkungen ungleich größere Schwierigkeiten bereitet.[92] Im Ergebnis bestehen aber keine durchgreifenden Bedenken, da der Lehre vom fehlerhaften Verband ein allgemeines Prinzip zugrunde liegt, das der Erstreckung auf neue Fälle zugänglich ist,[93] und der Squeeze out immerhin in die Form einer Strukturmaßnahme gekleidet ist.[94]

23 b) **Einzelheiten der Rückabwicklung.** Die Anwendung der Grundsätze über die fehlerhafte Gesellschaft hat zur Folge, dass der Ausschluss zunächst als wirksam anzusehen ist.[95] Mit Eintragung des Übertragungsbeschlusses in das Handelsregister haben die Minderheitsaktionäre daher ihre Mitgliedschaft in der betroffenen Gesellschaft verloren und einen Barabfindungsanspruch gegen den Hauptaktionär erworben. Erlangt das der Beschlussmängelklage stattgebende Urteil Rechtskraft, werden sie nicht *ipso iure* wieder Aktionäre.[96] Wie bei der fehlerhaften Mehrheitseingliederung[97] steht ihnen vielmehr ein schuldrechtlicher Anspruch auf Wiedereinräumung ihrer Mitgliedschaft zu.[98]

24 Die Einzelheiten dieses Wiederaufnahmeanspruchs sind noch wenig ausgearbeitet. Zumeist nimmt man am fehlerhaften Austritt aus einer Personengesellschaft Maß,[99] doch bedarf dessen Rückabwicklungsmuster im Hinblick auf die Besonderheiten des Aktienrechts im Allgemeinen und des Squeeze out im besonderen gewisser Anpassungen. Insbesondere richtet sich der Wiederaufnahmeanspruch im Rahmen der §§ 327a ff nicht gegen die betroffene Gesellschaft, sondern nur gegen den Hauptaktionär.[100] Er ergibt sich allein aus der Fehlerhaftigkeit des Ausschlusses, ohne dass es auf ein Verschulden ankommt.[101] Allerdings muss der Hauptaktionär nur Zug-um-Zug gegen Rückzahlung einer bereits erhaltenen Abfindung oder Verzicht auf den Abfindungsanspruch leisten.[102]

25 c) **Ausnahmen.** Nach verbreiteter Auffassung finden die Grundsätze über die fehlerhafte Gesellschaft ausnahmsweise keine Anwendung, wenn dem Hauptaktionär im maßgeblichen Zeitpunkt nicht 95 Prozent der Anteile an der betroffenen Gesellschaft gehören.[103]

---

[92] Zutreffend *Fuchs* § 11 IV 1; zu den Rückabwicklungsschwierigkeiten bei der Mehrheitseingliederung *Kort* Bestandsschutz fehlerhafter Strukturänderungen im Kapitalgesellschaftsrecht, 1998, S 88.

[93] Vgl *K Schmidt* GesR[4] § 6 IV 1, S 154 f.

[94] Vgl *Fuchs* § 11 IV 1.

[95] Vgl *Fuchs* § 11 IV 2; *Keul* ZIP 2003, 566, 569; *Paschos/Johannsen-Roth* NZG 2006, 327, 331.

[96] Offen lassend KK-*Koppensteiner* § 327 f Rdn 13; ebenso OLG Stuttgart AG 2005, 662, 664.

[97] Vgl Emmerich/*Habersack* Aktien- und GmbH-Konzernrecht[4] § 320b Rdn 22; LG Mannheim AG 2002, 104.

[98] Vgl Emmerich/*Habersack* Aktien- und GmbH-Konzernrecht[4] § 327e Rdn 8; *Fuchs* § 11 IV 2.

[99] So *Kort* Bestandsschutz fehlerhafter Strukturänderungen im Kapitalgesellschaftsrecht, 1998, S 190; *Schäfer* Die Lehre vom fehlerhaften Verband, 2002, S 473 und 468 iVm S 385 f.

[100] Vgl *Fuchs* § 11 IV 2; wohl auch Emmerich/*Habersack* Aktien- und GmbH-Konzernrecht[4] § 327e Rdn 8; *Hüffer*[7] § 327e Rdn 3a.

[101] Vgl *Fuchs* § 11 IV 2; zur Mehrheitseingliederung auch *Schäfer* Die Lehre vom fehlerhaften Verband, 2002, S 467 f, 473 iVm S 386.

[102] Näher *Fuchs* § 11 IV 2; **aA** *Kort* Bestandsschutz fehlerhafter Strukturänderungen im Kapitalgesellschaftsrecht, 1998, S 190, nach dem sich die Gegenleistung für die Wiedererlangung der mitgliedschaftlichen Position nach den Umständen des Einzelfalls beurteilt.

[103] Vgl Emmerich/*Habersack* Aktien- und GmbH-Konzernrecht[4] § 327e Rdn 8 und § 327 f Rdn 3; *Fleischer* ZGR 2002, 757, 788; *Greulich* S 283; iE auch *Mertens* AG 2002, 377, 383; s ferner *Paschos/Johannsen-Roth* NZG 2006, 327, 331 mit Fn 28.

Dies entspricht der Rechtslage bei der Mehrheitseingliederung.[104] Der Ausschluss der Minderheitsaktionäre ist danach mit *ex-tunc*-Wirkung nichtig. Eine vordringende Literaturmeinung will dagegen stets – also auch in diesem Fall – die Grundsätze über die fehlerhafte Gesellschaft zur Geltung bringen.[105]

V. Spruchverfahren

1. Anwendungsbereich (S 2, 3 iVm § 1 Nr 3 SpruchG)

26 Nach § 327f S 2 wird die angemessene Abfindung durch das in § 2 SpruchG bestimmte Gericht festgesetzt, wenn das Abfindungsangebot nicht angemessen ist. Gleiches gilt nach § 327f S 3, wenn der Hauptaktionär eine Barabfindung nicht oder nicht ordnungsgemäß angeboten hat und eine hierauf gestützte Anfechtungsklage nicht erhoben, zurückgenommen oder rechtskräftig abgewiesen worden ist. In diesen Fällen ist das Spruchverfahren also subsidiär gegenüber einer Anfechtungsklage.[106]

27 Einzelheiten regelt das neue Spruchverfahrensgesetz (vgl Rdn 2), das nach seinem § 1 Nr 3 anzuwenden ist auf das gerichtliche Verfahren für die Bestimmung der Barabfindung von Minderheitsaktionären, deren Aktien durch Beschluss der Hauptversammlung auf den Hauptaktionär übertragen worden sind.[107]

2. Antragsberechtigung (§ 3 S 1 Nr 2 SpruchG)

28 Antragsberechtigt ist nach § 3 S 1 Nr 2 SpruchG jeder ausgeschiedene (Minderheits-) Aktionär.[108] Das gilt auch für Legitimationsaktionäre.[109] Nicht antragsberechtigt sind dagegen diejenigen Aktionäre, deren Anteile dem Hauptaktionär nach § 327a Abs 2 iVm § 16 Abs 4 zugerechnet werden, weil sie in der Gesellschaft verbleiben und keinen Abfindungsanspruch erwerben (vgl § 327b Rdn 24).[110] Gleiches gilt richtigerweise für die Gesellschaft hinsichtlich ihrer eigenen Aktien (vgl § 327b Rdn 25).[111]

29 Maßgeblich für die Antragsberechtigung ist der Zeitpunkt der Eintragung des Übertragungsbeschlusses in das Handelsregister,[112] weil die Minderheitsaktionäre gemäß § 327e Abs 3 S 1 zu diesem Zeitpunkt aus der Gesellschaft ausscheiden (vgl § 327e

---

104 Vgl Emmerich/*Habersack* Aktien- und GmbH-Konzernrecht[4] § 320 Rdn 10 und § 320b Rdn 22; *Kort* Bestandsschutz fehlerhafter Strukturänderungen im Kapitalgesellschaftsrecht, 1998, S 190 f; s auch KK-*Koppensteiner* § 320 Rdn 8: Beschluss entfaltet keine rechtliche Wirkung.

105 Vgl MK-*Grunewald*[2] § 327 f Rdn 7; *Fuchs* § 11 IV 3.

106 Vgl *Fritzsche/Dreier/Verfürth* § 3 SpruchG Rdn 30; Emmerich/*Habersack* Aktien- und GmbH-Konzernrecht[4] § 327 f Rdn 5; MK-*Grunewald*[2] § 327 f Rdn 3; *Hüffer*[7] § 327 f Rdn 4; *Klöcker/Frowein* § 3 SpruchG Rdn 12; KK-SpruchG-*Wasmann*[3] § 1 Rdn 5.

107 Vgl Emmerich/*Habersack* Aktien- und GmbH-Konzernrecht[4] § 1 SpruchG Rdn 1; *Hüffer*[7] Anh § 305 § 1 SpruchG Rdn 5; *Klöcker/Frowein* § 1 SpruchG Rdn 11; MK-*Volhard*[2] § 1 SpruchG Rdn 2.

108 Vgl *Büchel* NZG 2003, 793, 794; Emmerich/*Habersack* Aktien- und GmbH-Konzernrecht[4] § 327 f Rdn 7; *Klöcker/Frowein* § 3 SpruchG Rdn 13; *Krieger* in Lutter/Winter[3] UmwG Anhang I SpruchG § 3 Rdn 5; FK-WpÜG-*Schüppen/Tretter*[2] § 327 f Rdn 6; KK-SpruchG-*Wasmann*[3] § 3 Rdn 8.

109 Vgl OLG Stuttgart AG 2002, 353, 355; *Hüffer*[7] Anh § 305 § 3 SpruchG Rdn 6; MK-*Volhard*[2] § 3 SpruchG Rdn 9.

110 Vgl *Fritzsche/Dreier/Verfürth* § 3 SpruchG Rdn 27 f; MK-*Volhard*[2] § 3 SpruchG Rdn 9; KK-SpruchG-*Wasmann*[3] § 3 Rdn 12.

111 *Fritzsche/Dreier/Verfürth* § 3 SpruchG Rdn 28; KK-SpruchG-*Wasmann*[3] § 3 Rdn 12; *Wittgens* Das Spruchverfahrensgesetz, 2005, S 73.

112 Vgl OLG Düsseldorf ZIP 2005, 1369, 1370; OLG Frankfurt NZG 2006, 151, 152;

Rdn 43). Auf die Bekanntmachung der Eintragung nach § 10 HGB kommt es nicht an;[113] sie hat nur für den Beginn der Antragsfrist nach § 4 Abs 1 S 1 Nr 3 SpruchG Bedeutung (vgl Rdn 35).[114]

30 Dem ausgeschiedenen Aktionär steht nach allgemeiner Ansicht sein Gesamtrechtsnachfolger gleich.[115] Dagegen ist der Einzelrechtsnachfolger des ausgeschiedenen Aktionärs nicht antragsberechtigt: Ihm fehlt nach hM die Schutzwürdigkeit, weil die von ihm erworbenen Aktienurkunden nach § 327e Abs 3 S 2 nur den Anspruch auf Barabfindung verbriefen (vgl § 327e Rdn 49).[116] Anträge, die vor Eintragung des Übertragungsbeschlusses in das Handelsregister gestellt werden, sind verfrüht und damit unzulässig.[117]

31 Bei Namensaktien ist nach hM nur antragsberechtigt, wer nach § 67 Abs 2 als Aktionär im Aktienbuch eingetragen ist.[118] Eine Gegenansicht bestreitet dies, weil sich das Spruchverfahren nach § 5 Nr 3 SpruchG gegen den Hauptaktionär richte und § 67 Abs 2 nur das Verhältnis zur Gesellschaft, nicht aber zu Dritten betreffe.[119] Sie verkennt, dass § 3 S 1 Nr 2 SpruchG die Antragsberechtigung – ungeachtet der fehlenden Verfahrensbeteiligung der betroffenen Gesellschaft (vgl Rdn 34) – mit der mitgliedschaftlichen Stellung verknüpft.

32 Nach § 3 S 3 SpruchG ist die Stellung als Aktionär der Gesellschaft ausschließlich durch Urkunden nachzuweisen. Geeignete Urkunden sind effektive Aktienstücke, Depotauszüge oder ein sonstiges Schreiben der Bank.[120] Die obergerichtliche Spruchpraxis hat

---

Klöcker/Frowein § 3 SpruchG Rdn 13; *Krieger* in Lutter/Winter[3] UmwG Anhang I SpruchG § 3 Rdn 5; KK-SpruchG-*Wasmann*[3] § 3 Rdn 9; ebenso zum alten Recht OLG Frankfurt ZIP 2005, 2064, 2065; OLG Hamburg AG 2004, 622; LG Frankfurt ZIP 2004, 808, 809.

[113] Vgl Emmerich/*Habersack* Aktien- und GmbH-Konzernrecht[4] § 3 SpruchG Rdn 10; *Krieger* in Lutter/Winter[3] UmwG Anhang I SpruchG § 3 Rdn 5; FK-WpÜG-*Schüppen/Tretter*[2] § 327 f Rdn 7; ebenso zum alten Recht OLG Frankfurt ZIP 2005, 2064, 2065; LG Frankfurt ZIP 2004, 808, 809.

[114] Vgl Emmerich/*Habersack* Aktien- und GmbH-Konzernrecht[4] § 327 f Rdn 7.

[115] Vgl Emmerich/*Habersack* Aktien- und GmbH-Konzernrecht[4] § 3 SpruchG Rdn 11; *Grzimek* in Geibel/Süßmann § 327 f Rdn 17; *Hüffer*[7] Anh § 305 § 3 SpruchG Rdn 3; *Krieger* in Lutter/Winter[3] UmwG Anhang I SpruchG § 3 Rdn 5; *Steinmeyer/Häger* § 327 f Rdn 13; MK-*Volhard*[2] § 3 SpruchG Rdn 9; KK-SpruchG-*Wasmann*[3] § 3 Rdn 9.

[116] Vgl OLG Düsseldorf ZIP 2005, 1369, 1370; OLG Frankfurt NZG 2006, 151, 153; OLG Hamburg AG 2004, 622, 623; Emmerich/*Habersack* Aktien- und GmbH-Konzernrecht[4] § 3 SpruchG Rdn 11; *Hüffer*[7] Anh § 305 § 3 SpruchG Rdn 3; iE auch KK-SpruchG-*Wasmann*[3] § 3 Rdn 10; **aA** *Fritzsche/Dreier/Verfürth* § 3 SpruchG Rdn 31; *Krieger* in Lutter/Winter[3] UmwG Anhang I SpruchG § 3 Rdn 5; MK-*Volhard*[2] § 3 SpruchG Rdn 9; *Wittgens* Das Spruchverfahrensgesetz, 2005, S 75.

[117] Vgl LG Frankfurt ZIP 2004, 808, 809; LG Berlin ZIP 2003, 1300 f; Emmerich/*Habersack* Aktien- und GmbH-Konzernrecht[4] § 327 f Rdn 7; *Hüffer*[7] Anh § 305 § 3 SpruchG Rdn 3; *Klöcker/Frowein* § 3 SpruchG Rdn 14; KK-*Koppensteiner*[3] § 327 f Rdn 16; FK-WpÜG-*Schüppen/Tretter*[2] § 327 f Rdn 7; einschränkend *Krieger* in Lutter/Winter[3] UmwG Anhang I SpruchG § 4 Rdn 6, nach dem der Antrag mit Fristbeginn wirksam wird, wenn er bis dahin noch nicht zurückgewiesen ist.

[118] Vgl OLG Hamburg ZIP 2003, 2301; LG Frankfurt DB 2005, 2069; Emmerich/*Habersack* Aktien- und GmbH-Konzernrecht[4] § 327 f Rdn 7; *Hüffer*[7] § 327 f Rdn 4; *Lieder* NZG 2005, 159, 162 ff; KK-SpruchG-*Wasmann*[3] § 3 Rdn 24.

[119] Vgl *Dißars* BKR 2004, 389, 393; *ders* BB 2004, 1293 ff; FK-WpÜG-*Schüppen/Tretter*[2] § 327 f Rdn 9.

[120] Vgl Begr RegE SpruchG, BT-Drucks 15/371, S 13; Emmerich/*Habersack* Aktien- und GmbH-Konzernrecht[4] § 3 SpruchG Rdn 13; *Hüffer*[7] Anh § 305 § 3 SpruchG Rdn 7; weitergehend *Krieger* in Lutter/Winter[3] UmwG Anhang I SpruchG § 3 Rdn 9, nach

unter Berufung auf den Wortlaut des § 4 Abs 2 S 2 Nr 2 SpruchG („Darlegung") und die Gesetzesmaterialien entschieden, dass der urkundliche Nachweis der Antragsberechtigung nicht innerhalb der Antragsfrist des § 4 Abs 1 SpruchG erbracht werden muss.[121]

§ 3 S 1 Nr 2 SpruchG gilt nicht nur für ausgeschiedene Minderheitsaktionäre, sondern im Wege analoger Anwendung auch für (Minderheits-)Bezugsrechtsinhaber, die durch den Übertragungsbeschluss aus der Gesellschaft ausscheiden und einen Barabfindungsanspruch gegen den Hauptaktionär erwerben (vgl § 327b Rdn 37).[122] Zwar scheint der Wortlaut des § 1 SpruchG für eine abschließende Regelung zu sprechen, doch belegen die Gesetzesmaterialien das Gegenteil.[123] Auch die Rechtsprechung hat die grundsätzliche Analogiefähigkeit des SpruchG in anderem Zusammenhang bereits bejaht.[124] **33**

3. Antragsgegner (§ 5 Nr 3 SpruchG)

Der Antrag auf gerichtliche Entscheidung ist nach § 5 Nr 3 SpruchG gegen den Hauptaktionär zu richten.[125] Damit hat sich die frühere Streitfrage nach dem richtigen Antragsgegner erledigt.[126] Gemäß § 15 Abs 2 S 1 SpruchG ist der Hauptaktionär auch Kostenschuldner[127] und damit nach § 15 Abs 3 S 1 SpruchG vorschusspflichtig.[128] Der Geschäftswert, an dem sich Kosten und Vorschusspflicht orientieren, beträgt nach § 15 Abs 1 S 2 Hs 2 SpruchG mindestens 200.000 und höchstens 7,5 Mio Euro.[129] **34**

---

dem jedes Schriftstück genügt, das dem Gericht die Überzeugung vermittelt, dass der Antragsteller im maßgeblichen Zeitpunkt Aktionär war.

121 Vgl OLG Stuttgart ZIP 2004, 1907 f; OLG Düsseldorf ZIP 2005, 1369 f; OLG Frankfurt NZG 2006, 151 ff; zustimmend Emmerich/*Habersack* Aktien- und GmbH-Konzernrecht[4] § 3 SpruchG Rdn 14; **aA** LG Frankfurt Der Konzern 2005, 451, 452; *Bungert/Mennicke* BB 2003, 2021, 2025; *Hüffer*[7] Anh § 305 § 3 SpruchG Rdn 7; *Krieger* in Lutter/Winter[3] UmwG Anhang I SpruchG § 3 Rdn 8; *Wasmann* WM 2004, 819, 822; KK-SpruchG-*Wasmann*[3] § 3 Rdn 23.

122 Wie hier Emmerich/*Habersack* Aktien- und GmbH-Konzernrecht[4] § 327 f Rdn 7; MK-*Grunewald*[2] § 327 f Rdn 8; *Wittgens* Das Spruchverfahrensgesetz, 2005, S 74.

123 Vgl Begr RegE SpruchG, BT-Drucks 15/371, S 11; Ausschussbegründung, BT-Drucks 15/838 S 16; s auch BegrRegE UMAG, BT-Drucks 15/5022, S 26; ebenso *Hüffer*[7] Anh § 305 § 1 SpruchG Rdn 6; Emmerich/*Habersack* Aktien- und GmbH-Konzernrecht[4] § 1 SpruchG Rdn 3; s auch *Wittgens* Das Spruchverfahrensgesetz, 2005, S 34 ff.

124 Vgl BVerfG NJW 2001, 279, 281; BGHZ 153, 47, 57 f.

125 Vgl OLG Hamburg ZIP 2003, 2301; Emmerich/*Habersack* Aktien- und GmbH-Konzernrecht[4] § 327 f Rdn 8; *Hüffer*[7] § 327 f Rdn 4; *Klöcker/Frowein* § 5 SpruchG Rdn 5; KK-*Koppensteiner* § 327 f Rdn 17; *Krieger* in Lutter/Winter[3] UmwG Anhang I SpruchG § 5 Rdn 3; *Quandt* S 255; FK-WpÜG-*Schüppen/Tretter*[2] § 327 f Rdn 10; KK-SpruchG-*Wasmann*[3] § 5 Rdn 4; *Wehmeyer* S 173; **aA** *Steinmeyer/Häger* § 327 f Rdn 14: auch Gesellschaft als Antragsgegner; offen LG Berlin ZIP 2003, 1300, 1301.

126 Für den Hauptaktionär als richtigen Antragsgegner schon vor Inkrafttreten des SpruchG *Fuhrmann/Simon* WM 2002, 1211, 1215; *Grzimek* in Geibel/Süßmann § 327 f Rdn 19; *Krieger* BB 2002, 53, 57; *Vetter* AG 2002, 176, 190; **aA** früher *Steinmeyer/Häger* § 327f Rdn 14: auch Gesellschaft als Antragsgegner; offen LG Berlin ZIP 2003, 1300, 1301; OLG Hamburg ZIP 2003, 2301.

127 Vgl OLG Saarbrücken AG 2004, 217, 218 (obiter); Emmerich/*Habersack* Aktien- und GmbH-Konzernrecht[4] § 327 f Rdn 8; *Hüffer*[7] § 327 f Rdn 4; zur alten Rechtslage MK-*Grunewald*[2] § 327 f Rdn 9; *Grzimek* in Geibel/Süßmann § 327 f Rdn 29; *Vetter* AG 2002, 176, 190.

128 Vgl OLG Saarbrücken AG 2004, 217, 218; *Hüffer*[7] Anh § 305 § 15 SpruchG Rdn 5.

129 Dazu im Einzelfall nach alter Rechtslage OLG Frankfurt AG 2005, 658, 659; OLG Stuttgart ZIP 2003, 2199, 2000.

4. Antragsfrist (§ 4 Abs 1 S 1 Nr 3 SpruchG)

35 Die Antragsfrist beträgt drei Monate (nach § 327f Abs 2 S 2 aF: zwei Monate). Sie beginnt gemäß § 4 Abs 1 S 1 Nr 3 SpruchG mit der Eintragung des Übertragungsbeschlusses im Handelsregister nach § 10 HGB. Für die Fristberechnung gelten die allgemeinen Vorschriften der §§ 186ff BGB.[130] Bei der Frist handelte es sich nach hM zu § 327f Abs 2 S 2 aF um eine materiellrechtliche Ausschlussfrist;[131] § 4 Abs 1 S 2 SpruchG hat dagegen nach überwiegender Ansicht eine Doppelnatur, die eine Abweisung des verfristeten Antrags als unzulässig erlauben soll.[132] Hemmung oder Neubeginn finden nicht statt;[133] ebenso wenig gibt es bei Fristversäumnis eine Wiedereinsetzung in den vorigen Stand.[134] Eine bestimmte Form ist für die Antragstellung nicht vorgeschrieben. Es genügt nach § 11 FGG die Einreichung eines Schriftsatzes oder die Erklärung zu Protokoll des zuständigen Gerichts oder der Geschäftsstelle eines Amtsgerichts.[135]

36 Unterschiedlich beurteilt wurde bislang, ob ein Antrag bei einem örtlich unzuständigen Gericht fristwahrend wirkt, wenn er bei dem zuständigen Gericht erst nach Fristablauf eingeht.[136] Der BGH hat für § 327f Abs 2 S 2 aF nunmehr entschieden, dass die Antragsfrist entsprechend § 281 ZPO auch dann gewahrt ist, wenn der Einleitungsantrag rechtzeitig bei einem unzuständigen Gericht eingereicht worden, jedoch die Sache erst nach Fristablauf aufgrund Verweisungsbeschlusses bei dem zuständigen Gericht eingegangen ist.[137] Ob das auch nach neuer Rechtslage gilt, ist allerdings nicht zweifelsfrei, weil die neue dreimonatige Frist für den Antrag auf gerichtliche Entscheidung in den Fällen des § 2 Abs 1 S 2 und 3 SpruchG nach § 4 Abs 1 S 2 SpruchG allenfalls noch „durch Einreichung bei jedem zunächst zuständigen Gericht“ gewahrt wird.[138] Der BGH hat aber angedeutet, dass § 281 ZPO möglicherweise auch im Verfahren nach dem SpruchG entsprechend angewendet werden müsse, das einem kontradiktorischen Verfahren noch näher stehe als das vorherige Verfahren.[139] Die hL neigt dem gegenteiligen Standpunkt zu.[140]

---

130 Vgl *Klöcker/Frowein* § 4 SpruchG Rdn 8; *Krieger* in Lutter/Winter³ UmwG Anhang I SpruchG § 4 Rdn 3; FK-WpÜG-*Schüppen/Tretter*² § 327 f Rdn 11.

131 Vgl BGH ZIP 2006, 826, 827; BayObLG NZG 2005, 312, 314.

132 Vgl *Bungert/Mennicke* BB 2003, 2021, 2026; *Fritzsche/Dreier/Verfürth* § 4 SpruchG Rdn 4; *Hüffer*⁷ Anh § 305 § 4 SpruchG Rdn 2; *Klöcker/Frowein* § 4 SpruchG Rdn 7; **aA** MK-*Volhard*² § 4 SpruchG Rdn 1: materiellrechtliche Ausschlussfrist.

133 Vgl BayObLG NZG 2005, 312, 314; Emmerich/*Habersack* Aktien- und GmbH-Konzernrecht⁴ § 4 SpruchG Rdn 3.

134 Vgl Emmerich/*Habersack* Aktien- und GmbH-Konzernrecht⁴ § 4 SpruchG Rdn 3; *Hüffer*⁷ Anh § 305 § 4 SpruchG Rdn 2; *Klöcker/Frowein* § 4 SpruchG Rdn 15; *Krieger* in Lutter/Winter³ UmwG Anhang I SpruchG § 4 Rdn 8; MK-*Volhard*² § 4 SpruchG Rdn 1; KK-SpruchG-*Wasmann*³ § 4 Rdn 4; **aA** LG Dortmund Der Konzern 2005, 112 f.

135 Vgl FK-WpÜG-*Schüppen/Tretter*² § 327 f Rdn 11; Emmerich/*Habersack* Aktien- und GmbH-Konzernrecht⁴ § 4 SpruchG Rdn 5; *Klöcker/Frowein* § 4 SpruchG Rdn 16.

136 Bejahend OLG Karlsruhe ZIP 2004, 2205, 2206 f; verneinend KG ZIP 2000, 498.

137 Vgl BGH ZIP 2006, 826.

138 Darauf verweisend OLG Frankfurt ZIP 2006, 443, 444; *Hüffer*⁷ Anh § 305 § 4 SpruchG Rdn 5; *Krieger* in Lutter/Winter³ UmwG Anhang I SpruchG § 4 Rdn 7; KK-SpruchG-*Wasmann*³ § 4 Rdn 6.

139 Vgl BGH ZIP 2006, 826, 828.

140 Vgl *Fritzsche/Dreier/Verfürth* § 4 SpruchG Rdn 11; *Hüffer*⁷ Anh § 305 § 4 SpruchG Rdn 5; *Klöcker/Frowein* § 4 SpruchG Rdn 13; *Krieger* in Lutter/Winter³ UmwG Anhang I SpruchG § 4 Rdn 7; KK-SpruchG-*Wasmann*³ § 4 Rdn 6; *Wittgens* Das Spruchverfahrensgesetz, 2005, S 138 f.

5. Verfahren

Zuständig ist nach § 2 Abs 1 S 1 SpruchG das Landgericht, in dessen Bezirk die betroffene Gesellschaft ihren Sitz hat.[141] Ist bei diesem Landgericht eine Kammer für Handelssachen gebildet, so entscheidet diese gemäß § 2 Abs 2 SpruchG an Stelle der Zivilkammer. 37

Nach § 4 Abs 2 S 2 Nr 4 SpruchG muss die Antragsbegründung konkrete Einwendungen gegen die Unternehmensbewertung enthalten.[142] Pauschale Behauptungen oder formelhafte Wendungen genügen nicht;[143] vielmehr bedarf es eines substantiierten Vorbringens.[144] Dieses Erfordernis hat freilich Rückwirkungen auf die Informationsdichte sowohl des Berichts des Hauptaktionärs nach § 327c Abs 2 S 1 als auch des Prüfungsberichts des Ausschließungsprüfers nach § 327c Abs 2 S 4 (vgl § 327c Rdn 8 und 36).[145] 38

Gemäß § 7 Abs 7 S 1 SpruchG hat der Hauptaktionär auf Verlangen des Vorsitzenden oder eines Antragstellers dem Gericht oder einem vom Gericht bestellten Sachverständigen alle für die Entscheidungen erheblichen Unterlagen unverzüglich herauszugeben. Dazu gehören neben internen Bewertungsgutachten und den vorbereitenden Arbeitspapieren der Wirtschaftsprüfer[146] auch jene Unterlagen, die der Hauptaktionär vom Vorstand gemäß § 327b Abs 1 S 2 zur Festlegung der Barabfindung erhalten hat (vgl § 327b Rdn 7).[147] Der Vorsitzende kann allerdings nach § 7 Abs 7 S 2 SpruchG auf Antrag des Hauptaktionärs anordnen, dass solche Unterlagen den Antragstellern nicht zugänglich gemacht werden dürfen, wenn deren Geheimhaltung aus wichtigen Gründen, insbesondere zur Wahrung von Fabrikations-, Betriebs- oder Geschäftsgeheimnissen, geboten ist. 39

Gegen die Entscheidung des Landgerichts findet nach § 12 Abs 1 S 2 SpruchG die sofortige Beschwerde statt, über die nach § 12 Abs 2 SpruchG das Oberlandesgericht entscheidet. Die weitere Beschwerde ist nach § 12 Abs 2 S 3 SpruchG ausgeschlossen. Eine rechtskräftige Entscheidung ist nach § 14 Nr 3 SpruchG durch den Hauptaktionär bekannt zu machen.[148] Das ist sachgerecht, weil der Ausschluss der Minderheitsaktionäre in seinem Interesse liegt und auch von ihm betrieben wird.[149] 40

---

141 Vgl *Klöcker/Frowein* § 2 SpruchG Rdn 2; FK-WpÜG-*Schüppen/Tretter*[2] § 327 f Rdn 12.

142 Vgl FK-WpÜG-*Schüppen/Tretter*[2] § 327 f Rdn 13; allgemein *Büchel* NZG 2003, 793, 795; Emmerich/*Habersack* Aktien- und GmbH-Konzernrecht[4] § 4 SpruchG Rdn 7 f; *Hüffer*[7] Anh § 305 § 4 SpruchG Rdn 8; *Klöcker/Frowein* § 4 SpruchG Rdn 23 ff; *Krieger* in Lutter/Winter[3] UmwG Anhang I SpruchG § 4 Rdn 15 ff; KK-SpruchG-*Wasmann*[3] § 4 Rdn 15 ff; *Wittgens* Das Spruchverfahrensgesetz, 2005, S 145 ff.

143 Vgl *Krieger* in Lutter/Winter[3] UmwG Anhang I SpruchG § 4 Rdn 18; *Wasmann* WM 2004, 819, 823 f; KK-SpruchG-*Wasmann*[3] § 4 Rdn 17.

144 Vgl *Hüffer*[7] Anh § 305 § 4 SpruchG Rdn 8; *Klöcker/Frowein* § 4 SpruchG Rdn 29; KK-SpruchG-*Wasmann*[3] § 4 Rdn 17.

145 Ähnlich FK-WpÜG-*Schüppen/Tretter*[2] § 327c Rdn 10 und 22 sowie § 327 f Rdn 14; vgl ferner Emmerich/*Habersack* Aktien- und GmbH-Konzernrecht[4] § 4 SpruchG Rdn 9: „Es darf getrost in den Bereich der Utopie verwiesen werden, dass die Aktionäre zu konkreten Bewertungsrügen allein auf Grund der üblichen inhaltslosen Vertrags- und Prüfungsberichte in der Lage seien."

146 Dazu Begr RegE SpruchG, BT-Drucks 15/371, S 15; kritisch *Klöcker/Frowein* § 7 SpruchG Rdn 13; *Krieger* in Lutter/Winter[3] UmwG Anhang I SpruchG § 4 Rdn 14.

147 Vgl FK-WpÜG-*Schüppen/Tretter*[2] § 327 f Rdn 14.

148 Vgl Emmerich/*Habersack* Aktien- und GmbH-Konzernrecht[4] § 14 SpruchG Rdn 3; *Hüffer*[7] Anh § 305 § 14 SpruchG Rdn 3; *Klöcker/Frowein* § 14 SpruchG Rdn 3; *Krieger* in Lutter/Winter[3] UmwG Anhang I SpruchG § 14 Rdn 4; KK-SpruchG-*Wilske* § 14 Rdn 13.

149 Vgl Begr RegE SpruchG, BT-Drucks 15/371, S 17; *Hüffer*[7] Anh § 305 § 14 SpruchG Rdn 3; MK-*Volhard*[2] § 14 SpruchG Rdn 3 mit Fn 4.

FÜNFTER TEIL

Wechselseitig beteiligte Unternehmen

§ 328
Beschränkung der Rechte

(1) Sind eine Aktiengesellschaft oder Kommanditgesellschaft auf Aktien und ein anderes Unternehmen wechselseitig beteiligte Unternehmen, so können, sobald dem einen Unternehmen das Bestehen der wechselseitigen Beteiligung bekannt geworden ist oder ihm das andere Unternehmen eine Mitteilung nach § 20 Abs. 3 oder § 21 Abs. 1 gemacht hat, Rechte aus den Anteilen, die ihm an dem anderen Unternehmen gehören, nur für höchstens den vierten Teil aller Anteile des anderen Unternehmens ausgeübt werden. Dies gilt nicht für das Recht auf neue Aktien bei einer Kapitalerhöhung aus Gesellschaftsmitteln. § 16 Abs. 4 ist anzuwenden.

(2) Die Beschränkung des Absatzes 1 gilt nicht, wenn das Unternehmen seinerseits dem anderen Unternehmen eine Mitteilung nach § 20 Abs. 3 oder § 21 Abs. 1 gemacht hatte, bevor es von dem anderen Unternehmen eine solche Mitteilung erhalten hat und bevor ihm das Bestehen der wechselseitigen Beteiligung bekannt geworden ist.

(3) In der Hauptversammlung einer börsennotierten Gesellschaft kann ein Unternehmen, dem die wechselseitige Beteiligung gemäß Absatz 1 bekannt ist, sein Stimmrecht zur Wahl von Mitgliedern in den Aufsichtsrat nicht ausüben.

(4) Sind eine Aktiengesellschaft oder Kommanditgesellschaft auf Aktien und ein anderes Unternehmen wechselseitig beteiligte Unternehmen, so haben die Unternehmen einander unverzüglich die Höhe ihrer Beteiligung und jede Änderung schriftlich mitzuteilen.

Übersicht

Schrifttum

Volker Emmerich Wechselseitige Beteiligungen bei AG und GmbH, NZG 1998, 622; *Volker Emmerich* Zur Problematik der wechselseitigen Beteiligungen, FS Westermann, 1974, S 55; *Alfred Frank* Wechselseitige Beteiligungen im deutschen Kapitalgesellschaftsrecht, 1990; *Marei Kayser-Eichberg* Die wechselseitige Beteiligung nach deutschem Aktienrecht als Leitlinie einer europäischen Harmonisierung, 1969; *Richard Klix* Wechselseitige Beteiligungen, 1981; *Rainer Korch* Ringbeteiligungen von Aktiengesellschaften. Gesellschafts- und kartellrechtliche Aspekte, 2002; *Bruno Kropff* Die wechselseitige Beteiligung nach dem Entwurf des Aktiengesetzes, DB 1959, 15; *Kerstin Schmidt* Die wechselseitigen Beteiligungen im Gesellschafts- und Kartellrecht, 1995; *Jens M Schubert/Christian Ravenstein* Beschränkung der Stimmrechtsausübung und Abhängigkeit: Überlegungen zu § 328 AktG, DB 2006, 2219; *Ulrich Seibert* Kontrolle und Transparenz im Unternehmensbereich (KonTraG), WM 1997, 1; *Ulrich Wastl/Franz Wagner* Das Phänomen der wechselseitigen Beteiligungen aus juristischer Sicht, 1997; *Ulrich Wastl/Franz Wagner* Wechselseitige Beteiligungen im Aktienrecht, AG 1997, 241. Vgl außerdem die Angaben zu § 19.

I. Überblick

1. Regelungsgegenstand

§ 328 enthält die wichtigsten Rechtsfolgen für einfache wechselseitige Beteiligungen unter Teilnahme einer AG oder KGaA.[1] Er baut auf den Begriffsbestimmungen des § 19 auf und bildet zusammen mit diesem eine Sinneinheit. Beide Vorschriften wollen den Gefahren wechselseitiger Beteiligungen entgegenwirken. Es sind dies zum einen der übermäßige Verwaltungseinfluss in der Hauptversammlung zu Lasten der übrigen Aktionäre,[2] zum anderen die erhöhten Risiken für die Aufbringung und Erhaltung des Grundkapitals.[3] 1

Um sein Regelungsziel durchzusetzen, beschränkt § 328 Abs 1 die Geltendmachung der Rechte aus wechselseitigen Beteiligungen auf höchstens 25 % der Anteile an dem anderen Unternehmen. Auf diese Weise will der Gesetzgeber erreichen, dass neue wechselseitige Beteiligungen nicht begründet und gleichwohl entstehende wechselseitige Beteiligungen beschleunigt abgebaut werden.[4] Im Gegensatz zum Referentenentwurf verbietet er es einem wechselseitig beteiligten Unternehmen aber nicht, weitere Anteile des anderen Unternehmens zu übernehmen oder zu erwerben.[5] 2

Rechtspolitisch hat die Regelungskonzeption des § 328 scharfe Kritik erfahren, weil sie betroffene Unternehmen dazu ermuntere, möglichst schnell eine Mehrheitsbeteiligung an dem anderen Unternehmen zu erwerben und so gemäß § 19 Abs 4 dem Anwendungs- 3

---

[1] Vgl Begr RegE *Kropff* S 434; *Hüffer*[7] Rdn 1; *Koppensteiner* in Kölner Komm[3] Rdn 1.

[2] Vgl Begr RegE *Kropff* S 35 und 433 f; *Baumbach/Hueck*[13] Rdn 3; *Emmerich*/Habersack[4] Rdn 6; *Hüffer*[7] Rdn 1; *Koppensteiner* in Kölner Komm[3] Rdn 2; AnwK-AktG/*Wagner*[2] § 19 Rdn 9; *Windbichler* in Großkomm[4] § 19 Rdn 2 ff.

[3] Vgl Begr RegE *Kropff* S 34 f; *Baumbach/Hueck*[13] Rdn 3; MünchKommAktG/*Grunewald*[2] Rdn 2; *Hüffer*[7] Rdn 1; AnwK-AktG/*Wagner*[2] § 19 Rdn 10 f; *Windbichler* in Großkomm[4] § 19 Rdn 2.

[4] Vgl Begr RegE *Kropff* S 434; *Baumbach/Hueck*[13] Rdn 3; *Hüffer*[7] Rdn 1; MünchKommAktG/*Grunewald*[2] Rdn 1; *Koppensteiner* in Kölner Komm[3] Rdn 2; s auch *Windbichler* in Großkomm[4] § 19 Rdn 8.

[5] Vgl Begr RegE *Kropff* S 434; MünchKommAktG/*Grunewald*[2] Rdn 1; *Koppensteiner* in Kölner Komm[3] Rdn 3.

bereich des § 328 zu entfliehen (dazu Rdn 7).[6] Durch die inzwischen neu eingefügten Vorschriften der §§ 71 d Satz 2, 71c ist dieses Problem aber deutlich entschärft worden.[7]

2. Normentwicklung

4 § 328 ist ebenso wie § 19 durch die Aktienrechtsreform von 1965 in das Gesetz aufgenommen worden. Das Aktiengesetz von 1937 hatte dagegen – anders als manche ausländische Aktienrechte – noch keine Regelungen für wechselseitig beteiligte Unternehmen vorgesehen.[8]

5 Im Rahmen des KonTraG von 1998[9] ist § 328 Abs 3 in das Gesetz aufgenommen worden, wonach ein wechselseitig beteiligtes Unternehmen sein Stimmrecht zur Wahl von Aufsichtsratsmitgliedern in der Hauptversammlung einer börsennotierten Gesellschaft nicht ausüben kann (näher Rdn 22 ff). Weiterreichende Änderungsvorschläge[10] hat der Reformgesetzgeber mit Stillschweigen abgewiesen.

II. Anwendungsbereich

1. Grundvoraussetzungen

6 § 328 Abs 1 spricht von wechselseitig beteiligten Unternehmen und knüpft damit an die Begriffsbestimmung in § 19 Abs 1 an.[11] Erfasst werden infolgedessen Unternehmen mit Sitz im Inland in der Rechtsform einer Kapitalgesellschaft, die dadurch verbunden sind, dass jedem Unternehmen mehr als der vierte Teil der Anteile des anderen Unternehmens gehört.[12] Einschränkend fügt § 328 Abs 1 allerdings hinzu, dass eines der wechselseitig beteiligten Unternehmen eine AG oder eine KGaA sein muss.[13] Das andere kann ebenfalls eine AG, aber auch eine andere Kapitalgesellschaft, zB eine GmbH, sein.[14]

2. Ausnahmen

7 **a) Qualifizierte wechselseitige Beteiligungen (§ 19 Abs 4).** Gemäß § 19 Abs 4 ist § 328 nicht auf Unternehmen anzuwenden, die nach § 19 Abs 2 oder 3 herrschende oder abhängige Unternehmen sind.[15] Im Unterschied zu *einfachen* wechselseitigen Beteiligungen spricht man insoweit von *qualifizierten* wechselseitigen Beteiligungen,[16] die sich wiederum in einseitig qualifizierte (§ 19 Abs 2) und beiderseits qualifizierte (§ 19 Abs 3)

---

[6] Vgl *Koppensteiner* in Kölner Komm[3] Rdn 3; ferner *Emmerich,* FS Westermann, 1974, S 55, 72 f; *Kayser-Eichberg,* S 112 f; *Emmerich*/Habersack[4] Rdn 7 a; *Hüffer*[7] Rdn 1.

[7] Vgl *Emmerich*/Habersack[4] Rdn 7 a; MünchKommAktG/*Grunewald*[2] Rdn 1; *Hüffer*[7] Rdn 1.

[8] Vgl Begr RegE *Kropff* S 34.

[9] BGBl I, 780.

[10] Vgl *Wastl/Wagner* S 28 f, 42 f, 72 f und passim; sowie der SPD-Gesetzesentwurf, BT-Drucks 12/7350; nach Inkrafttreten des KonTraG ferner *Korch* S 330 ff; gegen Änderungsvorschläge *Baums* (Hrsg), Bericht der Regierungskommission Corporate Governance, 2001, Rdn 37 ff.

[11] Vgl Begr RegE *Kropff* S 433.

[12] Ausführlich dazu *Windbichler* in Großkomm[4] § 19 Rdn 12 ff.

[13] Vgl *Baumbach/Hueck*[13] Rdn 6; *Emmerich*/Habersack[4] Rdn 8; *v Godin/Wilhelmi*[4] Rdn 1; MünchKommAktG/*Grunewald*[2] Rdn 3; *Hüffer*[7] Rdn 2; *Koppensteiner* in Kölner Komm[3] Rdn 5.

[14] Vgl *Baumbach/Hueck*[13] Rdn 6; MünchKommAktG/*Grunewald*[2] Rdn 3.

[15] Dazu Begr RegE *Kropff* S 36 und 433; *Windbichler* in Großkomm[4] § 19 Rdn 27.

[16] Vgl *Emmerich*/Habersack[4] Rdn 1.

wechselseitige Beteiligungen auffächern lassen.[17] Für sie gelten statt dessen die allgemeinen Vorschriften über abhängige Unternehmen.[18] Vorliegend fallen vor allem die Beschränkungen nach §§ 56 Abs 2, 71 ff ins Gewicht.[19] Nach §§ 71 d Satz 4, 71 b stehen dem abhängigen Unternehmen keine Mitgliedschaftsrechte im herrschenden Unternehmen zu. Weitere Aktien des herrschenden Unternehmens darf die abhängige Gesellschaft gemäß §§ 56 Abs 2, 71 Abs 1 Nr 1–5 und Abs 2, 71 d Satz 2 nur ausnahmsweise erwerben.[20] Zu beachten sind schließlich die §§ 71 d Satz 2 und 4, 71 c, wonach das abhängige Unternehmen verpflichtet ist, seinen Aktienbestand binnen Jahresfrist bis auf einen Rest von 10 % wieder abzubauen (vgl auch Rdn 3).

b) **Altfälle (§ 6 EGAktG).** Für einfache wechselseitige Beteiligungen, die schon bei **8**
Inkrafttreten des AktG 1965 bestanden haben, gilt § 328 Abs 1 und 2 gemäß § 6 Abs 1 EGAktG nicht, wenn beide Unternehmen binnen eines Monats nach Inkrafttreten die Mitteilung nach § 20 Abs 3 oder § 21 Abs 1 gemacht haben.[21] Vielmehr können aus diesen Beteiligungen nach § 6 Abs 2 Nr 1 EGAktG alle Rechte ausgeübt werden.

c) **Sonstige nicht erfasste Fälle.** Nicht unter § 328 fallen wechselseitige Beteiligungen **9**
einer inländischen mit einer ausländischen AG,[22] weil § 19 Abs 1 für beide Gesellschaften einen Inlandssitz fordert. Ebenso wenig erfasst werden wechselseitige Beteiligungen zwischen zwei Gesellschaften in der Rechtsform der GmbH.[23] Für sie kommt auch eine analoge Anwendung des § 328 nicht in Betracht;[24] vielmehr sind derartige Fälle mit Hilfe des § 33 Abs 2 GmbHG zu lösen.[25] Schließlich liegen auch Ringbeteiligungen (Beispiel: A ist an B beteiligt, B an C und C an A) außerhalb des Anwendungsbereichs des § 328.[26]

III. Beschränkung der Rechte

1. Tatbestandsvoraussetzungen

a) **Einfache wechselseitige Beteiligung (Abs 1).** Wie sich im Gegenschluss zu § 19 **10**
Abs 4 ergibt, gilt die Beschränkung der Rechte nur für einfache wechselseitige Beteiligungen (vgl Rdn 7).[27]

b) **Kenntnis oder Zugang einer Mitteilung (Abs 1). aa) Allgemeines.** Tatbestandlich **11**
setzt § 328 Abs 1 weiter voraus, dass dem betreffenden Unternehmen das Bestehen der wechselseitigen Beteiligung bekannt geworden ist (Fall 1) oder ihm das andere Unternehmen eine Mitteilung nach § 20 Abs 3 oder § 21 Abs 1 gemacht hat (Fall 2). Für Fall 1 ist

17 Vgl *Emmerich*/Habersack[4] Rdn 1; *Hüffer*[7] Rdn 2; *Windbichler* in Großkomm[4] § 19 Rdn 21 und 29.
18 Vgl Begr RegE *Kropff* S 433; *Baumbach/Hueck*[13] Rdn 2; *Windbichler* in Großkomm[4] § 19 Rdn 28.
19 Vgl *Raiser/Veil* KapGesR[4] § 51 Rdn 49.
20 Vgl *Raiser/Veil* KapGesR[4] § 51 Rdn 49.
21 Vgl *Würdinger* in Voraufl Rdn 10; MünchKommAktG/*Grunewald*[2] Rdn 4.
22 Vgl *Würdinger* in Voraufl Rdn 1 und 8; *Emmerich*/Habersack[4] Rdn 9; *Koppensteiner* in Kölner Komm[3] Rdn 5.
23 Vgl *Emmerich*/Habersack[4] Rdn 9.
24 Vgl *Emmerich* NZG 1998, 622, 624; *Koppensteiner* in Kölner Komm[3] Rdn 5 mit Fn 12.
25 Vgl *Emmerich*/Habersack[4] Rdn 9.
26 Vgl *Würdinger* in Voraufl Rdn 3; MünchKommAktG/*Grunewald*[2] Rdn 1; eingehend *Korch* S 148 ff.
27 Vgl *Baumbach/Hueck*[13] Rdn 7; *v Godin/Wilhelmi*[4] Rdn 2; *Hüffer*[7] Rdn 2; *Koppensteiner* in Kölner Komm[3] Rdn 5.

positive Kenntnis erforderlich.[28] Worauf sie beruht, ist ohne Belang.[29] Bei Inhaberaktien wird sie idR mit der Mitteilung nach §§ 20 Abs 3, 21 Abs 1 zusammenfallen.[30] Bei Namensaktien liegt es anders.[31] Für Fall 2 genügt eine Mitteilung nach § 20 Abs 1 wegen der dabei zu berücksichtigenden Zurechnung nach § 20 Abs 2 nicht.[32]

12 **bb) Besonderheiten bei börsennotierten Gesellschaften.** Die von § 328 Abs 1 Satz 1 in Bezug genommenen §§ 20 Abs 3, 21 Abs 1 gelten nach den im Jahre 1998 neu eingefügten §§ 20 Abs 8, 21 Abs 5 nicht mehr für börsennotierte Gesellschaften. Der Gesetzgeber des 3. Finanzmarktförderungsgesetzes[33] hat es versäumt, § 328 entsprechend anzupassen. Dieses Redaktionsversehen[34] lässt sich dahin bereinigen, dass für börsennotierte Gesellschaften statt dessen die §§ 21 ff WpHG maßgeblich sind.[35]

13 **2. Ausnahme bei vorheriger eigener Mitteilung (Abs 2).** Die Beschränkung des § 328 Abs 1 gilt nach § 328 Abs 2 nicht, wenn das Unternehmen seinerseits dem anderen Unternehmen eine Mitteilung nach § 20 Abs 3 oder § 21 Abs 1 gemacht hatte, bevor es von dem anderen Unternehmen eine solche Mitteilung erhalten hat und bevor ihm das Bestehen der wechselseitigen Beteiligung bekannt geworden ist. Im Ergebnis wird daher jenes Unternehmen, das als erstes mehr als den vierten Teil der Anteile des anderen Unternehmens erworben hat, in der Ausübung seiner Rechte nicht beschränkt.[36] Vielmehr trifft die Ausübungssperre nur das Unternehmen, das durch den nachfolgenden Erwerb der Gegenbeteiligung die wechselseitige Beteiligung entstehen lässt.[37] Mit dieser differenzierten Regelung will der Gesetzgeber dasjenige Unternehmen schützen, das die Entstehung einer wechselseitigen Beteiligung mangels entsprechender Informationen nicht verhindern konnte.[38] Darin liegt eine Art aktienrechtlicher Gutglaubensschutz.[39]

14 Anders liegen die Dinge, wenn das zuerst beteiligte Unternehmen die Anzeige nach § 20 Abs 3 oder § 21 Abs 1 versäumt hat und das andere Unternehmen als erstes diese Anzeige erstattet. Die Ausübungssperre trifft dann grundsätzlich nur das zuerst beteiligte Unternehmen.[40] Das andere Unternehmen erleidet keine Rechtsnachteile, wenn ihm im Zeitpunkt seiner Anzeige das Bestehen der wechselseitigen Beteiligung noch nicht bekannt war.[41] War ihm allerdings zu diesem Zeitpunkt das Bestehen der wechselseitigen Beteiligung bekannt, so kann auch dieses Unternehmen Rechte nur für höchstens den vierten Teil aller Anteile des anderen Unternehmens ausüben.[42]

---

[28] Vgl *Emmerich*, FS Westermann, 1974, S 55, 71; *Emmerich*/Habersack[4] Rdn 15; *Hüffer*[7] Rdn 3; MünchKommAktG/*Grunewald*[2] Rdn 14.

[29] Vgl *Emmerich*/Habersack[4] Rdn 15; *Hüffer*[7] Rdn 3.

[30] Vgl *Würdinger* in Voraufl Rdn 4; *Hüffer*[7] Rdn 3; *Klix* S 33 f; *Koppensteiner* in Kölner Komm[3] Rdn 6; *Korch* S 165.

[31] Vgl *Würdinger* in Voraufl Rdn 4; *v Godin/Wilhelmi*[4] Rdn 5.

[32] Vgl *Baumbach/Hueck*[13] Rdn 8; *Hüffer*[7] Rdn 3; *Koppensteiner* in Kölner Komm[3] Rdn 6; MünchKommAktG/*Grunewald*[2] Rdn 14.

[33] BGBl I, S 529.

[34] So *Koppensteiner* in Kölner Komm[3] Rdn 6.

[35] Vgl *Emmerich*/Habersack[4] Rdn 5; iE auch *Koppensteiner* in Kölner Komm[3] Rdn 6; MünchKommAktG/*Grunewald*[2] Rdn 5; *Korch* S 163 ff.

[36] Vgl Begr RegE *Kropff* S 434; *Baumbach/Hueck*[13] Rdn 12; *Hüffer*[7] Rdn 6; *Koppensteiner* in Kölner Komm[3] Rdn 10.

[37] Vgl Begr RegE *Kropff* S 434; *Baumbach/Hueck*[13] Rdn 12; *Emmerich*/Habersack[4] Rdn 11.

[38] Vgl *Emmerich*/Habersack[4] Rdn 12; *Koppensteiner* in Kölner Komm[3] Rdn 7.

[39] Vgl *Koppensteiner* in Kölner Komm[3] Rdn 7; s auch *Emmerich*/Habersack[4] Rdn 6.

[40] Vgl Begr RegE *Kropff* S 434; *Baumbach/Hueck*[13] Rdn 13.

[41] Vgl Begr RegE *Kropff* S 434; *Baumbach/Hueck*[13] Rdn 13; *Emmerich*/Habersack[4] Rdn 13; *Koppensteiner* in Kölner Komm[3] Rdn 10.

[42] Vgl Begr RegE *Kropff* S 434; *Baumbach/Hueck*[13] Rdn 13.

Haben beide Unternehmen von der wechselseitigen Beteiligung *gleichzeitig* Kenntnis, zB im Falle beiderseitiger Kapitalerhöhung unter gegenseitiger Aktienzeichnung, oder tauschen sie die Mitteilung *gleichzeitig* aus, dann gilt für beide die Beschränkung des § 328 Abs 1.[43] Nur auf diese Weise lassen sich allfällige Umgehungsversuche der Unternehmen wirksam unterbinden.[44] Gleiches gilt, wenn beide Unternehmen die gebotenen Mitteilungen unterlassen, sofern nicht ohnehin die Ausübungsverbote der §§ 20 Abs 7, 21 Abs 4 bzw des § 28 WpHG eingreifen (dazu Rdn 16).[45] 15

Schließlich ist zu bedenken, dass jedes Unternehmen, welches seinen aktien- und kapitalmarktrechtlichen Mitteilungspflichten nicht nachkommt, nach §§ 20 Abs 7, 21 Abs 4 bzw § 28 WpHG einem eigenen Ausübungsverbot unterliegt.[46] Dieses Verbot gilt für den gesamten Anteilsbesitz und geht damit weit über die Rechtsfolgen des § 328 Abs 1 hinaus.[47] 16

3. Rechtsfolgen. a) Ausübungssperre (Abs 1). aa) Grundsatz (Abs 1 Satz 1). Liegen die genannten Tatbestandsvoraussetzungen (Rdn 10 ff) vor, bestimmt § 328 Abs 1 Satz 1 „als Grundsatz“,[48] dass Rechte aus der Beteiligung für höchstens den vierten Teil aller Anteile ausgeübt werden können. Die Ausübungssperre gilt nicht nur für das Stimmrecht, sondern für sämtliche Mitverwaltungs- und Vermögensrechte, die mit dem Anteilsbesitz verbunden sind.[49] Dazu gehören auch das Dividendenrecht und das Bezugsrecht auf junge Aktien bei einer Kapitalerhöhung gegen Einlagen;[50] ferner das Recht auf Teilnahme an der Hauptversammlung sowie die Anfechtungsbefugnis.[51] 17

Die Beschränkung tritt ein, sobald der Tatbestand des § 328 Abs 1 erfüllt ist, und betrifft dann das gesamte laufende Geschäftsjahr.[52] Daher entfällt zB der Dividendenanspruch für das volle Jahr, auch wenn die Voraussetzungen des § 328 Abs 1 erst kurz vor dem Gewinnverwendungsbeschluss gegeben sind.[53] Eine zeitanteilige Gewinnberechnung kommt nicht in Betracht.[54] 18

Werden Stimmrechte entgegen § 328 Abs 1 ausgeübt, ist der Hauptversammlungsbeschluss anfechtbar, sofern er auf den unzulässig abgegebenen Stimmen beruht.[55] Zu Unrecht ausgezahlte Dividenden sind nach § 62 Abs 1 zu erstatten;[56] gleiches gilt für zu 19

---

[43] Vgl *Würdinger* in Voraufl Rdn 5; *Emmerich/*Habersack[4] Rdn 18; *Koppensteiner* in Kölner Komm[3] Rdn 12; *Kayser-Eichberg* S 88; *Klix* S 33 f; *Korch* S 165.

[44] Vgl *Emmerich*, FS Westermann, 1974, S 55, 71.

[45] Vgl *Emmerich*/Habersack[4] Rdn 17.

[46] Vgl *Emmerich*/Habersack[4] Rdn 4; Beispielsfälle aus der Rechtsprechung BGHZ 114, 203; 167, 204 (beide zu § 20 Abs 7).

[47] Vgl *Emmerich*/Habersack[4] Rdn 11; *Koppensteiner* in Kölner Komm[3] Rdn 9.

[48] Begr RegE *Kropff* S 433.

[49] Vgl Begr RegE *Kropff* S 433; *Emmerich/*Habersack[4] Rdn 21; *Hüffer*[7] Rdn 4; *Koppensteiner* in Kölner Komm[3] Rdn 13; MünchKommBGB/*Grunewald*[2] Rdn 9; zu § 20 Abs 7 auch BGHZ 167, 204, 209 Tz 14.

[50] Vgl Begr RegE *Kropff* S 433; *Baumbach/Hueck*[13] Rdn 10; *Emmerich*/Habersack[4] Rdn 21; *Koppensteiner* in Kölner Komm[3] Rdn 13; MünchKommAktG/*Grunewald*[2] Rdn 9; *Raiser/Veil* KapGesR[4] § 51 Rdn 47; zu § 20 Abs 7 auch BGHZ 114, 203.

[51] Vgl BGHZ 167, 204, 209 f Tz 14 (zu § 20 Abs 7).

[52] Vgl *Emmerich*/Habersack[4] Rdn 21; MünchKommAktG/*Grunewald*[2] Rdn 11.

[53] Vgl *Emmerich*/Habersack[4] Rdn 21.

[54] Vgl MünchKommAktG/*Grunewald*[2] Rdn 11.

[55] Vgl *Emmerich*/Habersack[4] Rdn 21; *Koppensteiner* in Kölner Komm[3] Rdn 13; MünchKommAktG/*Grunewald*[2] Rdn 12; für Anfechtbarkeit und gegen Nichtigkeit auch BGHZ 167, 204, 213 Tz 26 (zu § 20 Abs 7).

[56] Vgl *Emmerich*/Habersack[4] Rdn 21; *v Godin/Wilhelmi*[4] Rdn 3; *Koppensteiner* in Kölner Komm[3] Rdn 13; MünchKommAktG/*Grunewald*[2] Rdn 12.

Unrecht ausgeübte Bezugsrechte.[57] Das führt zu der Folgefrage, welche Aktien mit der Ausübungssperre belegt werden. Nach richtiger Ansicht sind zu Ihrer Beantwortung zuvörderst Vereinbarungen zwischen den betroffenen Unternehmen oder verbindliche Weisungen heranzuziehen.[58] Fehlt es daran, so ist der Rechtsverlust auf das herrschende und das abhängige Unternehmen im Verhältnis ihrer Beteiligungen aufzuteilen.[59]

20 **bb) Erweiterung (Abs 1 Satz 3).** Die Ausübungssperre trifft nicht nur die im Eigentum der wechselseitig beteiligten Unternehmen selbst stehenden Anteile, sondern nach § 328 Abs 1 Satz 3 auch Anteile, die ihnen nach der Zurechnungsvorschrift des § 16 Abs 4 gehören.[60]

21 **cc) Ausnahme (Abs 1 Satz 2).** Eine Ausnahme von der grundsätzlichen Ausübungssperre sieht § 328 Abs 1 Satz 2 für das Recht auf neue Aktien bei einer Kapitalerhöhung aus Gesellschaftsmitteln vor. Die Gesetzesmaterialien begründen dies damit, dass eine solche Kapitalerhöhung „der Sache nach die Beteiligung nicht verändert, sondern nur ihren Nennbetrag erhöht".[61] Besser stellt man darauf ab, dass sich eine Kapitalerhöhung aus Gesellschaftsmitteln in einem Passivtausch (Umwandlung von Rücklagen in Grundkapital) erschöpft.[62] Im Anschluss an diesen geschriebenen Ausnahmefall wird neuerdings eine ungeschriebene weitere Ausnahme für den Anspruch auf den Liquidationserlös befürwortet.[63]

22 **b) Keine Stimmrechtsausübung bei Aufsichtsratswahlen (Abs 3).** Nach § 328 Abs 3 kann ein Unternehmen, dem die wechselseitige Beteiligung gemäß § 328 Abs 1 bekannt ist, in der Hauptversammlung einer börsennotierten Gesellschaft sein Stimmrecht zur Wahl von Mitgliedern in den Aufsichtsrat nicht ausüben. Die Regelung ist durch das KonTraG von 1998 (Rdn 5) neu eingefügt worden. Sie soll den mittelbaren Einfluss der Verwaltung auf die Besetzung des eigenen Aufsichtsorgans unterbinden und damit die sog Eigentümerkontrolle ungeschmälert durchsetzen.[64]

23 § 328 Abs 3 bezieht sich auf Beteiligungen an börsennotierten Unternehmen iSd § 3 Abs 2 und gehört damit zur Regelungsschicht des Börsengesellschaftsrechts.[65] Ohne Belang ist dagegen, ob die wechselseitig beteiligte Gesellschaft ihrerseits börsennotiert ist,[66] so dass es sich auch um eine GmbH mit Sitz im Inland handeln kann.[67] Unterschiedlich beurteilt wird, ob die Zurechnungsvorschrift des § 16 Abs 4 Anwendung findet. Dies ist nach richtiger Ansicht zu bejahen,[68] weil § 328 Abs 3 sonst außerordentlich umgehungsanfällig wäre. Die von der Gegenansicht[69] im Hinblick auf den Gesetzeswort-

---

57 Vgl MünchKommAktG/*Grunewald*² Rdn 12; *v Godin/Wilhelmi*⁴ Rdn 3.

58 Wie hier MünchKommAktG/*Grunewald*² Rdn 13; *Emmerich*/Habersack Rdn 20; *Hüffer*⁷ Rdn 5.

59 So generell *Klix* S 33; *Kropff* DB 1959, 15, 19; *Koppensteiner* in Kölner Komm³ Rdn 15.

60 Vgl Begr RegE *Kropff* S 433.

61 Begr RegE *Kropff* S 433.

62 Vgl *Koppensteiner* in Kölner Komm³ Rdn 14; MünchKommAktG/*Grunewald*² Rdn 9.

63 Vgl *Krieger* in MünchHdb AG² § 68 Rdn 100; MünchKommAktG/*Grunewald*² Rdn 9; offen *Emmerich*/Habersack⁴ Rdn 21; **aA** *Koppensteiner* in Kölner Komm³ Rdn 13.

64 Vgl Begr RegE KonTraG, BT-Drucks 13/9712, S 25; *Emmerich*/Habersack⁴ Rdn 22; *Hüffer*⁷ Rdn 7; *Koppensteiner* in Kölner Komm³ Rdn 16; MünchKommAktG/*Grunewald*² Rdn 10.

65 Begriff: *Fleischer* ZHR 165 (2001) 513, 514 f; Theorie: *Fleischer* ZIP 2006, 451 ff.

66 Vgl *Emmerich*/Habersack⁴ Rdn 23; *Hüffer*⁷ Rdn 7.

67 Vgl Begr RegE KonTraG, BT-Drucks 13/9712, S 25.

68 Wie hier *Emmerich*/Habersack⁴ Rdn 23; *Koppensteiner* in Kölner Komm³ Rdn 17; MünchKommAktG/*Grunewald*² Rdn 10; AnwK-AktG/*Wagner*² § 19 Rdn 15.

69 Vgl *Hüffer*⁷ Rdn 7.

laut vorgebrachten Bedenken dringen nicht durch, zumal § 328 Abs 3 auf den gesamten Abs 1 verweist. Nach zutreffender hM findet im Rahmen des § 328 Abs 3 auch die Ausnahmevorschrift des Abs 2 Anwendung, weil der gesetzliche Grundgedanke des Gutglaubensschutzes (vgl Rdn 13) hier ebenso Beachtung verdient.[70]

Die Ausübungssperre des § 328 Abs 3 erfasst sämtliche Stimmrechte[71] und geht insoweit über § 328 Abs 1 hinaus, der lediglich die Stimmrechte aus dem 25 % übersteigenden Anteilsbesitz sperrt (vgl Rdn 17). Die Beschränkung gilt allerdings nur für die Wahl von Aufsichtsratsmitgliedern; sie kann auf andere Beschlussgegenstände nicht entsprechend angewandt werden.[72] **24**

IV. Besondere Mitteilungspflichten (Abs 4)

Nach § 328 Abs 4 haben wechselseitig beteiligte Unternehmen einander unverzüglich die Höhe ihrer Beteiligung und jede Änderung schriftlich mitzuteilen. Diese *besondere* Mitteilungspflicht geht über die *allgemeinen* Mitteilungspflichten der §§ 20, 21 hinaus.[73] Ausweislich der Gesetzesmaterialien sollen wechselseitig beteiligte Unternehmen dadurch stets über den Stand und die Entwicklung der wechselseitigen Beteiligung unterrichtet sein, um den mit ihr verbundenen Gefahren begegnen und auf den Abbau der Beteiligung hinwirken zu können.[74] **25**

Eine Unterlassung der Mitteilung kann eine Schadensersatzpflicht begründen, weil § 328 Abs 4 ein Schutzgesetz zugunsten des betroffenen Unternehmens bildet.[75] Allerdings dürfte die Schadensfeststellung beträchtliche Schwierigkeiten bereiten,[76] so dass die Vorschrift mangels sonstiger Sanktionen wenig bewirken dürfte.[77] **26**

---

[70] Vgl *Emmerich*/Habersack[4] Rdn 23 a; *Koppensteiner* in Kölner Komm[3] Rdn 17; MünchKommAktG/*Grunewald*[2] Rdn 10; **aA** *Hüffer*[7] Rdn 7.

[71] Vgl *Emmerich*/Habersack[4] Rdn 22; *Hüffer*[7] Rdn 7; MünchKommAktG/*Grunewald*[2] Rdn 10.

[72] Vgl MünchKommAktG/*Grunewald*[2] Rdn 10; *Hüffer*[7] Rdn 7.

[73] Vgl *Emmerich*/Habersack[4] Rdn 24; *Hüffer*[7] Rdn 8; *Koppensteiner* in Kölner Komm[3] Rdn 18; MünchKommAktG/*Grunewald*[2] Rdn 14.

[74] Vgl Begr RegE *Kropff* S 435.

[75] Vgl MünchKommAktG/*Grunewald*[2] Rdn 14; iE auch *Würdinger* in Voraufl Rdn 7; *Koppensteiner* in Kölner Komm[3] Rdn 18.

[76] Vgl *Koppensteiner* in Kölner Komm[3] Rdn 18; MünchKommAktG/*Grunewald*[2] Rdn 14.

[77] Vgl *Emmerich*/Habersack[4] Rdn 25; *Hüffer*[7] Rdn 8; *Koppensteiner* in Kölner Komm[3] Rdn 18.

SECHSTER TEIL

Rechnungslegung im Konzern

§§ 329 bis 336
(aufgehoben[1])

§ 337
(aufgehoben[2])

§ 338
(aufgehoben[3])

§§ 339 bis 393
(aufgehoben[4])

---

1 Durch BiRiLiG vom 19. Dezember 1985 (BGBl I S 2355).

2 Durch Art 1 TrPublG vom 19. Juli 2002 (BGBl I S 2681).

3 Durch BiRiLiG vom 19. Dezember 1985 (BGBl I S 2355).

4 Durch Art 6 UmwBerG vom 28. Oktober 1994 (BGBl I S 3210).

Hinweis

Die folgende Kommentierung §§ 396 bis 398 (S. 1 bis 10) wird hinter die Kommentierung der §§ 394, 395 und vor dem Sachregister für den Band 8 eingebunden.

Der Verlag

ZWEITER TEIL

Gerichtliche Auflösung

§ 396
Voraussetzungen

(1) Gefährdet eine Aktiengesellschaft oder Kommanditgesellschaft auf Aktien durch gesetzwidriges Verhalten ihrer Verwaltungsträger das Gemeinwohl und sorgen der Aufsichtsrat und die Hauptversammlung nicht für eine Abberufung der Verwaltungsträger, so kann die Gesellschaft auf Antrag der zuständigen obersten Landesbehörde des Landes, in dem die Gesellschaft ihren Sitz hat, durch Urteil aufgelöst werden. Ausschließlich zuständig für die Klage ist das Landgericht, in dessen Bezirk die Gesellschaft ihren Sitz hat.

(2) Nach der Auflösung findet die Abwicklung nach den §§ 264 bis 273 statt. Den Antrag auf Abberufung oder Bestellung der Abwickler aus einem wichtigen Grund kann auch die in Absatz 1 Satz 1 bestimmte Behörde stellen.

§ 397
Anordnungen bei der Auflösung

Ist die Auflösungsklage erhoben, so kann das Gericht auf Antrag der in § 396 Abs 1 Satz 1 bestimmten Behörde durch einstweilige Verfügung die nötigen Anordnungen treffen.

§ 398
Eintragung

Die Entscheidungen des Gerichts sind dem Registergericht mitzuteilen. Dieses trägt sie, soweit sie eintragungspflichtige Rechtsverhältnisse betreffen, in das Handelsregister ein.

Übersicht

Schrifttum

Becker Zur Auflösung juristischer Personen wegen widerrechtlicher oder gemeinwohlgefährdender Zweckverfolgung nach schweizerischem und deutschem Recht ZfSR 188 I (1988), 614 ff.

I. Normzweck, Bedeutung und Kritik

1. Normgeschichte und Normzweck

1 **a) Normgeschichte.** Die §§ 396–398 beruhen auf §§ 288–290 AktG 1937. Zuvor hatte es nur landesrechtliche Vorschriften dieses Inhalts gegeben. Nach Art 4 PrAusfG HGB konnte eine AG oder KGaA, wenn sie sich rechtswidriger Handlungen oder Unterlassungen schuldig macht, durch welche das Gemeinwohl beeinträchtigt wird, aufgelöst werden (Abs 1). Über die Auflösung wurde durch Klage des Regierungspräsidenten (Abs 2 Satz 2) vom Bezirksausschuss erster Instanz im Verwaltungsstreitverfahren entschieden (Abs 2 Satz 1). Reichsrechtlich wurde eine Entziehung der Rechtsfähigkeit nach § 43 Abs 1 BGB für möglich gehalten.[1] Die §§ 288–290 sorgten „im Sinne nationalsozialistischer Auffassung“[2] für eine Erweiterung dieser Auflösungsmöglichkeit. § 288 AktG ließ für ein Einschreiten einen Verstoß gegen die Grundsätze verantwortungsbewusster Wirtschaftsführung genügen. Im Übrigen entsprach § 288 AktG im Wesentlichen bereits dem heutigen § 396. Es entschied das Reichswirtschaftsgericht auf Antrag des Reichswirtschaftsministers. § 289 AktG entsprach, wiederum mit dieser zuständigkeitsrechtlichen Abweichung, dem gegenwärtigen § 397. Der gegenwärtige § 398 war wörtlich, wenn auch nur durch Halbsätze getrennt, im § 290 AktG enthalten. Das geltende Aktiengesetz hat diese Regelungen modifiziert:[3] Es hat das Antragsrecht der obersten Landesbehörde übertragen. Es hat ferner klargestellt, dass es sich um ein Zivilverfah-

---

1 Näher *Brodmann* AktR, 1928, § 292 HGB, 6 b.
2 *Klausing* AktG 1937, S 239.
3 Vgl zum folgenden BegrRegE in *Kropff* S 497.

ren handelt, das durch Klage begonnen und über das durch Urteil entschieden werden müsse. Schließlich hat der Gesetzgeber von 1965 klärend hinzugefügt, dass die Auflösung nach § 396 nur in Betracht kommt, wenn nicht Aufsichtsrat und Hauptversammlung für eine Abberufung der gesetzwidrig handelnden Verwaltungsträger sorgen.

b) **Normzweck** ist die Abwehr von Gemeinwohlgefährdungen. Inhaltlich sind die 2
§§ 396–398 Bestandteil des Verbands-Ordnungsrechts.[4] Es geht um die Sanktionierung verbotenen Verbandsverhaltens, allerdings unter der Schwelle des Vereinsverbots nach Art 2 Abs 2 GG, §§ 1 ff VereinsG. Ziel der Bestimmungen ist nicht die Beseitigung des Verbandes, sondern Aufsichtsrat und Aktionäre sollen angehalten werden, für gesetzmäßiges Verhalten der Verwaltungsträger bzw deren Entfernung aus der Gesellschaft zu sorgen. In diesem Sinne sind die Vorschriften nicht mit dem Vereinsgesetz auf eine Linie zu bringen, sondern sie setzen die Behörde instand, nachhaltig rechtswidrigem Handeln entgegenzuwirken. Das wird sich auf der Rechtsfolgenseite auswirken: Die §§ 396 ff sind nicht Sanktionen begangenen Unrechts, sondern Mittel der Verwaltungsbehörde, um präventiv auf die Beseitigung rechtswidrig handelnder Verwaltungsträger hinzuwirken.

c) **Bedeutung.** Die Bestimmungen sind ohne nennenswerte praktische Bedeutung.[5] 3
Anwendungsfälle sind nicht bekannt geworden. Diskutiert wird allerdings eine Anwendung auf das Umweltrecht.[6] Auch andere gemeinwohlbezogene Belange des öffentlichen Rechts – zB Geldwäscheverbote, Waffenrecht, Lebensmittelrecht – wären als Anwendungsbereich in Betracht zu ziehen. Auch dann wird allerdings die als Aufsichtsmittel ganz ungeeignete Rechtsfolge der Auflösung gegen ein Vorgehen nach § 396 sprechen.

d) **Kritik.** Die §§ 396 ff sind rechtstechnisch in mehrfacher Hinsicht **missglückt**. Das 4
gilt zunächst für Zuständigkeit und Verfahren. Ausweislich der Regierungsbegründung wollte der Gesetzgeber mit der Verweisung in ein Verfahren der zivilprozessualen Gestaltungsklage „den heutigen staatsrechtlichen Verhältnissen" entsprechen.[7] Der Sache nach handelt es sich aber um **Eingriffsverwaltung**, so dass eine Behördenzuständigkeit am Platze wäre.

Schon in der Vorauflage wurde die Auflösung, ohne dass freilich Konsequenzen gezogen worden wären, als „gestaltender öffentlicher Rechtsakt" bezeichnet.[8] Die in § 396 Abs 1 vorgesehene Eingriffsverwaltung durch zivilprozessuale Gestaltungsklage ist **sowohl verwaltungsrechtlich als auch zivilprozessrechtlich eine Absonderlichkeit**. Sie ist durch Rechtsfortbildung (Rdn 5) oder Gesetzesänderung (Rdn 7) zu überwinden. Missglückt ist aber auch die Rechtsfolgenseite des § 396. Ebenso wenig wie die Entziehung der Rechtsfähigkeit (§ 43 BGB)[9] eignet sich die Auflösung der Gesellschaft (§ 396) als Sanktion verbotenen Verhaltens. Erreichen will man allerdings nicht die Beseitigung der rechtswidrig handelnden Gesellschaft, sondern einen auf rechtmäßiges Verhalten hinwirkenden Zwang.

[4] So bereits für das GmbH-Recht *Konow* GmbHR 1973, 217 ff.

[5] Heidel/*Wermeckes* § 396, 1; *Hüffer*[7] § 396, 1; MünchKomm AktG/*Kropff*[2] § 396, 7; KK/*Zöllner*[1] § 396, 2.

[6] *Schall/Schreibauer* NuR 1996, 447.

[7] BegrRegE in *Kropff* S 497.

[8] 3. Aufl Rdn 3.

[9] Dazu kritisch *Karsten Schmidt* Verbandszweck und Rechtsfähigkeit im Vereinsrecht, 1984, S 236 ff; *ders* NJW 1993, 1226 f; jetzt auch Staudinger/*Weick* BGB[13] § 43, 1.

2. Rechtsfortbildungs- und Gesetzgebungsvorschläge

5 a) **Rechtsfortbildung.** aa) In Anpassung an das gegenwärtige Recht der Gewaltenteilung sollte § 396 iS einer **Verwaltungsermächtigung** fortentwickelt werden. Dies hat der Verfasser im Jahr 1983 erstmals für die Parallelvorschrift des § 62 GmbHG vorgeschlagen.[10] Diese Auffassung hat sich im Recht der GmbH durchgesetzt,[11] ist allerdings noch nicht gerichtlich bestätigt und im Recht der AG noch wenig akzeptiert (Rdn 17). **Entgegen dem klaren Wortlaut** des – aus heutiger Sicht obsolet gewordenen – § 62 Abs 2 Satz 3 GmbHG ist nicht das Landgericht für die Auflösung der GmbH nach § 62 **zuständig**, auch nicht das Verwaltungsgericht,[12] sondern die **Verwaltungsbehörde.** Grundlage der Rechtsfortbildung ist ein Wandel der Normsituation. Im Fall des § 396 verhält es sich komplizierter, weil der Gesetzgeber die Zuständigkeit des Landgerichts im Jahr 1965, also nach Einführung der VwGO, bekräftigt und das Landgericht an die Stelle des nach § 289 AktG zuständigen Reichswirtschaftsgerichts gesetzt hat. Eine Fortbildung des § 396 im selben Sinne wie bei § 62 GmbHG wird demgemäß bisher nicht erwogen (vgl auch Rdn 6, 17, 18).

6 bb) **Entgegen der hM** wird hier auch **§ 396**, ganz wie § 62 GmbHG, als **Verwaltungsermächtigung** eingeordnet. Der Wandel der Normsituation ist allerdings weniger leicht belegbar als bei § 62 (vgl Rdn 5). Die Gründe sind folgende: Wie § 62 GmbHG enthält § 396 keine privatrechtliche Norm, sondern eine Bestimmung des öffentlichen Rechts (Verbands-Ordnungsrechts).[13] Das spricht sachlich für eine Anpassung der Zuständigkeiten. Indem nun der Gesetzgeber, vermeintlich „den heutigen staatsrechtlichen Verhältnissen" folgend, die Zuständigkeit des Reichswirtschaftsgerichts durch diejenige des Landgerichts und den Antrag beim Landgericht durch „eine nach den Vorschriften der Zivilprozessordnung zu erhebende Klage" ersetzte,[14] passte er § 396, ohne dies in der Gesetzesbegründung ausdrücklich zu artikulieren, dem § 62 GmbHG an, also jener Norm, die ihrerseits heute als Verwaltungsermächtigung gelesen wird. Der im Jahr 1965 noch von keiner Seite erwogene radikale Sinnwandel des § 62 GmbHG begründet für § 396 Abs 1 seinerseits einen ebenso radikalen Wandel der Normsituation. Daraus folgt: Die Bestimmung ist wie § 62 GmbHG aufzufassen und ggf zu handhaben.

7 b) **Rechtspolitisch**, also de lege ferenda, sind drei Möglichkeiten der Änderung zu erwägen. Die geringste besteht in einer klarstellenden Änderung des Textes iS der bei Rdn 5 vorgeschlagenen Rechtsfortbildung. Der bei Rdn 4 kritisierte Mangel auf der Rechtsfolgenseite wäre damit allerdings nicht behoben. Sachliche **Änderungsvorschläge** können in verschiedene Richtungen gehen. Gegen eine konsequente Einbeziehung in das Verbands-Ordnungsrecht mit weit über § 396 Abs 2 hinausgehenden Sanktionen (etwa in Anlehnung an §§ 10 ff VereinsG) spricht aber die Begrenzung von Vereinigungsverboten durch Art 9 Abs 2 GG, § 1 Abs 2, § 3 VereinsG. Das kann für eine **Beseitigung**

---

[10] Scholz/*Karsten Schmidt* GmbHG[6], 1983, § 62, 8; krit dagegen *Konow* GmbHR 1973, 218 (nur de lege ferenda und nur für Zuständigkeit der Verwaltungsgerichte).

[11] Vgl statt vieler Baumbach/Hueck/*Schulze-Osterloh* GmbHG[17], § 62, 11; Hachenburg/*Ulmer* GmbHG[8] § 62, 24 ff; *Lutter/Hommelhoff/Kleindiek* GmbHG[16] § 62, 2; Michalski/*Nerlich* GmbHG, 2002, § 62, 20 ff; *Roth/Altmeppen* GmbHG[5] § 62, 4; Rowedder/Schmidt-Leithoff/*Rasner* GmbHG[4] § 62, 6, 7; Scholz/*Karsten Schmidt* GmbHG[9] § 62, 8; **aM** noch *Lutter/Hommelhoff* GmbHG[15] § 62, 2.

[12] So vereinzelt noch *Lutter/Hommelhoff* GmbHG[15] § 62, 2; de lege ferenda *Konow* GmbHR 1973, 218.

[13] So der Sache nach wohl auch 3. Aufl, 3 (*Klug*).

[14] BegrRegE in *Kropff* S 497.

der von den Behörden offenkundig nicht genutzten **Bestimmungen** sprechen. Welchen Weg der Gesetzgeber beschreiten soll, wird zuverlässig erst zu ermitteln sein, wenn sich herausstellen sollte, dass die §§ 396 AktG, 62 GmbHG bedeutungslos bleiben, obwohl sich die Verwaltungsbehörden den hier vertretenen Standpunkt (Verständnis als Verwaltungsermächtigung) zu eigen gemacht haben. Das wiederum ist schwer zu ermitteln. Denkbar wäre deshalb die vorläufige Änderung des § 396 Abs 1 iS der hier vorgeschlagenen Zuständigkeitsordnung unter dem Vorbehalt eventueller späterer Streichung.

3. Verfassungsrechtliche Beurteilung

a) Die **Verfassungsmäßigkeit des § 396** wird von der **hM** bejaht.[15] Diskutiert wird allerdings der Einwand der Unbestimmtheit.[16] **8**

b) Eine **Stellungnahme** muss auf mehreren Ebenen erfolgen. Zunächst ist ein Verstoß gegen Art 9 GG nach dem bei Rdn 2 dargestellten Verständnis der Norm zu verneinen. Art 14 GG ist gleichfalls nicht verletzt. Zwar knüpft § 396 Abs 1, anders als § 62 GmbHG, nicht an das Verhalten der Aktionäre an, wohl aber an deren mittelbare Verantwortung für die Organisation der Gesellschaft. Auch der Grundsatz der **Bestimmtheit** ist weder wegen der Intransparenz der hier angenommenen Verwaltungsermächtigung (Rdn 15) noch wegen materieller Unbestimmtheit verletzt. Im Gegensatz zu § 288 AktG, der schon den Verstoß gegen „Grundsätze verantwortungsbewusster Wirtschaftsführung" ausreichen ließ, verlangt § 396 Abs 1 kumulativ ein gesetzwidriges Verhalten und die Gefährdung des Gemeinwohls. Auch gegen das Gebot der **Verhältnismäßigkeit** verstößt § 396 Abs 1 nach dem hier vertretenen Verständnis (Rdn 2) nicht. Nicht Auflösung wegen in der Vergangenheit liegender Gesetzwidrigkeiten ist das Konzept der §§ 396 ff, sondern ein auf rechtmäßiges Verhalten bzw Beseitigung rechtswidrig handelnder Organe hinwirkender Verwaltungszwang. Diese Einsicht wird auch auf der Rechtsfolgenseite zu beachten sein. **9**

II. Eingriffsvoraussetzungen und Rechtsfolgen

1. Tatbestandliche Voraussetzungen (§ 396 Abs 1)

a) **Gesetzwidriges Verhalten der Verwaltungsträger.** aa) Als **Verwaltungsträger** der AG sind die Vorstandsmitglieder sowie Mitglieder des Aufsichtsrats anzusehen.[17] Aktionäre, auch Mehrheitsaktionäre, sind nicht gleichgestellt.[18] Nicht gleichgestellt ist auch die Hauptversammlung als kollektives Organ.[19] **10**

bb) Gesetzwidrigkeit setzt keinen Verstoß gegen Strafgesetze oder Normen des öffentlichen Rechts voraus.[20] Es muss sich allerdings um Ge- oder Verbotsnormen handeln.[21] Geschriebenes Recht wird nicht vorausgesetzt. Gewohnheitsrechtliche Bestimmungen genügen.[22] Schuldhaft braucht der Verstoß nicht zu sein, und zwar auch dann nicht, wenn die verletzte Norm an einen Schadensersatz Verschuldensanforderungen **11**

---

[15] Vgl nur Heidel/*Wermeckes* § 396, 1; *Hüffer*[7] § 396, 1; MünchKomm AktG/*Kropff*[2] § 396, 6 KK/*Zöllner*[1] § 396, 3; **aM** *Kohlmann* AG 1961, 312 f (zu § 288 AktG 1937).

[16] KK/*Zöller*[1] § 396, 3.

[17] MünchKomm AktG[2]/*Kropff* § 396, 9; allgM.

[18] Heidel/*Wermeckes* § 396, 2; *Hüffer*[7] § 396, 3; MünchKomm AktG/*Kropff* § 396, 9; **aM** für Großaktionäre *Becker* ZfSR 1988, 628.

[19] *Hüffer*[7] § 396, 3.

[20] Vgl KK/*Zöllner*[1] § 396, 15; Scholz/*Karsten Schmidt* GmbHG[9] § 62, 2 mwN.

[21] Scholz/*Karsten Schmidt* GmbHG[9] § 62, 2.

[22] Ebd.

stellt.[23] **Nicht ausreichend** sind Satzungsverstöße.[24] Gleichfalls nicht ausreichend ist im Gegensatz zu § 288 AktG 1937 ein Verstoß gegen die Grundsätze verantwortungsbewusster Wirtschaftsführung (vgl Rdn 1). Auch ein Verstoß gegen den Corporate Governance Kodex sollte deshalb als solcher nicht ausreichen (zw). Auch Gewohnheitsgrundsätze oder die guten Sitten scheinen entgegen der bei § 62 GmbHG hM[25] unter dem Gesichtspunkt der Tatbestandsbestimmtheit unzureichend.

12 b) **Gefährdungstatbestand. aa) Gefährdung des Gemeinwohls.** Das Gemeinwohl ist betroffen, wenn die Interessen der Öffentlichkeit oder jedenfalls allgemeiner Verkehrskreise bedroht sind.[26] Eine Gefährdung der Aktionäre genügt nicht,[27] wohl aber eine Gefährdung des Kapitalmarkts und dann auch potentieller Aktionäre. Nach hM genügen auch nicht die Interessen der Gesellschaftsgläubiger,[28] so dass § 396 keine Zwangsliquidation wie im Fall des § 92 erlaubt. Um gesamtwirtschaftlich relevante Interessen muss es sich nicht handeln.[29] Eine Gemeinwohlgefährdung liegt vor, wenn durch nachhaltige Schädigung einzelner oder durch eine erhebliche Beeinträchtigung oder Gefährdung eines unübersehbaren Kreises der Öffentlichkeit Schäden drohen, die durch individuelle Aufsichtsmaßnahmen wie Registerzwang, Wirtschaftsaufsicht, Gewerbeaufsicht, Steuerstrafrecht oder private Klagen nicht wirksam bekämpft werden können.[30]

13 bb) Auf **Gefahrenabwehr** ist § 396 Abs 1 beschränkt.[31] Deshalb genügt ein in der Vergangenheit liegender Gesetzesverstoß als solcher nicht für ein Eingreifen nach § 396 Abs 1. Notwendig ist vielmehr, dass (auch) künftige Verstöße drohen.[32]

14 c) **Nichtbeseitigung der Gefahr. aa) Zurechnungsgrund** gegenüber den Aktionären ist die **Nichtbeseitigung der Gefahr.** Der Gesetzeswortlaut sieht als einzige Möglichkeit, der Auflösung zu entgehen, nur die **Abberufung der Verwaltungsträger** vor (vgl zum Vorstand § 84 Abs 3, zum Aufsichtsrat § 103). Diese Regelung wird mit Recht kritisiert.[33] Ihr Grund dürfte darin zu sehen sein, dass es keine allgemeine Aktionärsklage gegen rechtswidriges Verwaltungshandeln von Vorstand und Aufsichtsrat gibt (§§ 147, 148). Der Gesetzgeber hat nur die formellen Mittel zum innergesellschaftlichen Einschreiten gegen Vorstand und Aufsichtsrat erfasst.[34] Aber der Normzweck des § 396 Abs 1 (Rdn 2) lässt jede Beseitigung der tatbestandsbegründenden Gefährdungslage ausreichen, um den Auflösungstatbestand entfallen zu lassen.

15 bb) **Konsequenz** ist, dass jede Beseitigung der in Rdn 1 genannten Gefahr den Eingriffstatbestand ausräumt. Dies kann auch noch nach dem Erlass des Verbots geschehen, insbesondere durch Fortsetzung der Gesellschaft (str; vgl Rdn 22).

16 d) **Verhältnismäßigkeit.** Der Grundsatz der Verhältnismäßigkeit (Rdn 9) ist zu beachten.[35] Nach dem bei Rdn 2 entwickelten Normzweck bedeutet dies: Die Gefährdung des

---

[23] **AM** Heidel/*Wermeckes* § 396, 2; *Hüffer*[7] § 396, 3; MünchKomm AktG/*Kropff* § 396, 9; KK/*Zöllner*[1] § 396, 16.

[24] Vgl Scholz/*Karsten Schmidt* GmbHG[9] § 62, 2.

[25] Vgl ebd.

[26] Heidel/*Wermeckes* § 396, 2; *Hüffer*[7] § 396, 2; MünchKomm AktG/*Kropff* § 396, 8.

[27] Heidel/*Wermeckes* § 396, 2; *Hüffer*[7] § 396, 2; MünchKomm AktG/*Kropff* § 396, 8.

[28] Heidel/*Wermeckes* § 396, 2; *Hüffer*[7] § 396, 2.

[29] **AM** noch 3. Aufl, 8 (*Klug*).

[30] So wörtlich Scholz/*Karsten Schmidt* GmbHG[9] § 62, 3.

[31] *Hüffer*[7] § 396, 2.

[32] Scholz/*Karsten Schmidt* GmbHG[9] § 62, 5.

[33] KK/*Zöllner*[1] § 396, 18; MünchKomm AktG/*Kropff*[2] § 396, 10.

[34] Enger die hM (bis zum Erlass der Entscheidung); vgl Geßler/Hefermehl/*Kropff* § 396, 10.

[35] AllgM; *Hüffer*[7] § 396, 5; MünchKomm AktG/*Kropff*[2] § 396, 8.

Gemeinwohls (Rdn 11) muss so nachhaltig sein, dass die Auflösung der Gesellschaft kein unverhältnismäßiges Mittel ist, um ihre Abstellung durchzusetzen. Aus diesem Grunde muss vor dem Einschreiten der Behörde eine Aufforderung an die Gesellschaft ergehen, das gesetzwidrige Verhalten abzustellen.[36]

2. Verfahren

a) **Herrschende Auffassung.** Nach der dem Gesetzeswortlaut folgenden hM ist ein **Zivilprozess** zu führen,[37] und zwar ein Gestaltungsverfahren.[38] Sachlich und örtlich ausschließlich zuständig ist in erster Instanz das LG, in dessen Bezirk die Gesellschaft ihren Sitz hat (§ 396 Abs 1 Satz 2). Die Klage ist mit dem Antrag zu erheben, die Gesellschaft aufzulösen.[39] Klagebefugt ist die zuständige oberste Landesbehörde (§ 396 Abs 1 Satz 1), zB: das Wirtschaftsministerium. Die Klage ist gegen die Gesellschaft zu richten, nicht gegen die Organe oder gegen die Aktionäre. Die Aktionäre können dem Rechtsstreit als streitgenössische Nebenintervenienten beitreten. Für Rechtsmittel (Berufung und Revision) gelten die allgemeinen Grundsätze. Aufgelöst ist die Gesellschaft erst, wenn ein gemäß § 396 Abs 1 Satz 1 ergangenes Urteil rechtskräftig geworden ist.[40] **17**

b) **Rechtsfortbildung.** Nach der hier vertretenen Auffassung (Rdn 6) entscheidet die Behörde durch Verwaltungsakt. Gegen diesen ist der Verwaltungsrechtsweg gegeben (§§ 40 ff VwGO). Die Klage hat aufschiebende Wirkung, jedoch kann Sofortvollzug angeordnet werden (§ 80 VwGO). Die in § 396 Abs 1 Satz 2 enthaltenen Regeln über den Rechtsweg und die sachliche und örtliche Zuständigkeit sind obsolet. **18**

3. Rechtsfolgen (§ 396 Abs 2)

a) **Auflösung und Abwicklung.** Die Entscheidung nach § 396 Abs 1 Satz 1 ist ein Auflösungsgrund iS von § 262 Abs 2. Die Auflösung der Gesellschaft folgt den Regeln der §§ 264–273. Nach § 265 Abs 2 kann die oberste Landesbehörde einen Antrag auf Bestellung oder Abberufung von Liquidatoren stellen (§ 396 Abs 2 Satz 2). Wichtiger Grund ist in diesem Fall namentlich die Fortsetzung des die Auflösung begründenden gesetzwidrigen Verhaltens. Dann können die Abwickler (im Zweifel sind dies die Vorstandsmitglieder) nach § 265 Abs 2 durch neue ersetzt werden.[41] **19**

b) **Fortsetzung der Gesellschaft? aa)** Eine Fortsetzung der aufgelösten Gesellschaft ist im Fall des § 396 nach **hM** nicht möglich.[42] Nicht einmal der Wegfall des gesetzwidrigen Verhaltens und der Gefährdung nach § 396 Abs 1 Satz 1 soll für die Zulassung eines Fortsetzungsbeschlusses ausreichen,[43] und zwar auch dann nicht, wenn die Verwaltungsbehörde zustimmt.[44] Die Begründung ist teils formeller, teils materieller Art. Formell wird darauf abgestellt, dass § 396 Abs 2 nicht auf § 274 verweist.[45] Materiell wird gel- **20**

---

36 Heidel/*Wermeckes* § 396, 2; *Hüffer*[7] § 396, 5; KK/*Zöllner*[1] § 396, 19; MünchKomm AktG/*Kropff*[2] § 396, 8.

37 Heidel/*Wermeckes* § 396, 3; *Hüffer*[7] § 396, 6; MünchKomm AktG/*Kropff*[2] § 396, 11.

38 Heidel/*Wermeckes* § 396, 3; *Hüffer*[7] § 396, 6; MünchKomm AktG/*Kropff*[2] § 396, 11.

39 Heidel/*Wermeckes* § 396, 3; *Hüffer*[7] § 396, 6; KK/*Zöllner*[1] § 396, 19.

40 Heidel/*Wermeckes* § 396, 3; *Hüffer*[7] § 396, 6; MünchKomm AktG/*Kropff*[2] § 396, 11.

41 Heidel/*Wermeckes* § 396, 4; *Hüffer*[7] § 396, 9; KK/*Zöllner*[1] § 396, 24.

42 Heidel/*Wermeckes* § 396, 4; *Hüffer*[7] § 396, 9; KK/*Zöllner*[1] § 396, 24; MünchKomm AktG/*Kropff*[2] § 396, 11.

43 Heidel/*Wermeckes* § 396, 4; *Hüffer*[7] § 396, 9.

44 Heidel/*Wermeckes* § 396, 4; *Hüffer*[7] § 396, 9; KK/*Zöllner*[1] § 396, 24; MünchKomm AktG/*Kropff*[2] § 396, 11.

45 *Hüffer*[7] § 396, 9; KK/*Zöllner*[1] § 396, 24.

tend gemacht, dass die Auflösung im öffentlichen Interesse angeordnet worden ist und deshalb die Abwicklung nicht im Belieben der Beteiligten steht.

21 **bb) Stellungnahme.** Der hM ist nicht zu folgen.[46] Gegen ihr formelles Argument spricht, dass die Fortsetzung aufgelöster Gesellschaften bei der Formulierung des Gesetzes noch nicht in ihrer Allgemeinheit erkannt war. Aber auch das materielle Argument der hM geht fehl. Versteht man die Auflösung der Gesellschaft nur als Reaktion auf die von der Gesellschaft ausgehenden Gefahr für das Gemeinwohl (Rdn 12) und wird diese Gefahr nachträglich behoben, so hat die Gesellschaft einen Anspruch auf Aufhebung des auflösenden Verwaltungsakts (Rdn 18). Mit dieser ist auch der Auflösungsgrund beseitigt und eine Fortsetzung möglich. Praktisch bedeutet dies: Die Fortsetzung der aufgelösten Gesellschaft ist möglich, sofern die Gefahr für das Gemeinwohl behoben ist und die Behörde (wozu sie ggf verpflichtet ist) zustimmt. Die Fortsetzungsprozedur bestimmt sich nach § 274.

4. Einstweilige Anordnungen (§ 397)

22 **a) Herrschende Auffassung.** Nach hM kann die Behörde in einem den §§ 935 ff ZPO entsprechenden zivilprozessualen Verfahren einstweilige Anordnungen erwirken.[47] Diese müssen aktienrechtlich zulässig sein.[48] In diesem Umfang trifft das Gericht die einstweiligen Anordnungen nach freiem, jedoch pflichtgebundenem Ermessen.[49] Vorausgesetzt ist, dass die Auflösungsklage nach § 396 Abs 1 bereits erhoben ist (vgl Gesetzeswortlaut).

23 **b) Rechtsfortbildung.** Im Rahmen der bei Rdn 6 und 18 vorgeschlagenen Rechtsfortbildung erlässt die Behörde die einstweiligen Anordnungen. Es handelt sich um eine den §§ 60 ff GWB, § 25 UWG entsprechende Ermächtigung. Diese Befugnis der Behörde beginnt, wenn das auf eine Entscheidung nach § 396 Abs 1 zielende Verwaltungsverfahren eingeleitet worden ist. Sie setzt voraus, dass die einstweilige Anordnung zulässig ist.

5. Eintragung in das Handelsregister (§ 398)

24 **a) Herrschende Meinung.** Nach § 398 Satz 1 teilt das Prozessgericht dem Registergericht die Entscheidung mit. Dieses trägt sie von Amts wegen ein.

25 **b) Rechtsfortbildung.** In Konsequenz von Rdn 6 und 18 ist es Aufgabe der Behörde, dem Registergericht die Auflösung mitzuteilen. Dieses trägt sie nach § 398 Satz 2 ein.

III. Verhältnis zu Spezialtatbeständen der Wirtschaftsaufsicht

1. Verbot nach § 17 VereinsG

26 a) AG und KGaA unterliegen dem **Vereinsgesetz** (§ 2 Abs 1 VereinsG)[50]. Nach § 17 VereinsG kann eine AG oder KGaA verboten werden

---

[46] Vgl sinngemäß Scholz/*Karsten Schmidt* GmbHG[9] § 62, 15; Rowedder/Schmidt-Leithoff/*Rasner* GmbHG[4] § 62, 15.

[47] Heidel/*Wermeckes* § 397, 5; *Hüffer*[7] § 396, 4; KK/*Zöllner*[1] § 397, 8. MünchKomm AktG/*Kropff*[2] § 396, 3.

[48] Heidel/*Wermeckes* § 397, 5; *Hüffer*[5] § 397, 3; KK/*Zöllner*[1] § 397, 4.

[49] Heidel/*Wermeckes* § 397, 5; *Hüffer*[5] § 397, 3; KK/*Zöllner*[1] § 397, 10.

[50] VereinsG vom 5.8.1964, BGBl I S 593; zuletzt geändert durch Gesetz vom 22.8. 2002, BGBl I S 3390; dazu im Einzelnen *Reichert*, Handbuch des Vereins- und Verbandsrechts, 9. Aufl 2003.

1. wenn sie sich gegen die verfassungsmäßige Ordnung oder gegen den Gedanken der Völkerverständigung richtet oder ihre Zwecke oder ihre Tätigkeit Strafgesetzen zuwiderlaufen, die aus Gründen des Staatsschutzes erlassen sind, oder
2. wenn sie von einem Verbot, das aus einem der in Nummer 1 genannten Gründen erlassen wurde, nach § 3 Abs 3 als Teilorganisation erfasst wird, oder
3. wenn sie Ersatzorganisation eines Vereins ist, der aus einem der in Nummer 1 genannten Gründe verboten wurde.

b) Die **Zuständigkeit** ist in § 3 VereinsG geregelt. Das Vereinsverbot führt mit Eintritt der Unanfechtbarkeit zur **Auflösung der Gesellschaft.** Diese wird auf Anzeige der Verbotsbehörde in das Handelsregister eingetragen (§ 7 Abs 2 VereinsG). Die **Abwicklung** richtet sich nicht nach §§ 264ff, sondern **nach § 13 VereinsG.** Sie endet mit dem Erlöschen der Gesellschaft. Auch diese ist auf Anzeige der Verbotsbehörde in das Handelsregister einzutragen. **27**

2. Abwicklung nach § 38 KWG

a) Nach **§ 38 des Gesetzes über das Kreditwesen (KWG)** kann die Bundesanstalt für Finanzdienstleistungsaufsicht, wenn sie die Erlaubnis für Bankgeschäfte oder Finanzdienstleistungen aufhebt oder wenn die Erlaubnis erlischt, die Abwicklung des Instituts anordnen. Die Bestimmung lautet: **28**

§ 38 Folgen der Aufhebung und des Erlöschens der Erlaubnis, Maßnahmen bei der Abwicklung

(1) Hebt die Bundesanstalt die Erlaubnis auf oder erlischt die Erlaubnis, so kann sie bei juristischen Personen und Personenhandelsgesellschaften bestimmen, daß das Institut abzuwickeln ist. Ihre Entscheidung wirkt wie ein Auflösungsbeschluß. Sie ist dem Registergericht mitzuteilen und von diesem in das Handels- oder Genossenschaftsregister einzutragen.

(2) Die Bundesanstalt kann für die Abwicklung eines Instituts allgemeine Weisungen erlassen. Das Registergericht hat auf Antrag der Bundesanstalt Abwickler zu bestellen, wenn die sonst zur Abwicklung berufenen Personen keine Gewähr für die ordnungsmäßige Abwicklung bieten. Gegen die Verfügung des Registergerichts findet die sofortige Beschwerde statt. Besteht eine Zuständigkeit des Registergerichts nicht, bestellt die Bundesanstalt den Abwickler.

(3) Die Bundesanstalt hat die Aufhebung oder das Erlöschen der Erlaubnis im Bundesanzeiger bekannt zu machen. Sie hat die zuständigen Stellen der anderen Staaten des Europäischen Wirtschaftsraums zu unterrichten, in denen das Institut Zweigniederlassungen errichtet hat oder im Wege des grenzüberschreitenden Dienstleistungsverkehrs tätig gewesen ist.

(4) Die Absätze 1 und 2 gelten nicht für juristische Personen des öffentlichen Rechts.

b) Die **Abwicklung** folgt den §§ 264ff, soweit nicht die Sonderbestimmungen eingreifen. Die gerichtliche Bestellung von Abwicklern richtet sich nach § 38 Abs 2 Satz 2 KWG. Für die Eintragung der Auflösung gilt § 38 Abs 1 Satz 3 KWG. Die Eintragung der Vollbeendigung richtet sich mangels entgegenstehender Bestimmung nach § 273 Abs 1. **29**

3. Kartellrecht

a) Nach dem **GWB** hat die Kartellbehörde keine dem § 396 entsprechende Auflösungsbefugnis. Das gilt auch für **§ 41 Abs 3 GWB**[51], wonach ein Zusammenschluss **30**

[51] Gesetz gegen Wettbewerbsbeschränkungen idF v 15.7.2005, BGBl I S 2114.

aufzulösen ist.[52] Der Auflösungsbegriff des § 41 GWB ist ein anderer als der des § 262 und nur auf die Beseitigung der in einem Zusammenschluss liegenden Wettbewerbsbeschränkungen gerichtet.[53]

31 b) Ähnliches gilt für **Art 8 Abs 4 EG-FusionskontrollVO**[54]. Auch diese Entflechtungsermächtigung zielt nicht unmittelbar auf Auflösung einer Gesellschaft. Es ist den Aktionären überlassen, ob sie der Entflechtungsanordnung durch Fassung eines Auflösungsbeschlusses nachkommen.

32 c) Die **Anwendung des § 396 Abs 1 auf Kartellverbotsverstöße** ist wegen des Gemeinwohlbezugs des Kartellrechts denkbar, aber wegen der speziellen Eingriffsmöglichkeiten der nationalen und europäischen Kartellbehörden keine praktische Frage.[55]

4. Untersagung des Geschäftsbetriebs

33 Keine Auflösungsverfügung ist die Untersagung eines Geschäftsbetriebs (eines Gewerbes), etwa nach §§ 35 GewO, 16 Abs 3 HandwerksO, 15 GaststättenG usw.[56] Sie kann zwar die Erreichung des Gesellschaftszwecks unmöglich machen und deshalb Anlass zu einem Auflösungsbeschluss (§ 262 Abs 1 Nr 2) oder für eine Klage nach § 61 GmbHG sein. Aber sie löst die Gesellschaft nicht unmittelbar auf.[57] Dasselbe gilt für die Untersagung gewerblicher Anlagen, etwa nach §§ 51 GewO, 20f, 25 BImSchG usw.[58] Hier muss von Fall zu Fall geprüft werden, ob der Gesellschaftszweck vereitelt ist. Die Untersagung selbst ist kein Auflösungstatbestand.[59]

---

[52] Eingehend Scholz/*Karsten Schmidt* GmbHG[9] § 62, 19.

[53] Ebd.

[54] VO Nr 139/2004, ABl 2004 Nr L 24/1.

[55] Ausführlich Scholz/*Karsten Schmidt* GmbHG[9] § 62, 21; im Ergebnis ebenso Rowedder/Schmidt-Leithoff/*Rasner* GmbHG[4] § 62 Rdn 14.

[56] Vgl OLG Frankfurt, WM 1983, 1247; zust auch Baumbach/Hueck/*Schulze-Osterloh*/*Fastrich* GmbHG[18] § 62, 5.

[57] *Feine* Die GmbH, in: Ehrenbergs Handbuch des gesamten Handelsrechts, Bd III, 3, 1929, S 633; Hachenburg/*Ulmer* GmbHG[8] § 62, 11.

[58] Zust Rowedder/Schmidt-Leithoff/*Rasner* GmbHG[4] § 62, 13.

[59] Vgl Scholz/*Karsten Schmidt* GmbHG[9] § 62, 18; zust Rowedder/Schmidt-Leithoff/*Rasner* GmbHG[4] § 62, 13.